可以由此拆下來使用

使用前請務必詳讀

讀者限定 賺優惠券的使用方式

有效期喔！要注意

自行將優惠券剪下帶至對應的景點，欲使用時請交予該設施的工作人員。有效期間內於各景點的優惠券每張限用1次，可獲得優惠券上記載之優惠。使用時請留意下述注意事項。

注意事項
- 請確認各優惠券背面的注意事項後再行使用。
- 欲使用優惠券時，需事前告知各設施工作人員。
- 無法與其他優惠券、折扣並用，且優惠券影印無效。
- 即使於有效期限內，也可能因各景點狀況更改或終止優惠。如遇上述情形將無法退費，還請見諒。

MAPPLE まっぷる 哈日情報誌

親子遊 關西

特別附錄

買到賺到！讀者限定 賺 優惠券BOOK

讀者限定 賺 優惠券

感謝購讀

入園費折扣、原創周邊贈品等，滿滿的好康優惠券在這裡！快帶著它，盡情玩樂吧！

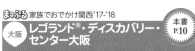

特別附錄

買到賺到！讀者限定 賺 優惠券BOOK

まっぷる 家族でおでかけ関西'17-'18　本書P.10

大阪 **レゴランド®・ディスカバリー・センター大阪**

大阪樂高樂園® 探索中心

当日料金
1名2300円→1900円
當日費用
1人2300日圓→1900日圓

★本券で5名様まで有効　❶裏面の注意事項をお読みください。
★本券可供5人使用　❶請詳讀背面注意事項

まっぷる 家族でおでかけ関西'17-'18　本書P.44

三重 **大内山動物園**

大內山動物園

売りエサプレゼント
免費動物餵食飼料

★本券で1名様まで有効　❶裏面の注意事項をお読みください。
★本券可供1人使用　❶請詳讀背面注意事項

まっぷる 家族でおでかけ関西'17-'18　本書P.51

兵庫 **共進ファミリー牧場**

共進牧場

ジャージーミルクソフトクリーム
50円OFF
娟珊牛奶霜淇林
50日圓OFF

★本券で1名様まで有効　❶裏面の注意事項をお読みください。
★本券可供1人使用　❶請詳讀背面注意事項

まっぷる 家族でおでかけ関西'17-'18　本書P.51

兵庫 **淡路島牧場**

淡路島牧場

セット体験（乳しぼり・バター作り体験）
10%OFF
套裝體驗（擠乳、奶油製做體驗）
10%OFF

★本券で5名様まで有効　❶裏面の注意事項をお読みください。
★本券可供5人使用　❶請詳讀背面注意事項

まっぷる 家族でおでかけ関西'17-'18　本書P.52

兵庫 **淡路島モンキーセンター**

淡路島猴子中心

入園料大人50円OFF
入園費成人50日圓OFF

★本券で4名様まで有効　❶裏面の注意事項をお読みください。
★本券可供4人使用　❶請詳讀背面注意事項

まっぷる 家族でおでかけ関西'17-'18　本書P.52

京都 **嵐山モンキーパーク いわたやま**

嵐山岩田山猴子公園

入園料大人100円OFF、
子ども50円OFF
入園費成人100日圓OFF
兒童50日圓OFF

★本券で4名様まで有効　❶裏面の注意事項をお読みください。
★本券可供4人使用　❶請詳讀背面注意事項

まっぷる 家族でおでかけ関西'17-'18　本書P.73

兵庫 **太陽公園**

太陽公園

入園料10%OFF
入園費10%OFF

★本券で5名様まで有効　❶裏面の注意事項をお読みください。
★本券可供5人使用　❶請詳讀背面注意事項

まっぷる 家族でおでかけ関西'17-'18　本書P.78

京都 **宇治市植物公園**

宇治市植物公園

入園料20%OFF
入園費20%OFF

★本券で6名様まで有効　❶裏面の注意事項をお読みください。
★本券可供6人使用　❶請詳讀背面注意事項

まっぷる 家族でおでかけ関西'17-'18　本書P.78

京都 **けいはんな記念公園（関西文化学術研究都市記念公園）**

京阪奈紀念公園（關西文化學術研究都市紀念公園）

鯉のえさプレゼント
免費鯉魚飼料

★本券で1名様まで有効　❶裏面の注意事項をお読みください。
★本券可供1人使用　❶請詳讀背面注意事項

まっぷる 家族でおでかけ関西'17-'18　本書P.79

滋賀 **ローザンベリー多和田**

Rosa&Berry多和田

入園料10%OFF
入園費10%OFF

★本券で5名様まで有効　❶裏面の注意事項をお読みください。
★本券可供5人使用　❶請詳讀背面注意事項

まっぷる 家族でおでかけ関西'17-'18　本書P.80

滋賀 **滋賀農業公園 ブルーメの丘**

滋賀農業公園BLUMEN之丘

入園料100円OFF
入園費100日圓OFF

★本券で5名様まで有効　❶裏面の注意事項をお読みください。
★本券可供5人使用　❶請詳讀背面注意事項

まっぷる 家族でおでかけ関西'17-'18　本書P.80

滋賀 **近江風土記の丘**

近江風土記之丘

滋賀県立安土城考古博物館にて
「まめのぶくん」クリアファイルプレゼント
於滋賀縣立安土城考古博物館
贈送「まめのぶくん」資料夾

★本券で2名様まで有効　❶裏面の注意事項をお読みください。
★本券可供2人使用　❶請詳讀背面注意事項

✂ 可剪下來使用

まっぷる 家族でおでかけ関西'17-'18　本書P.81

奈良 **信貴山のどか村**

信貴山長閑（NODOKA）村

入園料大人100円OFF、
子ども50円OFF
入園費成人100日圓OFF
兒童50日圓OFF

★本券で5名様まで有効　❶裏面の注意事項をお読みください。
★本券可供5人使用　❶請詳讀背面注意事項

まっぷる 家族でおでかけ関西'17-'18　本書P.82

三重 **伊賀の里 モクモク手づくりファーム**

伊賀之里 MOKUMOKU手作農場

入園料100円OFF
入園費100日圓OFF

★本券で4名様まで有効　❶裏面の注意事項をお読みください。
★本券可供4人使用　❶請詳讀背面注意事項

まっぷる 家族でおでかけ関西'17-'18　本書P.88

大阪 **関西サイクルスポーツセンター**

關西自行車運動中心

入場料20%OFF
入場費20%OFF

★本券で5名様まで有効　❶裏面の注意事項をお読みください。
★本券可供5人使用　❶請詳讀背面注意事項

まっぷる 家族でおでかけ関西'17-'18　本書P.95

三重 **伊勢・安土桃山文化村**

伊勢・安土桃山文化村

入場料10%OFF
入場費10%OFF

★本券で7名様まで有効　❶裏面の注意事項をお読みください。
★本券可供7人使用　❶請詳讀背面注意事項

まっぷる 家族でおでかけ関西'17-'18　本書P.96

大阪 **アメイジングワールド 守口ジャガータウン店**

Amazing World 守口Jaguar Town店

子ども料金50%OFF
兒童費用50%OFF

★本券で1名様まで有効　❶裏面の注意事項をお読みください。
★本券可供1人使用　❶請詳讀背面注意事項

まっぷる 家族でおでかけ関西'17-'18　本書P.97

京都 **ピュアハートキッズランド 伏見桃山**

PURE HEART KIDS LAND 伏見桃山

入場料100円OFF
（フリープランのみ）
入場費100日圓OFF
（僅一日票）

★家族分の入場料合計につき1枚のみ有効　❶裏面の注意事項をお読みください。
★1個家庭僅可使用1張　❶請詳讀背面注意事項

まっぷる家族でおでかけ関西'17-'18

兵庫 共進ファミリー牧場

共進牧場

有効期限 ····➤ 2018年9月30日

まっぷる家族でおでかけ関西'17-'18

三重 大内山動物園

大内山動物園

有効期限 ····➤ 2018年9月30日

まっぷる家族でおでかけ関西'17-'18

大阪 レゴランド®・ディスカバリー・センター大阪

大阪樂高樂園® 探索中心

有効期限 ····➤ 2018年3月31日

※他の割引・サービス(オンライン前売を含む)との併用はできません　※大人のみ(16歳以上)、子供のみ(15歳以下)での入場はできません　※混雑時はご入場までお待ちいただく場合がございます　※当クーポンのご利用は当日券のみとなります　※レゴランド®・ディスカバリー・センター大阪でのみご利用いただけます

※無法與其他折扣、優惠（含網路預售）合併使用　※大人（16歲以上）或孩童（15歲以下）無法單獨入場　※人潮眾多時需等待入場　※本優惠券僅得使用於當日券　※本優惠券僅適用於大阪樂高樂園®探索中心

まっぷる家族でおでかけ関西'17-'18

京都 嵐山モンキーパークいわたやま

嵐山岩田山猴子公園

有効期限 ····➤ 2018年3月31日

まっぷる家族でおでかけ関西'17-'18

兵庫 淡路島モンキーセンター

淡路島猴子中心

有効期限 ····➤ 2018年9月30日

まっぷる家族でおでかけ関西'17-'18

兵庫 淡路島牧場

淡路島牧場

有効期限 ····➤ 2018年9月30日

まっぷる家族でおでかけ関西'17-'18

京都 けいはんな記念公園（関西文化学術研究都市記念公園）

京阪奈紀念公園（關西文化學術研究都市紀念公園）

有効期限 ····➤ 2018年9月30日

まっぷる家族でおでかけ関西'17-'18

京都 宇治市植物公園

宇治市植物公園

有効期限 ····➤ 2018年9月30日

まっぷる家族でおでかけ関西'17-'18

兵庫 太陽公園

太陽公園

有効期限 ····➤ 2018年3月31日

まっぷる家族でおでかけ関西'17-'18

滋賀 近江風土記の丘

近江風土記之丘

有効期限 ····➤ 2018年9月30日

まっぷる家族でおでかけ関西'17-'18

滋賀 滋賀農業公園 ブルーメの丘

滋賀農業公園BLUMEN之丘

有効期限 ····➤ 2018年9月30日

まっぷる家族でおでかけ関西'17-'18

滋賀 ローザンベリー多和田

Rosa&Berry多和田

有効期限 ····➤ 2017年12月3日

※2017年12月4日～冬期休業
※2017年12月4日～為冬季休業

まっぷる家族でおでかけ関西'17-'18

大阪 関西サイクルスポーツセンター

關西自行車運動中心

有効期限 ····➤ 2018年9月30日

まっぷる家族でおでかけ関西'17-'18

三重 伊賀の里モクモク手づくりファーム

伊賀之里MOKUMOKU手作農場

有効期限 ····➤ 2018年3月31日

まっぷる家族でおでかけ関西'17-'18

奈良 信貴山のどか村

信貴山長閑（NODOKA）村

有効期限 ····➤ 2018年9月30日

※12月～2月は利用不可
※12月～2月無法使用

まっぷる家族でおでかけ関西'17-'18

京都 ピュアハートキッズランド伏見桃山

PURE HEART KIDS LAND 伏見桃山

有効期限 ····➤ 2018年3月31日

※原本のみ有効　※他クーポン・割引併用不可
※伏見桃山店のみ利用可 ※身分証明書の提示が必要

※本券影印無效　※無法與其他優惠券、折扣並用
※僅適用於伏見桃山店 ※需出示身分證件

まっぷる家族でおでかけ関西'17-'18

大阪 アメイジングワールド守口ジャガータウン店

Amazing World 守口Jaguar Town店

有効期限 ····➤ 2018年3月31日

まっぷる家族でおでかけ関西'17-'18

三重 伊勢・安土桃山文化村

伊勢・安土桃山文化村

有効期限 ····➤ 無

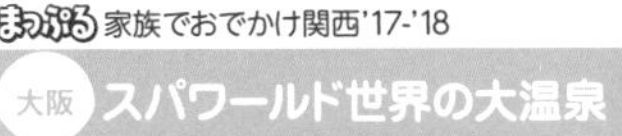 家族でおでかけ関西'17-'18

本書 P.100

大阪 スパワールド世界の大温泉

SPA WORLD世界大溫泉

オリジナルグッズプレゼント

贈送原創周邊商品

★本券で10名様まで有効 ❶裏面の注意事項をお読みください。
★本券可供10人使用 ❶請詳讀背面注意事項

まっぷる 家族でおでかけ関西'17-'18

本書 P.101

兵庫 リゾ鳴尾浜

RESO鳴尾濱

入館費200日圓OFF

入館費200日圓OFF

★本券で5名様まで有効 ❶裏面の注意事項をお読みください。
★本券可供5人使用 ❶請詳讀背面注意事項

まっぷる 家族でおでかけ関西'17-'18

本書 P.102

奈良 奈良健康ランド 奈良プラザホテル

奈良健康園廣場飯店

大人入館料100円引き (1620円→1520円)

入館費成人100日圓OFF (1620日圓→1520日圓)

★本券で2名様まで有効 ❶裏面の注意事項をお読みください。
★本券可供2人使用 ❶請詳讀背面注意事項

まっぷる 家族でおでかけ関西'17-'18

本書 P.102

京都 心と身体の癒しの森 るり渓温泉

療癒身心的森林 琉璃溪溫泉

入浴料大人200円OFF

入浴費成人200日圓OFF

★本券で4名様まで有効 ❶裏面の注意事項をお読みください。
★本券可供4人使用 ❶請詳讀背面注意事項

まっぷる 家族でおでかけ関西'17-'18

本書 P.102

京都 レイクフォレストリゾート クアパレス

森林湖度假酒店 KUR PALACE

入浴料大人1000円→600円、子ども600円→300円

入浴費成人1000日圓→600日圓 兒童600日圓→300日圓

★本券で6名様まで有効 ❶裏面の注意事項をお読みください。
★本券可供6人使用 ❶請詳讀背面注意事項

まっぷる 家族でおでかけ関西'17-'18

本書 P.106

大阪 キッズプラザ大阪

大阪兒童樂園

入館料10%OFF

入館費10%OFF

★本券で5名様まで有効 ❶裏面の注意事項をお読みください。
★本券可供5人使用 ❶請詳讀背面注意事項

まっぷる 家族でおでかけ関西'17-'18

本書 P.107

大阪 大阪府立大型児童館 ビッグバン

大阪府立大型兒童館 BIG BANG

入館料20%OFF

入館費20%OFF

★本券で5名様まで有効 ❶裏面の注意事項をお読みください。
★本券可供5人使用 ❶請詳讀背面注意事項

まっぷる 家族でおでかけ関西'17-'18

本書 P.110

大阪 大阪歴史博物館

大阪歷史博物館

常設展示観覧料10%OFF

常設展參觀費10%OFF

★本券で5名様まで有効 ❶裏面の注意事項をお読みください。
★本券可供5人使用 ❶請詳讀背面注意事項

まっぷる 家族でおでかけ関西'17-'18

本書 P.111

大阪 国立民族学博物館

國立民族學博物館

本館展示観覧料大人420円→350円、高・大学生250円→200円

本館展示參觀費成人420日圓→350日圓 大學・高中生250日圓→200日圓

★本券で5名様まで有効 ❶裏面の注意事項をお読みください。
★本券可供5人使用 ❶請詳讀背面注意事項

まっぷる 家族でおでかけ関西'17-'18

本書 P.113

兵庫 カネテツデリカフーズ てっちゃん工房

カネテツデリカフーズ てっちゃん工房

体験料10%OFF

體驗費10%OFF

★本券で4名様まで有効 ❶裏面の注意事項をお読みください。
★本券可供4人使用 ❶請詳讀背面注意事項

まっぷる 家族でおでかけ関西'17-'18

本書 P.114

兵庫 有馬玩具博物館

有馬玩具博物館

入館料大人200円OFF、子ども100円OFF

入館費成人200日圓OFF 兒童100日圓OFF

★本券で5名様まで有効 ❶裏面の注意事項をお読みください。
★本券可供5人使用 ❶請詳讀背面注意事項

まっぷる 家族でおでかけ関西'17-'18

本書 P.115

兵庫 明石市立天文科学館

明石市立天文科學館

オリジナルポストカード プレゼント

贈送原創明信片

★本券で5名様まで有効 ❶裏面の注意事項をお読みください。
★本券可供5人使用 ❶請詳讀背面注意事項

可剪下來使用

まっぷる 家族でおでかけ関西'17-'18

本書 P.116

兵庫 淡路夢舞台温室「奇跡の星の植物館」

淡路夢舞台溫室「奇蹟之星植物館」

入館料10%OFF

入館費10%OFF

★本券で5名様まで有効 ❶裏面の注意事項をお読みください。
★本券可供5人使用 ❶請詳讀背面注意事項

まっぷる 家族でおでかけ関西'17-'18

本書 P.116

兵庫 にしわき経緯度地球科学館「テラ・ドーム」

西脇經緯度地球科學館「Terre Dome」

天然石タンブル1個プレゼント

贈送天然石1個

★本券で1名様まで有効 ❶裏面の注意事項をお読みください。
★本券可供1人使用 ❶請詳讀背面注意事項

まっぷる 家族でおでかけ関西'17-'18

本書 P.117

滋賀 大津市科学館

大津市科學館

科学館特製星座早見盤 プレゼント

贈送科學館特製星座速見盤

★本券で1名様まで有効 ❶裏面の注意事項をお読みください。
★本券可供1人使用 ❶請詳讀背面注意事項

まっぷる 家族でおでかけ関西'17-'18

本書 P.118

和歌山 和歌山県立自然博物館

和歌山縣立自然博物館

オリジナル缶バッジ 1個プレゼント

贈送原創徽章1個

★本券で1名様まで有効 ❶裏面の注意事項をお読みください。
★本券可供1人使用 ❶請詳讀背面注意事項

まっぷる 家族でおでかけ関西'17-'18

本書 P.118

三重 赤目四十八滝 忍者の森

赤目四十八瀑布 忍者之森

忍者修行体験400円OFF

忍者修行體驗400日圓OFF

★本券で2名様まで有効 ❶裏面の注意事項をお読みください。
★本券可供2人使用 ❶請詳讀背面注意事項

まっぷる 家族でおでかけ関西'17-'18

本書 P.118

滋賀 甲賀の里忍術村

甲賀之里忍術村

入村料100円OFF

入村費100日圓OFF

★本券で5名様まで有効 ❶裏面の注意事項をお読みください。
★本券可供5人使用 ❶請詳讀背面注意事項

まっぷる家族でおでかけ関西'17-'18

奈良 奈良健康ランド 奈良プラザホテル

奈良健康園廣場飯店

有効期限 ···➤ 2018年9月30日

※入館時にフロントカウンターで呈示
※当館の定める特別期間は使用不可
※他の割引サービスとの併用不可

※入館時於櫃台出示本券
※於本館訂定的特別期間內無法使用
※無法與其他優惠合併使用

まっぷる家族でおでかけ関西'17-'18

兵庫 リゾ鳴尾浜

RESO鳴尾濱

有効期限 ···➤ 2018年3月31日

※他の割引との併用不可
※7・8月の土・日曜、祝日および8月10～16日は利用不可

※無法與其他優惠並用
※7・8的週六日、假日，以及8月10～16日無法使用

まっぷる家族でおでかけ関西'17-'18

大阪 スパワールド世界の大温泉

SPA WORLD世界大溫泉

有効期限 ···➤ 2018年3月31日

まっぷる家族でおでかけ関西'17-'18

大阪 キッズプラザ大阪

大阪兒童樂園

有効期限 ···➤ 2018年3月31日

※1回限り有効

※僅限使用1次

まっぷる家族でおでかけ関西'17-'18

京都 レイクフォレストリゾート クアパレス

森林湖度假酒店 KUR PALACE

有効期限 ···➤ 2018年9月30日

まっぷる家族でおでかけ関西'17-'18

京都 心と身体の癒しの森 るり渓温泉

療癒身心的森林 琉璃溪溫泉

有効期限 ···➤ 2018年3月31日

まっぷる家族でおでかけ関西'17-'18

大阪 国立民族学博物館

國立民族學博物館

有効期限 ···➤ 2018年3月31日

※特別展は、特別団体割引料金扱いとします
※本館展示観覧料が改定された場合は、本館展示観覧料の団体割引料金扱いとします

※特別展則為特別展團體優惠價
※本館展示參觀費若有變動，票價則為本館展示參觀費的團體優惠價

まっぷる家族でおでかけ関西'17-'18

大阪 大阪歴史博物館

大阪歷史博物館

有効期限 ···➤ 2018年9月30日

まっぷる家族でおでかけ関西'17-'18

大阪 大阪府立大型児童館 ビッグバン

大阪府立大型兒童館 BIG BANG

有効期限 ···➤ 2018年3月31日

※他のクーポン・サービスとの併用不可
※コピーの利用不可

※無法與其他優惠券、折扣並用
※本券影印無效

まっぷる家族でおでかけ関西'17-'18

兵庫 明石市立天文科学館

明石市立天文科學館

有効期限 ···➤ 2018年3月31日

まっぷる家族でおでかけ関西'17-'18

兵庫 有馬玩具博物館

有馬玩具博物館

有効期限 ···➤ 2018年9月30日

まっぷる家族でおでかけ関西'17-'18

兵庫 カネテツデリカフーズ てっちゃん工房

カネテツデリカフーズ てっちゃん工房

有効期限 ···➤ 2018年3月31日

※2品コースの体験で2名様以上の場合に利用可

※2品課程體驗可供2人以上使用

まっぷる家族でおでかけ関西'17-'18

滋賀 大津市科学館

大津市科學館

有効期限 ···➤ 2018年9月30日

まっぷる家族でおでかけ関西'17-'18

兵庫 にしわき経緯度地球科学館「テラ・ドーム」

西脇經緯度地球科學館「Terre Dome」

有効期限 ···➤ 2018年3月31日

まっぷる家族でおでかけ関西'17-'18

兵庫 淡路夢舞台温室「奇跡の星の植物館」

淡路夢舞台溫室「奇蹟之星植物館」

有効期限 ···➤ 2018年9月30日

※他の割引券との併用不可
※特別展は特別展料金から10%OFF

※無法與其他優惠並用
※特別展則為特別展費用10%OFF

まっぷる家族でおでかけ関西'17-'18

滋賀 甲賀の里忍術村

甲賀之里忍術村

有効期限 ···➤ 2018年9月30日

※他の割引との併用不可

※無法與其他優惠並用

まっぷる家族でおでかけ関西'17-'18

三重 赤目四十八滝 忍者の森

赤目四十八瀑布 忍者之森

有効期限 ···➤ 2018年3月31日

※他のクーポンとの併用不可
※体験要予約

※無法與其他優惠並用
※體驗需預約

まっぷる家族でおでかけ関西'17-'18

和歌山 和歌山県立自然博物館

和歌山縣立自然博物館

有効期限 ···➤ 2018年3月31日

まっぷる 家族でおでかけ関西'17-'18
大阪 舞洲スポーツアイランド 本書P.120
舞洲體育島
舞洲インフィニティサーキットの1人乗りカート1周無料
舞洲Infiniti Circuit 1人乘坐車免費一圈
★本券で5名様まで有効 ❶裏面の注意事項をお読みください。
★本券可供5人使用 ❶請詳讀背面注意事項

まっぷる 家族でおでかけ関西'17-'18
大阪 高槻森林観光センター 本書P.125
高槻森林觀光中心
入浴料100円OFF
入浴費100日圓OFF
★本券で4名様まで有効 ❶裏面の注意事項をお読みください。
★本券可供4人使用 ❶請詳讀背面注意事項

まっぷる 家族でおでかけ関西'17-'18
兵庫 県立いえしま自然体験センター 本書P.126
縣立家島自然體驗中心
カヌー、カヤック料金50%OFF
獨木舟、皮艇費用50%OFF
★本券で1家族まで有効 ❶裏面の注意事項をお読みください。
★本券可供1個家庭使用 ❶請詳讀背面注意事項

まっぷる 家族でおでかけ関西'17-'18
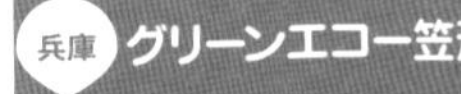
兵庫 グリーンエコー笠形 本書P.126
GREEN ECHO笠形
粗品1個プレゼント
贈送小禮物1個
★本券で1名様まで有効 ❶裏面の注意事項をお読みください。
★本券可供1人使用 ❶請詳讀背面注意事項

まっぷる 家族でおでかけ関西'17-'18
京都 大正池グリーンパーク 本書P.127
大正池GREEN PARK
施設利用料金1グループにつき500円OFF
設施使用費1個團體500日圓OFF
★本券で1グループ有効 ❶裏面の注意事項をお読みください。
★本券僅供1團體使用 ❶請詳讀背面注意事項

まっぷる 家族でおでかけ関西'17-'18
滋賀 びわ湖バレイ 本書P.127
琵琶湖VALLEY
ロープウェイ往復料金大人2200円→1900円、小学生900円→800円、幼児500円→400円
空中纜車來回票成人2200日圓→1900日圓、小學生900日圓→800日圓、幼兒500日圓→400日圓
★本券で5名様まで有効 ❶裏面の注意事項をお読みください。
★本券可供5人使用 ❶請詳讀背面注意事項

まっぷる 家族でおでかけ関西'17-'18
滋賀 グリーンパーク山東 本書P.128
Green Park山東
日帰り入浴料100円OFF
不住宿入浴費100日圓OFF
★本券で5名様まで有効 ❶裏面の注意事項をお読みください。
★本券可供5人使用 ❶請詳讀背面注意事項

まっぷる 家族でおでかけ関西'17-'18
滋賀 ウッディパル余呉 本書P.128
Woody Pal余吳
アスレチック入場料50円OFF
活動器材區入場費50日圓OFF
★本券で4名様まで有効 ❶裏面の注意事項をお読みください。
★本券可供4人使用 ❶請詳讀背面注意事項

まっぷる 家族でおでかけ関西'17-'18
大阪 大江戸温泉物語 箕面温泉スパーガーデン 本書P.130
大江戸溫泉物語 箕面溫泉SPA GARDEN
入館料大人100円OFF
入館費成人100日圓OFF
★本券で4名様まで有効 ❶裏面の注意事項をお読みください。
★本券可供4人使用 ❶請詳讀背面注意事項

まっぷる 家族でおでかけ関西'17-'18
大阪 彩都天然温泉 すみれの湯 本書P.131
彩都天然温泉 すみれの湯
大人入浴料750円→550円
成人入浴費750日圓→550日圓
★本券で5名様まで有効 ❶裏面の注意事項をお読みください。
★本券可供5人使用 ❶請詳讀背面注意事項

まっぷる 家族でおでかけ関西'17-'18
大阪 スパバレイ枚方南 本書P.132
スパバレイ枚方南
岩盤コミュニケーションサウナ（入浴料込）大人200円OFF
岩盤交流三溫暖（含入浴費）成人200日圓OFF
★本券で5名様まで有効 ❶裏面の注意事項をお読みください。
★本券可供5人使用 ❶請詳讀背面注意事項

まっぷる 家族でおでかけ関西'17-'18
大阪 天然温泉 平野台の湯 安庵 本書P.132
天然温泉 平野台の湯 安庵
タオルセットレンタル無料
免費租借毛巾套組
★本券で2名様まで有効 ❶裏面の注意事項をお読みください。
★本券可供2人使用 ❶請詳讀背面注意事項

✂可剪下來使用

まっぷる 家族でおでかけ関西'17-'18
大阪 岩塩温泉 りんくうの湯 本書P.133
岩塩温泉 りんくうの湯
大人入浴料100円OFF
成人入浴費100日圓OFF
★本券で3名様まで有効 ❶裏面の注意事項をお読みください。
★本券可供3人使用 ❶請詳讀背面注意事項

まっぷる 家族でおでかけ関西'17-'18
兵庫 つかしん天然温泉 湯の華廊 本書P.133
つかしん天然温泉 湯の華廊
湯の華廊オリジナルタオルプレゼント
贈送湯の華廊原創毛巾
★本券で3名様まで有効 ❶裏面の注意事項をお読みください。
★本券可供3人使用 ❶請詳讀背面注意事項

まっぷる 家族でおでかけ関西'17-'18
滋賀 永源寺温泉 八風の湯 本書P.133
永源寺温泉 八風の湯
入館料大人300円OFF
入館費成人300日圓OFF
★本券で4名様まで有効 ❶裏面の注意事項をお読みください。
★本券可供4人使用 ❶請詳讀背面注意事項

まっぷる家族でおでかけ関西'17-'18

兵庫 県立いえしま自然体験センター

縣立家島自然體驗中心

有効期限 ····➤ 2018年3月31日

まっぷる家族でおでかけ関西'17-'18

大阪 高槻森林観光センター

高槻森林觀光中心

有効期限 ····➤ 2018年9月30日

まっぷる家族でおでかけ関西'17-'18

大阪 舞洲スポーツアイランド

舞洲體育島

有効期限 ····➤ 2018年9月30日

まっぷる家族でおでかけ関西'17-'18

滋賀 びわ湖バレイ

琵琶湖VALLEY

有効期限 ····➤ 2018年3月31日

※天候・整備等により運休の場合あり。要問い合わせ
※他の割引との併用不可、休業日は事前にHPで確認してください

※會因天候、整備而休業，需洽詢
※無法與其他折扣並用，休業日請事前於官網確認

まっぷる家族でおでかけ関西'17-'18

京都 大正池グリーンパーク

大正池GREEN PARK

有効期限 ····➤ 2018年3月31日

※他の割引との併用不可

※無法與其他折扣並用

まっぷる家族でおでかけ関西'17-'18

兵庫 グリーンエコー笠形

GREEN ECHO笠形

有効期限 ····➤ 2018年9月30日

まっぷる家族でおでかけ関西'17-'18

大阪 大江戸温泉物語 箕面温泉スパーガーデン

大江戸溫泉物語
箕面溫泉SPA GARDEN

有効期限 ····➤ 2018年3月31日

※18:00までのご入館のみ利用可
※他のサービス、割引との併用不可

※僅適用於18:00前入館
※無法與其他優惠、折扣並用

まっぷる家族でおでかけ関西'17-'18

滋賀 ウッディパル余呉

Woody Pal余吳

有効期限 ····➤ 2017年11月30日

※GWは利用不可

※不適用於黃金週

まっぷる家族でおでかけ関西'17-'18

滋賀 グリーンパーク山東

Green Park山東

有効期限 ····➤ 2018年3月31日

まっぷる家族でおでかけ関西'17-'18

大阪 天然温泉 平野台の湯 安庵

天然溫泉 平野台の湯 安庵

有効期限 ····➤ 2018年9月30日

まっぷる家族でおでかけ関西'17-'18

大阪 スパバレイ枚方南

スパバレイ枚方南

有効期限 ····➤ 2018年3月31日

※他の割引券との併用不可

※無法與其他優惠券併用

まっぷる家族でおでかけ関西'17-'18

大阪 彩都天然温泉 すみれの湯

彩都天然溫泉 すみれの湯

有効期限 ····➤ 2018年9月30日

※他の割引券との併用不可

※無法與其他優惠券併用

まっぷる家族でおでかけ関西'17-'18

滋賀 永源寺温泉 八風の湯

永源寺溫泉 八風の湯

有効期限 ····➤ 2018年9月30日

まっぷる家族でおでかけ関西'17-'18

兵庫 つかしん天然温泉 湯の華廊

つかしん天然溫泉 湯の華廊

有効期限 ····➤ 2018年3月31日

まっぷる家族でおでかけ関西'17-'18

大阪 岩塩温泉 りんくうの湯

岩塩溫泉 りんくうの湯

有効期限 ····➤ 2018年3月31日

哈日情報誌 MAPPLE 親子遊 關西

CONTENTS 1

特別附錄　附豪華附錄!!

讀者限定 賺 優惠券 BOOK

本書的使用方法

首先一起來看看本書的使用方法吧！只要了解怎麼看，就能從眾多景點中找到自己想去的目的地喔！

優惠券

若有店家提供給讀者的優惠券將會標示出來。優惠券的內容與使用方法，刊載於刊頭的特別附錄①「讀者限定㊕優惠券BOOK」內。

地圖

標示書末「關西出遊MAP」的刊載頁數。可以馬上知道設施的位置。

建議遊玩年齡

將各設施適合遊玩的年齡大致分為四個階段，提供讀者參考。

0歲 1~3歲 4~5歲 6歲以上

設施資訊

¥ 費用 費用使用設施時所需要的費用

所需大約時間

標示於各景點遊逛時所需的（平均）時間

1日 半日 3小時 1小時

雨天OK　有餐飲設施

可帶便當入內

有投幣式置物櫃

幼兒資訊

嬰兒車

標示有無租借、是否可攜帶入內。可租借的情況則標示付費、免費等。

兒童廁所

標示有無兒童用大小的廁所。 包含一般廁所內附有兒童馬桶之廁所。

換尿布空間

標示有無換尿布空間、尿布台。

哺乳室

標示有無哺乳室、嬰兒房。

大阪 堺市
豐富多樣的遊樂器材讓人玩上一整天
おおさかふりつおおがたじどうかん ビッグバン
大阪府立大型兒童館 BIG BANG
13H-8
072-294-0999
成人 1000日圓　中小學生 800日圓　幼兒(3歲~) 600日圓
65歲以上(出示證件) 500日圓
在館內盡情活動遊玩
充滿各式展示體驗的太空船！
館內有1間喫茶輕食餐廳，但僅於週六、週日、假日營業，建議自行準備便當帶來。
動畫創作家松本零士擔任榮譽館長，以「遊戲」為主題的大型兒童館。館內打造成具有故事性的遊戲空間，構想出自松本所創造的壯闊宇宙世界。高達53m的巨大攀爬架「遊具之塔」，以及設有爬樹的遊樂器材、空中纜索的「叢林冒險」等，這裡有各式各樣讓小朋友用到全身來玩的遊戲空間！
其1 栩栩如生的待兼鱷
這座巨大的遊樂器材設計成據說遠古時期便棲息於大阪平原的待兼鱷造型。鱷魚身體表面及內臟有隧道、秘密洞穴等，可進到牠的體內遊玩。
其2 遊具之塔
這是一座高53m的巨型攀爬架，努力爬到最上面吧！
其3 兒童劇場
週六、週日及假日會有戲劇、表演節目，深受小朋友們喜愛。暑假時還會舉辦特別活動，是個充滿樂趣的天地。
其4 太空廚房
可以在這裡做餅乾、塔類點心等，體驗製作各式糕點。每個月會推出不同體驗內容，讓人想一來再來（需付費，4歲以上，週六、週日、假日舉辦）。
重點看過來！
一起來check! 推薦情報
點心製作及工藝工作坊等體驗活動頗受好評，由於每天的活動內容不同，詳情請於官網確認！另外，只有在BIG BANG才買得到的商品也別錯過喔。
有趣體驗
P.103
107

DATA

電話號碼 本書標示的是各設施的洽詢用號碼。基本上使用的語言是日文，且撥打時可能採國際電話費用計算，請知悉。

營業時間、開館時間 L餐飲店為開店到打烊、最後點餐的時間，設施則是標示至可以入館的最晚時間。

公休日 休原則上只標示公休日，過年期間等不予標示。

所在地 所住址

交通方式（公共交通）最近車站到達目的地所需時間的參考值。

交通方式（租車自駕）最近IC到達目的地所需時間的參考值。

停車場 P標示有無停車場、輛數、費用。部分內文有省略。

CONTENTS 2

依主題找景點

利用本書前請詳細閱讀下列事項

本書刊載的內容為2016年9～12月採訪、調查時的資訊。
本書出版後，餐飲店菜單和商品內容和費用、金額等各種刊載資訊可能有所變動，也可能因為季節性的變動、缺貨、臨時公休、歇業等因素而無法利用。因為消費稅的調高，各項費用可能變動，因此會有部分設施的標示費用為稅外的情況，消費之前請務必確認後再出發。此外，因本書刊載內容而造成的糾紛和損害等，敝公司無法提供補償，請在確認此點之後再行購買。

先輩媽咪的心得分享!!

讓出遊加倍歡樂的訣竅

以下是出遊經驗豐富的前輩媽咪們大方分享的各種訣竅。有許多能讓出遊變得更輕鬆愜意、馬上派得上用場的技巧，請大家一定要試試喔。

規劃寬鬆的行程計畫

帶小朋友一起出門，其實會比想像中來得花時間。切勿以大人的角度來思考，先配合孩子的步調安排較為鬆散的行程，這樣即使在準備、出發時遇到延誤或行程須大幅度變更的狀況，也能不慌不忙地一一對應。搭電車或開車移動時，最好避開容易塞車的時段。

Check Point

- ☐避免打亂小孩的生活作息
- ☐先從居家附近的散步開始挑戰
- ☐建議於人潮較不擁擠的10～15時搭電車

選擇大人也會感興趣的場所

有時都已經專程出門了，小孩卻一直在嬰兒車裡睡覺。決定出遊地點時不妨挑選連大人也覺得有趣的場所，如此一來就能玩得更加盡興。在孩子年紀還小、尚未習慣出遊前，可以先挑戰備有尿布台、熱水、出租嬰兒車等服務的購物中心，不需大包小包輕鬆就能出門。

Check Point

- ☐選擇媽媽也覺得好玩的地方
- ☐挑選不需攜帶太多東西出門的場所
- ☐建議從購物中心開始挑戰

出遊前必做的事先調查!

移動時要搭乘何種交通工具、目的地有無哺乳室和換尿布的空間等，都必須仔細調查。若為短時間的出遊行程，可以騰出雙手的嬰兒揹帶會比較方便，要帶嬰兒車的話就得先確認車站內有無電梯。選擇餐廳的重點則在於能否提供愉快親子時光的空間環境，造訪時建議避開人潮較多的時段。需要事前預約的店家可先告知會有小孩同行，並詢問一下嬰兒車能否入店。

Check Point

- ☐確認哺乳室及換尿布的場所
- ☐查詢車站內有無電梯
- ☐搜尋適合親子光顧的店家

實用網站

天氣

氣象新聞 http://weathernews.jp/

日本氣象協會 http://www.tenki.jp/

交通資訊

JR西日本列車運行情報 http://www.westjr.co.jp/

搜尋車站 http://ekitan.com/

大阪市交通局 http://www.kotsu.city.osaka.lg.jp/

NAVITIME 停車場檢索 https://www.navitime.co.jp/parking/?fromlink=footer

醫療相關

兒童緊急救護 http://kodomo-qq.jp/

車輛道路救援

JAF 0570-00-8139
(JAF路面服務救援電話)
※付費、全國共通，PHS及部分IP電話不適用
http://www.jaf.or.jp/

兒童網站

Yahoo! Kids http://kids.yahoo.co.jp/

暈車的應對方法

搭車前

- 充足的睡眠
- 搭車前 30 分鐘先吃暈車藥
- 避免空腹狀態
- 噴除臭劑消除車內味道
- 著寬鬆衣物

搭車時

- 開窗吸取新鮮空氣
- 眺望遠方景色（避免看近物）
- 坐在巴士前排，維持寬闊視野
- 口含糖果，飲用少許碳酸飲料
- 勿大幅度轉動頭部，將頭靠在椅背上

我完全沒暈車呢，大家也試試吧！

有沒有東西忘了帶

挑選住宿的訣竅

好想去泡溫泉

有嬰幼兒同行時和室是安心首選，高低段差較少、看顧起來也輕鬆許多。若有提供副食品就更好了，若沒有則要確認客房內或該樓層是否置有微波爐。如果有室內浴池或包租浴池就不需顧忌其他住宿客人，能夠悠閒地慢慢享受。

參考看看吧♪ 前輩媽咪口耳相傳 出遊秘訣大公開

- 一定要事先確認出遊地的公休日。**可先上Instagram搜尋出遊地點的照片**，找出小孩可能會覺得有趣的地方。
- **在嬰兒車掛上S型勾環**，即可吊掛包包或購物袋。我是選用固定式的大型勾環，掛重物也沒問題。
- 要記得攜帶智慧型手機沒電時的應急**行動電源**，方便擦拭的**防蚊濕紙巾**也很好用。
- 為了能看到兒童座椅上的小孩表情，還特別安裝了**專用後照鏡**。的確讓人安心不少，小孩好像也很開心。
- 我很愛用裝在寶特瓶上的**直飲式瓶蓋**，連小小孩也能輕鬆上手，即使打翻寶特瓶或倒放也不會漏出來。

年齡別 ☑ 建議攜帶物品！

0歲

- ☐ **哺乳披巾** 若出遊地點沒有哺乳室也能照常餵乳，專用披巾超輕便又好攜帶。
- ☐ **嬰兒揹帶** 即使有帶嬰兒車也要準備揹帶，有時得抱著哄才能止哭。
- ☐ **除菌濕紙巾** 小朋友會到處東摸西摸，因此請選用低刺激性的產品。
- ☐ **手帕** 比毛巾容易乾，小孩覺得冷時還可拿來禦寒，若替換衣物沒了也能當圍裙來使用。

1~2歲

- ☐ **大毛巾** 也能用來遮陽或防寒。
- ☐ **密合式塑膠袋** 可以裝吃剩的點心、用過的尿布。
- ☐ **熱水** 除了補給水分外，還能稀釋調味較重的外食
- ☐ **玩具** 小孩耍脾氣時的安撫物，選一個不佔體積的小玩具就好。

3歲以上

- ☐ **塑膠提袋&塑膠袋** 百元商店所販售的盒裝抽取式捲筒垃圾袋，隨身攜帶十分方便。
- ☐ **替換衣物** 流汗時、吃東西弄髒或尿濕褲子時的備用衣物，也別忘了襪子。
- ☐ **小包裝點心** 小孩不開心或肚子餓的時候就能派上用場。
- ☐ **急救物品** 攜帶蚊蟲叮咬藥、OK繃、消毒潔手凝露等以備不時之需。

出遊 Check List★

用餐

- ☐ 奶粉（依每餐份量分裝）
- ☐ 奶瓶
- ☐ 熱水、冷水
- ☐ 嬰兒食品
- ☐ 副食品湯匙
- ☐ 圍兜
- ☐ 飲料
- ☐ 零食

移動

- ☐ 嬰兒揹帶
- ☐ 嬰兒車

換尿布

- ☐ 紙尿布
- ☐ 屁屁濕紙巾
- ☐ 塑膠袋

衣服

- ☐ 紗布衣
- ☐ 替換衣物
- ☐ 披肩
- ☐ 小毛巾
- ☐ 大毛巾
- ☐ 帽子

其他

- ☐ 面紙
- ☐ 濕紙巾
- ☐ 相機
- ☐ 防曬乳
- ☐ OK繃
- ☐ 鋪墊
- ☐ 防蚊蟲藥、蚊蟲止癢藥
- ☐ 傘·雨衣
- ☐ 小玩具·繪本

WOW!
絕對不能錯過！最夯的出
請你吃♡
好舒服喔～
一回頭就變成鬍子小妹妹了
扮鬼臉
果醬公主♡
創意過頭的變裝連大人也…
各位美食特派員們
BEH!
海苔捲先生！
接著來吃草莓♡
飛起來了！
LOVE
看起來好開心啊
最棒的出遊照！
時而大笑、時而扮鬼臉或是變裝打扮，這裡集結了每位小朋友的“開心表情”。今年也要到處走走玩玩，拍下更多充滿回憶的照片喔！
ZZZ
ZZZ
ZZZ
ZZZ
我家的小英雄♡
徹底變身
變大吧！
忍者
警察！
ALOHA!
要出動囉！GO!
熱情的阪神虎隊球迷
這是現在最流行的木屐打扮♡可愛嗎～!?
我也要！
我是攤販老闆
久等了～！

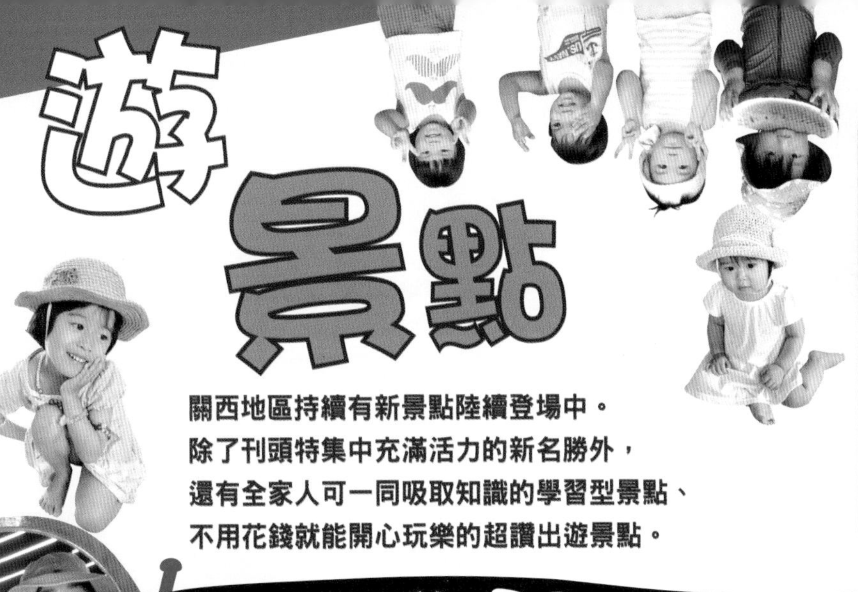

遊景點

關西地區持續有新景點陸續登場中。
除了刊頭特集中充滿活力的新名勝外，
還有全家人可一同吸取知識的學習型景點、
不用花錢就能開心玩樂的超讚出遊景點。

刊頭特集

CONTENTS

出遊News

迅速竄紅的超人氣景點！ 2016.4.29

京都鐵道博物館 →P.16

座落於京都梅小路的日本最大級鐵道博物館，有許多以「觀賞、接觸、體驗」為主題的體驗型展示。話題性十足的新設施目前參觀人次已經超過100萬人，在關西的熱門出遊景點中名列前茅。

EXPOCITY的 2016.7.1

日本最高的摩天輪！ →P.33

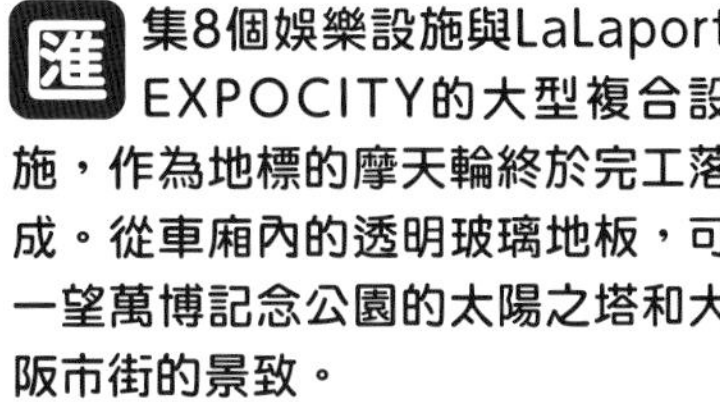

匯集8個娛樂設施與LaLaport EXPOCITY的大型複合設施，作為地標的摩天輪終於完工落成。從車廂內的透明玻璃地板，可一望萬博記念公園的太陽之塔和大阪市街的景致。

廣受親子遊客喜愛♥ 2016.5.16

枚方T-SITE →P.11

枚方T-SITE是以蔦屋書店為主體的商業空間，匯集眾多能為日常生活增添色彩的設施。5樓的兒童樓層設有室內遊樂器材、適合嬰幼兒玩耍的遊樂場，皆可免費利用。與車站直通即使下雨天也很方便，是最能滿足親子遊客需求的新景點。

眾所矚目的進化系度假勝地！ 2016.7.1

NESTA RESORT KOBE →P.20

全新開幕的NESTA RESORT KOBE集結了目前最夯的豪華露營，以及室內泳池、運動場、燈飾隧道等多樣玩樂元素。於2017年春天更加碼推出可當天往返的入浴設施與造景花園等。

LEGOLAND® Japan於名古屋開幕! 2017.4.1

備有40多個遊樂設施和表演秀的LEGOLAND® JAPAN於2017年4月在名古屋正式開幕，不妨先前往大阪感受一下樂高積木的世界吧！

大阪樂高樂園®探索中心 →P.10

1 現在最想去的地方就是這兒！熱門的出遊景點

深度採訪當前最受親子遊客青睞、
詢問度最高的出遊景點。
直擊大阪樂高樂園®探索中心與枚方 T-SITE！

Check!
線上預售票成人票價2300日圓→1600日圓～（※16時以後入場）最多可享1人700日圓的折扣優惠，價格已內含門票及所有遊樂設施的費用。

一窺專業樂高達人的工作室

老師平時需負責構思Master Builder Academy的課程內容，製作設施內的裝飾作品以及相關維修。

Merlins Apprentice

腳踏板輕飄飄在空中飛舞盤旋的遊樂設施。身高限制90cm以上，90～120cm的孩童需有大人陪同搭乘。

歡迎來到樂高積木王國！

大阪 大阪市

大阪樂高樂園®・探索中心

有優惠券

由300萬個以上的樂高積木裝飾而成的室內空間中，各種遊樂設施應有盡有。可以向樂高達人請教作品的組裝方法，或是運用樂高積木打造自己的車子放賽車跑道上測試，體驗樂高積木豐富多樣的玩法。→P.96

書末地圖 10D-6 ✆06-6573-6010
地 大阪市港区海岸通1-1-10 天保山Market Place 3F
交 地下鐵中央線大阪港站步行5分 時 10:00～19:00或20:00（最後入場時間為17:00或18:00）※有季節性差異 休 不定休（準同天保山Market Place） ¥2300日圓（2歲以下免費）
P 1300輛，每30分鐘200日圓（週六日、假日每30分鐘250日圓）

LEGO®Racers: Build and Test
用樂高積木拼裝成車後到賽車跑道處小試身手吧！記得向積木師（工作人員）詢問一下增加速度的訣竅喔。

3個迷你人偶+專用盒1200日圓
依喜好選擇零件，可組裝成3個迷你人偶

附顆粒筆記本1500日圓
透過顆粒自創文字或圖樣，做出獨一無二的筆記本

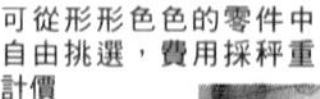

Pick A Brick 30g300日圓
可從形形色色的零件中自由挑選，費用採秤重計價

鑰匙圈650日圓
選擇性豐富。可於樂高積木鑰匙圈印上喜歡的文字（金色和銀色除外），單面390日圓、雙面780日圓

Master Builder Academy

能學習專業積木師作品組裝方法的教室。每個月都會更換製作主題，有意參加者須先行預約，請將姓名填入教室外的預約表上。

Kingdom Quest

坐上車展開營救公主的冒險旅程，持雷射槍掃射骷髏和巨人即可獲得高分。※身高未滿130cm的孩童需有大人陪同搭乘

LEGO®City Play Zone

有許多如爬格子遊樂設施般能活動到身體的裝置，大型溜滑梯、繩網遊樂器材等都讓人玩到流連忘返。

媽媽可以邊看顧小孩邊悠閒喝茶

備有西日本第一座專為嬰幼兒設計的遊樂區

室內遊樂器材、嬰幼兒專用遊樂區一應俱全的5樓，不僅打造出親子的共享空間，又能讓大人小孩都保有各自的自由時間

Check!

營業時間早上7時～晚上23時。除了利用書店外，還可以喝喝咖啡、租借CD‧DVD、參加體驗活動、與小孩玩耍同樂或採購晚餐食材。

有多達2000冊的繪本，若不知從何找起不妨詢問一下客服人員

誕生於TSUTAYA的創業地──枚方！

大阪 枚方市

枚方T-SITE

★ひらかたティーサイト

以蔦屋書店為主體的商業空間，匯集眾多能為日常生活增添色彩的設施。於5F的「親子共學」樓層中，有陳列2000多冊繪本的書店、德國工匠特製的室內遊樂器材、高質感童裝區、玩具賣場和攝影工作室等。與車站直通，即使下雨天也完全不受影響。

書末地圖 22C-7 ☎072-861-5700

地 枚方市岡東町12-2 交 京阪枚方市站步行1分

時 7:00～23:00(因店而異) 休 不定休 P 有合作的收費停車場

以書架為意象設計的建築外觀，儼然已成為枚方市站前的明顯地標

還能開心選購禮物

5F ボーネルンド ベビーストア

店內有從全世界精選而來的嬰幼兒玩具，並附設適合3歲以下幼童的遊樂區BørneLund tot-Garden。

☎072-894-8528

時 10:00～20:00（遊樂區為～19:00，18:00截止受理） ¥ 60分鐘500日圓，之後每15分鐘100日圓

還有多款當令美食

1F gram ★グラム

每天有3個時段各限定20份的Premium Pancake大受歡迎。超乎想像的鬆軟餅皮，幾乎在入口的瞬間就會化開來。口感清爽，好吃得讓人馬上一掃而光。

☎072-894-8646 時 10:00～20:00

Premium Pancake 950日圓

高7公尺的巨大書架令人嘆為觀止！

4樓挑高到5樓、高達7m的書架聳立其間，相當吸睛。周邊置有沙發，可以邊喝茶邊沉浸在悠悠書香中。

1F PALETAS ★パレタス

顏色繽紛的冰棒整齊羅列。堅持盡可能選用國產、註明生產者資料的當季水果製作，還會依照季節更迭推出新口味。

☎072-845-4506

時 10:00～20:00

綜合柑橘 480日圓

香蕉巧克力 400日圓

盡量不使用色素、香料和添加物，對身體無負擔又美味的冰棒

2F 農場ものがたり レストランモクモク

三重縣伊賀市MOKUMOKU手作農場的直營餐廳。選用自家栽種的蔬菜和食材，以自助餐形式提供熟菜、沙拉等60多種菜色。

☎072-894-8095 時 ¥ 需洽詢

具開闊感的露天座

設施內規劃了多處露天座，十分舒適愜意。8F的露台區還設有能輕鬆享用BBQ的餐廳。

5F 嬰兒車放置區

有嬰兒車放置區、附開飲機和淨水器的哺乳室。

哺乳室

大手牽小手一同快樂學習！學習型出遊景點

以下將依序介紹木工工具、地震防災、漢字、食品模型等能夠邊玩邊學的出遊景點，感受富含教育意義的一日體驗趣。

確認木紋
觀察從原木裁切成木材時，不同位置所出現的木紋差異。

鋸刀
據說日本的鋸刀是用"拉"的方式，其他國家的鋸刀則是以"推"的方式。

⊙直至木材加工機器出現前都是以鉅片較寬的鋸子切割木材，如今鋸切珍貴木材時仍會使用前挽大鋸

確認木頭香氣
聞聞看用鉋刀削成薄片後的木頭香氣，感受不同種類木頭的香味。

木工材料包／
・製作檜木湯匙
國中一年級～ 600日圓
利用未上漆的木材、雕刻刀等削鑿出湯匙。

木工材料包／
・六甲山的木頭蛋
幼兒～ 200日圓
選用出自六甲山疏伐材的木頭蛋，以砂紙研磨成光滑表面。

全日本僅此一間的木工工具博物館

兵庫 神戶市

竹中大工道具館

★たけなかだいくどうぐかん

除了展示從約33000件收藏品中精選出的1000件木工工具外，還有當代工匠以精湛技藝打造而成的模型。木工室備有連小孩都能參加的體驗活動（請上官網確認）。

書末地圖 6E-4 ✆078-242-0216

地 神戶市中央區熊內町7-5-1
交 市營地下鐵新神戶站步行3分
時 9:30～16:30 休 週一（逢假日則翌日休） ¥成人500日圓，國中生以下免費 P 6輛，免費

木工材料包／
・木頭機器人
小學一年級～ 850日圓
在木製機器人身上裝飾松果或小樹枝。

能用到專業木工工具的「挑戰木工工具！」也很有趣喲
※日期請洽官網

小小木工體驗

提供木頭蛋、機器人等近10種木工材料包，可以自由任選製作。

地下2樓木工室／週六日、假日舉辦
※有時會暫停舉辦，請上官網確認
時 10:00～12:00、13:00～16:00的任一時間皆可(15:30截止受理)

與全家人一起討論若遇地震時該如何應變

兵庫 神戶市

人與防災未來中心

★ひとと ぼうさいみらいセンター

致力於將阪神淡路大地震的經驗和教訓傳承給後世，希冀能對減輕國內外的受災情況有所貢獻。可透過影像或說故事的人一窺地震和海嘯的恐怖程度，能運用在今後防災減災上的實用資訊及知識技術也相當充實。

書末地圖 6F-4 ✆078-262-5050

地 神戶市中央區脇浜海岸通1-5-2
交 JR灘站步行12分 時 9:30～16:30
休 週一 ¥成人600日圓，國中生以下免費 P 15輛，1小時內250日圓、2小時內400日圓、3小時內500日圓

震度與規模哪裡不一樣呢？

認識不同震度分級的受災情況與搖晃程度

做好防災準備了嗎？

汲取阪神淡路大地震的經驗所製成的防災物品小冊，與家人一起確認看看有沒有遺漏的東西。

3F 震災記憶樓層

以影像、照片等方式詳實記錄地震當時的模樣。

4F 體驗震災情景樓層

忠實重現在阪神淡路大地震中塌毀的街道，並透過1.17劇場的影像和音響感受地震的駭人威力。

這個漢字你認識嗎？

選 擇一款迴轉壽司使用的食材，並試著配上正確的漢字吧

知道這些魚字旁的漢字怎麼唸嗎？

拍照景點

用身體表達漢字

利 用部首和肢體動作的結合挑戰造字

拍攝下來的畫面會放映在螢幕上喲！

日本首創的漢字博物館

京都 京都市 漢検漢字博物館・圖書館（漢字博物館）

★かんけん かんじはくぶつかんとしょかん（かんじミュージアム）

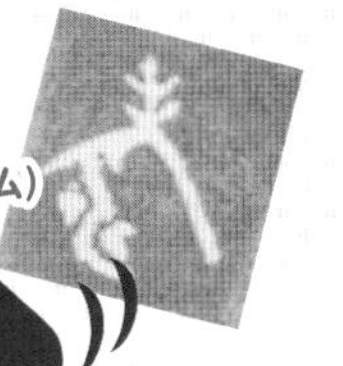

透 過觸摸、學習、遊戲等展示認識漢字的魅力，當中又以2樓的展示區最為推薦。藉由觸控螢幕邊玩遊戲邊學漢字、運用肢體動作造字拍照都很有意思，週六日和假日還會舉辦工作坊。

書末地圖 171-2 ☎075-757-8686

址京都市東山區祇園町南側551 交阪急河原町站步行8分 時9:30～16:30 休週一（逢假日則翌平日休），有臨時休館 ¥成人800日圓，中小學生300日圓（親子優惠方案※與一位以上中小學生、高中生同行的成人可享300日圓折扣，最多兩名成人） P無

工作坊

會 推出製作橡皮擦印章、漢字紙牌等各式工作坊，日程和費用請上官網查詢。

用萬葉假名蓋上姓名章

萬 葉假名即萬葉集中使用的文字樣式，不妨蓋個印章瞧瞧自己的姓名會如何呈現吧

來玩玩乾拓吧

在 日本或中國的古硬幣上墊張紙，用色鉛筆來回塗擦後就會浮現出壓鑄的漢字

日本和中國的古硬幣上究竟有哪些壓鑄文字呢？

製作幾可亂真的食品模型

大阪 大阪市 森野模型 天保山Market Place店

★もりのサンプルてんぽうざんマーケットプレースてん

為 專門生產陳列櫥窗內仿真食品模型的森野サンプル公司的實體店面。不僅可以體驗製作原創的食品模型，還能盡情地選購伴手禮。

書末地圖 10D-6 ☎06-6576-5711

址大阪市港区海岸通1-1-10 3F 交地下鐵中央線大阪港站步行5分 時11:00～20:00 休不定休 P1300輛。30分鐘200日圓，當日最高上限1200日圓（週六日、假日、特定日每30分鐘250日圓，無當日最高上限）

便當 1620日圓

可以製作飯糰和炸蝦等

鮭魚卵蓋飯 2700日圓～

加上蔥和山葵為2916日圓

大阪味的伴手禮！

章魚燒飾物 864日圓

烤花枝磁鐵 3780日圓

完成！

蛋糕造型小盒 1620日圓～

擠上奶油花，再放上水果或冰淇淋做點綴。可選擇500日圓的配件（超過500日圓另計）

3 不花一毛錢就能開心享受假期！

免費&便宜出遊景點

以下嚴選出內容充實又不傷荷包的超優景點，為大家介紹省錢又好玩的8個好去處。

要來挑戰史蹟路線囉！
邊維持身體的平衡完成渡方舟後就是終點！
攀爬繩網一路往下登穀倉
真的好高啊…
爬石井
沿著圓木爬到樹上，全程皆有樹蔭涼快又舒服～
邊用腳將圓木直立起來邊往前爬行
立樹樁

大阪 高槻市 高槻野外活動場

★たかつきフィールドアスレチック

建於山坡斜面的體能訓練場。森林中規劃了兩條路線，分別為史蹟路線（25個關卡）和傳說路線（35個關卡）。春天可欣賞山茶花，秋天則有美麗的紅葉景致。

入園費
高中生以上700日圓、中小學生500日圓、3歲以上300日圓

書末地圖 22C-6 ☎072-688-8281

址高槻市成合北の町242 JR高槻站搭乘市巴士約30分，上成合巴士站下車後步行5分 9:00～17:00 休雨天 P車位眾多，免費

兵庫 神戶市 須磨離宮公園

★すまりきゅうこうえん

DATA →P.144

以史蒂文生的海洋冒險小說《金銀島》為主題的活動場地。配合山坡的斜度，總共設置了28座遊樂器材。當中又以雲霄飛車和具速度感的泰山繩最為刺激，充滿冒險的氛圍。

入園費
15歲以上400日圓、中小學生200日圓、小學生以下免費，遊樂器材限小學生以上使用（學齡前兒童需有家長陪同）

出發寶尋去
架設在陡坡上的搖晃圓木步道。腳下無法站穩，得調整身體的平衡邊前進喔

被海盜擄走
腳踩綁上繩索的搖晃踏板一步步往前進

攀爬繩網到最上面即蜿蜒溜滑梯！

奈良 宇陀市

奈良縣營

宇陀動物園

DATA →P.145

動物們悠閒自在生活的園內，還有擠牛奶、騎小馬等廣受歡迎的體驗活動。可在草坪廣場上野餐或到大型遊樂器材盡情玩樂，度過一天愜意的悠然時光。

¥入園費 免費

¥體驗費
製作奶油和擠牛奶體驗
1人300日圓
將裝在容器內的鮮奶油充分搖晃，即可做出奶油。預約受理時間為9:00～10:25（體驗活動為10:30～）、10:45～12:55（體驗活動為13:00～）、14:00～14:55（體驗活動為15:00～）。

兵庫 神戶市

幸福之村

★しあわせのむら

DATA →P.122

推薦首選為遊樂園地，有大型複合式遊樂器材、長型溜滑梯、積木等，連小小孩也能玩得盡興。旁邊還有白天用露營地（燒烤野餐用地）。

¥入園費 免費

宛如迷宮般
小孩都玩到樂此不疲
大型複合遊樂器材

大阪 吹田市

樂清博物館

DATA →P.105

設有介紹打掃歷史和知識的「清潔館」，以及可一窺Mister Donut美味秘訣與堅持理念的「MISDO博物館」。光這兩大主題，就能讓小孩和大人都玩得開心。

¥體驗費
手作甜甜圈體驗1人500日圓
小學生以上的雙人組（小學1～3年級生需與國中生以上的參加者兩人一組報名）。採網路預約制，受理報名時間為預計前往日前60天的10時開始～前一天的16時為止

¥入館費 免費

京都 京都市

梅小路公園

★うめこうじこうえん

人氣最高的朱雀夢廣場上，有長14m的溜滑梯、高6m的繩索型爬格子等遊樂設施。每個月第二、四週六還會舉辦與遊戲指導員同樂的「梅小路遊戲公園」。

書末地圖 17H-3 075-352-2500

址 京都市下京区観喜寺町56-3 交 JR京都站步行20分，或從JR京都站搭乘市巴士10分於梅小路公園前巴士站下車即到 營 自由入園 休 無休 ※因設施而異 P 無

¥入園費 免費

兵庫 淡路市

兵庫縣立淡路島公園

DATA →P.77

★ひょうごけんりつあわじしまこうえん

公園內的交流區相當值得一遊，有無法想像是免費的大型水上遊樂場、少見的遊樂設施「彈跳氣墊山」、長型滾輪溜滑梯、修剪整齊的草坪等。雖需稍微步行一段路，但園內停車場F是距離最近的入口。

¥入園費 免費

大阪 大阪市

TEN-SHIBA

於市區內席地野餐的寬敞草坪廣場備受歡迎，另外還有融合室內與戶外遊樂區的BørneLund Playville天王寺公園、咖啡廳、便利商店等多樣設施。

¥入園費 免費

這裡也很推薦

BørneLund Playville 天王寺公園

書末地圖 11H-7 06-6777-9889

址 大阪市天王寺区茶臼山町5-55 交 JR天王寺站步行3分 營 9:00～19:00（18:30截止受理），冬天為～18:00（17:30截止受理） 休 無休 ¥ 親子一組（家長1名・孩童1名）1500日圓 ※每追加1名家長需另付500日圓，每追加1名孩童需另付1000日圓 P 無

熱門的出遊景點
京都鐵道博物館，GO!
★きょうとてつどうはくぶつかん
扇形車庫
為日本現存最古老、由鋼筋混泥土興建而成的扇形車庫裡，共收藏、展示了20輛蒸汽火車。
收藏有23輛蒸汽火車，以及臥鋪列車、特級列車等共53輛實體車廂。體驗型展示眾多，可從玩樂中學習列車的運轉機制、鐵道設施、車體結構等相關知識。還能在已退役藍色列車的餐車上吃便當或選購鐵道相關商品，樂趣無窮。
不用排隊買票就能入場!
若事先買好預售票，當天不需再費時排隊購票即可迅速入館參觀。可於JR西日本各主要車站的「綠色窗口」或7-11（セブンチケット）購得。
書末地圖 17G-3 075-323-7334
址京都市下京区観喜寺町 交JR京都站步行20分，或從JR京都站搭乘市巴士10分，京都鐵道博物館前下車即到 L10:00～17:30(最後入館為17:00) 休週三(假日、春夏休假期間照常營業) P無
¥入園費
成人1200日圓
中小學生500日圓
幼兒(3歲～)200日圓
圖書資料室 大廳
藝廊
天空露台
本館 3F
旅遊趣 JR西日本
運行系統
安全駕駛裝置
特展室
鐵路模型場景
本館 2F
生活和鐵路
兒童園區
可模擬操縱多款列車
行駛模擬裝置
餐廳
鐵路的進程
鐵路的設施
鐵軌腳踏車體驗
車輛構造
挑高展示
本館 1F
車輛廠
餐車
TWILIGHT 廣場
散步道
SL 檢修車庫
支線
SL第2檢修車庫
SL 廣場
扇形車庫
入口
轉車盤
出口
凡例
廁所
詢問處
SL Steam 號
博物館商店
舊二条站建築物
SL 搭乘月台

於司機員執照的看板拍攝紀念照

需索取號碼牌
會在規定時間進行抽籤發放號碼牌，中選機率低因此建議平日前往。

行駛模擬裝置

所需時間｜5~10分

以實際培訓司機員時使用的模擬裝置體驗列車行駛。模擬裝置總共有8台，包括6輛JR一般火車和2輛新幹線。不但有逼真的畫面，還能體驗司機員出勤前接受點名、換上制服的準備流程。

換上制服成為真正的司機員！

還會舉辦由現役的司機員指導如何駕駛的「鐵路人員工作體驗」活動，究竟能不能順利控制行進速度並且停靠在正確位置呢？

在車輛看板前照一張吧！

設有新幹線和JR一般火車的車輛看板喔！

Check! 集合所有JR西日本的代表車款

安全駕駛裝置

所需時間｜5分

透過模型車輛的運轉介紹安全駕駛裝置結構的展示區。在體驗過程中若接收到列車防護裝置發出的無線訊號，就必須緊急煞車讓列車停止。

可挑選喜好車型的駕駛台體驗各項操作，有新幹線和JR一般火車等6款列車

媽咪CHECK!
備有尿布台、哺乳室和出租嬰兒車的服務。

哺乳室

館內有4處。備有飲水機，能提供沖泡奶粉的適溫開水。

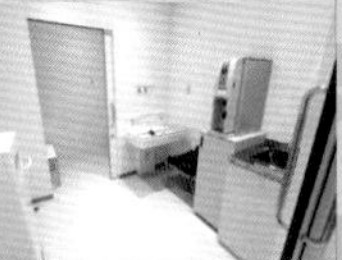

兒童廁所

2樓「兒童園區」的附近設有幼兒專用廁所。

兒童園區

擺放鐵道相關內容的繪本和鐵道模型供小朋友玩樂的遊戲空間，也置有長椅讓大人們坐下來歇息片刻。

要按哪一個呢？

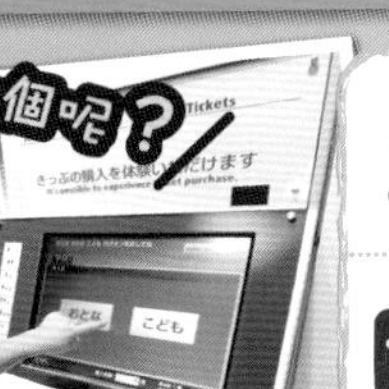

兒童～

搭乘列車

（僅售票機和剪票口）

所需時間｜2分

介紹自動售票機、自動剪票口等車站設施的展示區。還重現了自動化之前的舊車站場景，可感受一下新舊車站的不同風格。

將自動售票機購得的車票放入剪票口就會印上SL義經號的字樣

好緊張又好期待…

模型場景Go!

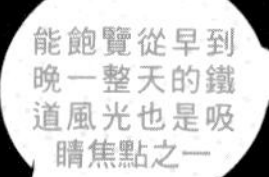

能飽覽從早到晚一整天的鐵道風光也是吸睛焦點之一

隨著時間更迭天空顏色也會跟著變化

本館2F

鐵路模型場景 所需時間 約15分

大型立體模型的規模全日本第一。可於寬30m、縱深10m左右的空間，一窺約真正車輛1/80比例的列車模型奔馳在總長1km的鐵道模型中。車輛類型有SL、新幹線等近20款（每日更替），工作人員還會在旁以淺顯易懂的方式解說車輛特徵等資料。

要選哪一道呢？午餐Go!

本館2F

餐廳

在開闊明亮的環境享用以鐵道為主題的菜色，還能欣賞窗外來往的列車及京都景致。

散步道餐車（NASHI 20型24號車）

利用已退役的臥鋪特級藍色列車的餐車販售便當和輕食，便當可外帶。

DoctorYellow蛋包飯 1000日圓

重現據說若能親眼看見即可得到幸福的「DoctorYellow」新幹線造型

KIHA81系Bull Dog鬆餅 650日圓

以暱稱 Bull Dog 的火車頭為設計主題

UMETETSU便當 1500日圓

特製便當盒內裝滿了小孩喜歡的配菜

SL便當 1100日圓

有梅子飯、抹茶稻荷壽司等充滿梅小路風格的佳餚

戶外 Go!

旁邊即JR一般火車的鐵軌，能近距離觀賞到行進間的列車

SL搭乘月台 SL Steam號

所需時間｜約**10**分

L11:00～15:30（每隔15～30分運行）¥高中生以上300日圓、國中生以下100日圓

可以搭乘由蒸汽火車頭所牽引的載客車廂。為類似觀光小火車般沒有玻璃窗的開放式列車，在來回約1km的小小旅程中能實際感受汽笛聲和陣陣飄來的煤煙味。車輛則是由博物館內以動態保存方式收藏的蒸汽火車頭來交替運行。

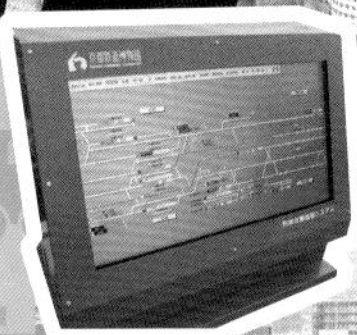

前往天空露台前…

從本館2樓的休息空間能瞧見列車並排展示的模樣

天空露台

設有顯示列車資訊的裝置可得知JR一般火車的運行狀況，還能欣賞JR京都線、新幹線等各種列車交錯的模樣以及遠眺東寺的五重塔。雖然桌椅數量不多，但若遇晴朗好天氣也很推薦來這兒享用火車便當。

搜尋伴手禮 Go!

附徽章

是檸檬口味喲

車頭標誌餅乾 864日圓

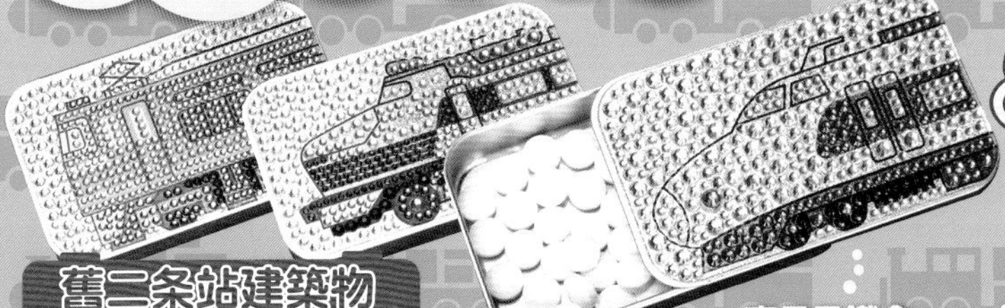

煞車把手型開瓶器 1080日圓

亮晶晶鐵盒薄荷錠 各540日圓

廣受好評的一澤信三郎帆布特製款！

便當袋 各5724日圓

義經號

0系

舊二条站建築物

博物館商店

位於明治37（1904）年建造的舊二条站建築物內，販售糕點、鐵道相關商品等近2000種品項。從開館至中午12時左右人潮較少，能夠慢慢逛、慢慢挑選。不需門票因此不參觀博物館也能入店購物，結帳時可使用ICOCA卡。

本次造訪的是
派對帳篷PARTY TENT
日本初亮相！在大型印地安帳棚內享受BBQ的樂趣，不妨邀親朋好友們來場BBQ派對吧。裡面還設有奢華的客廳空間，相當舒適宜人。
從2016年12月底開始已經有一部分開放住宿，玩樂方式也更趨多元！
GLAMP BBQ PARK DATA
11:00～21:00(L.O.20:30) BBQ FIELD免費(需訂購BBQ套餐)，PARTY TENT40000日圓、GLAMP CABIN30000日圓(4小時制)、PREMIUM TENT 80000日圓。
※BBQ皆需另外付費
正統
不容錯過的
NESTA
SPORT AREA
可前往備有網球場、多功能運動場、五人制足球場等設施的運動區，享受流汗的快感。網球場平日1小時1700日圓、週六日1小時2300日圓，還提供租借球拍和販售網球的服務（費用請上官網查詢）。
不需任何用具與事前準備就能輕鬆大啖美味BBQ！
BBQFIELD
也非常推薦♪
只要訂購BBQ套餐，即可免費使用露天燒烤區。爐具、餐具等用品都一應俱全，十分輕鬆愜意。

也有加入香腸、烤飯糰等菜色的兒童套餐1500日圓。

食材琳瑯滿目的 BBQ套餐

菜色豐富多元，有5000日圓能品嘗到日本國產牛的GRAMP里肌肉套餐，以及3500日圓的BBQ美國牛肉套餐、新鮮魚貝串燒套餐、脆皮烤豬套餐等選擇。

和狗狗一起 BBQ

GLAMP BBQ PARK內設有可以跟毛小孩同享BBQ的場區、狗兒能自由奔跑的狗公園，以及狗狗（1隻2000日圓）也能同住的PARTY TENT和GLAMP CABIN。

※一個場區只限2隻狗，利用規章請上官網查詢

※狗兒僅可於指定區域內活動，設施內必須繫上牽繩

匯集各種有趣的遊樂活動 全家人都超滿足！

集結各式房間類型的飯店

廣獲家庭旅客青睞的和室能容納3～4人，較無高低落差的問題，有小小孩隨行也不需擔心。可供2～3人利用的雙床雙人房也十分推薦，棕色系的沉穩氛圍很受歡迎。

千萬別錯過優惠的住宿方案

兒童的遊樂場也很多！

BBQ FIELD附近的SUNSHINE GYM置有美國製造的木造遊樂設施，小孩們馬上就能變化出各種有趣的玩法，保證玩到流連忘返欲罷不能。

廣大腹地內可搭無軌電車輕鬆移動！

豪華露營BBQ設施！

RESORT KOBE

【ネスタリゾートコウベ】

書末地圖 18F-4

0794-83-5000

兵庫県三木市細川町垂穂894-60

山陽自動車道三木東IC車程2

JR三之宮站神姬巴士轉運站搭乘直達車約40分，或從JR大阪站搭乘直達巴士約60分（兩者皆為一天3～4班來回）

8:30～21:00（有季節性差異）

休不定休 P3000輛，1日1000日圓～

熱門話題 何謂豪華露營？？

由Glamorous×Camping所組成的複合字，提供大自然中舒適的住宿空間和充實的服務。不需自備用具和搭帳技術就能輕鬆體驗露營的新型態旅遊方式，目前相當受到注目。

就位於山陽自動車道三木東IC的附近，還備有兩手空空就能享受BBQ樂趣的巨大型露營設施。綠意盎然的自然環境讓人意想不到離大阪市區只需1小時的車程，豐富多元的遊樂活動讓全家人都能度過充實的假期。

越來越好玩囉～！

NESTA RESORT KOBE 進化中！

佔地廣達230萬平方公尺的NESTA RESORT KOBE目前仍持續進化中，新的場館即將一一亮相。適合全家人同樂的設施也會陸續登場，精彩可期！

NESTA ILLUMINA

【ネスタイルミナ】

海底世界

透過光雕投影呈現出巨大食人鯊與海神的搏鬥場景。

燈飾大多分布在隧道內，白天也能欣賞到美景！

費用DATA

	時間	成人	中小學生
平日	16:00～17:00	1200日圓	800日圓
	17:00～23:00	2000日圓	1500日圓
週六日、假日	14:00～17:00	1200日圓	800日圓
	17:00～23:00	2000日圓	1500日圓

※附贈所有設施皆適用的500日圓禮券

花卉拱廊 FLORAL ARCADE

全長約220公尺，由近100萬顆彩色LED燈妝點而成的花卉隧道

可體驗利用LED燈、光雕投影、巨型水幕等最先端技術打造出光影交織的海底世界，所需時間約45分鐘。全長約500公尺（單程），不妨沿路邊散步邊欣賞美麗的燈飾。還設有能坐下來小歇片刻的「Cafe Thalasso」。

綿延於咖啡廳附近的點燈裝飾，好一幅壯觀的美景

預計2017年春天以後OPEN

SPA

由大阪市內的人氣SPA「延羽の湯」以田園為意象改裝後重新開幕的療癒空間，備有森林露天浴池、家庭浴池等設施。

FLOWER

運用佔地遼闊與梯田式地形的特色，設計出NESTA RESORT KOBE的專屬花園。

LUXURY HOTEL

專為成熟品味人士所打造的豪華飯店，所有房間均提供天然溫泉。可攜帶寵物同行。

WATER SLIDER

引進國外大受歡迎的滑水道！有坐上花生造型浮筏急速俯衝的高壓噴射水上滑道，以及乘坐圓形浮筏往下的滑水梯。

VILLA

2018年預計OPEN

獨棟式的高級住宿設施即將登場，全客房均配置泳池、按摩浴缸、天然溫泉。

2噸的水從水桶狂瀉而出

費用DATA

成人（國中生～）1500日圓、兒童900日圓，2歲以下免費

室內、室外都有可以玩樂的游泳池！

室內兒童泳池「JAVA JAVA」最適合有小孩同行的親子遊客。小小孩也能玩的淺水泳池區有許多遊樂器材，還有親子可一起遊玩的寬版溜滑梯。夏天的室外泳池設有水上要塞WATER FORT，2噸的水就從水桶傾瀉而下、震撼力十足！

可全家同樂的室內兒童泳池「JAVA JAVA」

照片提供:NESTA RESORT KOBE

若來到三木市這兒也很推薦!!

三木HORSE LAND PARK

以「親近馬兒」為主題的免費公園。在綠意盎然的遼闊園區內，有能與馬兒互動的EQUUS之森、有住宿設施和露營場的EO之森，以及有遊樂廣場和趣味腳踏車等可以玩的MIO之森。公園旁就是三木公路休息站。

書末地圖 18E-5
0120-816-892
地 兵庫県三木市別所町高木 交 山陽自動車道三木小野IC車程8分 L 9:00～17:00(11～2月為～16:00) ¥ 免費入園 休 週一、二(逢假日則翌日休) P 151輛，免費

EQUUS之森 GO!

入園和停車場皆為免費！體驗活動的收費也很合理♥

各項互動體驗也都只需一枚500日圓硬幣而已。在綠意環繞、舒適宜人的園區內，可以近距離接觸馬兒或席地野餐吃便當，享受片刻悠閒自在的時光。

牽引騎馬

L 週三五為13:30～14:15／週六日、假日為10:45～11:45、13:30～14:45
¥ 成人500日圓、兒童300日圓

可騎上小馬由工作人員牽著韁繩繞場一圈。行進速度很慢，所以有很多機會可以幫孩子拍照。

試乘馬車

L 週四為13:30～14:15／週六日、假日為11:00～11:45、13:45～15:00 ¥ 成人500日圓、兒童300日圓

搭乘馬車一路伴隨著馬蹄聲在中庭悠悠漫步，連還無法體驗牽引騎馬的小小孩也會覺得有趣。

活動日程表請上官網查詢！

↑園內也會舉辦馬術大會，能現場欣賞到躍動感十足的馬兒英姿

紅蘿蔔時間

L 週六日、假日為13:15～14:00
¥ 1杯100日圓

紅蘿蔔放在掌心後鼓起勇氣伸手向前，馬兒就會靠過來一口吃光光。小孩如果害怕就用湯勺餵食吧。

需預約

也提供騎馬體驗和騎馬教室，小學六年級以上就可以參加。騎馬體驗成人3780日圓、高中生以下3024日圓※需另外加購騎馬保險

↓MIO之森裡也有小朋友可以玩的遊樂器材

參觀廄舍

L 上午10:30～11:30、下午13:30～15:30

每天有兩個時段開放參觀廄舍。可以隔著柵欄一窺這些出身高貴的大型馬，當中也有曾經活躍在賽馬場上的名馬。

小孩有興趣的景點大公開!!

從人氣園區到遊樂設施和美食

日本環球影城

詳細DATA 請參照P.84

開心玩樂的小秘訣就在這裡

園區內的遊樂設施眾多，常令人不知該如何選擇才能玩得盡興。
因此本篇將精選出小孩有興趣的景點做介紹，也可當成初次造訪環球影城的行程安排參考。

人氣園區 其1 小孩的最愛就是這兒！

環球奇境

卡通人物們居住的繽紛街區。許多遊樂器材連小小孩也能玩，還有乘坐式遊樂設施及遊樂場，玩上一整天也沒問題！

乘坐類

跟著莫比遨遊天際

莫比的氣球之旅

身高限制▶122cm以上（若有陪同者92cm以上即可）

坐上艾蒙、餅乾怪獸等芝麻街朋友們的造型氣球，出發遨遊天際囉！來回轉動方向盤，就能欣賞到不同角度的景色。

乘坐類

簡直就像真的車子一樣♪

芝麻街大兜風

年齡限制▶6～12歲

外觀看起來很可愛，但卻是油門和煞車都配備齊全的小車。可於場地內自由奔馳，享受駕乘的樂趣。要小心駕駛喔！

乘坐類

與史努比共享空中旅程！

飛天史努比

身高限制▶122cm以上（若有陪同者92cm以上即可）

坐在史努比的背上來趟空中漫步吧，可自行操縱選擇上昇或低空飛行。不妨翱翔高空，體驗一下輕飄飄的感覺。

不需擔心下雨的室內型設施

夏天有冷氣很涼爽喲♪

艾蒙的幻想遊樂場

匯集了6個遊樂設施的室內型遊樂場。地板採用軟性材質，跌倒也不會受傷喲。

超人氣商品!!

在園區內變身卡通人物吧

戴上這個，就可以完全扮成艾蒙和餅乾怪獸囉

➔髮箍 各1600日圓～

乘坐類

可愛的動物們♡

大鳥的大頂篷馬戲團

身高限制▶122cm以上（若有陪同者則無限制）

由大鳥擔任馬戲團團長的旋轉木馬，坐在上下移動的可愛動物背上跟著轉圈圈囉！

專屬兒童的貼心服務

有幼兒同行也能放心喔

全家福服務處

提供哺乳、餵食、換尿布空間，並備有沖泡奶粉的熱開水與加熱副食品用的微波爐。園區內有兩處。

嬰兒車出租

園區內可以出租嬰兒車，單人用（可調整椅背）1000日圓。服務櫃台位於入口處的右側。

遊客服務處

協助處理遊客遇到的各式各樣問題，例如遺失物查詢、寄放拾獲物品、留言服務、蓋紀念章、交通資訊指南（巴士、船、電車）等。

置物櫃

園區外設有三處、園區內設有兩處（其中一處為可重複開啟型）置物櫃，提供小型400日圓等各種尺寸大小。

嬰兒食品

史努比™快餐內有販售嬰兒食品。

尿布

園區的眾多商店均有販售，但要留意哈利波特魔法世界內並無販售。

送貨到家

園區內購買的商品皆可送至指定的地方（僅限日本國內），部分海外地區則提供國際快捷(EMS)的寄送服務。

※資訊為2016年12月時的情報。　※遊樂設施可能在未通知的情況下有所變更或終止。　※商品設計、價格可能在未通知的情況下有所變更，若已售完下架還請見諒。
※表演秀的舉行日期與時間請上官網（www.usj.co.jp/tw）確認。　※商品及餐廳可能依季節、星期停止營業。

瞄準稀有商品
挑戰小小兵遊戲！

遊戲類

狙擊手

曾在電影『神偷奶爸』中出現的遊戲，於現實世界中也有得玩。用火箭炮將6個罐頭全部擊倒，就能獲得店家沒有販售的稀有商品喔（付費）。

人氣園區 其2

2017年4月剛開幕吸睛度百分百！

小小兵樂園

大家都愛小小兵♡

帶著可愛表情的小小兵，擁有超多的小孩粉絲！這座全世界最大規模的小小兵樂園裡有新登場的「小小兵瘋狂乘車遊」等設施，為歡樂氣氛洋溢的熱門園區。

超人氣商品!!

隨時都有可愛小小兵的陪伴♡

壓下按鈕就會說話唷，爆米花則有小小兵最愛的香蕉巧克力等口味

飽伯會說話的爆米花桶3780日圓

我也很喜歡呢♪

可愛小小兵大量湧現♪

這裡也有那裡也有
與小小兵一起合照♪

迎賓類

小小兵特別表演

於園區入口附近所舉辦的迎賓活動。會有好多好多小小兵一起登場，不妨找找自己喜歡的小小兵拍張照吧！

逼真寫實的影像令人屏息！

乘坐類

哈利波特禁忌之旅™

身高限制▶122cm以上

位於霍格華茲城堡內的遊樂設施，能享受最新影像技術3D4K的清晰影畫質。跟著哈利波特與同伴們，展開一場未知的刺激冒險吧。

人氣園區 其3

能不能成為夢想中的魔法師呢!?

哈利波特魔法世界™

好想要長袍和魔杖啊

綠意盎然的小路前方，赫然佇立著電影中的魔法世界！走進霍格華茲魔法學院、活米村等景點，一窺充滿驚奇與感動的神奇場所吧。

在活米村上方翱翔！

乘坐類

鷹馬的飛行™

身高限制▶122cm以上（若有陪同者92cm以上即可）

以翱翔於魔法世界的生物為主題的雲霄飛車，連小孩也能玩。當盤旋在海格的小木屋和南瓜田上空時，可將活米村的景致一覽無遺。

超人氣商品!!

選購魔法世界的零食送給朋友

五顏六色的豆豆糖，從香蕉到讓人錯愕的奇特口味應有盡有。

帕蒂全口味豆

園區的好康資訊

預約乘坐

有許多可節省時間的訣竅

能指定利用時間預約乘坐式遊樂設施的系統。可自由選擇希望的時間，有計畫性地暢遊樂園。
※一次只能預約一項遊樂設施

【適用遊樂設施】
★艾蒙的GO-GO滑板
★莫比的氣球之旅
★艾蒙泡泡遨遊
★飛天史努比
★史努比雲霄飛車大競賽™

餐廳優先入座服務

確定入園日期和時間、餐廳並事前預約，當有空位騰出時即可優先入座的服務。若有空位當天預約也OK。

【適用餐廳】
★PARK SIDE GRILLE
★Azzurra Di Capri
★Finnegans BAR-GRILL
★彩道

邊用餐邊等候乘坐

只要選購指定餐點就能獲得一張快速通關券，在等候遊樂設施的使用時間前就能悠閒地用餐。

【適用餐廳】
★PARK SIDE GRILLE
★DISCOVERY RESTAURANT
★Finnegans BAR-GRILL ★SAIDO

【適用遊樂設施】
★太空幻想列車
★芝麻街4-D電影魔術™ OR 史瑞克4-D歷險記™
★蜘蛛俠驚魂歷險記-乘車遊 4K3D
★水世界 等10項遊樂設施

輪流乘坐

若與因身高限制等因素而無法使用遊樂設施的孩童同行，複數以上的陪同者可用一次的等候時間輪流使用遊樂設施，不需排兩次隊。

【適用遊樂設施】
★飛天史努比
★艾蒙泡泡遨遊
★史瑞克 4-D 歷險記™
★大白鯊®
等19項遊樂設施

日本環球影城

集合大家的意見♪

票選出最愛的遊樂設施!!

好想重複多玩幾次～
我最愛刺激的遊樂設施♡
表演秀真是讓人興奮不已

園區內有許多好玩的遊樂設施，但男生女生的喜好不同、每個年齡層的偏好也不一，所以我們向環球影城的粉絲們進行了一項最愛設施調查。

3歲以上

喜歡可愛又好玩的遊樂設施♡

亞子
我最喜歡球池♡

伊織
跟姐姐玩得好開心喲！

玩具鴨的水上漂流競賽

厄尼的橡皮鴨大賽

將厄尼心愛的鴨鴨放河流漂浮，從上游一路而下的玩具鴨能否順利地遊到終點呢？

彷彿置身海底空間的球池

伯特和恩尼的奇幻大海

宛如海底世界般！有貝殼和球池、溜滑梯，歡樂無窮。從蓮蓬頭噴出的並不是水，而是一顆顆的球。

與可愛動物們一起同樂

乘坐類

大鳥的大頂篷馬戲團

身高限制▶122cm以上（若有陪同者則無限制）

由大鳥擔任馬戲團團長的旋轉木馬，可以坐在可愛動物的背上繞圈圈。

坐上杯子蛋糕轉圈圈

乘坐類

Hello Kitty夢幻蛋糕杯

身高限制▶122cm以上（若有陪同者則無限制）

坐進顏色繽紛的杯子蛋糕內，隨著音樂不斷旋轉。可透過手邊的方向盤，調節迴旋的速度。

5歲以上

長大了所以也想要挑戰新的遊樂設施♪

一乃
最愛飛天史努比了！

陽人
我超喜歡小小兵

巨大食人鯊就近在眼前

乘坐類

大白鯊®

身高限制▶122cm以上（若有陪同者則無限制）

參加親善村遊艇觀光的遊客，會在途中多次遭遇巨鯊襲擊，震撼力十足的特效令人心驚膽跳。

與芝麻街的夥伴們享受兜風趣

乘坐類

芝麻街大兜風

年齡限制▶6～12歲

芝麻街的夥伴們都成了小汽車，能享受彷彿馳騁在中央公園般的兜風快感。

坐上史努比來趟空中漫步

乘坐類

飛天史努比

身高限制▶122cm以上（若有陪同者92cm以上即可）

可自行操縱上昇或低空飛行。遨遊於高空，盡情體驗猶如漫步雲端的輕飄飄感。

充滿驚奇的驚喜影像體驗

芝麻街4-D電影魔術™

一切就從艾蒙「何不用想像力來拍電影呢？」的話語中展開劇情，途中還會穿插座位搖晃、飄出餅乾香氣等有趣的特效！

小學生

終於擺脫身高限制可以嘗試刺激的遊樂設施了！

美心
好想跟朋友一起搭乘喔♪

莉緒
第一次挑戰蜘蛛俠驚魂歷險記！

坐上鷹馬眺望霍格華茲城堡！

乘坐類

鷹馬的飛行™

身高限制▶122cm以上（若有陪同者92cm以上即可）

以翱翔於魔法世界的生物為主題的乘坐式遊樂設施，還可從上空眺望活米村、霍格華茲城堡的美麗風光。

翱翔在閃閃發亮的宇宙間

乘坐類

太空幻想列車

身高限制▶122cm以上（若有陪同者102cm以上即可）

宇宙題材的室內型乘坐式遊樂設施。搭乘太空船「SolarShuttle」號前往浩瀚的宇宙探險，能欣賞到碩大星雲等絢麗的宇宙景色。

透過特殊影像和搖晃擺盪的座車體驗無可比擬的刺激！

乘坐類

蜘蛛俠驚魂歷險記-乘車遊4K3D

身高限制▶122cm以上（若有陪同者102cm以上即可）

座車會隨著影像擺盪，並結合閃光、聲音、火焰、煙霧、水花等百種以上的特效，魄力十足的臨場感令人嘆為觀止！

行進路徑忽左忽右的大型滑板車

乘坐類

艾蒙的GO-GO滑板

身高限制▶122cm以上（若有陪同者92cm以上即可）

坐上艾蒙的滑板車體驗無從預料的動向及速度，享受從斜坡疾速奔馳而下的爽快感。

※資訊為2016年12月時的情報。　※遊樂設施可能在未通知的情況下有所變更或終止。　※商品設計、價格可能在未通知的情況下有所變更，若已售完下架還請見諒。
※表演秀的舉行日期與時間請上官網（www.usj.co.jp/tw）確認。　※商品及餐廳可能依季節、星期停止營業。

新發現餐廳®

探險隊兒童套餐 990日圓

恐龍蛋造型的麵包內還夾有香腸，餐盒的設計很受歡迎！

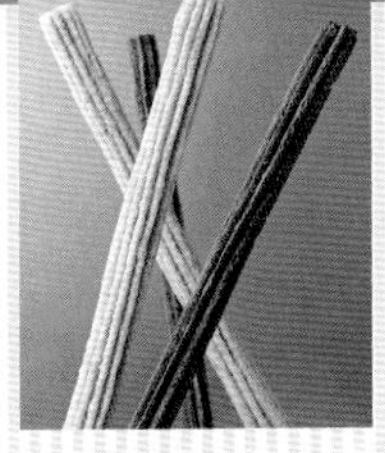

影城巨星餐廳®

小小兵套餐 1200日圓

搭配小小兵表情圖案裝飾的起司漢堡排超吸睛！

吉拿棒 480日圓～

口感酥脆，有巧克力口味和肉桂口味可以選喲

好萊塢美夢-乘車遊前的點心攤等處均有售

艾蒙肉包～照燒雞肉～ 450日圓

於　　等處都買得到

小小兵肉包～紅燒肉～ 550日圓

於小小兵快樂廚房等處均有售

蜘蛛俠肉包～中華口味～ 450日圓

於蜘蛛俠驚魂歷險記-乘車遊4K3D前的點心車等處均有售

火雞腿 880日圓

假裝自己是肉食性恐龍豪邁地大口咬吧。為環球影城內的著名小吃，一定要嘗嘗看喔！

於侏儸紀公園-乘船遊®前的點心車等處均有售

卡通人物餐點好可愛喔♪

我最喜歡點心車了！

從午餐到點心

深得小孩歡心的菜色大公開

以下是環球影城內小朋友的喜愛菜色一覽，
從稍微高價位的午間套餐到輕鬆就能享用的點心車都有。

史努比™・快餐

史努比兒童套餐 890日圓

印有史努比模樣的鬆餅很可愛吧。

彩道®

彩虹～Niji～ 990日圓

迷你烏龍麵和稻荷壽司的份量充足，還有附甜點呢。

路易紐約比薩餅舖®

兒童披薩套餐 990日圓

可以挑一塊自己喜歡的披薩口味，另附米飯可樂餅和美式熱狗。

回程時的推薦美食！

UNIVERSAL CITY WALK OSAKA™

回程時好想來份點心喔♪

連結車站與環球影城間的大型購物街上，有許多小朋友愛不釋口的美食。開心購物之餘，也來品嘗一下美食吧。

書末地圖 10E-5

06-6464-3080(代表號)

此花区島屋6-2-61　3F商店、服務、速食餐廳10:00～22:00，4F商店11:00～21:00、餐廳11:00～23:00，5F餐廳11:00～23:00(營業時間因店家、季節而異)　休無休　JR夢咲線環球城站即到　P有

3F POPCORN PAPA

備有多達32種口味的爆米花專賣店，焦糖堅果（500日圓～）和牛奶楓糖（450日圓～）都是小孩的首選！

06-4804-3808

9:00～22:00(有季節性差異)

4F 大阪章魚燒博物館

おおさかたこやきミュージアム

館內有5家嚴選自大阪的章魚燒店。設有內用區，可多試吃、比較口味。還可選購章魚燒等周邊商品。

06-6464-3080(代表號)

11:00～22:00(有季節性差異)

3F MOMI&TOY'S モミアンドトイズ

店內的可麗餅口味選擇性豐富，甜食類和鹹食類應有盡有。餅皮添加了大量的杏仁粉，口感鬆軟綿密。

06-6462-8775

10:00～22:30(有季節性差異)

5F YAKINIKU KARUBI CHAMP

やきにくカルビチャンプ

可於德州粗曠風格裝潢的店內大啖新鮮美味的燒肉，吃到飽附飲料2980日圓～、午餐800日圓～（皆為未稅價）。

06-6469-1029

11:00～22:00(L.O.)

不妨親自走訪一趟吧！

EXPOCITY

★エキスポシティ

9大設施

座落於大阪‧萬博紀念公園站前的大型複合設施「EXPOCITY」，開幕一年多來人潮始終絡繹不絕。實地去過的媽咪們又有何評價呢？以下是針對全部9個設施所歸納出的心得分享。

書末地圖 91-5 ☎06-6170-5590（代表號，受理時間10:00～18:00）

址 吹田市千里万博公園2-1
交 大阪單軌電車萬博紀念公園站步行約2分
L 10:00～21:00（各遊樂設施及部分店家的時間不一）
休 不定休 P 約4100輛

1 NIFREL

★ニフレル P.30

超有趣的「接觸行為」區

著眼於生物的顏色、姿態和有趣習性，透過五感體驗的展示方法讓大人小孩都興奮不已。原本還擔心對5歲的幼童來說會不會太難了？沒想到小孩玩得很開心。動物們能自由活動的「接觸行為」區，不管去幾次都不會膩。

情報 當日可重複進場參觀，希望再入館的遊客請於出館時告知工作人員。

☎0570-022060
(Navi Dial)

L 10:00～20:00（最後入館19:00）
休 無休（每年會有一次臨時公休）
¥ 成人（16歲以上）1900日圓、中小學生1000日圓、幼兒（3歲以上）600日圓

123m的日本第一高摩天輪

2 REDHORSE OSAKA WHEEL

★レッドホース オオサカ ホイール P.33

情報 可上官網查詢目前排隊的等候時間

06-6170-3246

10:00～23:00(售票為～22:40) 休 準同EXPOCITY ¥一般票價1000日圓(3歲以下免費)

從所有車廂皆配備透明玻璃地板及空調的日本最大摩天輪上，能將萬博紀念公園的太陽之塔和大阪市區都盡收眼底。若事先上網購票，不需費時在售票櫃台前排隊即可直接搭乘摩天輪。

3 ANIPO

★アニポ

小孩玩得盡興
又不傷荷包

集合空中腳踏車、迷你火車等4種遊樂設施的小型戶外遊樂場，300～400日圓沒有負擔的便宜價格也很有吸引力。看到動物玩偶與滿臉洋溢笑容的孩子們，不禁讓人直按下快門拍照留念。

情報 4種遊樂設施中有3樣大人也能玩，可親子一起同樂。

080-8516-8037

10:00～20:00(售票～19:50) 休準同EXPOCITY ※視季節、天候會有變動或停止營運 ¥免費入場 ※遊樂設施需另外付費

4 ENTERTAINMENT FIELD

★エンターテイメントフィールド

小羊肖恩家庭農場
©Aardman Animatioms Ltd 2017

有許多
小朋友能玩得
超開心的遊樂場!

情報 請確認小羊肖恩的舞台秀及拍照會的時間

10:00～21:00(小羊肖恩家庭農場最後入場時間為20:30※19:00以後未滿16歲者需有家長陪同) 休準同EXPOCITY ¥ 小羊肖恩家庭農場使用費(前30分鐘)成人300日圓、兒童900日圓(之後每延長10分鐘兒童200日圓、大人免費)※6個月～12歲者需有家長陪同。人潮眾多時不可延長／teamLab著色畫1張300日圓、紙模型1張200日圓

有「小羊肖恩家庭農場」、「teamLab彩繪城鎮&彩繪城紙模型（P.32）」等設施。能與小羊肖恩的動畫角色們一起開心合照，或是以實惠價格體驗teamLab團隊的新形態藝術。

三井購物廣場

5 LaLaport EXPOCITY

★みついショッピングパーク ららぽーとエキスポシティ P.33

由無印良品、TSUTAYA BOOK STORE、EDION和BørneLund提供的兒童遊樂場，均可免費利用。3樓則聚集了以孩童需求為取向的店家，購買前可多方比較後再做決定。

情報 空之廣場、光之廣場、美食廣場都設有免費Wi-Fi

免費兒童
遊樂場GO!

10:00～21:00(商店、服務中心、美食廣場)、11:00～22:00(餐廳街)※部分店家的營業時間不一 休不定休

6 Pokémon EXPO GYM

★ポケモンエキスポジム

能與精靈
寶可夢對話!

在這兒可以和喜歡的精靈寶可夢對話並實現夢想。共有7項大人小孩都能玩得開心的遊樂設施，還設有官方商店和皮卡丘飲品站。

06-4864-9120(受理時間:平日11:00～18:00)

平日為11:00～18:00，週六日、假日為10:00～19:00。官方商店、皮卡丘飲品站為10:00～20:00(請上官網http://www.pokemon-expo-gym.jp/查詢) 休EXPOCITY0※會員卡500日圓(有效期限內可再次入館)，遊樂設施使用費1次400～600日圓(因遊樂設施而異))

情報 還能買到 Pokémon EXPO GYM 的原創周邊商品

7 Orbi Osaka

★オービィオオサカ

以大自然為主題的體驗型博物館，由拍攝野生動物紀錄片的BBC Earth和擁有技術的SEGA颯美集團共同計畫而成。透過呈現地球上各式樣貌的13種影像展示，雖身處大阪卻能體驗環遊整個地球的冒險旅程。

從影像
體驗大自然

情報 可重複入館，外出用餐、購物後也能再進場參觀

06-6155-7299

10:00～21:00(最後入館時間19:00)，官方商店10:00～21:30 休準同EXPOCITY ¥成人2160日圓、大學・高中生1728日圓、中小學生1296日圓、幼兒(4歲以上)864日圓、3歲以下免費

8 OSAKA ENGLISH VILLAGE

★オオサカイングリッシュビレッジ

邊玩
邊學英語

日本首創的體驗式英語教育設施，從4歲到大人都能參加。可於餐廳、電視台等以美國為主題的23個情境室內，與英文母語人士交流訓練口說能力。

情報 若不知如何選擇課程可以詢問「Travel Agency」！

06-6170-7080

10:00～20:00(最後入場時間為19:00)，小學生以下～18:00(最後入場時間17:00) 休準同EXPOCITY ¥ 入場費540日圓，1堂課1080日圓、3堂課2376日圓、5堂課3780日圓、10堂課7236日圓，家長參觀540日圓

9 109 CINEMAS OSAKA-EXPOCITY

★109シネマズおおさかエキスポシティ

享受全日本
最大的螢幕
規模

擁有高18m、寬26m全日本規模最大的螢幕，能體驗劃時代影音設備『次世代IMAX雷射』的震撼效果。嘆為觀止的清晰畫質與臨場感十足的音效，可讓人完全沉浸在電影世界中。

0570-072109 (Navi Dail)

9:00～翌1:00 ※有季節性變動 休準同EXPOCITY ¥ 因影片而異(請參照109 CINEMAS OSAKA-EXPOCITY官網)

情報 也很建議申辦109 CINEMAS會員卡，觀賞6次即可獲得1張免費票。

模擬1DAY行程 EXPOCITY暢遊!!

若要在EXPOCITY玩上一整天，建議可參考以下由編輯部所推薦的親子行程範例。

10:00~12:00 NIFREL

★ニフレル

以「接觸感性」為概念，由海遊館所策劃的新型態博物館。在導入藝術元素的展示中，總共匯集了150種類、共2000隻的生物。透過「顏色」、「技能」等7個分區一窺生物的特性及魅力，讓觀賞者產生共鳴與感動。

0570-022060 (Navi Dial)

10:00～20:00(最後入館為19:00) 休 無休(每年會有一次臨時公休) ¥ 成人1900日圓、中小學生1000日圓、幼兒(3歲以上)600日圓

"Wonder Moments"
by Takahiro Matsuo

WONDER MOMENTS

出自光影藝術家松尾高弘之手的體驗型藝術空間。擷取大自然的美麗瞬間搭配壯闊的影像和音樂，感受神秘的空間氛圍。放映時間約10分鐘。

會從口中噴出水柱捕食的射水魚

銹鬚鯊會透過如鬍鬚般的感覺器官辨識獵物，並以吸食的方式進食

接觸技能

咻啵

展示生物們為了存活下來所習得的各種技能。

吸食獵物的力道相當強勁！

顏色鮮豔的黃體葉鰕虎魚就穿梭在藍色的枝狀珊瑚周圍

深紅色的白襪蝦

接觸顏色

五彩繽紛的海水魚讓人看到入迷。於13座圓柱形的水槽中，可以見到黃紫兩色的雙色魚、深藍色小魚、鮮紅色小蝦等美麗小魚的悠游身影。

接觸姿態

棲身於100～600m深海的鸚鵡螺有「活化石」之稱

集結各種姿態、造型獨特的生物。佈滿光點的空間中陳列著能清楚觀賞生物外觀的水槽，營造出一種奇幻的美感。

名為膨腹海馬的大型海馬

侏儒河馬「Motomoto」

世界三大珍獸之一，已被列為瀕臨絕種動物。體長是普通河馬的三分之一，體重則只有十分之一左右

白虎「Akua」

屬於孟加拉虎的白色變種，相當珍貴稀有。身體為白色，還有藍色眼睛和粉紅色的肉球。能見到白虎漫步於頭頂上的通道，或是跳入水中游泳的模樣

接觸水邊

很受遊客喜愛的展示區，有高人氣的白虎、世界三大珍獸之一的侏儒河馬、灣鱷等棲息於水邊的生物。

全世界最大的灣鱷

水槽內有兩隻全長約3m的大鱷魚。水質相當透明，連腹部和手腳等細節都能看得一清二楚，還能近距離觀察鱷魚的尖銳牙齒與臉部表情

\ 商店 /
NIFREL×NIFREL
售有動物造型的原創糕點、布偶、雜貨等

白虎布偶 1800日圓～
各種尺寸大小的白虎布偶是熱賣商品。

\ 咖啡廳 /
EAT EAT EAT
位於「接觸水邊」展示區旁的咖啡廳，提供鱷魚咖哩、三明治等菜色

食用水250日圓
以"接觸食物"為概念的口感新體驗

白鵜鶘

體長約160cm，雙翼展開時可達280cm

接觸行為

動物可隨心所欲自由活動的有趣展示區。隔著小河的另一端有環尾狐猴和穴鴞等鳥類，小朋友親眼看到活蹦亂跳的動物們也都興奮不已。

穴鴞

為少數能在白天活動的貓頭鷹種類，最喜歡待在廁所招牌的上方

黑腳企鵝

棲息在南非的最南端，走起路來東搖西晃的模樣十分可愛！

環尾狐猴

最大的特徵就是毛茸茸的長尾巴

模擬1DAY行程 EXPOCITY暢遊!!

章魚燒創始店 大阪玉出 会津屋

連續兩年登上「米其林指南京都・大阪」版面的元祖章魚燒12顆500日圓、章魚燒原點的收音機燒12顆600日圓，另外還吃得到牛筋青蔥燒和炒麵等菜色。

夏威夷美味漢堡 KUA`AINA

起源於夏威夷北海岸的漢堡店，100%的高級牛肉透過火山熔岩石板燒烤而成的道地美味有口皆碑。莫札瑞拉酪梨漢堡1373日圓。

12:15

LaLaport EXPOCITY 3F

FOOD PAVILION ★フードパビリオン

擁有近1200個座位的大型美食廣場，集結了關西初次展店、新型態的熱門人氣店等17家話題餐廳。

能品嘗到各國美食及當地名產

蛋包飯始祖 北極星

首次進駐美食廣場、創業於大正11年的老字號洋食店。除了以兩顆半雞蛋製成的招牌雞肉蛋包飯780日圓外，還有紅酒牛肉蛋包飯、明太子蛋包飯等選項。也有供應兒童套餐。

還有可選購零食的柑仔店，總是擠滿了大人和小孩好不熱鬧

Check

美食廣場旁的廁所是與進口玩具「DADWAY」共同合作的室內設計，置有紅色沙發與換尿布墊。

LaLaport EXPOCITY 3F

可免費出租進口嬰兒車！

birthday party是一家婦嬰生活風格店，時髦孕婦裝、童裝、進口嬰兒用品等應有盡有。嬰兒車出租服務10:00～19:00。

Check

1、2樓也設有嬰兒車出租處。採使用時投幣、歸還時退幣的方式，因此請自備100日圓硬幣

13:30

LaLaport EXPOCITY 3F

teamLab 彩繪城鎮&彩繪城紙模型

★チームラボおえかきタウンアンドペーパークラフト

由海內外廣獲好評的teamLab團隊所打造的遊樂設施，可將描繪在專用紙上的車子、UFO轉換成3D影像並投射到螢幕中的模擬城鎮。

費用 著色畫1張300日圓、紙模型1張200日圓～
對象 未滿3歲者需有家長陪同

座椅寬敞相當舒適

\體驗日本第一高摩天輪！/

地板是透明的～

所有車廂皆為透明玻璃地板，給人飄浮在空中般的感覺

可將萬博紀念公園的森林和太陽之塔都盡收眼底

15:00

REDHORSE OSAKA WHEEL

★レッドホース オオサカ ホイール

高123m、日本最大規模的摩天輪，全部車廂皆配備透明玻璃地板和空調。能眺望萬博紀念公園的太陽之塔和大阪市街的風光，夕陽與夜晚的景致也都美不勝收。

06-6170-3246
10:00～23:00（售票～22:40） 休 準同EXPOCITY
¥ 一般票價1000日圓（3歲以下免費）

還有好多 LaLaport EXPOCITY 的免費遊樂景點！

1樓 光之廣場

設有全日本最大規模的12面觸碰式大型螢幕「EX-Wall」。遊客一靠近就會自動顯示導覽畫面，還有讓小朋友玩得不亦樂乎的互動式影像。

可置身在杉木環繞的木質空間中玩耍

有超過200種類以上的圖案和文字

※照片中為刺繡的範例

1樓 無印良品

最推薦連小小孩都能玩得與高采烈的木育廣場，若於店內購買布製品還提供裝飾刺繡或印花的服務（刺繡、印花皆為1個圖案500日圓，文字10字以內500日圓～，原創印花1500日圓～）。

3樓 EDION

店內置有家電主題的遊樂器材和閱讀繪本的廣場，玩具賣場的品項也很豐富。

備有繪本及電視的「KIDS BOOKS」

適合小小孩遊玩的小型溜滑梯

2樓 TSUTAYA BOOK STORE

兒童書籍區有一整面牆的繪本讀物，還會舉辦親子可一同參加的工作坊和說故事活動。

大阪 弁天町

こどもとおとなと

店內後方空間的3D遊樂器材很受歡迎。老闆秉持初衷提供「也想給自己孩子吃的食物」，堅持以嚴選食材純手工製作。小朋友有豐富多樣的兒童餐可選，大人則推薦義大利麵或帕尼尼三明治，選用北海道產小麥的鬆餅也很有人氣。

無	沒有包廂，但能提供包場服務	有	有兒童座椅
50	嬰幼兒同行的顧客可選擇和室座席，另有一般桌席	有	店內有附球池的大型遊樂器材
NO	低敏食物、嬰兒副食品	有	無，但可出借哺乳披巾或員工休息室
有	烏龍麵、咖哩、蛋包飯等	有	有換尿布空間

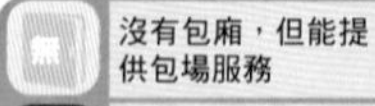

書末地圖 10F-6

☎06-6648-8300

址 大阪市港区磯路2-12 UR磯路公園1号棟 1F 交 JR環狀線弁天町站步行9分 L 11:00～21:00 (L.O.19:00) 休 週一

P有 合作停車場 60分鐘200日圓或20分鐘100日圓 ※步行約3分

位於大型遊樂器材旁的桌席，可隨時注意小孩的狀況邊用餐

若孩子年紀較小不妨選擇和室座席，有許多玩具可以玩喔

還有許多繪本♪

漢堡排餐 592日圓

份量雖然不大風味卻很道地!完全鎖住鮮甜肉汁的漢堡排與自家製番茄醬超對味

推薦MENU

あそべるレストラン
こどもとおとなと

竟然在店裡設置大型遊樂器材的義大利咖啡餐廳!?

Let's 附近的遊樂場GO!

備有遊樂器材的**磯路中央公園**、**港區兒童・育兒廣場**都近在咫尺，離**海遊館**(→P.45)所在地的**天保山Market Place**車程約10分鐘。

媽咪's voice

多虧了有大型遊樂器材讓小孩玩到意猶未盡，我才能坐下來跟朋友輕鬆聊天 (^^♪

¥價格 設施使用費

6個月～小二每30分鐘100日圓（第二位半價，第三位免費），小朋友若點兒童餐可享1小時免費；未滿6個月及小三以上免費。

媽媽和孩子都能享受悠閒片刻

對小孩友善的親子咖啡廳

接下來將介紹備有多款兒童餐菜單、提供小孩友善空間的親子咖啡廳。小朋友在遊戲區裡自由玩耍的同時，媽媽們則可邊聊天邊慢慢品味午餐＆下午茶。

圖示凡例  包廂  座位數  可帶外食入內  兒童餐  兒童座椅  遊樂器材  哺乳室  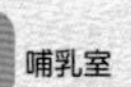 換尿布空間   停車場

設有貼心的
兒童遊戲區♡
可享受愜意時光的
好地方

大阪 箕面 Cafe Palette

●カフェパレット

店內的中間處規劃有遊戲區。停車場就在店前方，連小小孩也能輕鬆造訪。除了店後方的沙發座外還有空間寬敞的桌席，即使小孩嬉鬧也不用擔心會影響他人。以淡路島產麵條為主角的義大利麵為人氣首選，另有供應兒童餐。

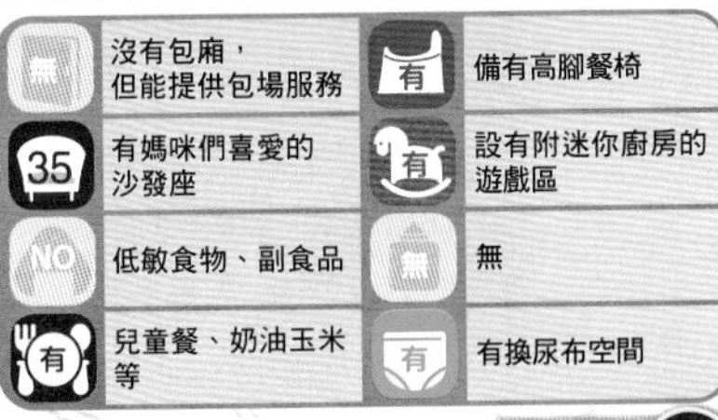

沒有包廂，但能提供包場服務	備有高腳餐椅
有媽咪們喜愛的沙發座	設有附迷你廚房的遊戲區
低敏食物、副食品	無
兒童餐、奶油玉米等	有換尿布空間

書末地圖 8F-4

072-724-5363

店前可停4輛，免費

址 箕面市牧落3-6-8 阪急箕面線牧落站步行10分 L 10:00～17:00(L.O.16:00)、週五六10:00～22:00(L.O.21:00) 休 不定休

奶油培根義大利麵850日圓

搭配美味的超大塊培根，裹上濃郁醬汁的麵條口感Q彈有勁。

推薦MENU

包裝是箕面的吉祥物Takinomichiyuzuru
這裡！
後方沙發座是帶小孩光顧時媽媽們的首選

深獲好評的自家製醬汁！Takinomichiyuzuru醬汁540日圓，為洋蔥醬和香橙混合而成的萬用調味料。

媽咪's Voice

遊戲區適合大約4歲以下的小朋友，另外店門口就有4個停車位相當方便。

Let's 附近的遊樂場GO!

可前往**箕面Q's MALL購物**，或是設有放蝶園的**箕面公園昆蟲館**參觀，車程皆10分鐘左右。

兵庫 伊丹 親子カフェ えそら

●おやこカフェえそら

環繞著遊戲區的吧檯座席可邊看顧小孩邊用餐，廣受好評；後方還有適合嬰幼兒同行顧客的和室座席。基本費用為大人＋小孩一組2小時1500日圓（附えそら午餐和2杯飲料），溫和口味的手作家常菜讓人吃得愛不釋口。

沒有包廂，但能提供包場服務

備有遊戲區在視線範圍內的座位

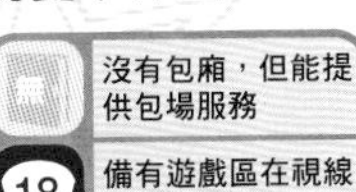

低敏食物、副食品、奶粉

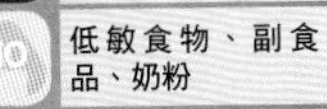

兒童餐、薯條等

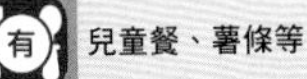

備有高腳餐椅

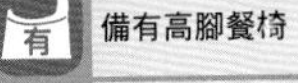

溜滑梯與多樣玩具

有哺乳室

有換尿布空間

書末地圖 8D-7

072-747-0897

址 伊丹市東有岡1-23-13

JR寶塚線伊丹站步行5分

L 11:00～13:00、13:00～15:00兩個時段(預約制)

休 週日、假日、不定休

前方有投幣式停車場※1小時200日圓

水墨畫!?

店長的妻子是名水墨畫家，因此還提供描繪Q版人像畫的服務。一人3500日圓～

えそら午餐1500日圓(含2小時的基本費用)
※每追加一名孩童＋300日圓（附飲料）

跟小孩一起分食剛剛好

漢堡排的淋醬可以選擇小朋友偏愛的微甜多明格拉斯醬或是與白飯很搭的和風醬

推薦MENU

洋溢著溫暖的家庭氛圍☆
由獨棟住宅改裝而成的親子咖啡廳

媽咪's Voice

若有年幼小孩，會免費提供將白飯替換成稀飯的服務。手作餐點十分美味(#^.^#)

Let's 附近的遊樂場GO!

離大阪國際機場附近、能觀賞飛機起降的**伊丹SKYPARK**(→P.76)和**Skyland HARADA**車程約8分鐘。

媽媽和孩子都能享受悠閒片刻

對小孩友善的親子咖啡廳

宛如置身在繪本世界中！
備有和室座席的可愛咖啡廳

大阪 南堀江 BABY CAFE kobito de punch

●ベビーカフェ コビトデパンチ

座落於南崛江正中心位置的親子咖啡廳。沿著樓梯拾階而上，映入眼簾的是綠色牆面描繪著插畫的可愛空間。和室座席上置有矮桌，舒服自在的氛圍備受好評。有許多適合與小朋友分食共享的大份量輕食料理，兒童餐的選項也很多。

無	沒有包廂，但能提供包場服務	有	備有兒童座椅
40	有和室座席、媽咪們喜愛的沙發座	有	有擺放著絨毛玩偶的遊戲區
NO	低敏食物、茶、奶粉	有	有哺乳室
有	兒童餐、飯糰、副食品等	有	有換尿布空間

媽咪's Voice
把小孩帶在身旁一起享受咖啡時光。偶爾出門逛個街對老是被綁在家裡的育兒中媽媽，也是種心情調劑。

推薦MENU
自家製鹹派 1058日圓
加了多樣蔬菜的鹹派份量十分飽足，14:30以前還提供免費飲料吧

行經樓梯間時不妨打開門看看吧

兒童遊戲區
擺放著大型動物布偶和樹根造型的凳子

書末地圖 11G-5

附近有投幣式停車場

☎06-6536-8035

址 大阪市西區南堀江1-16-16 交 地下鐵四橋站步行6分 L 9:00～18:00 休 無休

Let's 附近的遊樂場GO!
各式流行品牌路面店和家飾店林立的時尚大街**立花通(橘子街)**就近在咫尺。

大阪 北堀江 koti by pOundhouse

●コチバイ パウンドハウス

以鬆餅著稱的市區咖啡廳，店內最後方的寬敞沙發座是媽媽們最愛的頭等席。置有可播放DVD的大型電視，還準備了玩具、繪本、彩色筆組等讓小朋友玩得盡興。由甜點師手工製作的近20款蛋糕，也是不容錯過的美味。

無	沒有包廂，但能提供包場服務
45	店後方有媽咪們喜歡的沙發座
NO	低敏食物、副食品
有	兒童餐、飯糰、咖哩等
有	備有高腳餐椅
有	提供DVD、木頭玩具、繪本等
無	無
有	有換尿布空間

書末地圖 11G-5

☎06-6563-9653

址 大阪市西區北堀江3-12-4
交 地下鐵千日前線西長堀站步行2分 L 10:00～22:30
休 無休

附近有投幣式停車場

媽咪's Voice
通道寬敞推著嬰兒車也能輕鬆入店，座位區離附尿布台的廁所也很近。

小小孩的專屬菜單

不妨拿鬆餅、飯糰、咖哩等照片讓小朋友翻閱，一起挑選想吃的餐點

坐在頭等席享用蓬鬆柔軟的招牌鬆餅♪

推薦MENU
酪奶鬆餅 750日圓
細細品嘗鬆軟口感的鬆餅搭配大量鮮奶油的奢侈美味吧。

Let's 附近的遊樂場GO!
搭乘地下鐵千日前線到**靭公園**約20分鐘。靭公園旁的**大阪科學技術館**(→P.147)有許多體驗型的展示，也很值得一遊。

 圖示凡例
 包廂
 座位數
 可帶外食入內
 兒童餐
 兒童座椅
 遊樂器材
 哺乳室
 換尿布空間
 停車場

由京町屋改裝成的空間
超吸睛的大型鐵道模型

京都 烏丸御池 兒童咖啡廳 RIITO
●キッズカフェリット

¥ 價錢 設施使用費
3小時制
小孩200日圓、大人500日圓
＊未滿一歲免費

由百年以上歷史的京町屋改裝而成的親子咖啡廳。1樓規劃成和室座席的咖啡空間，2樓則是置有大型鐵道模型的遊戲區。招牌菜為雞肉刷上味噌醬燒烤的「味噌烤雞便當」，香氣馥郁的有機咖啡350日圓也很有人氣。

沒有包廂，但能提供包場服務	有 備有和室座席，可充當小孩的睡床
26 能看到遊戲區內小孩動態的座位	有 有大型鐵道模型及玩具
低敏食物、副食品、奶粉	有 有哺乳室
有 迷你味噌烤雞便當、咖哩等	有 有換尿布空間

書末地圖 17H-1
075-496-8935
P 對面有投幣式停車場

址 京都市中京区車屋町仁王門突抜町314
交 地下鐵東西線烏丸御池站步行5分
時 11:00～17:00 (L.O.14:30)
休 週二、第4週六日、不定休 ※行前最好再次確認

味噌烤雞便當 850日圓
推薦MENU 以味噌風味燒烤雞肉為主菜的便當，連小孩也食指大動一口接著一口吃。與小朋友分食也OK。

還有能玩扮家家酒的大間娃娃屋

咖啡空間
小寶貝可在身旁安睡的舒適幽靜環境

漫畫櫃
擺滿著漫畫和玩具公仔

媽咪's Voice
不僅喜歡電車的小朋友玩得開心，連爸爸也能悠閒地看漫畫十分愜意(^O^)

Let's 附近的遊樂場GO!
離京都國際漫畫博物館(→P.117)只有3分鐘路程。若有小小孩同行，令人懷念的紙劇場、Q版人物畫區（付費）都很推薦。

不只午間時段
連晚間聚會也很
歡迎小孩光顧的餐廳

京都 東寺 和みダイニング D-Light
●なごみダイニングディーライト

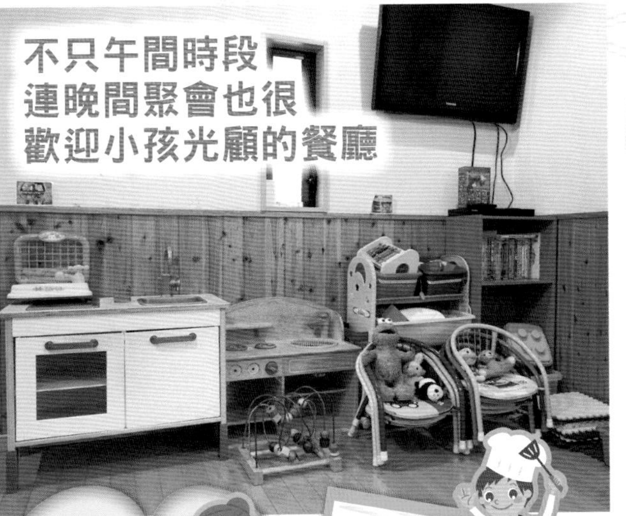

店內地面平坦即便嬰幼兒在地上爬行也很安全，置放大量玩具的遊戲區、哺乳室、換尿布室等設備也都一應俱全。午間、晚間時段皆有營業，也可以帶小孩來享用晚餐。午餐聚會、生日派對、暢飲趴等包場方案也頗受歡迎。

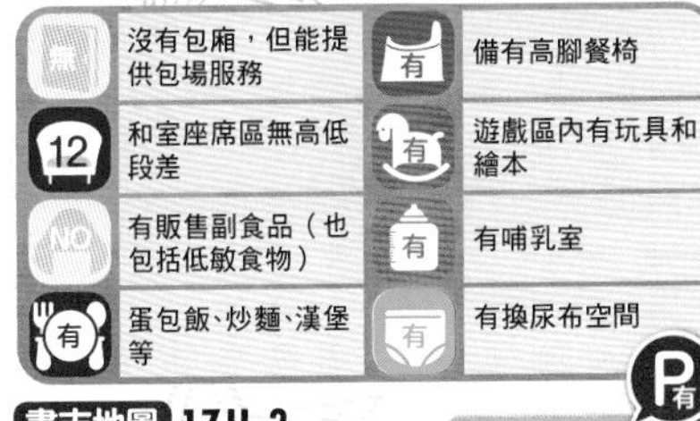

沒有包廂，但能提供包場服務	有 備有高腳餐椅
12 和室座席區無高低段差	有 遊戲區內有玩具和繪本
有販售副食品（也包括低敏食物）	有 有哺乳室
有 蛋包飯、炒麵、漢堡等	有 有換尿布空間

書末地圖 17H-3
075-671-3851
P有 2輛，附近有許多投幣式停車場

址 京都市南区八条内田町25-6
交 近鐵京都線東寺站步行12分 時 午餐為11:30～14:00、下午茶為14:00～17:00、晚餐為17:00～23:00（餐點L.O.21:00、飲品L.O.22:30） 休 不定休

媽咪's Voice
適合帶小孩同行吃晚餐的場所在京都非常少見，推薦大家可於京都觀光的回程時順道造訪(^^)♪

推薦MENU
烏龍麵 380日圓
另外還有蛋包飯、漢堡排等多款小朋友喜愛的兒童餐

販售副食品 300日圓

寬敞的座席
座位間隔寬鬆不擁擠，能舒適地享受用餐時光

哺乳室兼換尿布室

Let's 附近的遊樂場GO!
離京都水族館(→P.47)車程約6分鐘，離2016年4月29日剛開幕在梅小路公園內的京都鐵道博物館(→P.16・116)車程也約6分鐘。

好好用好開心♡

划算票券

■洽詢處
大阪市交通局(市營交通服務中心)‥ ☎06-6582-1400 HP www.kotsu.city.osaka.lg.jp/
近鐵客服電話中心 ……… ☎06-6771-3105 HP www.kintetsu.co.jp
京阪電車客服中心 ……… ☎06-6945-4560 HP www.keihan.co.jp
南海電話中心 ……… ☎06-6643-1005 HP www.nankai.co.jp/
京都市交通局市巴士・地下鐵服務處‥ ☎075-863-5200 HP www.city.kyoto.lg.jp/kotsu/
奈良交通客服中心 ……… ☎0742-20-3100 HP www.narakotsu.co.jp/
近江鐵道鐵道部‥ ☎0749-22-3303 HP www.ohmitetudo.co.jp/railway/
神戶市交通局市巴士・地下鐵客服中心
……… ☎078-321-0484 HP www.city.kobe.lg.jp/life/access/transport/

不會有塞車問題又能精準掌握時間！以下將為大家介紹在舒適、便利的電車之旅中可以善加利用的優惠交通票券，規劃行程時不妨瀏覽一下各電鐵的官網查詢相關實用資訊。

本頁資訊以2016年9月時為基準。內容可能會有所變更，請予以理解。此外有部分路線無法利用，務必於購票前再次確認。
價格欄中若無特別註明，則成人票代表國中生以上、兒童票代表小學生。
※1 大阪市營地下鐵・New Tram・巴士全線

人氣景點 超值乘車券

前往伊勢・鳥羽・志摩 可暢遊伊勢・鳥羽・志摩的2款划算票券！

伊勢・鳥羽・志摩超級周遊券
“まわりゃんせ(Mawaryanse)”

●近畿日本鐵道／有效期間：皆自乘車開始日起連續4天
※費用及發售期間等詳細資訊請上近畿日本鐵道的官網(http://www.kintetsu.co.jp/)確認

若想遊遍伊勢・鳥羽・志摩就選這張票券。來回可搭乘近鐵特級，松阪～賢島間的近鐵特級和巴士、船都可不限次數搭乘！另外還提供主要觀光設施的門票、隨身行李免費宅配等優惠。只要有這張周遊券在手，就能將伊勢・鳥羽・志摩輕鬆玩透透。

ParqueEspaña周遊券(志摩西班牙村ParqueEspaña→P.91)

最適合想在志摩西班牙村盡情玩樂的家庭遊客所購買的票券。為包含起站～自由區間（松阪～賢島間）的來回乘車券和來回特急券，以及志摩西班牙村護照交換券（部分遊樂設施需另外付費）的套票組合。而且還附巴士來回乘車券（鵜方或賢島～志摩西班牙村），相當物超所值。

志摩西班牙村ParqueEspaña

前往高野山

能盡享世界遺產高野山的超值票券！

高野山世界遺產車票 ※價格依乘車站而異
成人2860日圓、兒童1440日圓（從難波站乘車時）
※若附特級こうや去程（單程）特級券，則票價為成人3400日圓、兒童1710日圓

●為包含南海主要車站到高野山站的電車優惠來回乘車券，以及南海臨海巴士二日乘車券的套票組合
●附參拜費、伴手禮、餐飲費的折扣優惠

●南海電鐵／發售期間：全年
有效期間：自乘車開始日起連續2天
●諮詢請洽南海電話中心

前往堺・綠色博物館收獲之丘 (P.59)

一般入場費：成人(國中生～)900日圓、兒童(4歲～)500日圓(有季節性差異)

堺・收獲之丘車票 ※價格依乘車站而異
成人1940日圓、兒童1090日圓（從難波站乘車時）

●南海電鐵／發售期間：全年
●有效期間：限利用日當天
●諮詢請洽南海電話中心

●為包含南海主要車站到泉北高速鐵道泉之丘站的電車優惠來回乘車券，以及泉之丘站到堺・綠色博物館收獲之丘的南海巴士優惠來回乘車券、堺・綠色博物館收獲之丘入場券的套票組合 ●附折價券(內容會定期變更)

區域別 可不限次數搭乘的票券

大阪

地下鐵＋New Tram＋巴士最划算！

●大阪市交通局/發售期間：全年 有效期間：限搭乘日當天

一日乘車券“ENJOY ECO CARD”
成人(12歲以上)800日圓(週六日、假日600日圓)、兒童(6歲以上)300日圓

●可於一天內不限次數搭乘大阪市營交通全線※1
●附大阪市內約30個設施的折扣優惠(限搭乘日當天有效)

京都

京都市內觀光最方便最划算！

市營地下鐵一日券
（地下鐵一日乘車券）**成人600日圓、兒童300日圓**

●京都市交通局／發售期間：全年 有效期間：限利用日當天
●諮詢請洽京都市交通局市巴士・地下鐵服務處

●可於一日內不限次數搭乘京都市營地下鐵全線 ●出示票券可享地下鐵沿線設施的折扣優惠(視活動內容可能會有部分設施無法使用)

最適合暢遊叡山電車的人氣景點

鞍馬・貴船一日券
成人1600日圓、兒童800日圓

●京阪電車／發售期間：全年 有效期間：限發售日當天
●諮詢請洽京阪電車客服中心

●可於一日內不限次數搭乘京阪線全線(大津線、男山纜車除外)、叡山電車(全線)
●叡山電車沿線的社寺、店鋪、設施可享折扣優惠

尋訪源氏物語的舞台與日本酒的釀造地

[大阪市交通局版] 宇治・伏見一日券
1000日圓（只發售成人票）

●大阪市交通局／發售期間：全年 有效期間：發售期間內任選一日使用
●諮詢請洽大阪市交通局（市營交通服務中心）或京阪電車客服中心

●可於一日內不限次數搭乘大阪市交通局全線、京阪電車的宇治・伏見自由區間
●出示車票可享宇治・伏見周邊觀光設施、店鋪約40間設施的折扣優惠

奈良

搭巴士遊遍世界遺產！

奈良公園・西之京 世界遺產
1-Day Pass 成人500日圓、兒童250日圓

●奈良交通／發售期間：全年 有效期間：僅限一日
●諮詢請洽奈良交通客服中心

●可於一日內不限次數搭乘奈良交通路線巴士的指定區間
●出示車票即可於餐飲店等設施享超值優惠

※另有延伸至明日香、法隆寺等區域的各種版本周遊券

滋賀

1 Day Smile Ticket
成人880日圓、兒童440日圓

週末和假日
前往琵琶湖東部觀光的首選！

●可於一日內不限次數搭乘近江鐵道(電車)全線，但僅限週五六日、假日(過年期間除外)使用

●近江鐵道／發售期間：全年（過年期間除外） 有效期間：限購票日當天
●諮詢請洽近江鐵道鐵道部

神戶

搭乘公共交通工具對環保盡一份心力的好康制度！

Eco Family制度

●每位成人最多可帶兩名6歲以下兒童免費搭乘
※僅限成人與6歲以下兒童於同一區間搭乘時利用

●市巴士全線（共同運行路線僅限市巴士）／地下鐵全線（西神・山手線、海岸線）／神戶交通振興巴士山手線／北神急行電鐵（新神戶～谷上）
●適用於週六日、假日、暑假（7月21日～8月31日）、過年期間（12月25日～1月7日）
●有效期間：限搭乘日當天 ●諮詢請洽神戶市交通局

去見見可愛的動物們吧！

動物園·水族館·牧場

CHECK!

1 親子攜手來場趣味大冒險！

用動物接龍的方式參觀園區，或觀察動物們耳朵、手腳和尾巴等的不同之處。試著尋找動物的各種有趣之處吧！

王子動物園

2 讓小孩著迷的表演秀！

華麗跳躍的海豚、相當有喜感的海獅表演等，聰明的海中生物令人嘖嘖稱奇！也有飛濺的水滴幾乎要潑到身上般刺激、令人大呼過癮的表演秀，一定能讓孩子看得目不轉睛！

鳥羽水族館

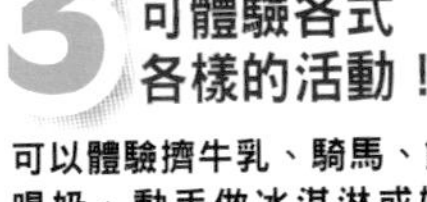

3 可體驗各式各樣的活動！

可以體驗擠牛乳、騎馬、餵小牛喝奶、動手做冰淇淋或奶油等等。需事前確認各個牧場可參加的活動。

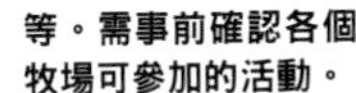

淡路島牧場

INDEX

凡例 ○ 免費入場 △ 部分免費（免費入場，遊樂設施費用另計等） × 不可、付費入場、不建議

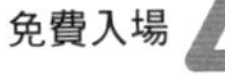

請隨時留意最新的活動資訊

○てんのうじどうぶつえん

書末地圖 11H-7

天王寺動物園

0歲 1~3歲 4~5歲 6歲以上

人氣超高的北極熊

☎06-6771-8401

¥ 成人 500日圓 中小學生 200日圓

身障者、居住於大阪市的65歲以上長者及在學中的中小學生（皆需出示證明文件）免費

餐廳和輕食店各有一家，好天氣時也很推薦自帶便當來野餐。

開園至今已超過百年歷史，為日本第三古老的動物園。參考東非的國家公園和野生動物保護區，打造出有別於傳統的無柵欄展示方式。飼育員也會隨時推出精心策畫的活動讓遊客觀賞動物獨特的一舉一動，不妨找個時間來看看動物們悠閒生活的模樣吧。

DATA
9:30～16:00，5・9月的週六日、假日為9:30～17:00
休 週一休（逢假日則翌平日休）
址 大阪市天王寺区茶臼山町1-108
地下鐵御堂筋線動物園前站步行5分
阪神高速松原線天王寺出口即到
P 可利用周邊的停車場

可近距離一窺在類似野生環境狀態下展示的動物們

重點看過來！

其1 非洲大草原區

能見到獅子、鬣狗等肉食性動物以及斑馬之類的草食性動物。

其2 亞洲熱帶雨林區（象舍）

仿泰國國家公園打造而成的象屋，能近距離觀賞大象洗澡的模樣。並隨時會有大象生活習性的重點導覽解說。

其3 友誼廣場

可以買包飼料（100日圓，數量限定）餵食綿羊或山羊，只要手上拿有飼料綿羊和山羊們就會自己靠過來了。

其4 河馬舍

能一窺河馬在水中漫步的模樣，在日本相當少見因此總是吸引人群圍觀。

幼兒資訊

出租嬰兒車300日圓。換尿布空間有9處，哺乳室位於醫護室的旁邊。

一起來check!

餵食秀時間

要仔細留意大門旁的告示板和園內廣播！可確認在亞洲象、無尾熊等動物區定時舉辦的「餵食時間」。當然上官網也能查詢，但有時會有既定行程以外的動物餵食表演。

圖示凡例
 大約所需時間
 雨天OK
 有餐廳
 可帶外食入內
 投幣式置物櫃
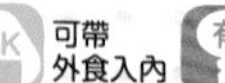 嬰兒車（租借／自行攜帶）

 兒童廁所

 換尿布空間

 哺乳室
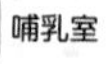

兵庫 神戶市

還備有適合小小孩玩的遊樂園讓歡樂更加倍

書末地圖6F-3

○ おうじどうぶつえん

王子動物園

0歲 1~3歲 4~5歲 6歲以上

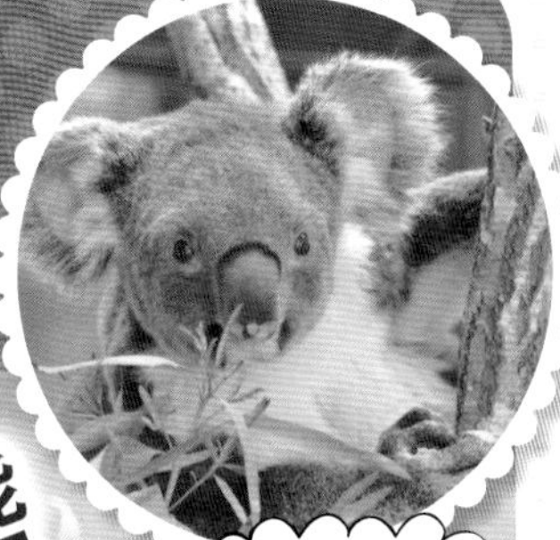

大家要來找我唷

P.39

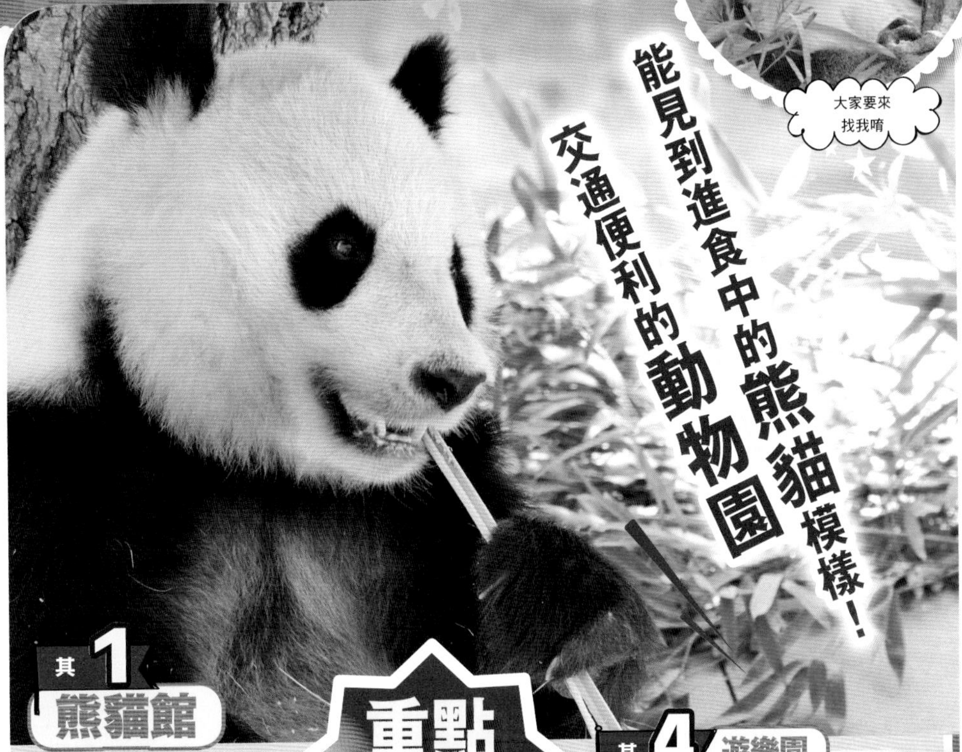

能見到進食中的熊貓模樣！交通便利的動物園

✆078-861-5624

¥ 成人600日圓 國中生以下免費

半日 OK 有 OK 有

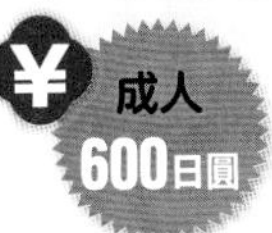

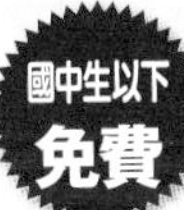

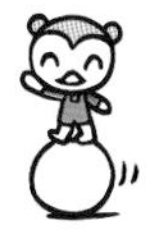

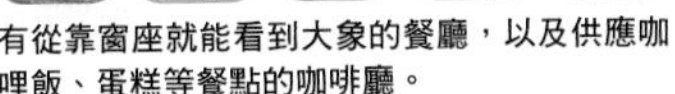

有從靠窗座就能看到大象的餐廳，以及供應咖哩飯、蛋糕等餐點的咖啡廳。

是日本唯一可同時看到大熊貓和無尾熊的動物園，自然綠意環繞、一年四季都吸引眾多遊客造訪。設有能與兔子、綿羊互動的「動物和兒童世界」、可邊玩邊學習不可思議動物知識的「動物科學資料館」、遊樂園、被指定為重要文化財的異人館等，參觀景點繁多。

DATA
⏰9:00~16:30(11月~2月為~16:00)
休 週三休(逢假日照常開園)
址 神戶市灘區王子町3-1
🚃 阪急神戶線王子公園站步行3分
🚗 阪神高速神戶線摩耶出口2km
P 390輛，0~2小時每30分鐘150日圓、2~4小時每30分鐘100日圓、4小時以上每30分鐘50日圓

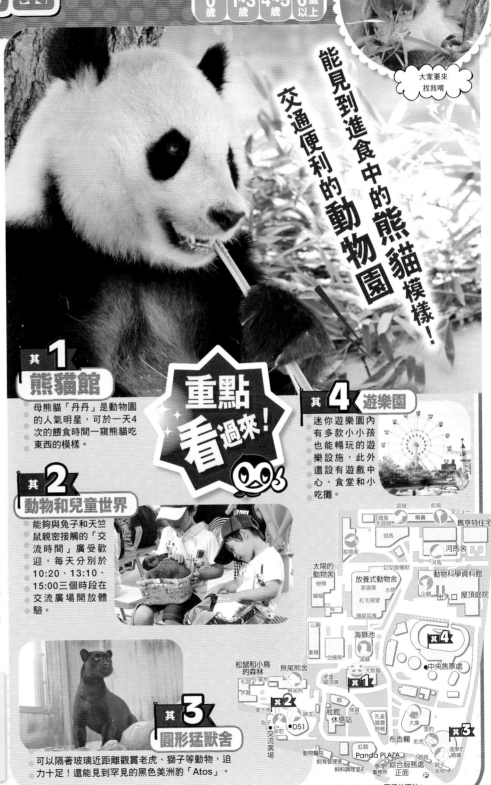

幼兒資訊

出租嬰兒車300日圓，設有9處換尿布空間及4間哺乳室。

OK 有 有 有

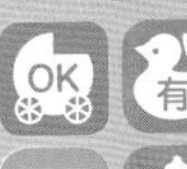

一起來check!

餵食時間

絕不可錯過能見到動物活潑模樣的餵食時間。每天都會舉辦大熊貓（一天4次）、企鵝等各種動物的餵食秀，請瀏覽布告欄確認時間表。4月上旬有為期三天的夜櫻點燈，也很值得一遊。

重點看過來！

其1 熊貓館

母熊貓「丹丹」是動物園的人氣明星，可於一天4次的餵食時間一窺熊貓吃東西的模樣。

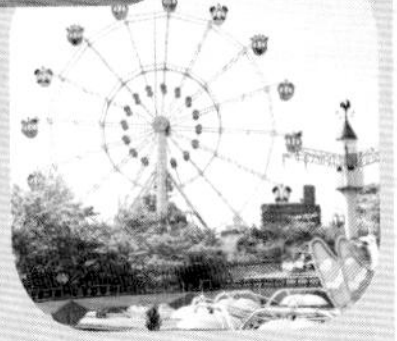

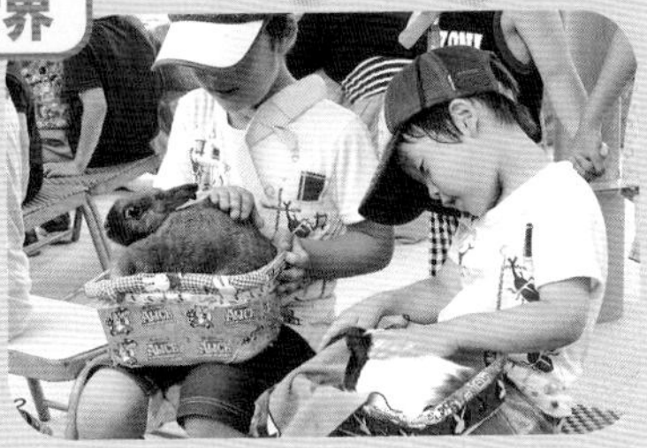

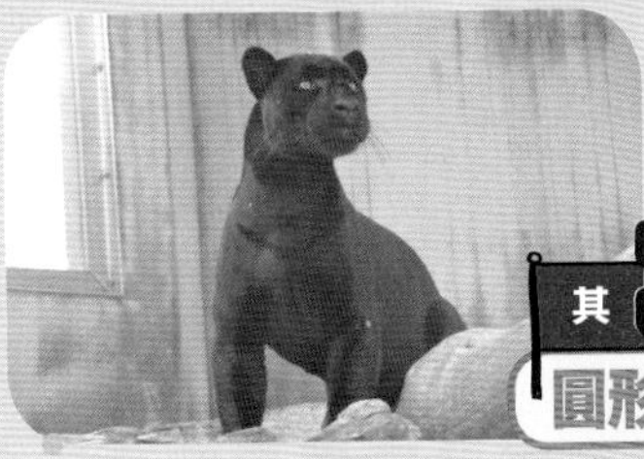

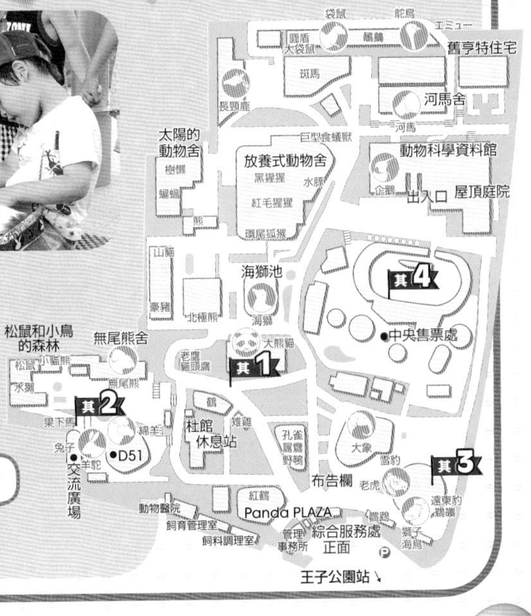

其4 遊樂園

迷你遊樂園內有多款小小孩也能暢玩的遊樂設施，此外還設有遊戲中心、食堂和小吃攤。

其2 動物和兒童世界

能夠與兔子和天竺鼠親密接觸的「交流時間」廣受歡迎，每天分別於10:20、13:10、15:00三個時段在交流廣場開放體驗。

其3 圓形猛獸舍

可以隔著玻璃近距離觀賞老虎、獅子等動物，迫力十足！還能見到罕見的黑色美洲豹「Atos」。

舊亨特住宅
河馬舍
河馬
動物科學資料館
太陽的動物舍
放養式動物舍
出入口
屋頂庭院
海獅池
其4
中央售票處
松鼠和小鳥的森林
無尾熊舍
其1
其2
大熊貓
北極熊
杜館休息站
D51
交流廣場
大象
其3
布告欄
Panda PLAZA
綜合服務處
正面
動物醫院
飼育管理室
飼料調理室
管理事務所
王子公園站

兵庫 姬路市

一次享受遊樂園和動物園的雙重樂趣

書末地圖18B-3

○ひめじセントラルパーク

姬路中央公園

0歲 1~3歲 4~5歲 6歲以上

連獅子都近在咫尺！

☎079-264-1611

¥ 成人(國中生~) 3500日圓 小學生 2000日圓 幼兒(3歲~) 1200日圓

SAFARI THE RIDE一人2500日圓（需預約，所需時間約50分），夏天期間的游泳池與冬天期間全天候開放的滑冰場憑入園門票即可入場

有以漢堡排著稱的西餐廳、菜色選擇眾多的家庭式餐廳等。

佔地廣達187公頃，是一座結合野生動物園和遊樂園（→P.94）的公園。於野生動物園內，所有的動物皆能在遼闊的大自然環境中自由活動。遊客可自行選擇喜歡的方式來觀察動物，有「乘車穿越野生動物園」、「步行野生動物園」以及從纜車向下俯瞰的「空中野生動物園」。

DATA 10:00~16:00（有季節性變動） 休 週三不定休（逢假日、春夏秋冬假期間照常營業，12月初旬會有臨時公休） 址 姬路市豊富町神谷1436-1 JR各線姬路站搭乘巴士30分，下車後步行即到 山陽道山陽姬路東IC車程5km P 5000輛，一天1000日圓

幼兒資訊

除了嬰兒床、哺乳室外，還提供出租嬰兒車（300日圓+押金3000日圓）。

一起來check!

空中野生動物園

"空中野生動物園" 為全程約3分鐘的空中漫步，可從正上方眺望大象、白犀牛所在的大型草食動物區。纜車可免費搭乘，嬰兒車直接推進車廂也OK。建議結束「步行野生動物園」的行程後從「野生王國」站搭車。

在野生動物園內兜風♪ 一窺野生動物的生活環境

重點看過來！

其1 SAFARI THE RIDE

能以更刺激、更具臨場感的方式遊逛野生動物園的鐵籠遊園車。（照片僅供參考）

其2 草原平台

「步行野生動物園」的草原平台每天都有餵食長頸鹿的體驗活動，飼料一包200日圓。

其3 恰吉牧場

可與綿羊、山羊、小狗、小馬等動物們一起遊玩，每逢假日還會推出各種動物餘興節目。

其4 大象咖啡 ELEPHANT CAFE

大象、犀牛、白虎、等人氣動物就圍繞在旁，能感受滿滿野生氛圍的咖啡廳。（照片僅供參考）

動物園 大阪 兵庫 京都 滋賀 奈良 和歌山 三重

圖示凡例 大約所需時間 雨天OK 有餐廳 可帶外食入內 投幣式置物櫃 嬰兒車（租借／自行攜帶） 兒童廁所 換尿布空間 哺乳室

和歌山 白濱町

擁有超高人氣的雙胞胎熊貓！

書末地圖32B-8

アドベンチャーワールド

冒險世界

0歲 1~3歲 4~5歲 6歲以上

雙胞胎熊貓是園內的偶像明星

0570-06-4481 (Navi Dail)

成人	國高中生	4歲以上	65歲以上
4100日圓	3300日圓	2500日圓	3700日圓

若選購全年護照，成人14400日圓、國高中生10300日圓、4歲以上7200日圓

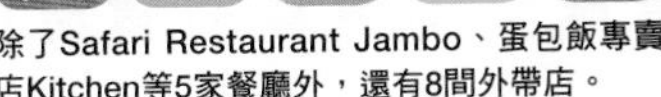

除了Safari Restaurant Jambo、蛋包飯專賣店Kitchen等5家餐廳外，還有8間外帶店。

集野生動物園、海洋世界、PLAY ZONE於一體的動物主題公園。園內的熊貓數量為全日本第一，可近距離觀賞可愛的熊貓家族。備有許多與園區動物互動交流的導覽行程及表演節目，不論何時造訪都能得到滿滿的感動。

DATA 9:30～17:00（12月～2月為10:00～，黃金週及部分暑假期間會有夜間營業），繁忙期間可能會有變動 ※不定休（需確認） 休不定休（要確認） 址白浜町堅田2399 JR紀伊國線白濱站搭乘直達巴士10分 紀勢道南紀白濱IC車程2.5km P5000輛，一天1200日圓

幼兒資訊

有哺乳室、嬰兒床、出租嬰兒車（一般款1300日圓、特別款1600日圓，內含可退還的500日圓押金）。

一起來check!

PANDA LOVE&繁殖中心

首先先前往參觀「PANDA LOVE」和「繁殖中心」吧！全日本數量最多、總共7隻成員的熊貓家族就居住在這兒。舞台的後方即太平洋，能夠欣賞海豚表演精彩大跳躍的「Marine Live」也是不可錯過的亮點。

熊貓繁殖數量日本之最！

能見到各式各樣的動物♪

重點看過來！

其1 PANDA LOVE

可一窺人氣明星大熊貓的風采，相當受到遊客的歡迎。每天還會舉行「熊貓講座」，能學習到許多關於熊貓的知識（免費，所需時間約10分鐘）。

其2 野生動物園

搭乘火車外型的「肯亞號」，一路暢遊草食動物區和肉食動物區。若想更貼近草食動物群，就去參加步行野生動物園的導覽團（免費）吧。

其3 海洋世界

能欣賞海豚、鯨魚的華麗跳躍身影以及海獅、水獺的逗趣表演。

其4 海獸館

能與北極熊、企鵝等海洋動物相見歡，花卉街上還有企鵝遊行表演！

草原廣場
犀牛區
非洲區
亞洲區
山岳區
澳洲區
白老虎
雪豹
美洲區
老虎
獵豹
肉食動物區
獅子露台
草食動物區
棕熊
獅子
阿拉伯狒狒
THE BIG OCEAN
肯亞號搭乘處
PLAY ZONE
繁殖中心
MONKEY×MONKEY
THE MARINE WAVE
狗狗公園
鳥之樂園
海豚互動區
ENJOY DOME
交流廣場
THE ANIMAL LAND
CENTER DOME (海獸館&レストラン)
ENJOY WORLD
花卉街
大象廣場
家庭廣場
ENTRANCE DOME
出口
入口
正門
停車場

京都 京都市 重新改裝後與動物的距離變得更近了

○きょうとしどうぶつえん 書末地圖17J-1

京都市動物園

0歲 1~3歲 4~5歲 6歲以上

075-771-0210

成人(高中生~)600日圓 國中生以下免費 全年入園券 成人2400日圓

附設有咖啡廳和天然食材自助餐廳。

僅次於東京上野動物園的日本第二古老動物園，歷經7年的翻修工程後於2015年11月重新開幕。利用佔地狹窄的劣勢設計出能近距離觀賞動物的展示，成功吸引住小朋友的目光。若想和動物親密接觸的話，就到有山羊、迷你豬等動物的交流廣場吧。

老虎舍內設有空中步道，連腳掌都能看得一清二楚

幼兒資訊

有數台可免費出租的嬰兒車（洽詢請至剪票口，不提供預約）

一起來check!

交流廣場「童話王國」

平日只有天竺鼠，週六日、假日則有兔子和天竺鼠。時程表請參照官方網站。

DATA 9:00~16:30(12月~2月~16:00) 休 週一休(逢假日則翌平日休) 址 京都市左京区岡崎法勝寺町岡崎公園內 阪急京都線河原町站搭乘巴士10分，下車後步行即到 名神高速京都東IC車程5.5km P 可利用3分鐘路程處的市營岡崎公園停車場

京都 福知山市 有好多可愛的小動物

○ふくちやまじどうぶつえん 書末地圖27J-4

福知山市動物園

0歲 1~3歲 4~5歲 6歲以上

0773-23-4497

成人(國中生~)210日圓 兒童(4歲~)100日圓

身障者（需出示身障手冊）成人100日圓、兒童（4歲~）50日圓

位於三段池公園內。園內沒有餐飲設施，請自行攜帶便當等食物。

座落於四周盡是盎然綠意與松林的三段池公園內，同時也是著名的櫻花、杜鵑賞花景點。園內飼養了小貓熊、袋鼠等70種動物，於交流廣場可與山羊、兔子等動物互動，緊鄰的猿之島上還有日本獼猴。

正玩著溜滑梯的白手長臂猿「桃太郎」

幼兒資訊

有提供免費出租嬰兒車的服務，也設有換尿布空間。

一起來check!

與動物相見歡

會跟人勾肩拍照的白手長臂猿「小山」最受大家歡迎。除企鵝以外，有約70種動物都開放讓遊客體驗餵食（50日圓）。

DATA 9:00~16:30 休 週三休(逢假日則翌日休) 址 福知山市猪崎377-1 JR山陰本線福知山站搭巴士15分，下車後步行10分 舞鶴若狭道福知山IC車程8km P 1000輛，免費

兵庫 姬路市 從普通動物到珍奇異獸都有的動物園

○ひめじしりつどうぶつえん 書末地圖18A-4

姬路市立動物園

0歲 1~3歲 4~5歲 6歲以上

079-284-3636

成人(高中生~)200日圓 兒童(5歲~)30日圓 迷你遊樂園內的遊樂設施玩1次150日圓

園內沒有餐飲設施，請自行攜帶便當等食物。

座落於姬路城旁的動物園。除了最有人氣的大象和長頸鹿外，還飼養了罕見的土豚等共約100種、390隻的動物。交流廣場每天10:30、13:30各有一場與迷你豬和天竺鼠的互動時間。還附設一座迷你遊樂園，有摩天輪、單軌列車等懷舊遊樂設施。

難得一見的土豚

幼兒資訊

有免費出租嬰兒車的服務。園內有2處廁所設有換尿布空間，標本展示室旁還有哺乳室。

一起來check!

推薦情報

還有飼養山羊、牛等動物的小小牧場與迷你遊樂園，只花少許費用就能悠閒待上一整天。

DATA 9:00~16:30 休 無休 址 姬路市本町68 JR各線姬路站步行15分 姬路BY-PASS中地匝道車程4km P 附近有收費停車場(810輛，3小時600日圓、一天900日圓)

三重 大紀町 日本極為少見的私營動物園

○おおうちやまどうぶつえん 書末地圖33 I-2

大内山動物園

0歲 1~3歲 4~5歲 6歲以上

0598-72-2447

成人(高中生~)1500日圓 兒童(3歲~)500日圓 若選購回數票（11張），成人15000日圓、兒童5000日圓

有1家輕食店。若自行攜帶便當有條件限制，請先確認。

日本罕有的私營動物園。有獅子、西藏棕熊、紅鶴、陸龜等，總共飼養了約50種、450隻的動物。山林綠意環繞的園內，以大量當地木材搭建而成的設施看起來乾淨整潔。為能近距離觀賞動物又能享受豐富自然景觀的熱門景點，園內還設有草坪廣場。

能近距離觀察隨處走動的孟加拉虎

幼兒資訊

休息區內設有換尿布空間和哺乳室，但無出租嬰兒車的服務。

一起來check!

與動物親密接觸

能與兔子、山羊、天竺鼠、迷你馬、鴨子等小動物互動，還可花100日圓體驗餵食的樂趣。

DATA 9:00~16:00 休 無休 址 大紀町大内山530-4 JR紀勢本線大内山站步行15分 紀勢道紀勢大内山IC車程6km P 200輛，平日免費(週六日、假日及盂蘭盆節、新年等 旅遊旺季一次500日圓)

圖示凡例  大約所需時間  雨天OK  有餐廳   可帶外食入內   投幣式置物櫃   嬰兒車(租借/自行攜帶) 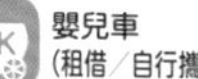  兒童廁所 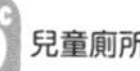  換尿布空間 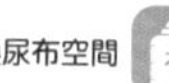  哺乳室

大阪 大阪市

可到附設商店選購原創周邊商品

書末地圖10D-6

○かいゆうかん

海遊館

0歲 1~3歲 4~5歲 6歲以上

天井巨蛋型水槽內的環斑海豹

06-6576-5501

成人(16歲~或高中生~) 2300日圓　兒童(中小學生) 1200日圓　幼兒(4歲~) 600日圓

60歲以上(需出示年齡證明) 2000日圓

若選購全年護照，成人5000日圓、兒童2000日圓、幼兒1000日圓

3小時　OK　有　不可　有

有一間咖啡廳。緊鄰的Market Place有許多餐廳進駐，可前往利用。

以14座大水槽重現環太平洋火山帶上各海域生態系的世界最大級水族館，總計展示620種類、約30000隻的海中生物。最壯觀的主水槽為深9m、水量5400噸的「太平洋」水槽，世界上體型最大的魚類“鯨鯊”就悠游在其間。能近距離親近生物的「新體感區域」也廣受好評。

DATA 10:00~19:00(有季節性差異，水族館商店為~20:00)
休 不定休(1·2月各有休館日)
址 大阪市港區海岸通1-1-10
地下鐵中央線大阪港站步行5分
阪神高速大阪港線天保山出口即到
P 1300輛，費用需洽詢

鯨鯊悠遊的巨大太平洋水槽最引人目光!

重點看過來!

其1 太平洋

看著鯨鯊在眼前巨大水槽中悠游的模樣，竟有種彷彿自己也身在海洋世界般的奇妙感覺。

其2 塔斯曼海

能見到最愛找樂子玩耍的太平洋短吻海豚群，迅速敏捷的游泳身影極具美感。

其3 阿留申群島

倘佯在野生自然景觀水槽內的海獺舉手投足都超級可愛，同時也是館內最愛吃美食的生物。

其4 新體感區域(馬爾地夫群島)

為日本規模最大的室內型互動體驗水槽，能實際觸摸近在眼前的鯊魚、魟魚。

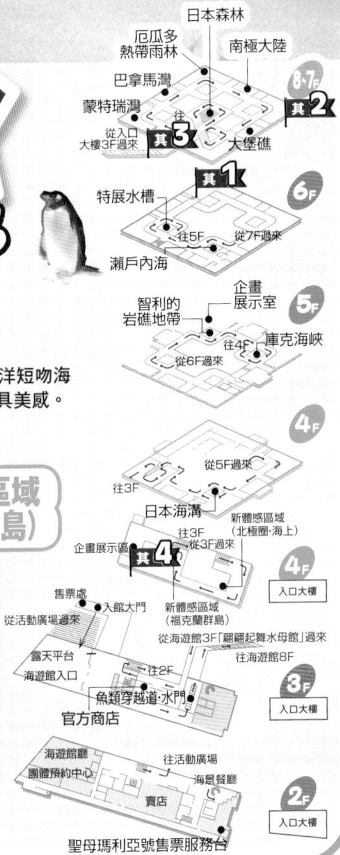

8·7F：日本森林、厄瓜多熱帶雨林、南極大陸、巴拿馬灣、蒙特瑞灣、往、從入口大樓3F過來、大堡礁、其2、其3
6F：其1、特展水槽、往5F、從7F過來、瀨戶內海
5F：智利的岩礁地帶、企畫展示室、往4F、庫克海峽、從6F過來
4F：從5F過來、往3F、日本海溝、新體感區域(北極圈·海上)、往3F、從3F過來、企畫展示區、其4、入口大樓
3F：售票處、入館大門、從活動廣場過來、新體感區域(福克蘭群島)、從海遊館3F「翩翩起舞水母館」過來、往海遊館8F、露天平台、海遊館入口、往2F、魚類穿越道·水門、官方商店、入口大樓
2F：海遊館廳、團體預約中心、往活動廣場、海景餐廳、賣店、入口大樓
聖母瑪利亞號售票服務台

幼兒資訊

沒有出租嬰兒車的服務，但可自行攜帶。若遇人潮較擁擠時，建議可先寄放在服務台。

OK　無　有　有

一起來check!
探險筆記本

若為小學生以上年紀的小朋友，則推薦買本「探險筆記本」(310日圓)邊觀察館內的展示生物邊解答本子上的有趣問題。還附贈探險時會用到的自動鉛筆、橡皮擦和袋子，讓小孩從玩樂中學習新知。

兵庫 神戶市

適合小小孩的遊樂園Playland也很值得造訪

○こうべしりつすまかいひんすいぞくえん

書末地圖6B-7

神戶市須磨海濱水族園

0歲 1~3歲 4~5歲 6歲以上

透過碰觸&互動與海洋生物交朋友

還可以跟陸龜玩呢

☎078-731-7301

¥ 成人 1300日圓 高中生（15～17歲）800日圓 中小學生 500日圓

嬰幼兒 免費

若選購全年護照，成人3000日圓、高中生2000日圓、中小學生1200日圓。水族園內的遊樂園「Play Land」有許多適合小小孩玩的遊樂設施，11張套票組1000日圓。

有提供日式、西式餐點和咖啡的餐廳以及速食店等，總共有5間。

以「水族生物的生活方式」為主題，在展示上運用巧思讓遊客能近距離觀賞生物的模樣。寬達24m的大水槽為園內的吸睛亮點，絕不可錯過。除了能與海豚和海豹互動外，溫泉醫生魚的「Garra Rufa體驗」以及位於屋頂上展望廣場、能觸摸鯊魚的「水邊交流遊園」也都很有人氣。旁邊即須磨海濱公園。

DATA 9:00～16:00，黃金週、暑假～19:00 休3～11月無休、12月～2月週三休（假日、過年期間照常營業，冬天另有施工休園日）
址神戶市須磨區若宮町1-3-5
JR神戶線須磨海濱公園站步行5分
阪神高速神戶線若宮出口車程0.5km
P可利用海濱公園的停車場。1090輛，第1個小時400日圓（之後每逾1小時加收200日圓）

幼兒資訊

有免費出租嬰兒車的服務，換尿布空間則分布在本館入口旁等5處。

一起來check!

戳章本

於賣店內販售的"須磨海濱水族園解說「戳章本」，是記錄著飼育員的觀察重點及相關說明的原創商品。參觀前若有一本在手也相當實用（一本300日圓）。

其1 海豹交流廣場 SealPeace

可從滑水道、水底隧道等遊戲區觀察海豹的一舉一動，交流體驗（需另付費，有人數限定）也廣受歡迎。

重點看過來！

能欣賞瓶鼻海豚精彩的表演秀，大人小孩都看得意猶未盡。

其2 海豚表演館

其3 波浪大水槽

水量1200噸、寬達24m的大水槽，震撼力十足。可一窺鯊魚、魟魚等生物自由自在悠遊其間的模樣。

其4 海獺館

不妨挑餵食的時間去參觀吧，活潑好動的模樣十分可愛。

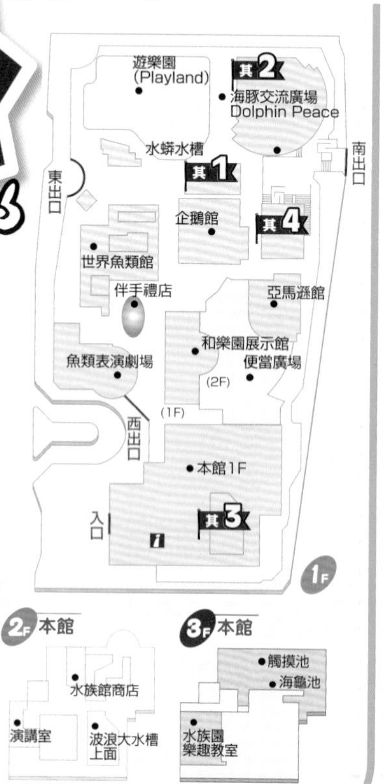

遊樂園（Playland） 其2 海豚交流廣場 Dolphin Peace 水蟒水槽 其1 南出口 東出口 企鵝館 其4 世界魚類館 伴手禮店 亞馬遜館 和樂園展示館 便當廣場 (2F) 魚類表演劇場 (1F) 西出口 本館1F 入口 其3 1F

2F本館 水族館商店 演講室 波浪大水槽上面

3F本館 觸摸池 海龜池 水族園樂趣教室

圖示凡例
 大約所需時間
 雨天OK
 有餐廳
 可帶外食入內
 投幣式置物櫃
 嬰兒車（租借／自行攜帶）
 兒童廁所
 換尿布空間
 哺乳室
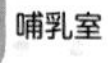

大阪 兵庫 京都 滋賀 奈良 和歌山 三重

可參加體驗活動讓樂趣多更多！

書末地圖17H-3

○きょうとすいぞくかん

京都水族館

0歲 1~3歲 4~5歲 6歲以上

075-354-3130

成人 2050日圓　大學生・高中生 1550日圓　中小學生 1000日圓

幼兒（3歲～）600日圓

若選購全年護照，成人4100日圓、大學生・高中生3100日圓、中小學生2000日圓、幼兒1200日圓

有能品嘗京野菜等在地食材菜色的咖啡廳、水族館商店等多樣選擇。

座落於梅小路公園內，是京都市內首見的大規模水族館。館內以「生命，與水共生」為設計概念，運用淺顯易懂的展示方式再現眾多生物共生組成的生態體系。有以從群山源源不斷流入大海的河川為設計意象的展區、重現後山農田景觀與當地生態系的展區等，連大人也能樂在其中。

DATA 10:00～18:00（有季節性變動）休無休（有臨時休館）
地京都市下京区観喜寺町35-1（梅小路公園內）
JR京都線京都站步行15分
名神高速京都南IC車程5km
P可利用周邊的收費停車場

海豚表演秀最受歡迎！京都站附近的大規模水族館

山紫水明區內也有像這樣的小魚

重點看過來！

其1 海豚館

於180度超廣視野的海豚館內，全體遊客可以一起融入在「イルカLIVEきいて音(ネ)」的海豚表演中，參與感十足。

其2 海豹

光線充足的平台上有個能觀賞海豹的巨大管狀水槽，可愛的海豹會不時地浮出水槽現身在大家面前。

其3 京之海

完整呈現京都海域富饒生態的大水槽內，有沙丁魚、魟魚之類的軟骨魚等形形色色的生物棲息其間，壯觀的畫面讓人不禁看到入迷。

其4 京之川

置有兩座水槽重現鴨川和由良川的生態，能近距離一窺大山椒魚、紅點鮭、櫻鱒等棲息於清流的生物。

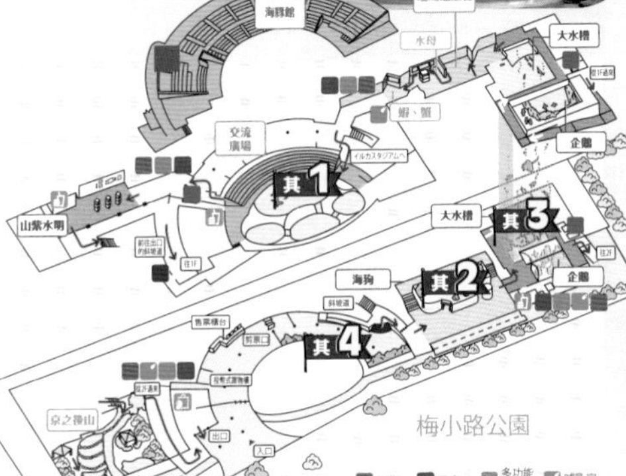

幼兒資訊

洗手間內都備有兒童廁所和嬰兒床，入口等處有哺乳室，無出租嬰兒車的服務。

一起來check!

人氣的秘訣

日本第一間100%利用人工海水的內陸型大規模水族館，能邊感受京都的歷史風土邊觀賞水生生物，另外還有重現自然生態系的戶外展示區。

三重 鳥羽市

週六日還可報名參觀水族館後台場景的「後台探險隊」

○とばすいぞくかん

書末地圖 33L-1

鳥羽水族館

0歲 1~3歲 4~5歲 6歲以上

飼育種類為日本之最的水族館 還能親眼見到儒艮

與展示在日本之海的江豚拍張照吧

水族館

☎0599-25-2555

¥ 成人（高中生～）2500日圓 兒童（中小學生）1250日圓 幼兒（3歲～）630日圓

長者（65歲～）2100日圓

可一窺水族館後台場景的「後台探險隊」（週六日舉行，參加者限3歲以上，採報名制）200日圓

有提供當地食材佳餚的餐廳、能將鳥羽灣風光盡收眼底的咖啡廳等，外帶店也是選項之一。

展示約1200種、30000隻海洋與河川生物，為日本最大的水族館。據說是人魚傳說原型的儒艮，全日本也只有這裡才見得到。佔地寬敞的館內並無明定行進路線，因此可依個人喜好自由參觀。海象、海獅的表演以及海獺的餵食秀，都很吸引人目光。

DATA 9:00～16:00(7月20日～8月31日為8:30～16:30)，於最後入場時間的1小時後閉館
休 無休 址 鳥羽市鳥羽3-3-6
近鐵鳥羽線鳥羽站步行10分
伊勢二見鳥羽線鳥羽IC車程3km
P 500輛，一天800日圓

重點看過來！

其1 人魚之海

能邂逅以人魚傳說的原型而廣為人知的儒艮，目前已被指定為國際保護動物、相當珍貴。

其2 海洋動物表演大廳

為每天舉行海獅秀的場地。表演項目會依登場的海獅而定，所以不管看幾次都很有趣。

其4 漫遊珊瑚礁

美麗水槽內有五彩繽紛的魚群悠游其間，正面、天井、左右皆以壓克力玻璃覆蓋，能感受如潛水般的氣氛。

幼兒資訊

有免費出租嬰兒車的服務。可做為哺乳、換尿布空間利用的嬰兒房內，還會提供沖泡奶粉用的熱開水。

一起來check!

海象與海獅類的繁殖·親子水槽

已於2016年4月公開的「海象與海獅類的繁殖·親子水槽」，是以繁衍鰭足類為主要目的的水槽，遊客可近距離觀賞海象夫婦與北海獅親子的可愛模樣。

其3 水之迴廊

為海象搞笑秀的表演會場，另外還有企鵝、鵜鶘、紅鶴、河狸、水獺等其他動物。

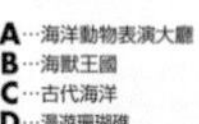

大阪 兵庫 京都 滋賀 奈良 和歌山 三重

圖示凡例

大約所需時間

雨天OK

有餐廳

可帶外食入內

投幣式置物櫃

嬰兒車(租借／自行攜帶)
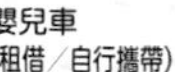
兒童廁所

換尿布空間
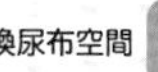

哺乳室

兵庫 豐岡市

遊樂設施和體驗活動有許多好玩的

○きのさきマリンワールド 書末地圖27H-2

城崎海洋世界

0歲 1~3歲 4~5歲 6歲以上

0796-28-2300

成人 2470日圓 中小學生 1230日圓 3歲~ 620日圓

「撫摸海豚」(3歲以上)500日圓,「後院旅行」(13:00~)1000日圓

有可一望日本海的咖啡廳&餐廳「Terrace」及輕食店、外帶店等7間

從5m高的岩石上豪邁跳入水中的北海獅

除了置有12m深水槽的自然水族館「Sea Zoo」外，還有海洋哺乳類動物的體能訓練場「Tube」、舉辦海豚&海獅表演秀的「Sea Land Stadium」、參與型體驗設施的「Dive」等有趣設施。

幼兒資訊

有免費出租嬰兒車的服務。哺乳室在「Dive」預約中心等處都有，另外還有5個換尿布空間。

一起來check!

玩樂資訊

「企鵝散步」的表演時間會依季節而異。人氣很高的「釣竹筴魚」則建議上午時段，而且越早越好。

DATA 9:00~16:30(7月20日~8月31日為~17:30)
休無休 址豐岡市瀨戶1090
JR山陰本線城崎溫泉站搭乘巴士10分，下車後步行即到 北近畿豐岡道八鹿冰山IC車程37km
P 1000輛，一天700日圓

兵庫 姬路市

能一一認識播磨當地的生物種類

○ひめじしりつすいぞくかん 書末地圖18A-4

姬路市立水族館

0歲 1~3歲 4~5歲 6歲以上

079-297-0321

成人 500日圓 中小學生 200日圓

館內沒有餐飲設施，可自行攜帶便當之類的食物。

小朋友們玩到不亦樂乎的屋頂生態區

地處手柄山中央公園(→P.73)內的山上水族館，展示的主題為「播磨里山、里海的同伴們」。以播磨灘為設計意象的大水槽內，有成群的沙丁魚和魟魚、小型鯊魚。新館則有重現播磨地方河川和農田景象的展示，可一窺大山椒魚等淡水生物的身影。屋頂生態區也是必遊景點之一。

幼兒資訊

本館和新館都備有哺乳室和嬰兒床可以使用，並提供免費出租嬰兒車的服務。

一起來check!

觸摸池

有能親手碰觸海膽、海星以及鯊魚、魟魚的「觸摸池」等多元豐富的體驗型展示。

DATA 9:00~16:30
休週二休(逢假日則翌日休)
址姬路市西延末440
山陽電車手柄站步行10分
姬路外環道中地IC車程2km
P 約500輛，一次200日圓

三重 伊勢市

與海洋哺乳動物的交流互動超有趣

○いせめおといわふれあいすいぞくかんシーパラダイス 書末地圖31K-8

伊勢夫婦岩互動水族館 ISE Sea Paradise

0歲 1~3歲 4~5歲 6歲以上

0596-42-1760

成人 1600日圓 中小學生 800日圓 幼兒(3歲~) 400日圓

65歲以上1400日圓(需出示公家機關核發的身分證件)

設有1間輕食店，緊鄰的二見購物廣場內也有餐廳和咖啡廳。

與人氣明星海象交個朋友吧

能近距離觀察、觸摸、感受生物體溫的水族館。可於企鵝館、海豚池、海獅秀與海洋生物相見歡，或是前往欣賞海象、北海獅、水獺的可愛模樣，海象散步時間也是不可錯過的焦點。

幼兒資訊

有提供出租嬰兒車(押金1000日圓，可退還)，也備有哺乳室和換尿布空間、十分方便。

一起來check!

散步時間

「海象散步時間」不僅海象就近在眼前，還能摸摸牠、一起入鏡拍照，大人小孩都能玩得開心。

DATA 9:00~17:00(有季節性差異)
休無休(12月會有兩次休館) 址伊勢市二見町江580 近鐵鳥羽線鳥羽站搭乘巴士10分，下車後步行即到 伊勢二見鳥羽道二見JCT車程3km P 150輛，平日一天200日圓(週六日、假日、旺季期間前2個小時800日圓，之後每逾1小時加收200日圓)

三重 志摩市

充滿在地風格的海女餵食表演不容錯過

○しまマリンランド 書末地圖33L-2

志摩海洋公園

0歲 1~3歲 4~5歲 6歲以上

0599-43-1225

成人 1400日圓 國高中生 900日圓 小學生 600日圓 幼兒(3歲~) 300日圓

若選購搭配賢島西班牙觀光船乘船券的優惠套票，成人2400日圓、國高中生2000日圓、小學生1100日圓

居高臨下可俯瞰企鵝島的餐廳「MARINE」，有提供伊勢志摩當地食材的特有菜色及咖啡等輕食餐點。

與企鵝親密接觸的體驗活動需事前預約

能欣賞翻車魚自在悠遊於大水槽內，傻呼呼的表情讓人覺得好療癒。此外還展示有450種、7000隻的世界魚類與無脊椎動物等珍奇海洋生物。超受歡迎的企鵝島則隨時有各種體驗活動可以參加。

幼兒資訊

除了可免費出租嬰兒車外，換尿布空間等設施也很周全完全不用擔心。

一起來check!

特別展

於每年舉辦4次的特別展期間會推出「水族館後台探險」之類的活動(皆需事前預約，需洽詢)。

DATA 9:00~17:00(7·8月為~17:30)
休無休
址志摩市阿兒町神明賢島
近鐵志摩線賢島站步行即到
伊勢道伊勢西IC或伊勢IC車程26km
P 120輛，免費

兵庫 神戶市

體驗與動物一起生活的感覺！

○こうべしりつろっこうさんぼくじょう

書末地圖 6E-1

神戶市立六甲山牧場

0歲 1~3歲 4~5歲 6歲以上

一定要來玩喔！

078-891-0280

成人 500日圓 兒童（中小學生）200日圓

小馬騎乘體驗（4歲～小學生）500日圓、和種馬騎乘體驗（4歲～）500日圓，冰淇淋製作體驗820日圓

這裡也有可享用起司鍋的餐廳「神戶チーズ」以及咖啡廳等共6處設施可供利用。

山坡斜面上散落著宛如阿爾卑斯牧場般的磚造穀倉和紅屋頂畜舍。在充滿異國風情的六甲山牧場內，遊客可以與放牧的綿羊和山羊自由地互動。牧場的面積十分遼闊，打造出讓動物們舒適生活的空間。以牧場擠取的牛乳、神戶乳酪、康門貝爾乳酪製成的霜淇淋，更是非吃不可的一品。

DATA 9:00～16:30（4～10月的週六日、假日及8月為～17:00）休無休（11月～3月為週二休，逢假日則翌日休）址神戶市灘区六甲山町中一里山1-1 阪急神戶線六甲站搭巴士20分，下車後步行30分 阪神高速神戶線魚崎出口車程10km P00輛，一天500日圓

幼兒資訊

攜帶嬰兒車的遊客請利用南停車場。牧場內會有較陡的坡道，請多加小心。牧場夢工房B1等兩處設有哺乳室。

一起來check! 季節活動

每年於4月中～5月的連假期間會舉辦綿羊剃毛秀，秋天則有瑞士民謠和演奏阿爾卑斯長號的音樂會、自家製乳酪的試吃販售會、以羊毛製作綿羊玩偶等活動。

洋溢著滿滿的阿爾卑斯山氛圍

重點看過來！

其1 放牧的綿羊

自由放牧的綿羊們能隨心所欲地找地方吃草，每逢春天還可以見到可愛的綿羊寶寶。冬天的放牧時間會有變動，請多留意。

其2 體驗製作冰淇淋

能嘗試製作義式冰淇淋，享受手作美味的樂趣。其他還有多樣以牛乳為材料的手作體驗項目，如優格冰淇淋、奶油等。

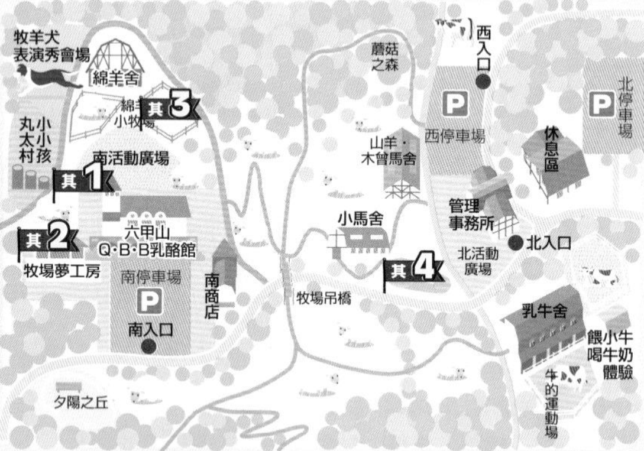

其3 綿羊交流廣場

可於南區的綿羊交流廣場體驗動物餵食（飼料費100日圓）。每年春天都會幫綿羊剃毛，所以有機會還能見到綿羊光溜溜的模樣。

其4 騎馬體驗

有提供騎乘小馬或木曾馬等日本和種馬的體驗。坐在馬背上搖搖晃晃時，還能以較高的視野眺望牧場綠意感受神清氣爽的氣氛。

圖示凡例

大約所需時間

雨天OK

有餐廳

可帶外食入內

投幣式置物櫃

嬰兒車（租借／自行攜帶）

兒童廁所

換尿布空間

哺乳室

兵庫 小野市 看著漫步在廣大牧場上的娟珊牛讓人感覺好療癒

○きょうしんファミリーぼくじょう 書末地圖18E-3

共進牧場

0歲 1~3歲 4~5歲 6歲以上

☎0794-63-5751(代表號)或
☎0794-63-7497(直通餐廳)

生產出美味牛乳的娟珊牛

¥免費入園

餐廳「Milkers」有供應BBQ、蒙古烤肉等餐點，另外還設有伴手禮區。

牧場綿延於播州平原的丘陵地上，還能見到棕色娟珊牛的身影。好天氣時的10時到15時左右會將牛群放出舍外，遊客能自由參觀牛舍周邊。牧場內有草坪廣場、BBQ餐廳、霜淇淋和牛乳賣店等，可感受野餐的悠閒氣氛，每逢春天還有美麗的花景。

幼兒資訊

雖沒有出租嬰兒車的服務也沒有哺乳室等設備，但帶嬰幼兒同行完全沒問題。

一起來check! 娟珊牛

牧場新鮮現擠的牛乳能品嘗到娟珊牛特有的濃醇香口感，只有這裡才有的霜淇淋也是必吃首選。

DATA 10:00~17:00 休週一休(逢假日則翌日休) 址小野市浄谷町1544 神戶電鐵粟生線小野站搭乘巴士15分，下車後步行3分 山陽道三木小野IC車程7km P50輛，免費

大阪 河南町 與動物們的交流互動讓人興奮又期待

○ワールドぼくじょう 書末地圖24D-6

世界牧場

0歲 1~3歲 4~5歲 6歲以上

☎0721-93-6655

¥ 成人(國中生~) 1500日圓 兒童(3歲~) 800日圓 寵物 500日圓

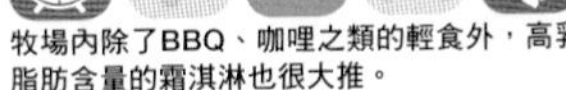

牧場內除了BBQ、咖哩之類的輕食外，高乳脂肪含量的霜淇淋也很大推。

夯特馬的牽引騎馬體驗

牧場位於葛城山的山麓，洋溢著美國西部的氛圍。飼養了水豚、兔子等約140種動物，並提供騎馬等可與動物交流的體驗。牧場內還備有狗公園、電動玩具車等好玩設施，以及撿拾剛出生雞蛋之類的有趣活動。

幼兒資訊

有出租嬰兒車的服務。哺乳室在售票處後方，換尿布空間設在多功能廁所內。

一起來check! 與動物親密接觸

與山羊、綿羊一同散步，以及跟兔子、小狗、貓咪一起玩耍的活動都很受歡迎。另外還提供拉繩牽引騎小馬、擠牛乳的體驗，並設有體能訓練場。

DATA 10:00~17:00(有季節性差異)，天然溫泉16:00~21:30(週六日、假日12:00~) 休週二休(逢假日則翌日休) 址河南町白木1456-2 近鐵長野線富田林站搭巴士20分，下車後步行20分 阪神高速松原線三宅出口車程20km P500輛，免費

兵庫 南淡路市 與可愛的動物們變成好朋友

○あわじしまぼくじょう 書末地圖20B-6

淡路島牧場

0歲 1~3歲 4~5歲 6歲以上

☎0799-42-2066

¥免費入園

擠牛乳體驗成人660日圓、兒童（小學生以下）550日圓，手作奶油體驗成人780日圓、兒童680日圓，餵牛奶體驗1瓶460日圓

在烤肉區除了提供BBQ全餐外，也有幕之內便當可享用。

餵小牛喝牛奶是小小孩最愛的體驗活動

牧場位於自然資源豐富的淡路島上，可體驗擠牛乳、騎小馬、餵小牛喝牛奶等與動物的近距離交流。除了淡路島牛乳的免費試喝區外還會舉辦自製奶油教室，能當場品嘗現做的美味。

幼兒資訊

沒有提供出租嬰兒車的服務，有兩處換尿布空間與一間哺乳室。

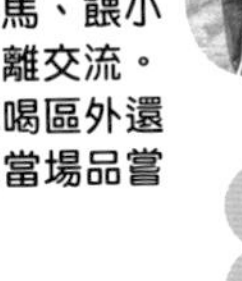

一起來check! 其他情報

吃得到淡路牛BBQ、霜淇淋、特產乳製品等各式各樣美味，每逢4月下旬~6月上旬還有剛收成的農作物。

DATA 9:00~17:00 休不定休 址南あわじ市八木養宜上1 JR神戶線舞子站搭乘高速巴士55分至洲本高速巴士中心轉乘巴士30分，下車後步行10分 神戶淡路鳴門道西淡三原IC車程6km P150輛，免費

奈良 山添村 到處可見模樣討喜可愛的綿羊

○めえめえまきば 書末地圖25 I-3

綿羊牧場

0歲 1~3歲 4~5歲 6歲以上

☎0743-86-0131

¥免費入園

綿羊剃毛體驗一隻1000日圓，羊肉咖哩調理包430日圓

牧場內沒有餐飲設施，請自行攜帶便當等食物。

綿羊悠哉吃著草的風景不禁讓人看到出神

位於森林公園神野山內的觀光牧場，可於廣大草坪間瞧見全身圓滾滾的綿羊。牧場周圍設有草坪公園，很適合坐下來享受悠閒的便當野餐。還可以參加綿羊剃毛的體驗，於每年6月開放預約報名。有時間不妨帶著全家人來牧場，與可愛的綿羊一起度過美好假期吧。

幼兒資訊

牧場內高低段差和上下坡很多，因此不適合帶嬰兒車同行。換尿布空間設在女生廁所內。

一起來check! 其他情報

牧場內售有羊仙貝，可供遊客自由餵食。旁邊的羊毛館能輕鬆體驗羊毛加工的樂趣，也很受歡迎。

DATA 9:00~16:30 休週三休(逢假日則翌日休) 址山添村伏拜 JR・近鐵奈良站車程45分 名阪國道神野口IC車程5km P60輛，一天300日圓

親近牧場・動物

兵庫 神戸市　活動和表演秀都精彩可期

○こうべどうぶつおうこく　書末地圖6F-7

神戸動物王國

0歲　1~3歲　4~5歲　6歲以上

078-302-8899

成人（國中生～）1500日圓　小學生800日圓　4・5歲300日圓

若選購全年護照，成人5000日圓、小學生2500日圓、4・5歲1000日圓

有吃到飽餐廳「Flower Forest」和提供輕食的「Alpaca Cafe」，便當只能在指定場所享用。

體驗餵食可愛的水豚

大型溫室內有近千種盛開綻放的花卉，室內外則合計飼養了100種左右的動物。除了能與水豚、袋鼠等動物互動外，還備有許多遊客可以參與的活動。於新開放的區域「亞洲之森」裡，能夠近距離觀察小貓熊等動物。

幼兒資訊

出租嬰兒車400日圓。沒有專用兒童廁所，但有提供輔助便座。

一起來check!

與動物互動

有動物餵食（付費）等各種互動體驗，還可近距離觀賞長相奇特的鯨頭鸛。每天都會舉行鳥兒表演秀。

DATA 10:00~16:30（週六日、假日~17:00、12月~2月需洽詢）休 週四休（假日、春夏假期、黃金週、過年期間照常營業）地 神戸市中央区港島南町7-1-9 電車 JR神戸線三之宮站搭Port Liner14分，下車後步行即到 車 阪神高速神戸線京橋出口車程5.5km P 1200輛，一天500日圓

兵庫 洲本市　能親近已餵食馴化的野生獼猴

○あわじしまモンキーセンター　書末地圖20D-7

淡路島猴子中心

0歲　1~3歲　4~5歲　6歲以上

0799-29-0112

成人（國中生～）600日圓　兒童（4歲～）300日圓

餵食體驗200日圓

設有供應咖哩、定食等菜色的餐廳。

找找看可愛的小獼猴在哪裡

能與個性溫馴的淡路島日本獼猴親密接觸的設施。原本棲息於柏原山系的野生獼猴因為餵食而慢慢聚集，目前已經形成一個有近280隻數量的獼猴聚落。仔細觀察牠們彼此互相照顧、一團和樂的獼猴社會模樣，也相當有意思。還可以隔著鐵網體驗餵食的樂趣。

幼兒資訊

雖沒有出租嬰兒車的服務也沒有哺乳室等設備，但帶嬰幼兒同行完全沒問題。

一起來check!

野生動物

為規劃完善的自然生態公園，附近除了獼猴外還有野鹿、鼬鼠、狸貓等動物棲息。

DATA 9:30~16:00（視猴子狀態而定）休 週四休（假日、春夏冬假期間照常開園, 天候不佳時會暫時休園, 9~11月因猴子在後山所以幾乎都是休園狀態）地 洲本市畑田組289 車 神戸淡路鳴門道西淡三原IC車程30km P 40輛, 免費

京都 京都市　著名觀光勝地嵐山就近在咫尺

○あらしやまモンキーパークいわたやま　書末地圖16D-2

嵐山岩田山猴子公園

0歲　1~3歲　4~5歲　6歲以上

075-872-0950

成人（高中生～）550日圓　兒童（4歲～國中生）250日圓

飼料費100日圓

園內沒有餐飲設施，請自備便當等食物。

到展望台與可愛獼猴相見歡

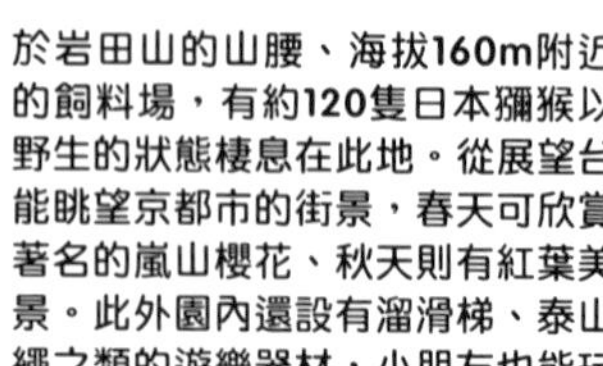

於岩田山的山腰、海拔160m附近的飼料場，有約120隻日本獼猴以野生的狀態棲息在此地。從展望台能眺望京都市的街景，春天可欣賞著名的嵐山櫻花、秋天則有紅葉美景。此外園內還設有溜滑梯、泰山繩之類的遊樂器材，小朋友也能玩得不亦樂乎。

幼兒資訊

設施內段差和坡道眾多，因此不適合帶嬰兒車同行。山上的事務所內設有換尿布空間和哺乳室。

一起來check!

出遊情報

約120隻的獼猴每一隻都有自己的名字。園內種有數百棵楓樹，也是欣賞紅葉的名勝地。

DATA 3月15日~9月30日9:00~17:00（展望台為~17:30）、10月1日~3月14日為9:00~16:00（展望台為~16:30）休 無休（天候不佳時閉園）地 京都市西京区嵐山元録山町8 電車 阪急嵐山線嵐山站步行5分（至入口）車 名神高速大山崎IC車程15.5km P 無專用停車場，持阪急嵐山站前停車場的票根至入園窗口可折抵200日圓（僅限當日有效）

和歌山 紀美野町　學習生命的珍貴

○わかやまけんどうぶつあいごセンター　書末地圖21J-8

和歌山縣動物愛護中心

0歲　1~3歲　4~5歲　6歲以上

073-489-6500

入園無料

園內沒有餐飲設施，請自備便當等食物。

還會舉辦狗狗的教養教室

能和小狗、小貓開心玩耍的設施。與動物溫馨互動後，還可透過淺顯易懂的展示內容學習動物的習性以及與寵物一起生活的相關知識。動物舍內飼養著山羊、兔子、迷你豬等動物，不定時還會有山羊餵食的體驗活動。另外還置有以動物視角來設計的遊樂器材。

幼兒資訊

沒有提供出租嬰兒車的服務，但備有換尿布空間等完善設施。

一起來check!

人氣的秘密

能邊和小狗、小貓嬉戲邊學習管教方式、動物習性與生命的重要性，廣受親子遊客的好評。還可體驗與小狗、小貓同樣視線的遊樂器材。

DATA 10:00~17:00（小狗互動時段為14:30~15:00，週六日、假日會再增加11:00~11:30的時段）休 週二休 地 紀美野町国木原372 電車 和歌山電鐵貴志川縣貴志站搭乘計程車15分（無巴士）車 阪和道海南東IC車程15km P 102輛，免費

大阪　兵庫　京都　滋賀　奈良　和歌山　三重

圖示凡例

 大約所需時間  雨天OK  有餐廳  可帶外食入內  投幣式置物櫃  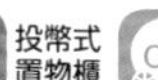 嬰兒車（租借／自行攜帶） 兒童廁所  換尿布空間  哺乳室

盡情活動身體恣意地玩耍吧！

公園

CHECK!

1 每個季節都有不同的樂趣！

春天賞花，夏天玩水，秋天賞楓，冬天還可以驅寒。公園是培養孩子感性的遊樂場所！

淡路島國營明石海峽公園

2 盡情玩耍的好選擇！

這裡有各種公園遊樂設施、大型遊樂器材及有如遊樂園的遊樂設施，還能近距離接觸動物，並在工作室體驗創作！

大泉綠地

3 大泉綠地主題公園

以花朵世界為主題打造的公園，以及擁有絕佳視野可以欣賞飛機的公園，還有以岩石和城堡為主題等，各種深具特色的公園相當有趣！

太陽公園

INDEX

凡例 ○ 免費入場 △ 部分免費（免費入場，遊樂設施費用另計等） × 不可、付費入場、不建議

公園

大阪 大阪市

占地遼闊，盡享絕佳開闊感！

●はなはくきねんこうえんつるみりょくち

書末地圖11K-3

花博紀念公園鶴見綠地

0歲 1~3歲 4~5歲 6歲以上

在開闊的場所享用便當

感受四季美麗的變化
充滿花香綠意的遊園地

06-6911-8787

¥免費入園（各項設施費用另計，視情況可能需出示證明）

烤肉場地免費使用，若使用電烤爐每2小時1000日圓。

可以在大草原野餐或是享受烤肉樂趣。

這片有著美麗花草的綠地，曾在1990年舉辦花博而為人熟知。約120萬平方公尺的偌大園區中有著豐富的設施，烤肉區、草皮廣場、玫瑰園、全年無休游泳池和騎馬場等，不僅可在如茵綠草地享用便當，也有很多適合散步的美麗景致。

DATA 自由入園（山區部分為9:00～17:30、11月～3月～16:30）
休 無休 址 大阪市鶴見区緑地公園2-163 地下鐵長堀鶴見綠地線鶴見綠地站步行即到
阪神高速守口線森小路出口2.5km
P 約2000輛，20分鐘100日圓，上限1000日圓

重點看過來！

其1 園內的大草原

在茂盛樹木包圍下的綠色美地中野餐吧。整體環境寬闊又平坦，是令人安心的空間。

其2 風車之丘

每到春季，風車環繞的山丘上開滿各色鬱金香，十分壯觀。

其3 鶴見綠地游泳池

全年無休的全天候游泳池（→P.101）。內有許多水上設施，像是人造浪泳池和滑水道等。

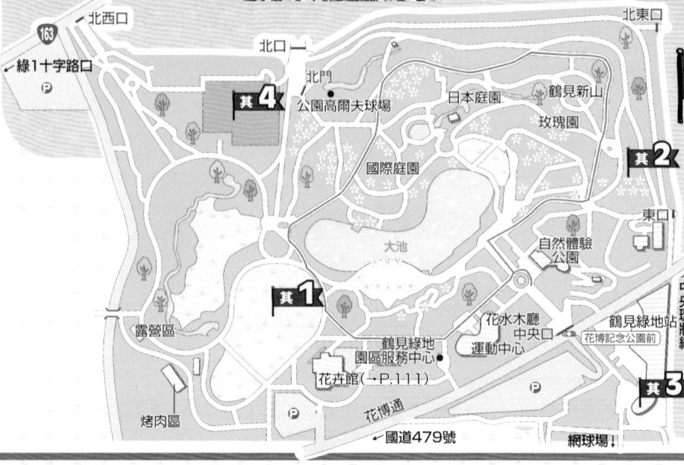

幼兒資訊

部分廁所（約8處）設置有嬰兒床，園區服務中心可免費借用嬰兒車。

一起來check!

風車之丘

園區廣大，移動起來也辛苦，那麼就鎖定幾個目標玩吧。春季來到有鬱金香和風車、充滿異國情趣的風車之丘準沒錯。而秋季，整個園區逐漸染上楓紅的景致也很有看頭。

其4 騎馬場

小朋友們看到馬就好興奮。4歲以上還可以挑戰讓人牽著騎乘小馬（700日圓）！

大阪 兵庫 京都 滋賀 奈良 和歌山 三重

圖示凡例   大約所需時間  雨天OK  有餐廳   可帶外食入內  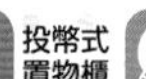 投幣式置物櫃 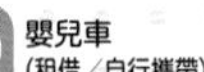 嬰兒車（租借／自行攜帶）  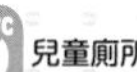 兒童廁所  換尿布空間   哺乳室

在擁有大型遊樂器材的「兒童樂園」盡情玩樂

書末地圖9G-7

○はっとりりょくち

服部綠地

0歲 1~3歲 4~5歲 6歲以上

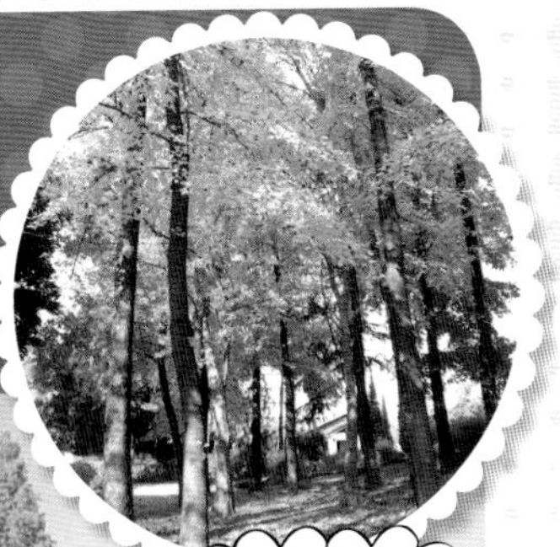

06-6862-4945

（各項設施費用另計）

日本民家聚落博物館門票，大人500日圓，高中生300日圓，中、小學生200日圓。都市綠花植物園門票，大人210日圓，國中生以下免費

餐廳在午餐時間提供肉類和魚的主餐，並有自助吧可享用。晚上則為深受歡迎的啤酒餐廳。

這個擁有豐富花草的綜合公園，是甲子園球場的33倍之大。園內有好幾個大大小小的池塘，四季皆有不同的美景。遊樂器材也有趣多樣，包括有大型設施的兒童樂園、BBQ廣場、騎馬場和日本民家聚落博物館等一應俱全。夏天還會開放人氣游泳池。

DATA
自由入園（因各設施而異）
休 無休（因各設施而異）
址 豐中市服部綠地1-1　地下鐵御堂筋線・北大阪急行綠地公園站步行即到
阪神高速池田線豐中南出口5km
P 909輛，1小時420日圓(之後每小時計費，1日上限1030日圓)

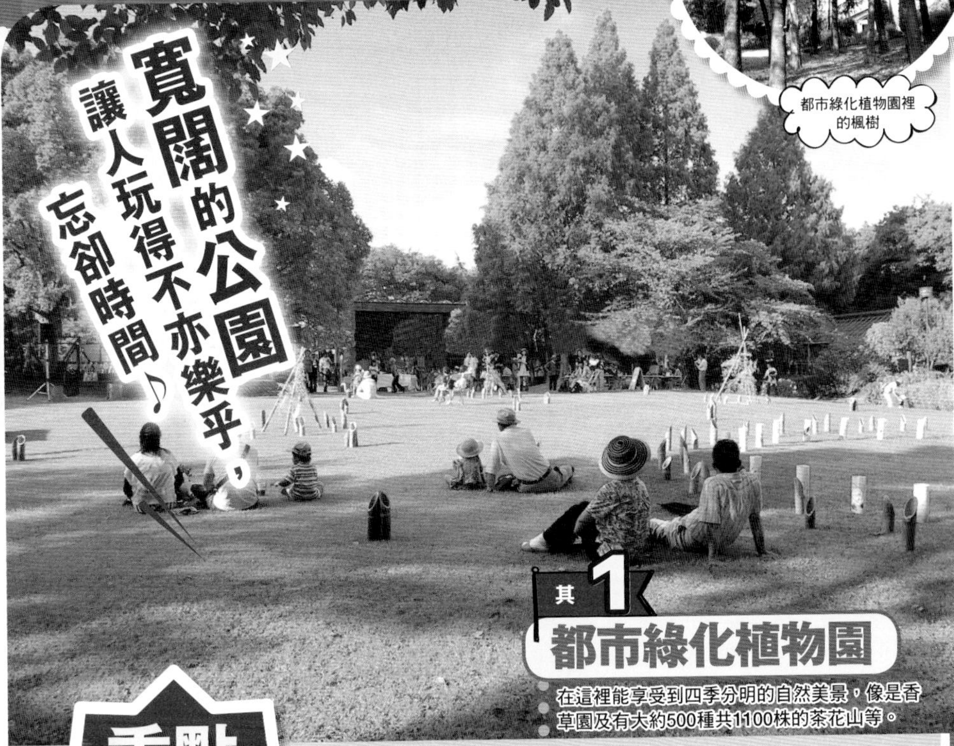

寬闊的公園讓人玩得不亦樂乎，忘卻時間♪

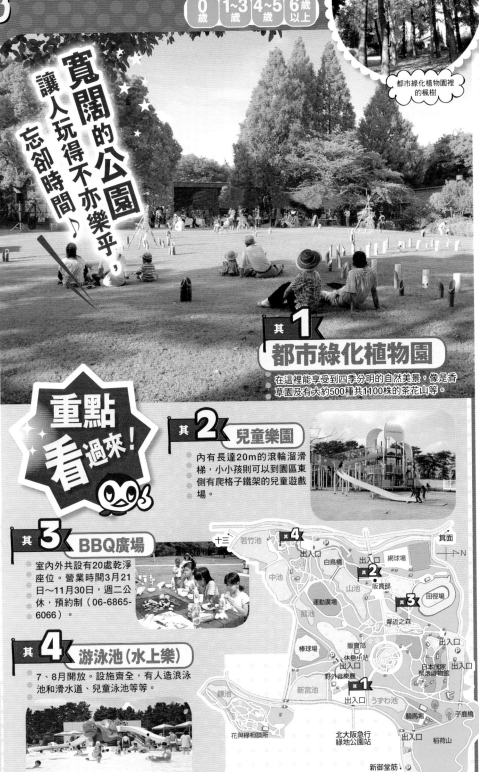

都市綠化植物園裡的楓樹

重點看過來！

其1 都市綠化植物園

在這裡能享受到四季分明的自然美景，像是香草園及有大約500種共1100株的茶花山等。

其2 兒童樂園

內有長達20m的滾輪溜滑梯，小小孩則可以到園區東側有爬格子鐵架的兒童遊戲場。

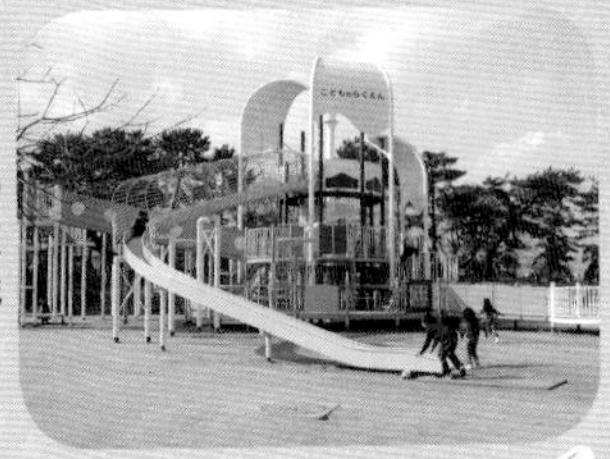

其3 BBQ廣場

室內外共設有20處乾淨座位。營業時間3月21日～11月30日，週二公休，預約制（06-6865-6066）。

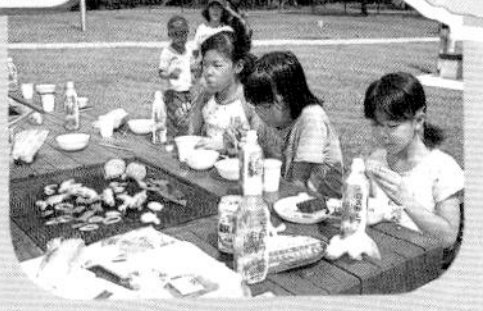

其4 游泳池（水上樂）

7、8月開放。設施齊全，有人造浪泳池和滑水道、兒童泳池等等。

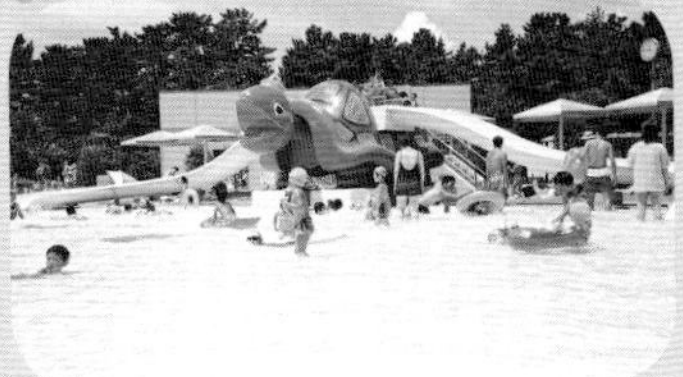

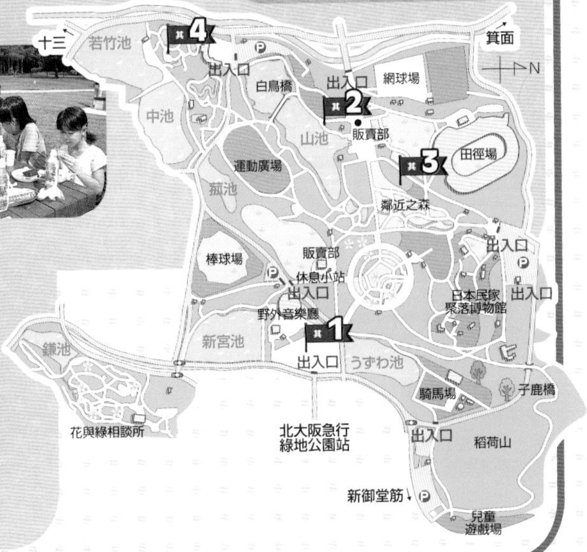

十三　若竹池　出入口　白鳥橋　出入口　網球場　箕面　中池　山池　販賣部　田徑場　運動廣場　瓢池　鄰近之森　棒球場　販賣部　休息小站　出入口　野外音樂廳　日本民家聚落博物館　出入口　出入口　新宮池　鏡池　出入口　うずわ池　騎馬場　子鹿橋　花與綠相談所　北大阪急行綠地公園站　出入口　稻荷山　新御堂筋　兒童遊戲場

幼兒資訊

在休息小站二樓有哺乳室和換尿布室。開放時間10:00～16:00。

一起來check!

BBQ廣場

許多家庭最愛的BBQ廣場，部分場地更有屋頂遮蔽，雨天時也能盡興烤肉。需事先預約，平日白天是媽媽們方便聚會的場所。假日和家人一起來，平日就和朋友前往，是可做不同用途的好地方。

P.39 P.45 P.50 公園 P.53 P.83 P.103 P.119 P.134 P.138

EXPOCITY開業後周邊設施更加完備！

○ばんぱくきねんこうえん

書末地圖9 I-5

萬博紀念公園

0歲 1~3歲 4~5歲 6歲以上

☎06-6877-7387

¥ 成人 250日圓　中小學生 70日圓（可同時參觀日本庭園、自然文化園）

EXPO 70' Pavilion 展覽館，高中生以上200日圓，國中生以下免費。國立民族學博物館（→P.111）一般大眾420日圓，大學、高中生250日圓，中、小學生110日圓

半日　雨天OK　有餐廳　可帶外食入內　有投幣式置物櫃

有可享用各國傳統料理的民族風午餐，還有3間群樹環繞的日式食堂，另有8處餐飲販賣處。

這座關西最大的公園總面積260萬平方公尺，約是65個甲子園球場那麼大。園區以太陽之塔為中心，分為遼闊的日本庭園和自然文化園。園區內除了有棒棒樹溜滑梯，還有孩童專屬大型遊樂器材、自然觀察學習館等，超多好玩的東西。還有季節性活動也別錯過喔！

DATA 9:30～16:30　休 週三休(逢假日則翌日休)，但4月1日～黃金週、10月1日～11月30日無休
址 吹田市千里万博公園　大阪單軌電車萬博紀念公園站步行5分
名神高速吹田出口即到
P 約4300輛，收費(計時制)

以「太陽之塔」為中心的公園占地遼闊

原萬博會場 關西最大規模休閒場所

重點看過來！

其1 開心池冒險廣場

有軟網打造的彈簧床、山型溜滑梯等等，小朋友可以盡情奔跑。

其2 天空步道

步道高度3～10m，民眾可自在漫步森林之上。壯觀景色令人心曠神怡！

其3 萬博趣味自行車廣場

共有近100台的40種不同自行車。30分鐘400日圓，每超過10分鐘加收100日圓。

其4 棒棒樹溜滑梯

2座全長30m的大型滾輪溜滑梯交會而成的立體大型遊樂器材，迫不及待想玩！

幼兒資訊

可免費租用嬰兒車，並有4間哺乳室及10處以上的嬰兒尿布台。

OK　無　有　有

一起來check!
免費設施景點與活動

園內設有免費設施，走累了可到森林足浴(週三及6～9月、12月～2月中旬不開放)休息。四季都有舉辦不同的活動，像是櫻花祭與梅花祭等，建議行前可上官網確認。

圖示凡例：大約所需時間　雨天OK　有餐廳　可帶外食入內　投幣式置物櫃　嬰兒車(租借／自行攜帶)　兒童廁所　換尿布空間　哺乳室

大阪 堺市

在有茂密林蔭與草皮之處最適合野餐了

書末地圖13 I-4

○おおいずみりょくち

大泉綠地

0歲 1~3歲 4~5歲 6歲以上

活動樂園內有城堡型遊樂器材

072-259-0316

烤肉區(野炊爐具)2小時1700日圓(平日)，另有其他免費設施。各項運動器材收費需洽詢

咖啡店、輕食餐廳有2間，天氣好時也可到烤肉區烤肉。

園區占地近100萬平方公尺，共有32萬株200種不同的樹木。全長3m的「樹道」鋪滿木屑走來舒服，相當適合散步。內有各種遊樂區域，像是章魚、燈塔和帆船造型的海遊樂園，設有木製複合遊樂器材的冒險樂園，以及城堡型的活動樂園等。

DATA
休 自由入園
址 堺市北区金岡町128
地下鐵御堂筋線新金岡站步行15分
阪神高速堺線堺出口6km
P 約1000輛，1小時420日圓（之後每小時計費，1日最高1030日圓）

重點看過來！

其1 海遊樂園

以海洋為概念，打造吊橋、章魚造型溜滑梯，還有帆船和燈塔組成的遊樂設施，是幼童也能盡情玩樂的遊樂器材。

其2 冒險樂園

木製複合式設施和大型遊樂器材令人樂不思蜀，深受小朋友們喜愛。

其3 野炊

愉快的野炊區設有8組爐具及桌椅，每天僅限8組客人，讓民眾可以悠閒度過。

其4 大草原廣場

大草原廣場位在園區中央，寬廣程度令人驚嘆。全家人可以在這綠色大地享用便當，或是於樹蔭底下小憩片刻，想怎麼玩就怎麼玩。

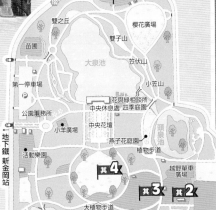

府道26號 雙之丘 櫻花廣場 雙子山 苗圃 大泉池 笠伏山 第一停車場 小笠山 花與綠相談所 中央休息處 四季庭園 公園事務所 中央花壇 小羊廣場 頭泉池 燕子花庭園 地下鐵新金岡站 植物步道 活動樂園 越野單車廣場 大植物步道 國道310號 運動廣場A·B 球類廣場 運動館 第二停車場 網球場 棒球場 第三停車場 松原 羽曳野

幼兒資訊

雖無嬰兒車出租服務，但可自行攜帶。另有兒童廁所4間、換尿布空間8處等。

一起來check!

烤肉&BMX(越野單車)

除了野炊爐具場地之外，另外還有可免費使用的烤肉地點。園區內有「越野單車廣場」，為承辦大型國際賽事規格之BMX賽道，有專用單車者可自行攜帶入內免費使用(需著安全帽)。

P.39 P.46 P.50 公園 P.53 P.83 P.103 P.119 P.134 P.138

大阪 堺市

豐富多樣的兒童遊樂場讓快樂也加倍

書末地圖12E-5

○はまでらこうえん

濱寺公園

0歲 1~3歲 4~5歲 6歲以上

大型設施可不只這樣喔

公園

072-261-0936

¥ 免費入園

兒童列車大人300日圓，兒童140日圓。賽車1人300日圓，電動車和兒童搭乘遊具都是1次100日圓。游泳池夏季開放，高中生以上930日圓，國中生510日圓，兒童（4歲起）310日圓。

1日 不可 有 OK 無

休息小站（週二休）有1間，另外推薦好天氣時，可使用免費的烤肉區。

濱寺公園為大阪最早的府營公園之一，過去以白砂青松美景著名。公園位在運河邊，遼闊園區周邊圍繞**5000**株松木林，並有豐富多樣的遊樂區域。其中最受歡迎的是可乘坐的兒童列車和賽車，以及離停車場近又有許多設施的兒童遊戲場。

DATA
休 自由入園
址 堺市西区浜寺公園町
南海線濱寺公園站步行3分
阪神高速灣岸線濱寺出口1.8km
P 650輛，1小時420日圓（之後每小時加計，1日最高1030日圓）

搭列車穿梭園區！遊樂器材齊全BBQ也很有趣喔～

重點看過來！

其1 兒童遊戲場

園區內有3處設置兒童遊戲場，裡面有像是單索滑降或長溜滑梯等，每處設施都很齊全。

其2 BBQ

範圍從野外舞台一帶到游泳池附近的松樹林，不僅廣大還可以免費使用（無物品出租）

其3 交通遊樂園

來回約1.2km的SL型兒童列車和賽車深受小朋友歡迎。

其4 游泳池

內有全長100m的巨型滑水道（小學生以上，1次100日圓）及變形游泳池等設施。

幼兒資訊

雖無嬰兒車出租服務，但可自行攜帶。另有換尿布空間8處、哺乳室3間等。

OK 有 有 有

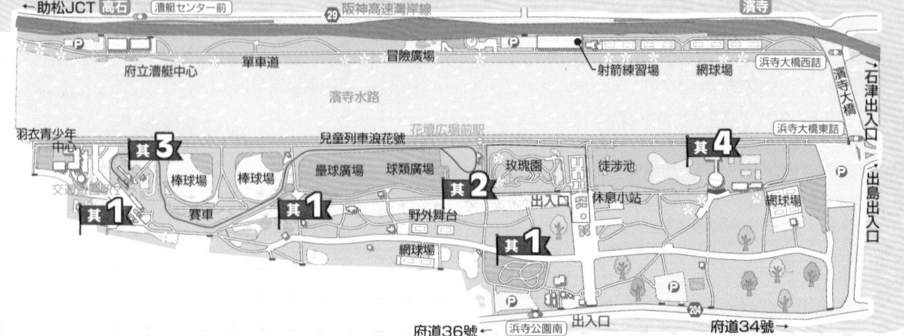

一起來check！

徒涉池

游泳池旁邊的「徒涉池」，可以免費玩水，以還未就讀小學的幼童為對象，水深僅約20cm～40cm，也可放心讓小小孩玩耍。開放季節期間（7、8月）設置有簡易型廁所，相當方便。另外也推薦前往玫瑰園欣賞品種多樣的玫瑰。

圖示凡例
 大約所需時間
 雨天OK
 有餐廳
 可帶外食入內
 投幣式置物櫃
 嬰兒車（租借／自行攜帶）
 兒童廁所 換尿布空間
 哺乳室

大阪 堺市

四季不同的花田也別錯過

書末地圖24C-7

さかい·みどりのミュージアム ハーベストのおか

堺·綠色博物館收穫之丘

0歲 1~3歲 4~5歲 6歲以上

072-296-9911

¥ 成人（國中生～）900日圓　兒童（4歲～）500日圓（有季節性差異）

體驗騎馬1人騎乘500日圓，親子共乘700日圓，迷你馬300日圓（限身高120cm以下兒童）。摩天輪限4歲以上300日圓，園區年票大人2500日圓，兒童1300日圓。

1日　OK　有　OK　有

除了有燒烤餐廳、使用在地食材的健康取向餐廳等3間之外，還有甜點深受遊客歡迎的咖啡廳。

這座體驗型農業公園就位在堺市泉北新市鎮附近。園內有可以體驗做麵包或香腸的課程（預約制），還可以接觸動物和騎馬等。另外，還有賽車、滑草，以及長130m的吊橋，樂趣無窮。表情可愛的水豚也相當高人氣。詳情請參照官網。

DATA
9:30～18:00（11月～2月則有變動）
休 無休（12月～2月有休園日）
址 堺市南区鉢ケ峯寺2405-1
泉北高速鐵道泉之丘站搭巴士15分鐘，下車步行即到
阪和道堺IC 7km　P 約1800輛，免費

其1 親近廣場

可以替娟珊牛擠乳，還能體驗騎馬並接觸兔子等小動物，是個溫馨的景點。動物相關活動會隨季節不同，要記得確認！（詳請請見官網）

其2 滑草場

位於遊戲廣場、孩童們相當喜歡的滑草場。此滑草場是關西規模最寬闊，15分鐘400日圓可盡情滑草。建議最好一大早來。

其3 涮涮廣場

5～9月開放親水設施，水並不深，也適合幼童玩耍。

其4 體驗工房

可以做麵包、香腸和奶油（1000日圓～）。最晚前一天要上官網或電話預約。

幼兒資訊

除了設有哺乳室、嬰兒尿布台之外，也有出租嬰兒車（200日圓）。

OK　無　有　有

一起來check!

餐飲資訊

園區內有很多美食，如自製麵包、自製香腸和啤酒等。園區外還有販賣布丁、優格和香腸等自製產品的手作館，無須門票就能入場。

大阪 富田林市

季節性花卉也是魅力之一

書末地圖24C-6

にしこおりこうえん

錦織公園

0歲 1~3歲 4~5歲 6歲以上

公園

0721-24-1506

¥ 免費入園

雖然沒有美食區，不過在「頑童之家」有販賣飲料和輕食的店家。

廣大的公園善用羽曳野丘陵的自然地形，擁有鄉村自然風情的園區內，高人氣的「頑童之家」內有公園遊樂設施，還有草皮廣場、重現過往河內村落的「河內之家」等等。春天綻放櫻花與杜鵑、石楠花，冬天則開梅花等，就順便來個野餐行程吧。

DATA
自由入園
富田林市錦織1560
近鐵長野線瀧谷不動站步行20分
阪神高速松原線三宅出口13.5km
718輛（含臨時停車場），1日620日圓

位在鄉間的遼闊公園 有著溜滑梯與豐富的自然美景♪

到人氣溜滑梯得排隊等待

重點看過來！

其1 頑童之家

內有順著山坡建造的大型遊樂器材及好幾個溜滑梯。其中，高低差達7.7m的溜滑梯和迴旋環繞的溜滑梯相當受歡迎。

其2 草皮廣場

四處都有遼闊的草皮廣場。櫻花木之家到了春天會有240株染井吉野櫻開花，在裡頭野餐好不愜意。

其4 水邊之家

繽紛的幼童用複合式遊樂器材光看著就很開心，也很有人氣，更有大大小小不同的溜滑梯。

其3 橡果森林

走過刺激指數滿點的制高點吊橋，撿拾橡果去吧。

幼兒資訊

多功能廣場、水邊之家、頑童之家的廁所皆設有嬰兒尿布台，也可自行攜帶嬰兒車入園。

一起來check! 季節花卉情報

每個季節的花朵都相當美麗！櫻花樹之家有著如隧道般的夾道櫻花（3月下旬～4月下旬），從觀景台也可眺望怒放於石楠花之谷（5月上旬～下旬）的花朵等等，園方精心設置了許多景點。

大阪 兵庫 京都 滋賀 奈良 和歌山 三重

圖示凡例
 大約所需時間
 雨天OK
 有餐廳
 可帶外食入內
 投幣式置物櫃
  嬰兒車（租借／自行攜帶）
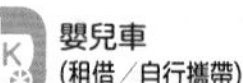  兒童廁所
 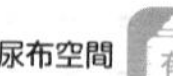 換尿布空間
 哺乳室

大阪 岸和田市

在自然生態豐富感受鳥語花香

書末地圖21K-4

○とんぼいけこうえん

蜻蜓池公園

0歲 1~3歲 4~5歲 6歲以上

※每種遊樂設施皆有張貼適合使用的年齡層貼紙。

還有十分刺激的滾輪溜滑梯喔

072-443-9671

免費入園

網球場1小時12040日圓（平日1030日圓），而可以進行疊球、足球的球類廣場1小時3210日圓（平日2680日圓）。

園內無餐廳，只有1間店家僅在來客數多的週六、日和假日營業。

園區位在環繞大池的平緩丘陵地上，繁多的植物也隨時保持良好的狀態而頗受好評。園區四處皆有草皮廣場，相當適合野餐。主要的遊戲場所是蜻蜓&蝴蝶遊樂器材，尤其是蜻蜓的設施因造型獨特而很受小朋友歡迎。還有玫瑰園和繡球花園等，可以觀賞季節性花卉。

DATA
自由入園
岸和田市三ケ山町大池尻701
JR阪和線下松站搭乘巴士15分，步行即到
阪和道岸和田和泉IC 4km
800輛，1次620日圓（12月～2月1次510日圓）

幼兒資訊

無提供嬰兒車租借，但可自行攜帶。兒童廁所在兒童王國停車場內，換尿布空間共有8處。

一起來check!

玫瑰博覽會

在玫瑰開花的春、秋時期都會舉辦「玫瑰博覽會」，除此之外還有各種精彩活動（歡迎洽詢詳細資訊）。

蜻蜓和蝴蝶是遊樂器材？獨特的設置令人不亦樂乎

其1 蜻蜓&蝴蝶遊樂器材

蜻蜓遊樂器材裡結合了40種有趣的遊戲項目。另外，旁邊還有蝴蝶造型遊樂器材，遊客可在此玩到獨特的球類遊戲。

其2 玫瑰園

遼闊的美麗玫瑰園彷彿凝望著大池，春、秋的開花時節，繽紛的花朵競相怒放。

其3 野原廣場

這邊近鄰有遊樂器材的兒童王國，適合在此享用便當。

重點看過來！

其4 觀景台

不僅可以將園內景觀盡收眼底，晴天甚至亦能遠眺明石海峽大橋。

涼亭
涼亭
親近之森
下松站
山直中町
網球村停車場
球類廣場
蜻蛉池公園前
網球村
運動館
大草坪廣場停車場
230
涼亭
大草坪廣場
涼亭
槌球場
公園事務所
高山廣場
花木園
長池
涼亭
口袋廣場
水仙鄉
其2
水與綠音樂廣場
其3
兒童王國
便當廣場
其1
休息區
其4
楓葉池
兒童王國停車場
國道170號
滾輪溜滑梯
繡球花園
涼亭

公園
P.53

大阪 貝塚市

一舉享受貝殼、沙灘和海浪

書末地圖 21J-4

にしきのはまこうえん

二色海濱公園

0歲 1~3歲 4~5歲 6歲以上

還有寬闊的草皮廣場

在海景公園內邊迎著海風邊玩耍吧！

072-422-0442

¥ 免費入園

網球場平日1小時1030日圓（週六日、假日為1小時1240日圓）

夏天時，有醒目帆船桅杆的休息小站1樓有餐廳。

知名又美麗的二色海濱有著鮮明對映的青松與白砂，兒童們很喜歡園內各式海中生物造型的遊樂器材。海濱綠地區可以進行水上活動，其中也有充滿南國風情的烤肉區（網路預約制，請洽072-431-9846），費用低廉又乾淨而深受好評。

DATA
自由入園（夏天夜間關閉）
貝塚市沢
南海線二色海濱站步行15分
阪神高速灣岸線貝塚出口2km
800輛，1次620日圓

重點看過來！

其1 兒童遊戲場

螃蟹、帆船等造型獨特的遊樂器材相當受歡迎。設置在二色海濱、運動館和松風廣場周邊共計3處。

其2 二色海濱海水浴場

白色沙灘全長約1km，與藍色海洋和松林形成明豔對比。一到夏天就變身為大阪最熱門的海水浴場！

其3 烤肉

需自行攜帶食材（小型烤爐2小時～平日940日圓，週六日和假日1120日圓，需上網預約）。圖片為海濱綠地區。

其4 貝塚市立自然遊學館

可以看到貝塚市的昆蟲、貝類和近海魚。

眺望之丘
其3 多目的廣場
二色大橋
貝塚出入口
其4 網球場
關空交流館
球類廣場
棒球場 運動館
海濱綠地
阪神高速 貝塚出入口
其1
草原之丘
近木川
大阪灣
花見之丘
撿貝殼
臨海二色の浜中
其1
第一停車場
海水浴場
休息小站
其2
臨海二色の浜西
南海二色濱站
松風廣場
其1

幼兒資訊

第一停車場與松風廣場有嬰兒尿布台，無嬰兒車出租服務，但可自行攜帶。

一起來check! 海遊情報

4月中旬到6月上旬適合撿貝殼，7、8月則是海水浴，每個季節都有不同的玩樂方式。另外，海濱綠地只有在人造海濱區可以騎水上摩托車（自行攜帶）。相關資訊請洽072-437-0202（海濱綠地水上活動管理事務所）。

大阪 兵庫 京都 滋賀 奈良 和歌山 三重

圖示凡例

大約所需時間

雨天OK

有餐廳

可帶外食入內

投幣式置物櫃
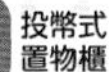

嬰兒車（租借／自行攜帶）

兒童廁所

換尿布空間

哺乳室

除了遊樂器材，還有豐富的親水、森林等自然環境

書末地圖19 I-2

○ありまふじこうえん

有馬富士公園

0歲 1~3歲 4~5歲 6歲以上

079-562-3040

¥ 免費入園

半日 不可 有 OK 有

園內有僅於週六日、假日營業的咖哩店和咖啡店。

此縣立公園位在有馬富士山麓，可充分享受三田的豐饒自然環境。遊戲王國裡全是其他公園所看不到，獨特又好玩的遊樂器材。另外可別錯過KIPPY山林研究室（自然學習中心），可以透過親子體驗了解自然知識，是豐富的自然觀察景點。

DATA 🕒9:00～17:00（暑假期間為～18:00）
休 無休（自然學習中心週一休，逢假日則翌日休）
址 三田市福島1091-2
JR寶塚新三田站搭巴士5分，步行即到
中國道神戶三田IC 7km
P 670輛，免費

在KIPPY山林研究室中的巨大鍬形蟲

重點看過來！

其1 遊戲王國

遊戲王國的遊樂器材，是以三田民間故事的雷所打造，甚至重現鬼怪的餐桌等，相當獨特。

其2 花園階梯

利用通往福島大池的斜坡形成水路，夏季時流水會緩緩流經寬約5m的石板路，與綠意盎然的庭園化為一體，是相當舒服的景點。僅暑假才有流水。

其3 草皮廣場

在花園階梯下、草地生態園和單索滑降廣場皆有草皮廣場。

其4 水邊生態園

水邊生態園可以看到川鮭魚、頜鬚鮈、泥鰍和青⊠魚等生態。

幼兒資訊

免費出租嬰兒車，並設置9處換尿布空間，2處哺乳室。

OK 有 有 有

一起來check! 活動情報

常舉辦許多可親子同樂的工作坊或生物觀察會，活動日期請上官網確認。春、秋會舉辦「有馬富士嘉年華」，屆時可看到遊客攜家帶眷讓園區變得熱鬧非凡。

P.39 P.45 P.50 公園 P.53 P.83 P.103 P.119 P.134 P.138

公園周邊設施充足而方便

書末地圖18E-7

○あかしこうえん

明石公園

恐龍造型的腳踏船

公

園

☎078-912-7600（(公財)兵庫縣園藝、公園協會）

腳踏船20分鐘620日圓，划槳船30分鐘620日圓。如使用明石TOCALO球場打棒球1小時2900日圓（週六日、假日為3600日圓）。網球場1小時460日圓（週六日、假日為670日圓）

園內無餐飲設施，好天氣時就帶便當來吧。

古城周圍的寬闊公園 坐擁櫻花與大池

此處是被評選為「日本都市100選」、「日本賞櫻名勝100選」的都市綠洲。明石城址周圍有田徑場、棒球場和圖書館等等。四處皆有裝設兒童遊樂器材和草皮的廣場，最適合順便來場悠哉的野餐，或是人氣划船活動也很有樂趣。

DATA
休 自由入園
址 明石市明石公園1-27
JR線明石站步行5分
第二神明道路大蔵谷IC 3km
P 360輛，1小時200日圓（1天最高600日圓，週六日和假日800日圓）

重點看過來！

其1 划船

優雅的乘船活動可感受季節的推移，有手划槳船和腳踏船2種類。

其2 明石城

本丸的東西兩邊為巽櫓和坤櫓，直至今日始終守護著明石市區。從兩櫓間觀景台所望出去的景致極美，晴天時甚至可以看見明石海峽大橋。

其3 草皮廣場

可欣賞古城的廣場和千疊草坪，堪稱最佳野餐地點，亦有茂密林蔭。

其4 兒童村

有木頭遊樂器材、長長的溜滑梯和以彈簧作動的器材等等，適合幼兒～中小學生前往遊戲。

幼兒資訊

免費出租嬰兒車。除了有6處換尿布空間之外，在服務中心也設置有哺乳室。

OK 無 有 有

一起來check! 也是著名的賞櫻名勝

春季時染井吉野櫻競相怒放，是相當知名的賞櫻名勝，其中最美賞花點就在剛之池附近，也很適合搭乘小船欣賞。而可玩沙的兒童廣場和有木頭遊樂器材的兒童村，則是小朋友們最喜歡的寶地。

大阪 兵庫 京都 滋賀 奈良 和歌山 三重

大約所需時間

雨天OK

有餐廳

可帶外食入內

投幣式置物櫃

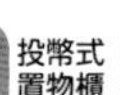

嬰兒車（租借/自行攜帶）
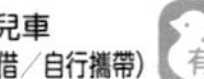
兒童廁所

換尿布空間
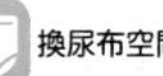

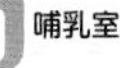
哺乳室

兵庫 加東市

有花草又有遊樂器材還可運動，玩樂方式百百種

○ひょうごけんりつはりまちゅうおうこうえん

書末地圖18E-2

兵庫縣立播磨中央公園

0歲 1~3歲 4~5歲 6歲以上

還有這種復古車款的自行車

☎0795-48-5289

¥ 免費入園

自行車（1人40分）大人300日圓，兒童150日圓，直排輪（1人2小時）租借700日圓，自行攜帶500日圓。趣味自行車（1人30分）大人500日圓，兒童250日圓。

可享用輕食的店家有1間，天氣晴朗的話適合在外吃便當。

綠意盎然的丘陵地上有大大小小的池塘，園區面積共181.7萬平方公尺，並有豐富的運動設施和遊戲場。「鐵馬樂園」內的趣味自行車種類多達55種，擁有各式公園遊樂設施的頑童天堂「兒童森林」、夏天可玩水的「兒童小河」也都相當有趣。

DATA 自由入園（部分設施9:00～17:00） 休 無休（運動設施和四季庭院週二休，鐵馬樂園12月～2月週二休，逢假日則翌日休，四季庭院在玫瑰祭期間不休） 址 加東市下滝野1275-8
JR加古川線瀧野站步行25分
從中國道瀧野社IC 3km　P 1000輛，免費（唯獨櫻花祭、新綠・兒童祭期間的週六、日和假日1次500日圓）

幼兒資訊

有哺乳室，提供出租嬰兒車（免費）。園內設置有24處換尿布空間。

一起來check! 貼心小提醒

由於園區廣闊，移動起來比較不方便，園區內有縣道通過又多處設有免費停車場，開車在遼闊園區內移動的話較為輕鬆。5月3日～5日為新綠・兒童祭、春季則有玫瑰祭等等，活動豐富繁多。

多種玩法令人心滿意足♪ 搭上奇特的自行車一起出發吧！

重點看過來！

其1 藤井電工鐵馬樂園

共有55種讓人不知怎麼騎乘的獨特自行車，還有全長3km的自行車道和直排輪道。

其2 兒童森林

有全長40m的滾輪溜滑梯、單索滑降和波浪木棧道等免費遊樂器材，沿斜坡打造的設施也很有人氣。

其3 兒童小河

一到夏天，小河總擠滿開心的兒童，此處水淺可以安心玩耍。

其4 草皮廣場

寬闊的草皮廣場適合午餐饗宴，只要注意禮儀，寵物也可以同行喔。

↑加西 自行車道 其4 其1 其3 其2 小心之像 戶外舞台 公園管理事務所 大池 皿池 燒山 倶樂部小屋 網球場 彩虹橋 椰子廣場 球類廣場 沼田場池 和田池 文藝復興廣場 棒球場 露台花園 洛可花園 射箭場 友好之橋 櫻花園 瀧野站 奇幻大道 服務中心 玫瑰園 ←小野

P.39 P.45 P.50 公園 P.53 P.83 P.103 P.119 P.134 P.138

京都 宇治市

占地遼闊，即便是遊客多的假日也能盡情玩耍

○やましろそうごううんどうこうえん「たいようがおか」

書末地圖22E-6

山城綜合運動公園「太陽之丘」

0歲 1~3歲 4~5歲 6歲以上

公園

園內有天然林
也可來趟健行喔

環繞大在自然當中的「太陽之丘」無論是運動或玩樂通通很享受！

☎0774-24-1313

¥免費入園

夏季的親子泳池，大人1000日圓，高中生700日圓，中小學生450日圓，幼兒（4歲～）100日圓

1日 不可 有 OK 有

園內有1間販賣烏龍麵、咖哩飯和定食等的餐廳。4～11月的週六、日和假日則有外帶區營業。

天然林所包圍的這座綜合運動公園，可以享受賞鳥和森林浴的樂趣。在草皮廣場可以吃吃便當，或是躺下來悠哉度過時光都很愜意。在「森林小徑」還能邊聆聽鳥囀邊來場森林浴。親子泳池開放時間為7月15日到8月31日。

DATA 9:00～17:00（5～8月為～19:00） 休週四休（假日、親子泳池開放時間和10月無休）
址宇治市広野町八軒屋谷1 JR奈良線宇治站搭巴士10分，步行即到 從京滋BY-PASS宇治西IC 8km
P1300輛，1次400日圓（大型車1500日圓），未滿30分鐘並由同出口離場則不收費

重點看過來！

其1 時空隧道

2道筒狀的長長溜滑梯，一滑進去就彷彿被吸入黑暗當中，途中還會突然加速，刺激指數絕不輸給遊樂園刺激的設施。

其2 冒險森林

發現狂野的遊樂器材！除了有叢林網，還有長達43.5m的溜滑梯。

其3 親子泳池

僅夏季開放的親子泳池，還鋪上草皮感覺相當舒服。人造浪泳池與滑水道最受歡迎。

府道15號・京阪・JR宇治站
太陽が丘ゲート前
森林小徑
野鳥觀察小屋
山中小城
太陽が丘ゲート前
宇治大門
馬術池
野鳥觀察小屋
其2 巨大溜滑梯
冒險廣場
第二競技場
草皮廣場
球類廣場A
田徑場
球類廣場B
親子廣場
體育館
太陽が丘西ゲート
親水區
遊戲森林
ミニチュアハウス
公園中心
展望台
草皮廣場
其1 SL機關車
其3
棒球場
俱樂部小屋
故鄉之森
野球場
野球場
網球場
弓道場
野球場
城陽大門
府道256號

幼兒資訊

無提供嬰兒車出租服務，但可自行攜帶。公園中心等地設有兒童廁所10間、換尿布空間8處。

OK 有 有 有

一起來check! 遊樂情報

園內有豐富的大自然，遼闊的草皮廣場和森林小徑等最適合野餐。有許多野鳥，每個季節的美景皆不同，享受在園區內的散步，大人也能擁有煥然一新的心情！另外有棒球場和田徑場，也可以揮汗運動喔。

大阪 兵庫 京都 滋賀 奈良 和歌山 三重

大約所需時間

雨天OK

有餐廳

可帶外食入內

投幣式置物櫃

嬰兒車（租借／自行攜帶）

兒童廁所

換尿布空間
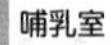
哺乳室

超人氣「趣味自行車」先搶先贏，所以早點去喔！

○やばせきはんとうこうえん

矢橋歸帆島公園

0歲 1~3歲 4~5歲 6歲以上

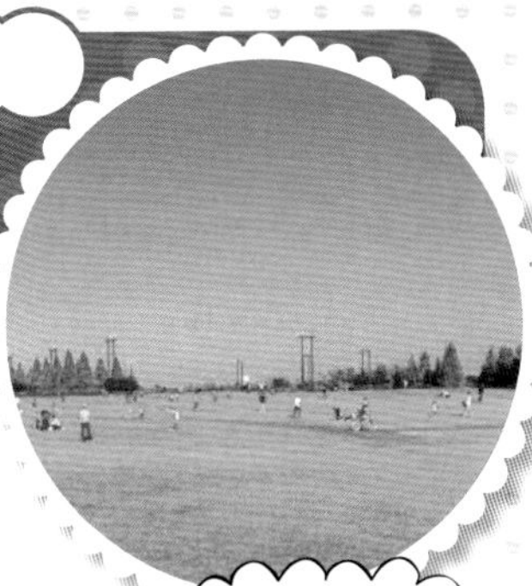

遊客們都相當喜愛的大草原廣場

☎077-567-1969

（因設施而異）

只在夏季開放的游泳池大人540日圓，高中生380日圓，兒童（3歲～）300日圓。趣味自行車大人、高中生300日圓，兒童200日圓。

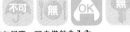

全區內沒有餐廳，可自備飲食入內。

獨特玩法豐富多樣！免費&便宜出遊太心動

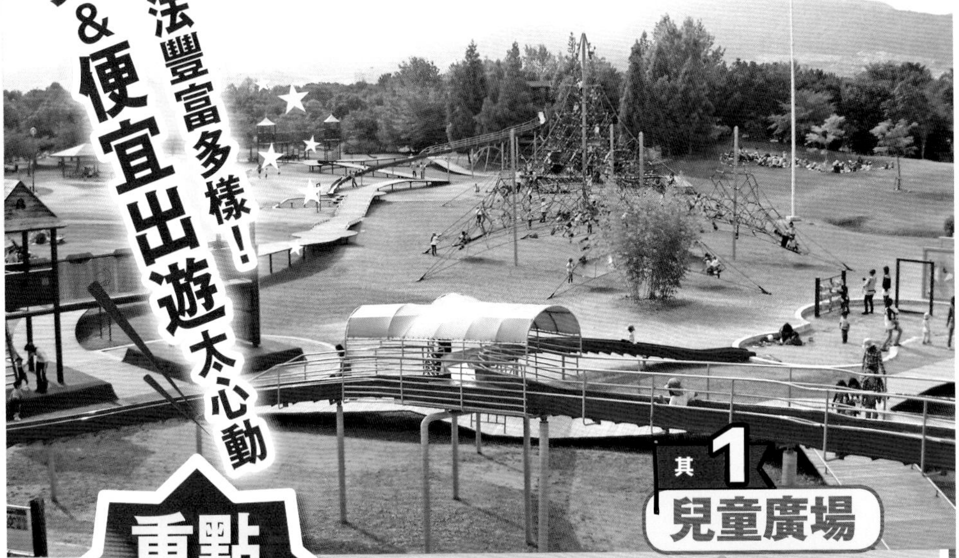

此座公園約占琵琶湖人工島一半的面積，園內有以琵琶湖八景為造型的遊樂器材，還有遼闊草皮的「大草原」，推薦帶著便當來此一日遊。夏天開放有滑水道的游泳池，還可以在便宜的露營場地烤肉。

DATA
- 6:00~21:30
- 休 有季節性差異
- 址 草津市矢橋町帰帆2108
- JR琵琶湖線南草津站搭巴士13分（至矢橋北口バス停），步行10分
- 從名神高速大津IC 10km
- P 500輛，免費

重點看過來！

其1 兒童廣場

這裡有好多長長的滾輪溜滑梯，和以琵琶湖八景為造型的遊樂器材，尤其是網子編成金字塔狀的設施更是高人氣。

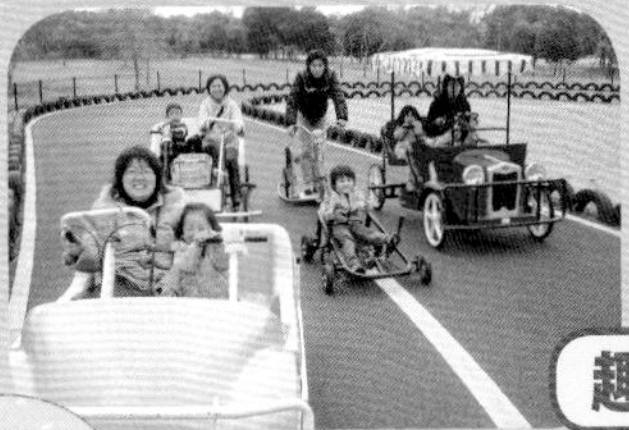

其2 趣味自行車

從兒童用到大人也玩得開心的自行車，總共有20種類28輛。請至草皮廣場管理大樓辦租車手續，每30分鐘輪替一梯次。

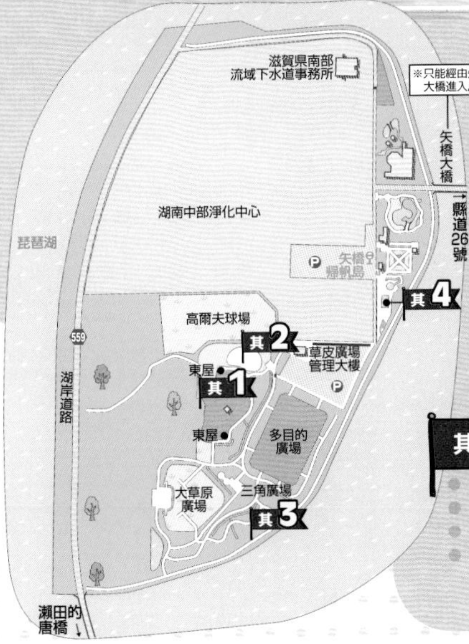

其3 日間露營

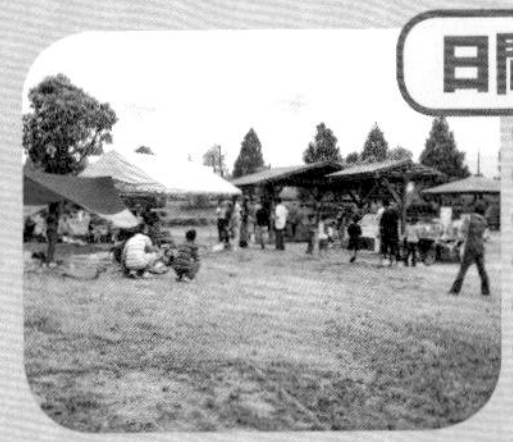

10:00～15:30使用無時間限制，當地縣民收費與其他遊客不同，詳細請參照官網。另有半露天（有屋頂）露營區。

其4 游泳廣場

僅夏季開放的付費泳池，設有滑水道、25m泳池和兒童泳池。

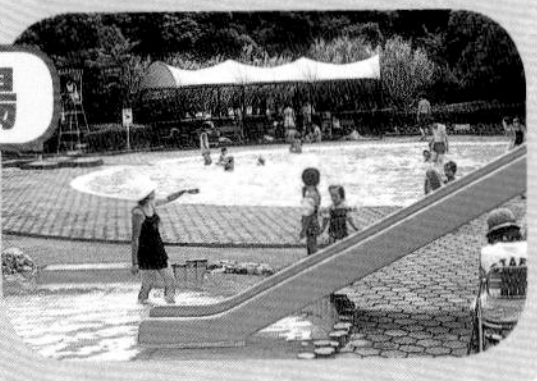

滋賀縣南部流域下水道事務所
※只能經由矢橋大橋進入島內
矢橋大橋
縣道26號
湖南中部淨化中心
琵琶湖
矢橋帰帆島
高爾夫球場
草皮廣場管理大樓
東屋
多目的廣場
大草原廣場
三角廣場
湖岸道路
瀨田的唐橋

幼兒資訊

無出租嬰兒車服務，但可自行攜帶。在草皮廣場管理大樓設有換尿布空間、哺乳室。

一起來check!
湖岸道路

在公園遊玩過後，也可以來到公園西側的「湖岸道路」走走。這條道路沿著琵琶湖東岸，被選為近江八景之一的美麗景色深具魅力。遊步道則通過矢橋大橋到島外後，再往歸帆北橋前進。

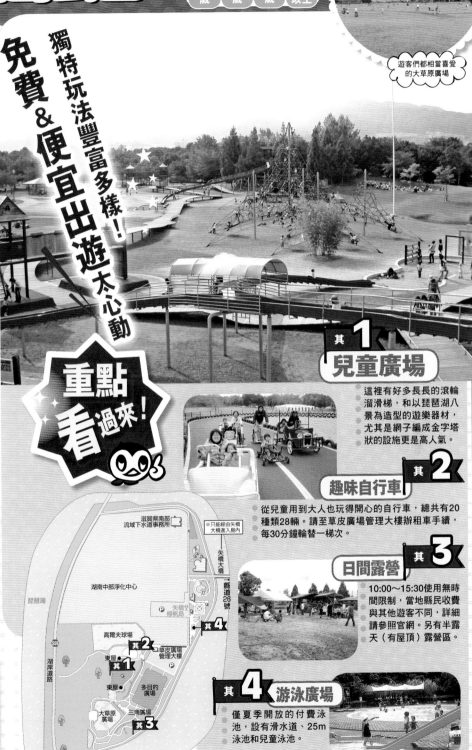

和歌山 海南市

有屋頂遮蔽的「風之子館」機關滿點搏得高人氣

● かいなんしわんぱくこうえん

海南市WANPAKU公園

0歲 1~3歲 4~5歲 6歲以上

☎073-484-5810

園區內有1處餐廳歡迎多加利用。

這座公園以小朋友玩樂的後山為概念打造，有巨大隧道的風之子館為可盡情玩耍的室內空間，下雨也沒問題。還有3種小小孩也可以玩的遊樂設施，頗受遊客喜歡。而WANPAKU森林則可以在沒有步道的森林之中，享受大自然開心玩耍。

DATA
- 9:00～17:00
- 休 週一休（逢假日則翌日休）
- 址 海南市大野中995-2
- JR紀國線海南站搭巴士10分，步行10分
- 阪和道海南東IC 0.5km
- P 約150輛，免費

還有做糖果等各種體驗喔

有著巨大遊樂器材的後山公園 再怎麼淘氣的孩子都能心滿意足！

重點看過來！

貫穿風之子館館內，高約16m的網狀設施（從3樓到漩渦狀的最高點都是粗繩網！）。另有設置彈簧床和盪鞦韆，樂趣無窮。

其2 滑草

高低約30m，僅於春秋期間免費開放（確切時間請洽詢）。不能使用塑膠滑草板，請記得帶瓦楞紙板。

Hop Step Jump

遊樂器材對應適合的年齡層，剛學步者為Hop，小小孩用Step，大一點的哥哥就用Jump。

設置有哺乳室和嬰兒床的廁所有一處。無提供出租嬰兒車服務，但可自行攜帶。

一起來check!
蔬果採摘情報

來到這公園除了遊玩，還可以參加充滿季節感的蔬果採摘與體驗活動。4、5月是挖竹筍（300日圓），11、12月是摘橘子（大人300日圓，兒童100日圓）。常常來到這公園玩耍，現在還可享受蔬果採摘的樂趣。

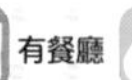

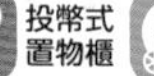
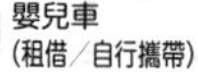

圖示凡例：大約所需時間　雨天OK　有餐廳　可帶外食入內　投幣式置物櫃　嬰兒車（租借／自行攜帶）　兒童廁所　換尿布空間　哺乳室

大阪 堺市

文化設施圍繞的遼闊公園

○だいせんこうえん

書末地圖13G-4

大仙公園

072-241-0291

0歲 1~3歲 4~5歲 6歲以上

園內有1間餐廳。

這座綜合公園就位在世界最大古墳仁德天皇陵墓南側，周圍環繞數個大小古墳。園區中心有遼闊的大草皮廣場，一家大小可以隨各自喜好野餐或是運動開心度過時光。亦有豐富的文化設施，像是自行車博物館自行車中心、中央圖書館、都市綠化中心和日本庭園等等。

一起來check!

日本庭園

美麗的日本庭園大人200日圓、中小學生100日圓，9:30~16:30，時間有季節性差異，週一休。072-247-3670。

在遼闊草皮廣場玩球也好愉快

幼兒資訊

雖然沒有哺乳室等設備，但可自行攜帶嬰兒車。其他因各設施而異請再洽詢。

DATA 自由入園 址堺市堺区百舌鳥夕雲町2-204 JR阪和線百舌鳥站步行5分 阪神高速堺線堺出口3.5km P126輛，2小時200日圓(之後每小時加計100日圓，5小時以上1日600日圓)

重點看過來！

其1 兒童森林

有很多如溜滑梯的簡單遊樂器材，小小孩也可安心玩耍。在這綠意盎然的公園裡盡情活動身體吧。

其2 自行車廣場

第2、4個週日和假日，可以搭乘復刻版復古自行車（20分200日圓※自行車博物館門票共通券）。園內還有自行車博物館可參觀（10:00~16:30，大人200日圓，國中生100日圓，小學生50日圓，072-243-3196）。

其3 賞櫻名勝

在賞花處有很多遊客邊吃便當邊賞花，相當熱鬧。另外也可在園區內慢慢散步賞花也很有味道。

大阪 富田林市

園內也有遊樂器材可以玩樂一整天

○とんだばやしのうぎょうこうえん サバーファーム

書末地圖24D-7

富田林市農業公園SAVOR FARM

0721-35-3500

0歲 1~3歲 4~5歲 6歲以上

年票大人2000日圓，兒童1000日圓

內有一間相當受歡迎的餐廳，提供使用現採蔬菜的「時令蔬菜定食」和咖哩飯。

此農業公園整年都可享受採摘蔬果的樂趣。可以體驗蔬菜收成的「收獲農園」和隨季節採摘的「水果農園」，常有家庭和情侶前往。另外，也有為小小孩設置像溜滑梯等設施，一整天都可以在園內盡情玩樂。

一起來check!

蔬果採摘&活動

記得要確認高人氣的採草莓與摘葡萄的舉辦時間，也可挑戰利用採收作物製作如草莓大福等的體驗活動。

有好多遊樂器材不分季節都可遊戲

幼兒資訊

園內有哺乳室、換尿布空間，無要兒車出租服務。

DATA 9:30~17:00(10月~3月則~16:00) 休週一休(逢假日則翌平日休，餐廳與微笑市場無休，烤肉屋12月~1月休，2、6、7、11月的平日採全預約制，最遲須於1週前電話預約) 址富田林市甘南備2300 近鐵長野線富田林站搭巴士20分，步行即到(有免費接駁巴士) 阪神高速松原線三宅出口1.8km P300輛，免費

重點看過來！

其1 蔬菜收成體驗

說到Savor Farm的樂趣就是採摘活動（→P.146）。渾身沾滿泥巴所採收的蔬菜可以帶回家，讓人格外珍惜大地的恩惠。

其2 草皮廣場

在遼闊的草皮廣場野餐吧。可以在樹蔭下乘涼，也可跑得渾身是汗，大吸一口綠草香，滿滿的舒適暢快。

其3 採草莓等等

全年都可享受採摘的樂趣，春季是草莓、洋蔥、春季馬鈴薯，夏季有水果番茄、葡萄，秋季則是地瓜、白蘿蔔、橘子，冬季則是大白菜等等。

公園

大阪 大阪市 位在大阪市中心的都市綠洲

○おおさかじょうこうえん 書末地圖11 I-4

大阪城公園

0歲 1~3歲 4~5歲 6歲以上

☎06-6755-4146

西之丸庭園大人200日圓，國中生以下和65歲以上（限居市內者）免費

內有好幾間輕食餐飲店、咖啡店。

這座遼闊的都市公園以大阪城為中心開展，總面積達105萬6000平方公尺。儘管位在市中心，一踏入園內卻見到群樹和聽到鳥叫，並透過梅花、櫻花、新綠和楓紅親身感受四季的更迭。大阪城東側有兒童樂園，可以看到孩童們開心地在裡頭奔來跑去。

數量龐大的櫻花令人為之震撼

幼兒資訊

無嬰兒車出租及哺乳室等服務，但歡迎帶嬰兒入園。

一起來check!

梅花與櫻花

終年在此都可欣賞到美麗花景，但其中尤以「梅林」的梅花和「西之丸庭園」的櫻花著名。花季時總熱鬧地擠滿賞花民眾。

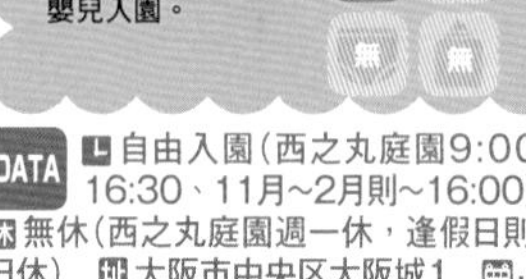

DATA 自由入園（西之丸庭園9:00~16:30、11月~2月則~16:00） 休 無休（西之丸庭園週一休，逢假日則翌日休） 址 大阪市中央區大阪城1 JR大阪環狀線大阪城公園站步行即到 阪神高速東大阪線法圓坂出口即到 P 268輛，1小時350日圓

大阪 大阪市 可盡情玩耍的兒童廣場和博物館的恐龍骨深受歡迎

○ながいこうえん 書末地圖13 I-1

長居公園

0歲 1~3歲 4~5歲 6歲以上

☎06-6694-9007（長居公園中心）

¥免費入園

長居植物園大人200日圓，國中生以下、65歲以上（限居市內者）、身心障礙者（須出示證明）免費。與自然史博物館的套票為大人300日圓，大學、高中生200日圓，國中生以下免費

在「花與綠與自然情報中心」有餐廳，另外還有4處有店家。

這是一座兼具運動設施和自然公園的運動公園。可以在球場觀賽，也可以到鄉土森林來場森林浴。另外，在植物園可以欣賞到如玫瑰、牡丹等1200種植物。小朋友們也很喜歡去大阪市立自然史博物館（→P.110）。

擁有運動設施和公園的遼闊占地

幼兒資訊

公園無嬰兒車出租服務，但植物園有。此外，還有2處換尿布空間。

一起來check!

花與綠與自然情報中心

在公園內欣賞完自然景觀後，可以來到免費參觀的花與綠與自然情報中心，該中心常會有演講和展覽。

DATA 自由入園（大阪市立長居植物園和大阪市立自然史博物館為9:30~16:30、11月~2月則~16:00） 休 無休（長居植物園和自然史博物館週一休，逢假日則翌日休） 址 大阪市東住吉區長居公園1-1 地下鐵御堂筋線長居站步行即到 阪神高速松原線駒川出口3km P 地下、中央、南皆有共計570輛，各有不同收費

順道進來喘口氣吧 大阪都心綠洲公園

大型設施令人矚目！

扇町公園

書末地圖11H-3

除了有小朋友們最喜歡的大型溜滑梯「山型溜滑梯」，還有很多豐富的遊樂器材。寬闊的廣場相當適合野餐，同時又有運動場和扇町泳池，可以度過充分的玩樂時光。

☎06-6312-8121（大阪市建設局扇町公園事務所） 址 大阪市北區扇町1丁目 地下鐵堺筋線扇町站步行即到 自由入園 P 可利用扇町公園停車場

不妨也到這走走

➡步行即到 **大阪兒童樂園**（→P.106）

此博物館有著許多可從玩樂中學習的互動式展覽和體驗，出示票根可再入場，好天氣的話就到公園用餐吧。

有好多漂亮的玫瑰花！

靱公園

書末地圖11G-4

這座市民的休憩場，因浪速筋大道貫穿其中而分成東園和西園。園內的櫸樹林蔭茂密，儘管為市內公園仍綠意盎然。玫瑰園約有170種3400棵的玫瑰，在5月和10月時可看到色彩繽紛的花朵綻放，附近也有許多咖啡店和麵包店。

☎06-6941-1144（大阪市建設局大阪城公園事務所） 址 大阪市西區靭本町1丁目・2丁目 地下鐵四橋線本町站步行3分 自由入園 P 可利用靭停車場

不妨也到這走走

➡步行5分 **大阪科學技術館**（TEKUTEKU科技館）（→P.147）

內有許多高科技展示品都可觸碰、把玩。

➡步行20分 **大阪市立科學館**（→P.109）

可透過該館最引以為傲的世界最大球形螢幕，觀賞星象儀。

不只是動物園！

天王寺公園

書末地圖11H-7

總面積大約28萬㎡廣大園區內，有2015年10月才啟用的天王寺公園入口區域（TEN-SHIBA）、日本庭園慶澤園等等，而天王寺動物園就在隔壁。

☎06-6771-8404（天王寺動物公園事務所） 址 大阪市天王寺區茶臼山町1-108 地下鐵御堂筋線天王寺站步行5分 7:00~22:00（慶澤園9:30~16:30） 休 無休（慶澤園週一休，逢假日則翌平日休） ¥ 免費（慶澤園成人150日圓，中小學生80日圓） P 可利用地下民營停車場

※照片為慶澤園

不妨也到這走走

➡步行5分 **天王寺動物園**（→P.40）

有可以同時看到草食動物和肉食動物的區域。

➡步行15分 **通天閣**

離地103m的大阪代表性鐵塔。

水上綠樂園

中之島公園

書末地圖11H-4

是為水都大阪的代表性公園，包括劍先區域的大噴水池等，在環境的設計上，為的就是讓民眾欣賞在水邊的水上公園才有的景觀。廣大的玫瑰園也不容錯過，從水邊望過去也相當美麗。

☎06-6312-8121（大阪市建設局扇町公園事務所） 址 大阪市北區中之島 地下鐵御堂筋線、京阪本線淀屋橋站或是地下鐵堺筋線、京阪本線北濱站或是京阪中之島線浪速橋站步行即到 自由入園 P 無

不妨也到這走走

➡步行10分 **朝日新聞大阪本社（ASA-COM HALL）**

可參觀報紙製作現場（至少需2天前預約，需2人以上）

➡步行即到 **大阪市立東洋陶磁美術館**

收藏高麗、朝鮮時期的東洋陶瓷器

 圖示凡例
 大約所需時間
 雨天OK
 有餐廳
 可帶外食入內
 投幣式置物櫃
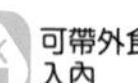 嬰兒車（租借／自行攜帶）
  兒童廁所
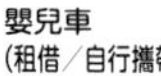  換尿布空間
  哺乳室
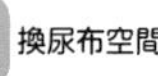  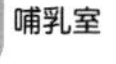

大阪 池田市

綠地、動物園、植物園不管去幾次還是好好玩

○さつきやまりょくち 書末地圖8D-4

五月山綠地

0歲 1~3歲 4~5歲 6歲以上

072-752-7082(池田市綠色中心)

游泳池大人(高中生~)1600日圓，兒童(小學3年級~)800日圓，池田市民半價

有1處販賣輕食飲料，1間外帶店舖。

長長的溜滑梯超刺激

這片綠地從五月山的山腰直到山腳，遊賞方式多樣如健行、免費動物園、植物園和溫室、小小孩廣場遊樂器材等等。同時也是著名的賞櫻、賞杜鵑名勝，春季時是深受歡迎的賞花景點。週六、日在兒童文化中心可以欣賞星象儀。週六、日還可以騎迷你馬(300日圓)。

幼兒資訊

綜合案內所裡設有哺乳室，每間廁所內亦有換尿布空間。

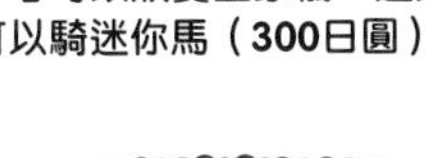

一起來check!

五月山動物園

位在綠地的五月山動物園有袋熊、羊駝、鴯鶓(澳洲鴕鳥)和小袋鼠，也可以付費餵食飼料。

DATA 自由入園,動物園9:15~16:45，植物園「池田市綠色中心」9:00~17:00，城跡公園9:00~19:00(冬季~17:00)。全為週二休(逢假日則翌平日休)，游泳池9:00~22:00(週日、假日~19:00)，第1週二休 池田市綾羽2-5-33 阪急寶塚線池田站搭巴士6分，步行3分 阪神高速池田線川西小花出口 1km P163輛，2小時200日圓(下1個小時200日圓，每30分加計150日圓)

大阪 寝屋川市

太陽廣場的噴水設施還可玩水超受歡迎

○おおさかふえいねやがわこうえん 書末地圖24D-1

大阪府營寢屋川公園

0歲 1~3歲 4~5歲 6歲以上

072-824-8800

園內無餐飲設施但可自備飲食入內

看到溜滑梯和格子攀登架等器材讓人迫不及待了

此座公園擁有充沛的運動設施，在生駒山麓的豐富自然景觀環繞下，櫻花林夾道、月觀橋、竹林等全是療癒心靈的場所，也可在草皮公園用餐或是烤肉。此外，南地區有溜滑梯和格子攀登架等遊樂器材，是小朋友們喜愛的地方。

幼兒資訊

無嬰兒車出租服務，但有設置1處兒童廁所、5處換尿布空間。

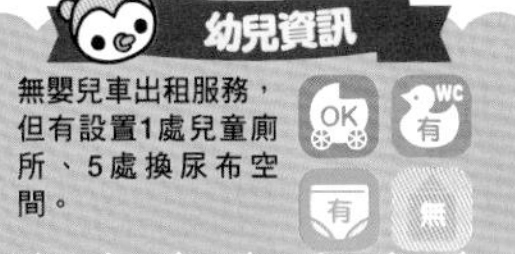

一起來check!

樹木猜謎

40種以上的樹木旁邊有立牌別忘了看看喔！上面有相關謎題，挑戰一下吧。

DATA 自由入園 寢屋川市寢屋川公園1707 JR學研都市線東寢屋川站步行即到 阪神高速守口線守口出口 10km P370輛，1小時420日圓(之後每小時加計，1日上限1030日圓)

大阪 八尾市

可以烤肉的親子公園

○きゅうほうじりょくち 書末地圖11K-8

久寶寺綠地

0歲 1~3歲 4~5歲 6歲以上

072-992-2489

游泳池大人830日圓，國中生420日圓，4歲~小學生210日圓，網球場1個場地1小時1030日圓(週六日、假日1240日圓)，其他運動設施費用另計(需預約)

公園內無餐廳，但有3處販賣部。

小小孩們好喜歡的源源不絕活力廣場

綠地南側為運動區域，有棒球場、田徑場、游泳池和網球場。北側為親子活動場所，可以跑來跑去傳接球或是用餐吃便當。還有大草皮廣場和兒童遊戲區。

幼兒資訊

有4處換尿布空間，哺乳室則在管理事務所內。無嬰兒車出租服務。

一起來check!

蝸牛廣場&學步樂園

「蝸牛廣場」有以蝸牛為造型的遊樂器材。小小孩則可以在「學步樂園」的沙場或遊樂器材安心玩耍。

DATA 自由入園，游泳池9:30~17:00(7、8月) 八尾市西久宝寺323 JR大和路線久寶寺站步行15分 近畿道八尾IC 0.5km P810輛，1小時420日圓(之後每小時加計，1日上限1240日圓)

大阪 大阪狭山市

與家人一同享受在花香、遊樂器材和小動物當中

○おおさかさやましりつしみんふれあいのさと 書末地圖13K-7

大阪狹山市立市民親近之家

0歲 1~3歲 4~5歲 6歲以上

072-366-1616

國中生~200日圓 小學生以下免費

園區內無餐廳，可自備飲食入內。

爬上去滑下來，讓人忘記時光的大型遊樂器材

透過綠化植物園和藤架可看到許多花草，全年都可欣賞。在藤架下攤開野餐墊用餐最為愜意。恰如其分的寬闊場地，適合帶小孩一同到此出遊。園內有多功能廣場、松鼠園等等，從幼兒到大人都可以玩得盡興。

幼兒資訊

備有哺乳室及換尿布空間。無嬰兒車出租服務，但可自行攜帶。

一起來check!

松鼠園

松鼠園擁有超高人氣！有可愛的赤腹松鼠，還可以餵食(飼料費100日圓)。

DATA 9:00~17:00(5~8月為~19:00) 無休 大阪狹山市東野東1-32-2 南海高野線狹山站步行20分 阪和道美原北IC 5km P60輛，免費

公園

大阪 河內長野市
簡直是百花齊放的療癒之園
おおさかふりつはなのぶんかえん 書末地圖24C-7

大阪府立花之文化園
0歲 1~3歲 4~5歲 6歲以上

0721-63-8739

¥ 成人540日圓 高中生220日圓 國中生以下免費

12、1月大人330日圓、高中生130日圓。年票1張2200日圓。

半日 OK 有 OK 有

在「HONEYSUCKLE CAFE」可享受各種午餐及輕食

四季皆有不同的美麗花卉

這座大阪府立植物園四季都有不同花開，在花苞型大溫室中，有各種世界花卉如洋蘭、熱帶植物等，百花齊放。屋外則有隨季節更換的裝飾花壇、玫瑰園、鐵線蓮花園和繡球花園等，可欣賞到各種季節花卉。

幼兒資訊
除了有嬰兒車出租（免費）之外，服務中心1樓有換尿布空間和哺乳室。

一起來check!
必看景點
玫瑰園培植了約400種1500株，還有終年美麗的綠色草皮廣場上的遊樂器材也大受歡迎！花苞型大溫室也千萬別錯過。

DATA 9:30～16:00（有季節性變動） 休 週一休（逢假日則翌日休） 址 河內長野市高向2292-1 南海高野線河內長野站搭巴士10分，步行15分 阪和道美原北IC 15.5km P 200輛，免費

大阪 柏原市
最喜歡到「小朋友滑草場」滑草了
たまてやまこうえんふれあいパーク 書末地圖24D-5

玉手山公園交流園區
0歲 1~3歲 4~5歲 6歲以上

072-978-5150

¥ 免費入園

3小時 不可 有 OK 無

有1處販賣輕食的販賣部（僅週六日、假日營業）

在園區度過一段悠閒的時光

園區分為等休憩森林、歷史之丘和冒險廣場等5個區域。小小孩適合前往有大型組合式遊樂器材的冒險廣場。除了有兒童列車、球池和趣味自行車（各100～200日圓，僅春、秋的週六、日和假日營業），還有免費的玩具館及昆蟲館可參觀遊玩。

幼兒資訊
中央公園以外的地方段差大又多坡路，不適合帶嬰幼兒前往，請多留心。

一起來check!
小朋友滑草場
「小朋友滑草場」可以免費出租滑草板和安全帽，歡迎享受安全的滑草樂趣。開放時間9:30～16:00，限小學生以下。

DATA 9:00～17:00 休 週三（逢假日則翌日休，2～4月無休） 址 柏原市玉手町7-1 近鐵南大阪線道明寺站步行15分 西名阪道藤井寺IC 5km P 園內（柏原市円明町2-83）25輛，步行20分到園外（柏原市円明町17-56）30輛，免費

大阪 高槻市
擁有運動、玩耍和大自然的有趣綜合公園
はぎたにそうごうこうえん 書末地圖22B-6

萩谷綜合公園
0歲 1~3歲 4~5歲 6歲以上

072-699-0700 072-674-7516（市公園課）

¥ 免費入園

運動設施費用另計

半日 不可 無 OK 有

園內無餐飲設施，可自備飲食入內。

在頑童廣場的幼兒遊樂器材

此座綜合公園為充沛綠意所包圍，頑童廣場因有大型複合式遊樂器材而深受歡迎，此外還有草皮廣場、觀察森林等等，可以家人一同享受在大自然之中。另有足球場、棒球場和網球場等運動設施，請注意使用運動設施時費用另計。

幼兒資訊
未特別設置嬰幼兒設備，但帶嬰兒來沒問題，也可自行攜帶嬰兒車。

一起來check!
周邊情報
穿過自然步道與通道就能抵達攝津峽公園。青蛙池甚至可能觀察到森青蛙在樹上產卵的情況。

DATA 休 自由入園 址 高槻市萩谷111-1 JR京都線攝津富田站搭巴士30分，步行即到 名神高速茨木IC 11km P 350輛，1小時110日圓，1日400日圓

大阪 阪南市
自然豐富的公園裡有巨大恐龍等你喔
わんぱくおうこく 書末地圖21 I-6

頑皮王國
0歲 1~3歲 4~5歲 6歲以上

072-472-1890

¥ 免費入園

3小時 不可 無 OK 無

園內無餐飲設施，可自備飲食入內。

最後滑入巨大恐龍嘴的滾輪溜滑梯

在豐富大自然當中，盡情在遊樂設施和草皮廣場玩耍吧。從山頂的頑皮堡壘看下來的景色最棒了，有時甚至能看到關西國際機場。此外還有親水區和滾輪溜滑梯等，很多與家族同樂的設施。染井吉野櫻綻放時會舉辦櫻花祭，請記得帶著便當來賞花喔。

幼兒資訊
未特別設置嬰幼兒設備，但帶嬰兒來沒問題，也可自行攜帶嬰兒車。

一起來check!
滾輪溜滑梯
利用山的陡坡打造200m溜滑梯，終點竟然是大恐龍「異齒龍」的大嘴巴在等著。

DATA 9:30～16:30（5～9月為～17:00），烤肉區11:00～17:00（預約制，冬天不開放，預約、洽詢072-472-3399） 休 第3個週三 址 阪南市山中溪119-8 JR阪和線山中溪站步行即到 阪和道泉南IC 5km P 140輛，1日500日圓

圖示凡例： 大約所需時間  雨天OK  有餐廳  可帶外食入內  投幣式置物櫃  嬰兒車（租借／自行攜帶）  兒童廁所 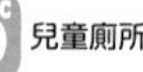 換尿布空間  哺乳室

兵庫 姬路市 可在一天內環遊世界的奇特公園

○たいようこうえん　書末地圖27G-7

太陽公園

079-267-8800

成人1300日圓　兒童(中小學生)600日圓　75歲以上長者入園600日圓

0歲　1~3歲　4~5歲　6歲以上

城堡區的「WELCOME HOUSE SWAN」2樓有餐廳「SWAN」，1樓有咖啡廳「ざ·ぱんや」(10:00~17:00)。

占地遼闊的園區分為可以漫步欣賞世界石頭文化與建築物的「石頭區」，以及搭乘單軌電車前往山頂天鵝城堡的「城堡區」。光是獨特的展覽品就讓人目不轉睛。還有關西最大規模，收藏近60種作品的天鵝城堡3D錯覺藝術也別錯過！

有優惠券

搭乘單軌電車輕鬆抵達山頂

幼兒資訊

只有城堡區有嬰兒車出租、換尿布空間和哺乳室。

一起來check!

3D錯覺藝術in天鵝城堡

關西地區收藏最多作品的「3D錯覺藝術in天鵝城堡」展覽，可以在這裡租借民族服飾(免費)，拍攝獨一無二的紀念照片。

DATA
- 9:00~16:30
- 休 不定休
- 址 姬路市打越1342-6
- JR各線姬路站搭巴士40分，步行5分
- 山陽道山陽姬路西IC 4km
- P 350輛，免費

天鵝城堡裡到底有什麼有趣的事物呢？

重點看過來！

其1 天鵝城堡

天鵝城堡可以說是太陽公園的象徵，優美而宏偉的石造建築不僅讓人屏息，甚至會以為這裡是歐洲呢。

其2 3D錯覺藝術

天鵝城堡的4樓~6樓裡有近60項錯覺藝術展品，與這些展品一起拍照，保證留下與眾不同的回憶。

其3 兵馬俑抗

在石頭區有展示金字塔、萬里長城等世界各地石造藝術的復刻品，其中有1000尊秦始皇的兵馬俑，相當震撼。

兵庫 姬路市 擁有遊樂園、公園和水族館的多樣化公園

○てがらやまちゅうおうこうえん　書末地圖18A-4

手柄山中央公園

079-299-2500(手柄山交流站)

免費入園

遊樂園門票100日圓（4歲~），游泳池開放期間大人（國中生~）1100日圓，兒童500日圓，溫室植物園大人200日圓，中小學生100日圓，和平資料館大人200日圓，中小學生50日圓

0歲　1~3歲　4~5歲　6歲以上

有1處販賣輕食、飲料。

此座綜合公園位在姬路市區西南方的手柄山丘陵地一帶。總面積有38萬㎡，集結許多娛樂、運動和文化設施，如遊樂園、水族館、植物園、棒球場、田徑場、游泳池和和平資料館等。來到山頂可以將播磨平原盡收眼底。

幾乎坐落市中心的手柄山周邊公園

幼兒資訊

僅水族館提供嬰兒車出租（免費），哺乳室也在水族館內，另有5處換尿布空間。

一起來check!

姬路市立水族館

姬路市立水族館（→P.49）以「播磨在地好夥伴」的概念，展示生活周遭的生物群，相當受歡迎。

DATA
- 自由入園
- 址 姬路市西延末440
- 山陽電車手柄站步行10分
- 姬路BY-PASS中地IC 2km
- P 1500輛，1日200日圓

還有爸爸媽媽都好懷念的單軌電車

重點看過來！

其1 單軌電車

現場展示昭和40年代（1965~1974年）的單軌電車車廂，也可進入車廂參觀。開放時間9:00~17:00，週二休（逢假日則翌日休）。

其2 適合小小孩的遊樂園

公園內手柄山遊樂園的搭乘設施每種收費100~200日圓，價格親民。夏季限定開放的游泳池有人造浪池和滑水道等等，深受遊客歡迎。

其3 播磨灘大水槽

在姬路市立水族館，遊客可以透過各種互動式裝置以五感體會，相當值得一看。還可以看到企鵝、海龜等各種人氣海生動物。

公園

兵庫 神河町 手作體驗也是人氣選項

〇かんざきのうそんこうえん ヨーデルのもり 書末地圖27H-5

神崎農村公園約德爾之森

✆0790-32-2911

0歲 1~3歲 4~5歲 6歲以上

¥ 成人（國中生～）1000日圓 兒童（4歲～）500日圓

滑草300日圓，賽車600日圓，趣味自行車300日圓，水上泡泡球（僅週六、日提供）600日圓、水上充氣浮床300日圓

半日 不可 有 OK 有

有3處餐飲設施，如農村風味的吃到飽人氣餐廳「Ederuwaisu」和咖啡廳等等。

這座以親水為主題的自然農村公園，不僅能體驗親手做麵包和工藝品，還可以玩賽車和滑草。動物相關活動也很多，每天會有像是小鳥表演、狗狗表演和水豚散步等，令人期待。親近貓咪村也很受歡迎喔。

一起來check!

美食情報

園區內工房的自製產品如優格、麵包和霜淇淋等等，都大受遊客歡迎！

季節花卉盛開的美麗公園

幼兒資訊

有嬰兒車出租（200日圓）服務，也備有換尿布空間和哺乳室。

DATA 🕒10:00～17:00（有季節性差異）休無休（12月～2月的平日休園）地神河町猪篠1868 🚃JR播但線生野站搭巴士6分，步行3分 🚗播但連絡道路神崎北匝道2km P800輛，免費

可以親近可愛的動物們

重點看過來！

其1 親近動物

有安地斯精靈之稱的羊駝，用長長的睫毛和清亮的雙眼擄獲人心。此外，牧場還有眾所熟悉的綿羊和袋鼠準備迎接各位喔。

其2 釣虹鱒

春、秋會在釣魚場舉辦釣虹鱒（附餌200日圓，魚1尾350日圓），自己釣的魚滋味格外美妙。另外還有夏季限定的抓魚活動，就在流經園區的小河舉行。

其3 水豚

園內飼養了企鵝、水豚等善泳動物，並且可以在午餐時間挑戰餵食，一口氣拉近與這些明星動物們的距離。

兵庫 赤穗市 擁有面海絕佳景致的公園

〇あこうかいひんこうえん 書末地圖28E-2

赤穗海濱公園

✆0791-45-0800

0歲 1~3歲 4~5歲 6歲以上

¥ 免費入園（設施費用另計）

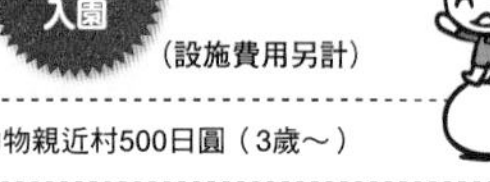

動物親近村500日圓（3歲～）

1日 不可 有 OK 有

園內2處設有輕食、咖啡飲料和外帶店家，歡迎多加利用。

這座遼闊的公園就在臨瀨戶內海的鹽田舊蹟內，若想要盡情跑動，推薦到赤湖南面擱淺大船造型的公園遊樂設。園區內有TATEHO開心樂園及可體驗做鹽的赤穗海洋科學館等。

一起來check!

撿貝殼（6、7月開放，需確認）

因千種川河口流經公園西側，遊客可在赤穗唐船Sun Beach撿花蛤，請查好漲退潮時間再出發吧。

草皮廣場最適合午餐和休息了

幼兒資訊

免費出租嬰兒車，並設置有換尿布空間。

DATA 🕒9:00～17:00※TATEHO開心樂園為10:00～14:45（週六、日和假日為～16:45），動物親近村為10:00～14:45（週六、日和假日為～16:45），以上在冬季皆有變動。週二、三休（逢假日則翌日休）休無休（因設施而異）地赤穗市御崎1857-5 🚃JR赤穗線播州赤穗站搭巴士10分，步行15分 🚗山陽道赤穗IC 7km P1242輛，1日510日圓

在擱淺大船裡藏有很多遊樂器材

重點看過來！

其1 擱淺大船

在頑皮廣場裡最受歡迎的就是這個擱淺大船，以假亂真的這艘大船裡藏有許多遊樂器材，另外也設置許多兒童遊樂設施。

其2 大摩天輪

TATEHO開心樂園為免費入園，晴天道作為樂園象徵的摩天輪上，可一覽小豆島風光。還有空中腳踏車等充足的遊樂設施。

其3 動物親近村

在這遼闊區域內放養著羊駝、鹿等等，可以觀察這些動物悠哉生活的模樣。在親近區除了水豚之外，還有綿羊和象龜等等。

大阪 兵庫 京都 滋賀 奈良 和歌山 三重

圖示凡例
 大約所需時間

 雨天OK
 有餐廳
 可帶外食入內
 投幣式置物櫃
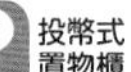 嬰兒車（租借／自行攜帶）
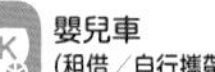
 兒童廁所
 換尿布空間
 哺乳室

兵庫 南淡路市

仿效英國湖區打造，連心情也很歐洲

あわじファームパーク イングランドのおか 書末地圖20C-6

淡路農場公園英格蘭之丘

0799-43-2626

成人（國中生～）800日圓 兒童（4歲～）400日圓

0歲 1~3歲 4~5歲 6歲以上

遊樂器材費用另計（入園處有販售設施回數票）

因使用淡路產食材而受歡迎的「ファーマーズキッチン」和「石窯ピッツァ工房」等，共有5處餐飲設施。

搭乘夢想甜心號環遊英格蘭區

此座農業公園以英國湖區為主題打造，除了有無尾熊所在的綠色山丘區，也有仿效英國湖區概念的英格蘭區，還有充足的烤肉區、餐廳和遊樂設施。自家製美食也相當受歡迎。

幼兒資訊

有嬰兒車出租（200日圓），各廁所皆設有換尿布空間。

一起來check!

無尾熊館

在綠色山丘區有無尾熊館，如果要參觀的話，建議在餵食的11時30分前往最佳！

DATA 9:00～17:00（冬季為10:00～） 休無休
址南あわじ市八木養宜上1401
JR神戶線舞子站搭高速巴士55分或洲本高速巴士中心搭巴士30分，步行即到 神戶淡路鳴門道洲本IC 7km
P1500輛，免費

透過親近動物與收成體驗度過溫馨時光

重點看過來！

其1 **動物親近廣場**

在此可親近兔子、綿羊、天竺鼠等許多可愛動物，也有騎迷你馬或純種馬的體驗，並可餵食動物。

其2 **採摘蔬菜**

可以採摘如洋蔥或地瓜等時令蔬菜。溫室也有種植番茄和草莓等，前往時須確認。

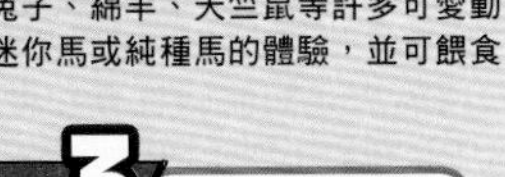

其3 **做麵包體驗**

可以體驗將已經一次發酵過的麵團塑形製作到烤好的過程，剛出爐的麵包有著難以忘懷的美味。另外還有奶油製作教室。

兵庫 淡路市

「夢之子樂園」的人氣遊樂器材總大排長龍

あわじしまこくえいあかしかいきょうこうえん 書末地圖20E-1

淡路島國營明石海峽公園

0799-72-2000

0歲 1~3歲 4~5歲 6歲以上

成人（15歲～）410日圓 中小學生80日圓

65歲～210日圓，與隔壁夢舞台溫室的共通套票為大人810日圓，高中生610日圓，65歲～510日圓

內有可享受輕食的餐廳「花屋敷」。

在夢之子樂園的親水池裡玩耍的小朋友

在這座有豐富自然的公園總能感受季節花卉與綠意，其中以關西最大規模為傲的春天鬱金香花田，相當值得一看。此外，在迎著紀淡海峽海風的園區內，有可免費使用的烤肉廣場，遊玩方式變化無窮。

幼兒資訊

提供嬰兒車出租（保證金1000日圓），還有9處換尿布空間、2間哺乳室。

一起來check!

夢之子樂園

關西最大規模的大型複合遊樂設施「夢之子樂園」深受遊客歡迎，超過150種遊樂器材和親水池等，可盡情暢玩。

DATA 9:30～16:00（4～8月為～17:00、11月～2月為～15:30）
休2月的第一個週一和其翌日休
址淡路市夢舞台8-10 JR神戶線舞子站搭高速巴士15分，步行3分
神戶淡路鳴門道淡路IC 4km
P400輛，1日510日圓

四季都有不同的美麗花卉可欣賞喔

重點看過來！

其1 **四季花卉**

園區所到之處總能看見當季的美麗花卉盛開，療癒身心。而春的鬱金香花田有著龐大規模相當壯觀。

其2 **夢之子樂園**

裡頭設置關西最大規模的遊樂器材，除了有超刺激的溜滑梯，還有攀岩、空中隧道等，全是讓小朋友捨不得離開的設施。

其3 **烤肉廣場**

在這絕佳的位置，放眼望去即是藍色大海。3～10月最遲須於2日前預約，也可提供食材。僅3～11月開放使用。

兵庫 神戶市 在花香果甜的公園裡度過療癒的時光

こうべフルーツ・フラワーパーク

書末地圖 4E-3

神戶水果・鮮花公園

0歲 1~3歲 4~5歲 6歲以上

078-954-1010

免費入園

採水果、遊樂園設施等費用另計

除了可在餐廳「カトレア」享用午間自助餐（大人1728日圓～）外，還有咖啡廳等等。

春天鬱金香繽紛點綴園區

公園環繞在美麗花卉與香甜果實之中，令人思及中世歐洲的建物迎接遊客到來，園區內每個季節有不同的花朵綻放，漫步其中度過愜意時光。採摘水果的體驗也有多種變化，像是葡萄、梨子等等，還可以當場品嘗剛採下來的水果。

幼兒資訊

各廁所皆設有換尿布空間，共7處。若需哺乳室請洽詢店家。

一起來check!

遊樂設施豐富

園區內的遊樂園「OTOGINO王國」是免費入場，有很多小朋友喜愛的遊樂設施，如雲霄飛車等等。

DATA 9:00～17:00（因設施而異） 休 無休 址 神戸市北区大沢町上大沢2150 神戸電鐵岡場站搭巴士15分，步行即到 六甲北收費道路大澤IC 2km P 1500輛，免費

兵庫 神戶市 動動身體度過健康時光

たるみけんこうこうえん

書末地圖 18F-7

垂水健康公園

0歲 1~3歲 4~5歲 6歲以上

078-709-2400

免費入園

公園內無餐飲設施，可自備飲食入內。

活動之丘的大型遊樂器材

此處就位在垂水交通匯集點旁，是個以「運動・健康和綠意・休憩」為題的完善公園。北區有深具開放感的草皮廣場、活動之丘和橡果森林，南區則有球類運動場和室內五人制足球場等球類運動專用場地，以及健康石頭步道等，大人小孩都可以開心動動身體。

幼兒資訊

在管理大樓有4處換尿布空間。無嬰兒車出租服務，但可自行攜帶。

一起來check!

草皮廣場&活動之丘

建議可帶飛盤或球來寬闊的草皮廣場玩。活動之丘有大型遊樂器材，小朋友可以玩得很開心。

DATA 休 自由入園 址 神戸市垂水区名谷町丸尾 JR神戸線垂水站搭巴士20分，步行15分 第二神明道路名谷IC 4km P 164輛，平日1小時免費，2小時200日圓（週六日、假日最初1小時200日圓），之後每小時100日圓（最多500日圓）

兵庫 神戶市 擁有棒球場和競技場的大型綜合運動公園

こうべそうごううんどうこうえん

書末地圖 19G-7

神戶綜合運動公園

0歲 1~3歲 4~5歲 6歲以上

078-795-5151

免費入園

設施費用另計

網球場的俱樂部會所2樓有販賣輕食、飲料的「トップスピン」。

在冒險王國盡情玩耍吧

這是一座以運動賽事聞名的運動公園，除了有舉辦職棒的棒球場，還有世大運紀念競技場等。園內有供孩童遊戲的充足設施，也適合散步及野餐。在「大波斯菊之丘」，春天會有整面近5萬株的油菜花，秋天則是10萬株的大波斯菊，相當有看頭。

幼兒資訊

有免費嬰兒車出租，服務中心亦設有哺乳室。

一起來check!

花卉活動

相關活動豐富，例如3月的油菜花祭還有現場演奏及同樂區。7～9月則開放親水池，整年都可暢遊其中。

DATA 自由入園（各運動設施因活動而異） 休 無休（因設施而異） 址 神戸市須磨区緑台 地下鐵西神・山手線綜合運動公園站步行即到 阪神高速神戸山手線白川南IC 3km P 1800輛，1日500日圓（站前停車場1小時200日圓）

兵庫 伊丹市 孩童們看見雄偉的飛機都好雀躍

いたみスカイパーク

書末地圖 8E-7

伊丹SKYPARK

0歲 1~3歲 4~5歲 6歲以上

072-772-3447（園區中心）

免費入園

在觀景台2樓有外帶咖啡和販賣部。

近距離看飛機起飛相當震撼

此公園就在伊丹機場跑道旁，可以從山丘上近距離欣賞飛機起降。園內劃分九個區域，包括眺望起飛絕佳的「大空之丘」、有夜間奇幻小徑「星光步道」的「星空之丘」等。開闊的場地也很適合野餐。

幼兒資訊

無嬰兒車出租服務。換尿布空間有6處，並設有多功能廁所。

一起來check!

冒險之丘

有小朋友的話推薦到「冒險之丘」，遊樂器材豐富，如滾輪溜滑梯、巨大立體迷宮「CUBE ADVENTURE」等。

DATA 9:00～21:00（4～10月的週六日、假日7:00～，停車場～20:30） 休 無休 址 伊丹市森本7-1-1 阪急伊丹線伊丹站搭巴士15分，步行即到 阪神高速池田線豐中北出口 1.5km P 341輛，20分100日圓

大阪 兵庫 京都 滋賀 奈良 和歌山 三重

圖示凡例  大約所需時間  雨天OK  有餐廳  可帶外食入內  投幣式置物櫃  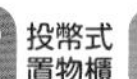 嬰兒車（租借/自行攜帶） 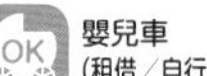 兒童廁所   換尿布空間  哺乳室

兵庫 加西市
不管是美麗花朵或珍貴植物都盡收眼底
○ひょうごけんりつフラワーセンター　書末地圖18C-3

兵庫縣立花卉中心

0歲 1~3歲 4~5歲 6歲以上

0790-47-1182

¥ 成人510日圓　高中生250日圓　國中生以下免費

65歲以上260日圓，年票1500日圓

在休息小站「フルーリ」可欣賞花壇景色，也有外帶小店和咖啡廳。

森林裡有野鳥啼叫、池邊有水鳥玩耍，這是一個生態豐富的植物園。在大溫室可觀賞到球根秋海棠、扶桑花，還有海豚花、食蟲植物等珍貴品種植物。在中央花壇與四季花壇，每季總綻放著不同的可愛花草。

噴泉周圍綻放的鬱金香十分壯觀

幼兒資訊

免費嬰兒車出租，另有5處換尿布空間。哺乳請至事務所內。

一起來check!

溫室展品

由「南國花香休憩空間」和「非日常奇妙空間」所構成的溫室，利用許多繽紛品種布置，值得一看。

DATA 9:00～16:00　休 週三休（逢假日則翌日休），鬱金香祭與菊花展期間無休
址 加西市豊倉町飯森1282-1
JR大阪站搭中國高速巴士90分、北条バス停搭計程車10分　中國道加西IC 3km　P 500輛，免費

兵庫 多可町
冒險廣場也有幼兒專區可安心遊戲
○たかちょうきたはりまよかむらこうえん　書末地圖27H-6

多可町北播磨余暇村公園

0歲 1~3歲 4~5歲 6歲以上

0795-32-1543

¥ 免費入園

在休憩森林裡有餐廳（「ココロン那珂」內），還可預約在露台烤肉。

這座大型休閒公園大約位在兵庫縣正中央的妙見山山麓一帶。冒險廣場設置了許多獨特的公園遊樂設施，還有可欣賞玫瑰等美麗四季花卉的觀賞區。此外也有親水區、草皮廣場和日本庭園，很適合帶著便當來野餐。

小朋友們超愛的妙見空中溜滑梯

幼兒資訊

除有免費嬰兒車出租外，亦設有哺乳室和換尿布空間。

一起來check!

妙見空中溜滑梯

冒險廣場的「妙見空中溜滑梯」竟長達253m！迴廊式複合遊樂器材和兒童小河也很受歡迎。

DATA 8:30～17:30
休 週二休（逢假日則開園）
址 多可町中区牧野817-41
JR加古川線西脇市站搭巴士40分，步行20分
中國道瀧野社IC 21km
P 232輛，免費

兵庫 淡路市
在豐富的大自然當中度過悠閒的時光
○ひょうごけんりつあわじしまこうえん　書末地圖20E-1

兵庫縣淡路島公園

0歲 1~3歲 4~5歲 6歲以上

0799-72-5377

¥ 免費入園

在高速綠洲區（0799-72-5366）有各式餐廳和咖啡店。若自行攜帶便當入內請先確認注意事項。

園內的森林區有著可飽覽明石海峽大橋景色的廣場，以及最適合森林浴的森林步道。在交流區則有小朋友最愛的親水遊戲區、長達66m的滾輪溜滑梯和彈跳氣墊山。從淡路休息站可直接進入隔壁的高速綠洲區。

位在交流區的親水遊戲區

幼兒資訊

有免費嬰兒車出租服務，在綠洲館等區共設有8處換尿布空間。

一起來check!

高速綠洲

高速綠洲美食區的餐點是選用淡路島當地食材所做。若要買伴手禮，可到島上歸規模大又齊全的物產館。

DATA 休 自由入園
址 淡路市楠本2425-2
JR神戸線舞子站搭高速巴士7分，步行8分
神戸淡路鳴門道淡路IC 2km
P 900輛免費，160輛收費1日500日圓（3小時內免費）

京都 京丹後市
暢遊西日本最大公路休息站
○たんごおうこく「しょくのみやこ」　書末地圖27 I-1

丹後王國「美食之都」

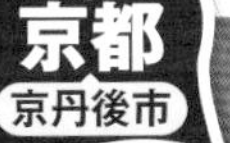

0歲 1~3歲 4~5歲 6歲以上

0772-65-4193

¥ 免費入園

有以海鮮為主的美食區，還有餐廳和咖啡廳。也提供行李寄放服務。

這座西日本最大規模公路休息站深具人氣，園區約有8個甲子園球場那麼大，除了有產地直銷市場和餐廳之外，還有賽車、木製公園遊樂設施和動物親近區等，孩童們喜歡的設施也一應俱全。是個全家人能共同感受大地恩惠的一大景點。

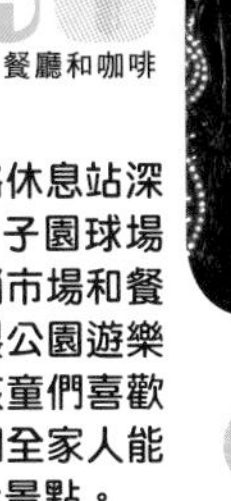

北近畿最大規模點燈

幼兒資訊

在主出入口旁的資訊服務中心可租借嬰兒車。情報交流中心1樓設有完善的嬰兒房，內有嬰兒床可使用。

一起來check!

產地直銷市場

這是由生產者直接進行銷售的市場，以合理的價格提供消費者丹後在地鮮魚和農產品，現場並設有用餐區。

DATA 9:00～22:00（12月～2月10:00～21:00）
休 無休（12月～2月週二休）
址 京丹後市弥栄町鳥取123
京都丹後鐵道宮豐線網野站搭巴士30分，步行即到　山陰近畿道與謝天橋立IC 35km　P 600輛，免費

公園

京都 宇治市 適合闔家大小同

○うじししょくぶつこうえん 書末地圖22E-6

宇治市植物公園

0歲 1~3歲 4~5歲 6歲以上

☎0774-39-9387

¥ 成人（高中生~）500日圓 中小學生250日圓

在免費區有一間餐廳，可善加利用。

花與水的植栽綠牆是日本規模最大的立體花壇

有優惠券

這座公園以3675盆花草盆栽描繪出的「花與水的植栽綠牆」大獲好評，園區內除了溫室，還有花木園、香草・有用植物園等，並沿著園區道路栽種『源氏物語』內出現的植物。而枹櫟林和楓樹紅葉也很有看頭，在這裡四季都能欣賞不同的花朵。

幼兒資訊

除有嬰兒車免費出租，還有4處換尿布空間。哺乳室則為在綠館1樓。

一起來check!

夜間開園賞螢

5月下旬～6月上旬舉辦的「夜間開園賞螢」，可以觀賞到棲息園區內小河的螢火蟲在林木間來回穿梭。

DATA 🕒9:00～16:00(因活動而會有夜間開園情形）休週一休(逢假日則翌日休) 址宇治市広野町八軒屋谷25-1 🚃JR奈良線宇治站搭巴士10分、步行即到 🚗京滋BY-PASS宇治西IC 7㎞ P200輛，1日400日圓

京都 舞鶴市 撼動五感體驗大自然

○まいづるふるるファーム 書末地圖27K-3

舞鶴福如如農場

0歲 1~3歲 4~5歲 6歲以上

☎0773-68-0233

¥ 免費入園

體驗費用另計（因內容而異）

園區內可以遠眺若峽灣與冠島

自助式吃到飽的農村餐廳「ふるる」，菜色都是選用在地食材而廣受歡迎。有時須排隊，建議先預約。

此農業公園坐落在可俯瞰若峽灣的絕佳位置，除了栽種豐富農產品，也有飼養綿羊和迷你馬等動物，可透過與青草土地的親近學習大自然的運作。四季都有不同的體驗活動，歡迎闔家前來體驗。

幼兒資訊

福如如市場的多功能廁所內設有換尿布空間，無嬰兒車出租服務。

一起來check!

騎馬體驗

小孩子們很喜歡騎乘迷你馬（僅週六日、假日12:00～13:00），因為只有3匹馬，要盡早向事務所索票喔。

DATA 🕒自由入園（因設施而異）休週二休(逢假日則翌日休) 址舞鶴市瀨崎60 🚃JR舞鶴線東舞鶴站搭計程車20分 🚗舞鶴若狹道舞鶴東17㎞ P60輛， 免費

京都 精華町 深具日本風情的自然美景一望無際

○けいはんなきねんこうえん（かんさいぶんかがくじゅつけんきゅうとしきねんこうえん） 書末地圖24F-1

京阪奈紀念公園（關西文化學術研究都市紀念公園）

0歲 1~3歲 4~5歲 6歲以上

☎0774-93-1200

¥ 免費入園

水景園成人200日圓，中小學生100日圓，60歲以上、身心障礙者（含陪同人）免費（須出示公家機關證明文件）

園內無餐飲設施，可自備飲食入內。

水景園裡長達123m的觀月橋

有優惠券

這座公園自然生態豐富，擁有遼闊草皮廣場和自然迴遊式日本庭園。園區內有付費參觀的日本庭園「水景園」，內有橫跨池水的觀月橋和巨石群等。還有設置遊樂器材與親水池的草皮廣場，以及小溪流經呈現鄉村風光的山谷區。

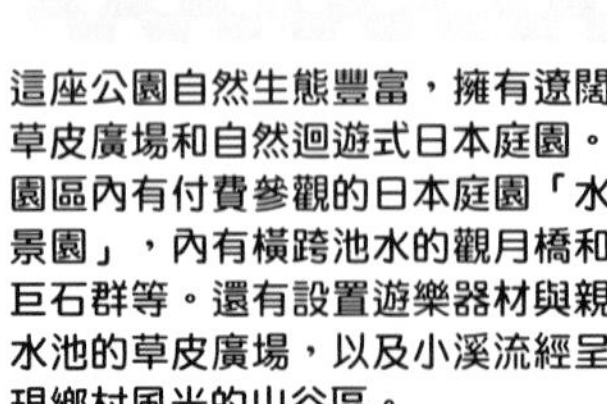

幼兒資訊

無嬰兒車出租服務，但可自行攜帶。旅遊服務中心等3處設有換尿布空間。

一起來check!

活動情報

週末會舉辦各種活動，而每月一次的森林遊和五大傳統節日活動也頗受好評，整年都有不同樂趣。

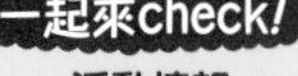

DATA 🕒自由入園，水景園9:00～16:30(夜間開放時會延長) 休無休 址精華町精華台6-1 🚃JR學研都市線祝園站搭巴士9分，步行即到 🚗阪神高速守口線森小路出口25㎞ P200輛， 1次400日圓

京都 京都市 推薦遊樂器材超多的「兒童樂園」

○たからがいけこうえん 書末地圖15 I-6

寶池公園

0歲 1~3歲 4~5歲 6歲以上

☎075-882-7019（市建設局北部線色管理事務所）☎075-781-3010（兒童樂園管理事務所）

¥ 免費入園

公園內有1處簡餐咖啡廳

雜木林和草園以寶池為中心開展

寶池公園是京都市民喜愛的休閒場所，園內的「兒童樂園」環繞在雜木林之中，自然環境豐富，還有親水區與複合式遊樂器材，有屋簷的廣場則讓遊客即便在盛夏也能舒適遊玩，是相當適合野餐與散步的場所。此外，「休憩森林」有平安騎警隊可以接觸馬匹。

幼兒資訊

「兒童樂園」有哺乳室、兒童廁所和換尿布空間。無嬰兒車出租服務。

一起來check!

寶池

在寶池有水鳥棲息，周邊綠意盎然。每個季節可以欣賞到梅花、櫻花和花菖蒲等不同花卉。

DATA 🕒休自由入園，「兒童樂園」9:00～16:30 址京都市左京区上高野流田町 🚃地下鐵烏丸線國際會館站即到 🚗名神高速京都南IC 15㎞ P35輛，30分100日圓，上限800日圓(兒童樂園停車場171輛，1次510日圓) ※因停車場容易壅塞，建議搭乘電車前往

圖示凡例
 大約所需時間
 雨天OK
 有餐廳
 可帶外食入內
 投幣式置物櫃
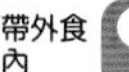

 嬰兒車（租借／自行攜帶）

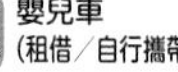 兒童廁所

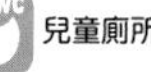 換尿布空間

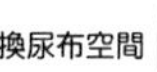
 哺乳室

滋賀 高島市

沉浸在湖光山色包圍下的琵琶湖畔

びわここどものくに

書末地圖31H-2

琵琶湖兒童王國

0740-34-1392

部分遊樂器材和搭乘設施需付費，不過夜烤肉露營1區980日圓

「食堂こどもの国」內有販售定食、麵類和兒童餐等。

園區中央有大片草皮廣場，可自由玩樂。以琵琶湖大鯰魚為造型的大型木製遊樂器材深受孩童喜愛，周邊還有「創造之丘」，內有獨特的公園遊樂設施。其中還有現在流行的自由落體式溜滑梯亦擁有高人氣。開闊的空間堪稱兒童的世外桃源。

來造型獨特的遊樂器材玩耍吧

城堡般的大型遊樂器材最受小朋友歡迎

重點看過來！

其1 鯰魚君大口吞

以琵琶湖大鯰魚為造型的「鯰魚君大口吞」，因獨特的外型而受小朋友歡迎。草皮廣場也有泰山繩索和溜滑梯等多種豐富器材。

其2 攀岩教室

來挑戰攀爬高達9m的牆面吧（限小學生以上）。主要於週六日、假日舉辦（春假、暑假和寒假的平日也有），成人1000日圓，高中生620日圓，中小學生400日圓，有名額限制。

其3 水上泡泡球

這項進入泡泡中並行走於水面上的設施很受歡迎，簡直就像是在水面奔跑般相當有趣。5歲～小學生5分300日圓，開放時間是黃金週到秋季。

幼兒資訊

男女廁各有設置換尿布空間，「彩虹之家」有哺乳室。

一起來check!

彩虹之家

在彩虹之家可以租借親子自行車環遊園區（一圈300日圓）。也有附嬰兒座椅，可放心讓嬰幼兒搭乘。

DATA 9:00～18:00（7、8月～19:00，11月～2月～17:00） 休12月～2月週一、二休（逢假日則開園），3～11月無休 址高島市安曇川町北船木2981 JR湖西線安曇川站搭巴士20分，步行3分 名神高速京都東IC 52km P250輛，1次500日圓

滋賀 野洲市

兒童廣場還有彈簧床喔

きぼうがおかぶんかこうえん

書末地圖23 I-3

希望之丘文化公園

0歲 1~3歲 4~5歲 6歲以上

077-588-3251（希望之丘運動會館）

公園遊樂設施成人700日圓，中小學生350日圓，幼兒250日圓。自行車出租成人（國中生～）480日圓，兒童（適合騎乘16吋自行車之年齡）240日圓

在青年城堡1樓有餐廳。

416萬㎡的遼闊園區以草皮樂園為中心，分為三個區域。分別是有各種運動、休閒設施的運動區，可以露營的野外活動區，以及備有研習住宿設施（青年城堡）的文化區。

小朋友超愛的長溜滑梯

幼兒資訊

在運動會館有免費嬰兒車出租。共有4處換尿布空間。

一起來check!

公園遊樂設施

共有45關的正統冒險公園（付費，有親子優惠）需玩上80分鐘，相當值得去玩看看。

DATA 9:00～17:00（4～9月～18:00） 休週一休（逢假日則翌日休），3～11月無休 址野洲市北桜978（スポーツゾーン） JR琵琶湖線野洲站搭巴士10分，步行即到 名神高速栗東IC 5.5km P1170輛，1次500日圓

滋賀 米原市

在有美麗花草的園區內享受各種體驗

ローザンベリーたわだ

書末地圖31 I-2

Rosa & Berry 多和田

0歲 1~3歲 4~5歲 6歲以上

0749-54-2323

採摘與收成體驗費用另計

除了在中庭有咖啡廳，園內也有BBQ場，歡迎多加利用。

這個遼闊休閒公園有1萬3000㎡，庭園內並栽種著玫瑰和山野草。每個季節都有不同風貌的花卉千萬別錯過。做麵包和農務體驗等快樂學習企劃也多元豐富，歡迎親子一同挑戰。還可以跟綿羊近距離接觸喔。

有優惠券

在寬闊的草皮上盡情玩耍吧

幼兒資訊

主要廁所等處設有3處換尿布空間，哺乳室設置在商家後頭。

一起來check!

玫瑰花園

包括2015年啟用的「玫瑰花園」在內，園區內有近300種100株的玫瑰爭奇鬥艷，錯過可惜。

DATA 10:00～17:00 休週二休（逢假日則營業），12月～3月冬季休園（商店和餐廳會營業） 址米原市多和田605-10 JR各線米原站搭計程車15分 北陸道米原IC 10km P200輛，免費

滋賀 日野町 多元的體驗活動千萬別錯過

しがのうぎょうこうえんブルーメのおか　書末地圖23L-4

滋賀農業公園BLUMEN之丘

0748-52-2611

成人(國中生～) 1000日圓　兒童(4歲～) 600日圓

冬季優惠票價（12月～2月）成人500日圓，兒童300日圓，擠牛乳體驗300日圓（預約制，前20名），餵羊吃草乾草費100日圓（售完即結束）

包括可以品嘗自製香腸的「バイキングレストラン！」在內等3間餐廳，並有5處販賣輕食。

還可體驗灌香腸

此農業花園以中世紀歐洲巴伐利亞地區為概念打造，有多元的農場體驗&休閒設施。如同「BLUMEN」是花的意思，園區四季皆盛開著美麗的花朵，四處都能見到優美的建築並飄盪著童話般的氛圍。

幼兒資訊

嬰兒車出租200日圓，並有換尿布空間和哺乳室。

一起來check!

活動&體驗

春天有花朵嘉年華，秋天則是收獲祭，活動種類繁多。也會舉辦挖地瓜等採摘體驗。

DATA 9:30～18:00（有季節性差異）
休 無休（12月～2月不定休）
址 日野町西大路843
JR琵琶湖線近江八幡站搭巴士50分，步行10分　名神高速八日市IC 14km　P 約3000輛，免費

美麗的花田與童話般的建築物令人陶醉

重點看過來！

其1 花田

春天盛開的鬱金香竟多達10萬株，那感動的景色令人不禁讚嘆出聲。其他季節也可以盡情欣賞向日葵或波斯菊等。

其2 做波蘿麵包

幾乎與臉一樣大的「巨無霸波蘿麵包」，有著微甜香氣與爽脆餅乾麵團，吃過一次就令人難以忘懷。

其3 親近動物

這裡有很多像羊駝或綿羊的可愛動物，還有比迷你馬更小的美國迷你馬，可愛的姿態也不容錯過。還有各種親近動物活動與餵食體驗喔。

滋賀 大津市 在有遊樂器材的兒童城堡盡情玩耍吧

おうじがおかこうえん　書末地圖22F-4

皇子之丘公園

077-527-1588（市公園緑地協会）

免費入園

溫水游泳池成人640日圓，高中生430日圓，兒童（國中生以下）320日圓，戶外游泳池成人320日圓，兒童210日圓

園內並無餐飲設施，可自備飲食入內。

位在琵琶湖附近有著多重森林與山丘的公園

這座林蔭茂密的休閒公園就位在長等山山腳，春天時許多賞花客追逐櫻花而來，秋天時園區則染上楓紅。在兒童城堡有許多簡單的遊樂器材，幼童也可以安心盡情玩耍。玩樂過後可以到四季森林散散步，舒暢愜意。

幼兒資訊

未特別設置嬰幼兒設備，但帶嬰兒來沒問題。

一起來check!

四季森林

在四季森林可以看到使用400噸石材興建的迴遊式庭園，還有草皮廣場和展望廣場，可以悠悠哉哉地散步。

DATA 休 自由入園
址 大津市皇子が丘
JR湖西線大津京站步行10分
西大津BY-PASS皇子山IC 1km
P 210輛，免費

滋賀 近江八幡市 安土城博物館會舉辦很特別的活動

おうみふどきのおか　書末地圖23J-1

近江風土記之丘

0748-46-2424（安土城考古博物館）

免費入園

安土城考古博物館成人450日圓，大學、高中生300日圓，中小學生、身心障礙者、居住此縣者65歲以上免費（特別展、企劃展費用另計）

公園內有餐廳可用餐。

中心設施的安土城考古博物館

這座歷史公園內有織田信長修築的安土城古蹟，而隨著歷史建物的搬動，園內四處也可見到如常夜燈這樣的石造物品。主要設施為安土城考古博物館，在這塊歷史舞台上，讓我們把思緒拉回到信長的時代。

幼兒資訊

除了有嬰兒車免費出租，換尿布空間和哺乳室則各有1處。

一起來check!

安土城考古博物館

安土城考古博物館會舉辦各種有趣活動（詳細資訊需洽詢），如做玉珮、忍者體驗和泡抹茶等。

DATA 休 自由入園，安土城考古博物館9:00～16:30，週一休（逢假日則翌日休，2017年2月6～17日維修休館）　址 近江八幡市安土町下豊浦　JR琵琶湖線安土站步行25分　名神高速龍王IC 13km　P 70輛，免費

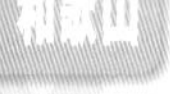

圖示凡例

 大約所需時間  雨天OK  有餐廳  可帶外食入內  投幣式置物櫃  嬰兒車(租借／自行攜帶) 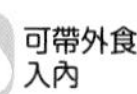  兒童廁所 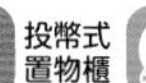  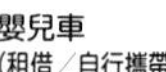 換尿布空間   哺乳室   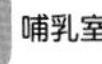

奈良 三郷町

在半露天場地烤肉就算下雨也安心

しぎさんのどかむら　書末地圖 24E-4

信貴山長閑(NODOKA)村

0歲 1~3歲 4~5歲 6歲以上

0745-73-8203

成人(中學生~) 600日圓　兒童(4歲~) 350日圓

採草莓（30分，僅1~6月上旬）吃到飽成人1300日圓，兒童1000日圓，手工製麵成人、兒童都是1盆3000日圓

半日 不可 有 OK 無

除了有可遠眺信貴山的美麗餐廳「ハウスやまびこ」外，還有咖啡廳等共7間。

這座體驗型綜合農業公園，集結了許多像是採摘蔬果和灌香腸等活動。園區四季綻放不同花卉，用餐景點多當然也適合野餐。還有像是田野遊樂設施等許多免費遊樂設施。

有優惠券

摘採活動有30種以上可選擇

幼兒資訊

無嬰兒車出租服務。導覽中心等地有換尿布空間和哺乳室。

OK 無 有 有

一起來check!

烤肉場地

預約制的不過夜烤肉露營場地，是有屋頂的半露天空間，可以自行攜帶食材進場。也有空手就可享受烤肉趣味的烤肉小屋。

DATA 🕒9:30~17:00 休週四休（12月~2月週三、四休），5、10月無休 址三郷町信貴南畑1-7-1 🚃近鐵生駒線信貴山下站搭巴士8分、信貴山門搭免費接駁巴士5分 🚗西名阪道香芝IC 12km P700輛，免費

以美麗花卉為背景拍出充滿回憶的照片！

重點看過來！

其1 妝點四季的花朵

春天是油菜花，夏天是向日葵，秋天是大波斯菊，四季都有著不同的美麗花朵。當油菜花開滿整個花園時，那鮮豔的黃美得令人屏息。

其2 親近動物

長閑（NODOKA）村飼養許多動物，在雞舍裡可以看到雞隻與烏骨雞活力奔跑，而在山羊、綿羊牧場，則可以近距離接觸羊群。

其3 手作體驗

自己做的香腸格外美味！須於1週前預約，2人2800日圓。另外還有做蒟蒻體驗（1份3000日圓）

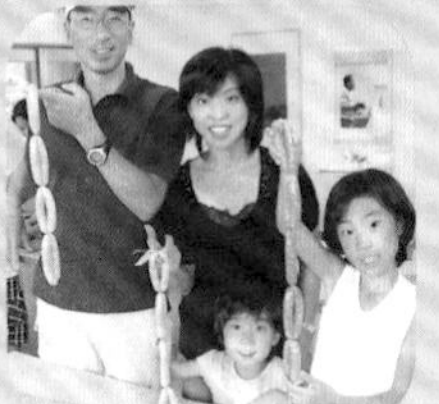

奈良 河合町

擁有完整古墳群的歷史公園是休息的廣場

けんえいうまみきゅうりょうこうえん　書末地圖 24F-5

縣營馬見丘陵公園

0歲 1~3歲 4~5歲 6歲以上

0745-56-3851

免費入園

3小時 不可 有 OK 無

北區有一間咖啡廳可享用義大利麵和磅蛋糕。

這裡是日本屈指可數擁有部分完整古墳群的歷史公園，園內有大小各異的古墳，終年點綴著繽紛的花卉。尤其是春天有近30萬株鬱金香盛開，壯觀全景美不勝收，亦適合帶幼童野餐。另外也可前往公園館展出古墳立體模型的展覽室。

整面的鬱金香田

幼兒資訊

園內各廁所有換尿布空間，並有5間兒童廁所。無嬰兒車出租服務。

OK 有 有 有

一起來check!

大麗菊花園

每到10月，大麗菊花園裡的120種1000株菊花競相怒放。

DATA 🕒8:00~18:00，夏季~19:00，冬季~17:00（公園館9:00~16:30） 休公園館週一休（逢假日則翌日休） 址河合町佐味田2202 🚃近鐵大阪線五位堂站搭巴士15分 🚗西名阪道法隆寺IC 4.5km P822輛，免費

奈良 葛城市

跟家人一起來野餐最適合了

ふたかみやまふるさとこうえん（ふたかみパーク）　書末地圖 24E-5

二上故鄉公園(Futakami Park)

0歲 1~3歲 4~5歲 6歲以上

0745-48-7800

免費入園

3小時 不可 無 OK 無

園區內無餐飲設施，可至鄰近道路休息站。

這座自然公園位在二上山山麓，環境相當適合野餐。頑童廣場的大草皮有大型木製遊樂器材，還有可免費玩玩具的玩具館等。有人工小溪流經的水邊露台，在4月中旬到10月底都可以玩水，讓小小孩們也有大滿足。

頑童廣場裡的大型木製遊樂器材

幼兒資訊

無嬰兒車出租服務，但可自行攜帶。換尿布空間與多功能廁所並用。

OK 無 有 無

一起來check!

登石階

挑戰攀登456階石階，前往可將奈良盆地盡收眼底的觀景台！成功的話就敲響鐘聲吧，另外也有較輕鬆的路徑可走。

DATA 🕒9:00~17:00 休週二、三（逢假日則開園） 址葛城市新在家492-1 🚃近鐵南大阪線二上神社口站步行20分 🚗西名阪道柏原IC 6km P65輛，免費

公園

和歌山 和歌山市

臨近大海的休閒公園

○かせいかんしょうりょくち 書末地圖21G-7

河西緩衝綠地

0歲 1~3歲 4~5歲 6歲以上

073-451-8355（河西緩衝綠地管理事務所）

¥ 免費入園

游泳池7、8月開放，成人360日圓，兒童（未滿16歲）190日圓

園內無餐飲設施，可自備飲食入內。

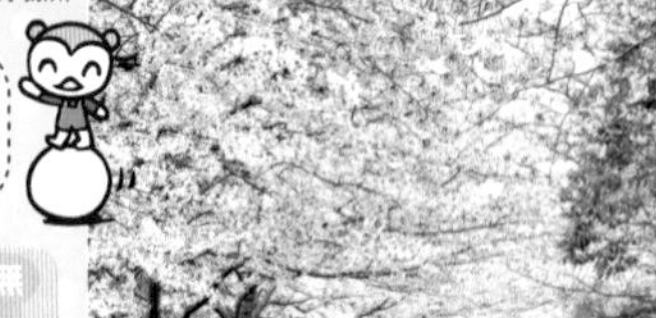

健身步道兩旁的櫻花樹

除了擁有遊樂器材和游泳池的河西公園之外，此處另外還有4座綠意盎然的公園，在園內的草皮上或是涼亭裡用餐相當舒服。健身步道全長4000m，春天會盛開美麗的櫻花，總讓許多賞花客蜂擁而至。磯之浦海水浴場就在附近，夏天前來還可順便來場海水浴。

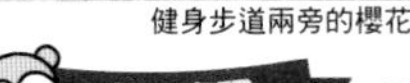

幼兒資訊

東松江綠地的多功能廁所有換尿布空間。無嬰兒車出租服務。

一起來check!

河西公園

河西公園內有3處兒童遊樂園，並有豐富的遊樂器材。而健身步道沿線櫻花樹夾道，春天總熱鬧擠滿賞花人潮。

DATA 自由入園，網球場9:00～17:00(夜間～21:00)，無休
和歌山市西庄ほか
南海加太線二里濱站步行5分（河西公園）　阪和道和歌山IC 12㎞
329輛，免費

和歌山 和歌山市

在自然中心親近野鳥、昆蟲和植物

○しきのさとこうえん 書末地圖21 I-8

四季之鄉公園

0歲 1~3歲 4~5歲 6歲以上

073-478-0070

¥ 免費入園

園內有一處美食區，並隨條件開放帶便當入園。

仿葡萄造型的「葡萄遊樂器材」

有四季花卉又平坦的園區內，適合野餐及散步。遊樂器材一應俱全，從幼童到大一點的孩子都能滿足。夏天可在親水區玩水，在露營場地烤肉採預約制（1區510日圓）。回程時，可在農產品直銷處採買新鮮蔬果當伴手禮帶回家。

幼兒資訊

設有4處換尿布空間、哺乳室2處。無嬰兒車出租服務。

一起來check!

水果天堂

全長70m的滾輪溜滑梯「水果天堂」是很受歡迎的遊戲項目。

DATA 9:00～17:00
週二休（逢假日則翌日休）
和歌山市明王寺85
和歌山電鐵貴志川線伊太祈曾站步行20分
阪和道和歌山IC 8㎞
200輛，免費

三重 伊賀市

快樂體驗農村生活趣

○いがのさと モクモクてづくりファーム 書末地圖23J-7

伊賀之里MOKUMOKU手作農場

0歲 1~3歲 4~5歲 6歲以上

0595-43-0909

¥ 3歲～500日圓

做火腿等手作體驗活動費用另計

園內有餐廳「PaPaビアレストラン」等3間，此外還有輕食、咖啡廳5間，還有6個外帶區。

有優惠券

可愛迷你豬是牧場的人氣動物

園區以重要的三大關鍵「了解」、「思考」、「製作」來面對食材，並提供純手作產品給遊客。園內可以參觀自製火腿、香腸和在地啤酒、麵包的生產過程並親手試作。可以好好睡個午覺的吊床森林也相當特別，頗受遊客喜愛。

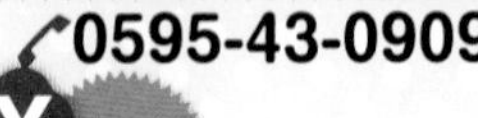

幼兒資訊

嬰兒車出租需保證金1000日圓，並有充足的換尿布空間和哺乳室。

一起來check!

蔬菜與花的市場

從農場門口到「吊床森林」之間有新鮮蔬菜及花卉的市場等，免費入場。

DATA 10:00～21:00（因設施而異）
不定休
伊賀市西湯舟3609
JR草津線柘植站搭計程車15分
名阪國道壬生野IC 8㎞
500輛，免費

三重 松阪市

廣場也有很多遊樂器材的多元農業公園

○まつさかのうぎょうこうえんベルファーム 書末地圖31J-8

松阪農業公園Bell Farm

0歲 1~3歲 4~5歲 6歲以上

0598-63-0050

¥ 免費入園

各種體驗教室費用另計

有可品嘗松阪牛的燒肉餐廳和咖啡廳等5間，若要自行攜帶便當，除英式庭園之外，僅限戶外。

香氣廣場裡的綜合遊樂器材

在這座推廣食物教育、綠色教育和健康教育的農業公園，廣大園區內設置有遊樂器材的廣場、可以體驗農務的「學習農場」等多元設施。尤其是藥草皂和果醬等等，可以邊快樂學習邊動手做的體驗講座也很多。現場並販售在地收成蔬菜及松阪豬等新鮮食材。

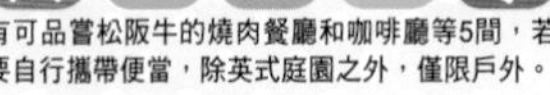

幼兒資訊

哺乳室在匠之館，向事務所提出需求可幫忙準備熱水。換尿布空間在園區5處廁所和哺乳室內皆有。

一起來check!

體驗講座

體驗講座種類繁多，如甜點、披薩、插花和植物染等，如欲參加請趁早預約。

DATA 9:00～18:00（因設施而異）
1～3月週三休，4～12月第二個週三休（都逢假日則翌日休）
松阪市伊勢寺町551-3
JR·近鐵松阪站搭計程車20分
伊勢道松阪IC即到
700輛，免費

大阪 兵庫 京都 滋賀 奈良 和歌山 三重

圖示凡例

 大約所需時間  雨天OK  有餐廳  可帶外食入內  投幣式置物櫃  嬰兒車（租借／自行攜帶）  兒童廁所  換尿布空間 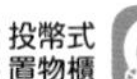 哺乳室

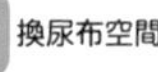

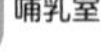

樂趣無窮的親子遊園地

主題公園・遊樂園

1 喜歡動物的小朋友 千萬不要錯過!

園內不僅有能夠觀賞到可愛小貓熊等動物的動物園，還可以欣賞精彩的海豚秀，既動感又震撼！

岬公園

2 可以欣賞景色的 摩天輪

在摩天輪上可欣賞到壯麗景色。從上空俯瞰遊樂設施，想想接下來要搭哪一種也很有趣！

姬路中央公園

3 故事人物出現 好開心!

只出現在繪本或電視上的角色就在眼前，北鼻看了好開心！如果害怕而哭了，那就不要太勉強囉。

淡路世界公園 ONOKORO

CHECK!

4 多采多姿 主題樂園

除了登場人物之外，還有玩具和搭乘設施，從江戶時代建築物到歐洲主題風格，主題樂園實在豐富又奧妙！

東映太秦映畫村

5 一起來GET 限定商品吧!

主題樂園內常會賣一些外面買不到的原創限定商品，記得要確認！

志摩西班牙村

INDEX

凡例  免費入場  部分免費（免費入場，遊樂設施費用另計等） ✕ 不可、付費入場、不建議

大阪 大阪市

小小兵樂園新登場!

○ユニバーサル・スタジオ・ジャパン

書末地圖10D-6

日本環球影城

0歲 1~3歲 4~5歲 6歲以上

新的小小兵樂園開幕♪

☎0570-20-0606（遊客服務中心）

影城入場券

¥ 成人（12歲以上）7400日圓 兒童（4～11歲）4980日圓 長者（65歲以上）6650日圓

※入場券的價格與內容有可能在無事先通知下而改變，請務必至官網確認。※3歲以下免費。影城入場券為入場當天皆可使用園內所有設施之票券，若已12歲但仍為小學生則屬兒童票價。因設施不同而各有使用限制事項。

「哈利波特魔法世界™」需要入場整理券，所以一入園就先去拿吧。

除了開幕以來人氣始終居高不下的「哈利波特魔法世界™」、還有好萊塢區運用最新技術的乘車遊和小朋友最喜歡的「環球奇境」等，相當適合全家同樂。2017上半年開幕的「小小兵樂園」想必更讓人捨不得離開！

DATA 因日期而異，須確認 休無休 址大阪市此花区桜島2-1-33 JR線夢咲線環球城站步行即到 阪神高速2號淀川左岸線環球城出口即到 P約3600輛，普通自小客車1日2500日圓～ ※有季節性變動的可能

幼兒資訊

提供嬰兒車出租，有含嬰兒床的多功能廁所，可哺乳及換尿布。

一起來check!
季節性活動

樂園定期舉辦季節性活動，如夏天的夏季活動和萬聖節活動、聖誕節活動。也別錯過超人氣的恐怖之夜！

哈利波特魔法世界™

彷彿進入哈利波特電影世界，好感動！刺激的遊樂設施當然一定要玩，也拿起魔法道具和有趣的糖果點心成為魔法世界的一員吧。

V
鷹馬的飛行™

坐上魔法世界的生物「鷹馬」，來趟空中之旅。還能從上空俯瞰海格小屋和活米村。

有好多小朋友也可開心搭乘的遊樂設施！

搭上以艾蒙和餅乾怪獸為造型的可愛熱氣球，飛向天空♪
●芝麻街™歡樂世界
身高限制122cm以上（有陪同者：92公分以上）

莫比的氣球之旅 T

環球奇境

這裡以大家喜愛的卡通人物所住的街道為主題，跟著爸爸媽媽前來，小北鼻也好開心，小朋友也可搭乘許多提供兒童一人乘坐的遊樂設施。

T 芝麻街大兜風

選擇喜歡的卡通人物造型小車，奔馳在仿造紐約中央公園的道路上！
●芝麻街™歡樂世界

M 飛天史努比

搭乘史奴比自在飛往遼闊藍天。還可自己操控時而升空時而低空飛行喔。
●史奴比電影工作室™ 身高限制122cm以上（有陪同者：92公分以上）

Hello Kitty蝴蝶結大收藏

歡迎各位VIP貴賓的到來，不僅可以參觀最新時尚，還能與Hello Kitty合影留念！
●Hello Kitty時尚大道

P

便利資訊

家庭服務中心是嬰幼兒的好幫手！
在此區可以哺乳、餵食或是換尿布。備有泡牛奶熱水，及可供加熱副食品的微波爐，園區內有2處此專區。

有任何疑問請到遊客服務中心
不管遊客有任何問題或是交通指南都能親切服務。亦提供失物招領、留言服務，此處也有紀念戳章。

圖示凡例   大約所需時間  雨天OK    有餐廳  可帶外食入內  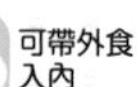 投幣式置物櫃  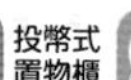 嬰兒車（租借/自行攜帶） 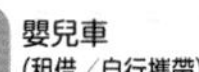  兒童廁所   換尿布空間 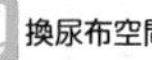  哺乳室

沉醉在美麗街道中
紐約區
遊樂設施
- Ⓗ 蜘蛛俠驚魂歷險記・乘車遊 4K3D
- Ⓘ 魔鬼終結者 2:3-D®

餐廳・咖啡廳
- 7 園畔護柵®★
- 8 阿珠拉・提・卡普利
- 9 彩道®★
- 10 路易紐約比薩餅舖®★
- 11 芬尼根酒吧＆燒烤®★

優雅西海岸風情
舊金山區
遊樂設施
- Ⓙ 浴火赤子情®

餐廳・咖啡廳
- 12 龍之珍珠®★
- 13 快樂咖啡廳®★

穿越時空回到侏儸紀！
侏儸紀公園
遊樂設施
- Ⓚ 飛天翼龍
- Ⓛ 侏儸紀公園・乘船遊®

餐廳・咖啡廳
- ⑭ 新發現餐廳®★

※可能不經預告而變更或取消

超刺激表演秀登場！
水世界
遊樂設施
- Ⓐ 水世界

P.39
P.45
P.50
P.53

一目了然影城地圖

P.83

- Ⓐ～Ⓥ 遊樂設施
- ①～⑳ 餐廳・咖啡廳
- ★ 有兒童餐
- ? 資訊布告欄

卡通人物們生活的地方
環球奇境
史奴比電影工作室™
遊樂設施
- Ⓜ 飛天史奴比
- Ⓝ 史努比音響舞臺歷險記™
- Ⓞ 史努比雲霄飛車大競賽™

餐廳・咖啡廳
- 15 史努比™快餐★

Hello Kitty時尚大道
遊樂設施
- Ⓟ Hello Kitty蝴蝶結大收藏
- Ⓠ Hello Kitty夢幻蛋糕杯

餐廳・咖啡廳
- 16 Hello Kitty蝴蝶結時尚精品店
- 17 Hello Kitty轉角咖啡廳

芝麻街™歡樂世界
- Ⓡ 芝麻街廣場

遊樂設施
- 大鳥的大頂篷馬戲團
- 艾蒙小兜風
- Ⓢ 艾蒙的幻想遊樂場

遊樂設施
- 伯特和恩尼的奇幻大海
- 艾蒙泡泡遨遊
- 大鳥的大巢　其他

餐廳・咖啡廳
- 18 餅乾怪獸的廚房
- Ⓣ 芝麻街中央公園

遊樂設施
- 餅乾怪獸滑梯
- 恩尼的橡皮鴨大賽
- 艾比的魔法樹
- 芝麻街大兜風
- 艾蒙的GO-GO滑板
- 莫比的氣球之旅

象徵電影之都的區域
好萊塢區
遊樂設施
- Ⓒ 環球妖魔鬼怪搖滾樂表演秀®
- Ⓓ 卡通饗宴®
- Ⓔ 芝麻街4-D電影魔術™
- Ⓔ 史瑞克4-D歷險記™
- Ⓕ 好萊塢美夢・乘車遊
  好萊塢美夢・乘車遊
  ～逆轉世界～
- Ⓖ 太空幻想列車

餐廳・咖啡廳
- 3 比佛利山莊法式咖啡®
- 4 粉紅咖啡廳
- 5 梅兒茲餐廳®★
- 6 影城巨星餐廳®★

電影『大白鯊』場景再現
親善村
遊樂設施
- Ⓑ 大白鯊®

餐廳・咖啡廳
- 1 親善碼頭餐廳®★
- 2 親善村冰淇淋®

到魔法世界闖一闖吧！
哈利波特魔法世界™
遊樂設施
- Ⓤ 哈利波特禁忌之旅™
- Ⓥ 鷹馬的飛行™

餐廳・咖啡廳
- 19 三根掃帚™
- 20 豬頭酒吧

P.103
P.119
P.134
P.136

照片提供:日本環球影城

※以上資訊為2016年12月之資料。 ※遊樂設施可能不經預告而變更。 ※商店、餐廳可能因季節、日期變動而暫停營業。
※商品款式、價格可能不經預告而變更。如售罄請見諒。 ※請上官方網站（www.usj.co.jp）確認遊樂設施、表演秀的日期和時間。

大阪 枚方市

表演節目和動物區都不可錯過

書末地圖 22C-8

○ひらかたパーク

枚方公園

0歲 1~3歲 4~5歲 6歲以上

有好多讓小朋友也盡興的遊樂設施

☎072-844-3475

¥ 成人（國中生～）1400日圓　兒童（2歲～）800日圓

遊樂設施費用另計

遊樂設施一票玩到底（小學生～）3000日圓，（2歲～尚未上小學者）1800日圓

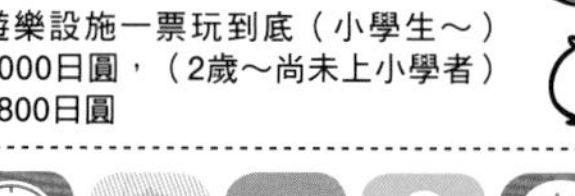

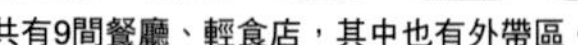

共有9間餐廳、輕食店，其中也有外帶區。

彩虹摩天輪Skywalker是枚方公園的正字標記，不僅有刺激的遊樂設施，還有很多小朋友可盡情玩樂的遊戲區。除了遊樂設施，還有春、秋季時相當有看頭的玫瑰花園、夏季的水舞秀和冬季點燈，是四季都適合闔家光臨的遊樂園。此外也有不少遊樂設施是0歲就可以玩的。

DATA
- 10:00～16:30（有日期、時期性變動）
- 休 不定休
- 址 枚方市枚方公園町1-1
- 京阪本線枚方公園站步行3分
- 阪神高速守口線守口出口9km
- P 1300輛，1日500日圓

幼兒資訊

備有哺乳室、嬰兒床和嬰兒車出租服務（租金500日圓，保證金1500日圓）。

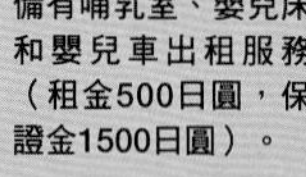

一起來check!

大家來挑戰

嘗試挑戰新型態智育型冒險樂園，發揮想像力挑戰各種主題吧。除了體力，也是個培養好奇心、求知慾的設施。並有針對進階者的挑戰主題，也別錯過囉。

0歲起即可暢遊 關西老牌遊樂園

重點看過來！

其1 天女散花

猶如飛行於半空中，感受破風的爽快。此外，園區內還有約40項的豐富遊樂設施。

其2 The Boon

擁有全長210m的巨大水流泳池和滑水道，是遊樂園才有的休閒泳池。還有為兒童打造的「頑皮游泳池」、可觀景並放鬆休息的「午睡區」，若想到水深一點的地方則可至「渚泳池」。

其3 冬季嘉年華

這個區域由室外滑冰場和玩雪廣場所構成，可以一次享受兩種設施，還可以堆雪人。

Skywalker　東側大門　戶外舞台　旋轉老鼠　國道1號　大家來挑戰　妖精飛車　奇幻動物樂園　飛天風火輪　枚方公園站　其4　正門服務中心　急流探險　南側大門　尖叫瀑布　其1　正面大門　魔法焰岩火山　Palm Walk Café　高塔大怒神　活動大廳I　活動大廳II　中央服務中心　其2　其3　花園遊船　枚方公園站　玫瑰花園　懷舊小火車　光善寺站　京阪本線

其4 動物抱抱城

為室內親近動物廣場，有羊駝和企鵝等（2歲以上500日圓。尚未就學者需有15歲以上陪同者）。

主題公園・遊樂園

大阪　兵庫　京都　滋賀　奈良　和歌山　三重

圖示凡例  大約所需時間  雨天OK  有餐廳  可帶外食入內  投幣式置物櫃 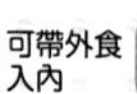 嬰兒車（租借／自行攜帶） 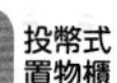  兒童廁所  換尿布空間   哺乳室 

臨海綜合休閒設施

書末地圖 21H-6

○みさきこうえん

岬公園

0歲 1~3歲 4~5歲 6歲以上

072-492-1005

成人（國中生~）1350日圓　兒童（3歲~）700日圓　遊樂設施等費用另計

海豚秀500日圓。各式活動請洽園方。
※提供海外遊客優惠票券（需出示護照）。入場費成人1000日圓，兒童500日圓等。

有販賣多種餐點和飲品的餐廳「みさきキッチン」，及販賣義大利麵和熱狗的店家「ココ·テラス」共2間。

海豚秀、動物園和為兒童打造的遊樂設施等等，園區活動豐富多元。搭乘摩天輪可看見大阪灣，另外也可順便來草皮廣場野餐。臨海的海豚秀也千萬別錯過！夏天開放的休閒泳池也相當受歡迎。

遊樂設施&海豚秀！南大阪必去遊樂園

還有真正的電車可以體驗當駕駛喔

重點看過來！

其1 海豚秀

精采表演動感又震撼（可能依動物狀況暫停演出）。

其2 雲霄飛車

3歲以上（未滿6歲須高中生以上陪同者）就可以搭乘的雲霄飛車，沿著海邊奔馳讓人心情愉悅。

其3 動物園

可以欣賞到長頸鹿、獅子和小貓熊等約70種的動物。

DATA
9:30~17:00（可能因季節性等因素變動）
休 不定休
址 岬町淡輪3990
南海線岬公園站步行5分
阪神高速灣岸線泉佐野南出口20km
P 1000輛，1日1200日圓

幼兒資訊

有哺乳室和換尿布空間。園區內有坡道，嬰兒車出入請小心（付費租借）。

一起來check! 海豚秀

大阪府下唯一的海豚秀。以大阪灣為背景，是頗具規模表演秀，近距離欣賞更是震撼力十足。此外，也可透過表演水池觀看海豚的行動，更增添樂趣。

公園口　老虎·獅子　其3 鳥園　急流小艇　丹頂鶴　動物親近廣場　袋鼠　綠地廣場　南美森林　旋轉木馬　入園大門　Let's Go湯瑪士小火車　戶外舞台　孝子站　岬公園站　旋轉雲霄飛車　岬公園駅東　南海線　泉佐野　淡輪站　小小雲霄飛車　動物列車　其2 湯瑪士小火車　其1　空中腳踏車　摩天輪　水上樂園Rio

P.39 P.45 P.50 P.53 P.103 P.119 P.134 P.138

大阪 河內長野市

露營場可住宿也可只烤肉不過夜

○かんさいサイクルスポーツセンター

書末地圖 24C-7

關西自行車運動中心

0歲 1~3歲 4~5歲 6歲以上

☎0721-54-3101

¥ 成人(國中生~)800日圓 兒童(3歲~)500日圓 長者(60歲~)400日圓

有優惠券

入場+一票玩到底成人2800日圓，兒童身高110cm以上2500日圓，未滿110cm1700日圓

除了有菜色豐富的餐廳和烤肉區，還有輕食餐廳、外帶吧等等。

這是個可騎乘怪奇車種的自行車遊樂園。在怪奇自行車廣場，有800輛從未看過的車款等著你喔。自行車道會穿過森林繞園區一圈3km，迎著涼風心情也暢快。玩樂的同時又可解決運動不足的煩惱，堪稱是健康景點。力奇和鈴玲的「森林立體迷宮」在2016年10月全新開放，一起來挑戰吧。

DATA 10:00~17:00(週六日、假日9:30~17:30，有季節性差異)
休 週二休(12月、1月有維修公休日)
址 河內長野市天野町1304
南海高野線河內長野站搭巴士20~30分 阪和道岸和田和泉IC 12km
P 1000輛，1日1000日圓

幼兒資訊

有哺乳室及免費嬰兒車出租。車站大樓及怪奇自行車區都有設置兒童廁所。

一起來check!

終端之家

看過來看過來！終端之家內有多種服務，包括綜合服務中心、餐飲區及伴手禮販賣部，也可以在此小歇一會，並設有免費兒童區和嬰兒房。

主題公園・遊樂園

大阪 兵庫 京都 滋賀 奈良 和歌山 三重

全家人都一起來騎乘 趣味自行車！

腳踏式的賽車也很有趣！

重點看過來！

其1 怪奇自行車

作動方式奇妙，造型又可愛。現場有800輛絕對不可能騎上街的趣味自行車，不管大人小孩，無論年紀大小都能享樂其中。

其2 自行車道

騎一趟繞巡森林3km的自行車專用道，讓心情煥然一新。全家出發去！一起動一動!!

其3 派對花園

可以在露營場地單純享受烤肉不過夜(須預約)。成人500日圓，兒童300日圓，烤爐使用費1桌1500日圓。

其4 自行車練習廣場

增設第2自行車練習廣場，讓幼童及不諳自行車者也可安心練習。

圖示凡例

大約所需時間

雨天OK

有餐廳

可帶外食入內

投幣式置物櫃

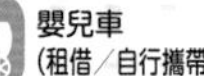
嬰兒車(租借/自行攜帶)

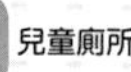
兒童廁所

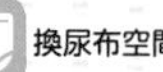
換尿布空間

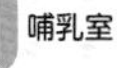
哺乳室

奈良 生駒市

表演活動超豐富，總是想一玩再玩

書末地圖24E-3

○いこまさんじょうゆうえんち

生駒山上遊樂園

0歲 1~3歲 4~5歲 6歲以上

輕飄飄熊貓的空中散步好有趣

0743-74-2173

遊樂設施費用另計，另有一票玩到底。

一票玩到底成人（國中生～）3200日圓，兒童（小學生）3000日圓，幼兒（2歲～）2500日圓。鳥居前到生駒山上的生駒登山車單程票，成人360日圓，兒童180日圓。

有露台座位可飽覽大阪平原風光的餐廳，以及外帶區2處餐飲設施。

遊樂園位在標高642m的生駒山山頂附近，夏天氣溫比平地少4℃，是宜人的避暑勝地。豐富的遊樂設施活用地理優勢可欣賞美景，還有適合幼童的旋轉木馬，以及日本首見的遊樂設施「飛鷹（Eagle Fly）」都很吸睛。夏天有開放星光場，夜景也十分美麗。

DATA 10:00～17:00(7月中旬的週六日、假日和8月1～31日為～21:00(暫定)，有季節性變動)
休 週四休(12月～3月中旬休園)
址 生駒市菜畑2312-1
近鐵奈良線生駒站搭登山列車15分
阪神高速東大阪線水走出口9.5㎞、信貴生駒SKYLINE6㎞
P 1600輛，1日1200日圓

幼兒資訊

無嬰兒車出租服務，但可自行攜帶。換尿布空間設置於各女廁，並有1間哺乳室。

一起來check!
還有這邊照過來

前往遊樂園，光是得先搭乘登山列車「Buru」和「Mike」就好讓人興奮！因為是山區，景色十分宜人，園內可看美景的輕飄飄熊貓也很受歡迎。春到秋季的週日還有舉辦表演秀，詳情請上官網確認。

山上的視野果然超讚！免費入園♪的遊樂園
重點看過來！

其1 飛行塔

搭乘園內的飛行塔，可從離地30m處眺望西邊大阪平原或東邊奈良盆地，都是絕佳美景。

其2 老鷹飛行

新設施刺激又令人興奮，還可以欣賞絕佳景致帶來全新體驗。彷彿化身為鳥翱翔天際！

其3 生駒登山列車

從近鐵生駒站步行3分，來到往返於鳥居前站與生駒山上站的登山列車。可愛的車廂大受小朋友喜愛。

其4 單軌腳踏車

這項設施可以悠哉地享受空中散步，從山上望去的景色實在吸引人。

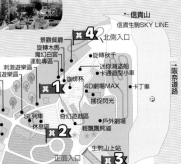

信貴山 信貴生駒SKY LINE 景觀餐廳 旋轉木馬 魔幻白宮 運動專區 刺激遊樂區 美國遊樂區 拉斯維加斯遊樂區 北側入口 旋轉秋千 迷你海盜船 卡通造型小車 咖啡杯 4D劇場MAX 卡丁車 捕捉閃光 南側入口 音樂快車 激流湧進淘金熱 迷你高爾夫 兒童駕車遊 SL列車 奇幻遊戲區 戶外劇場 玩具小火車 休憩區 輕飄飄熊貓 鬼屋 地獄門 生駒山上站 正面入口 山上線 近鐵生駒站 阪奈道路

主題公園・遊樂園 P.83

三重 志摩市

跟著遊行一起舞動，心情也很「西班牙」

書末地圖33L-2

○しまスペインむら パルケエスパーニャ

志摩西班牙村 PARQUE ESPAÑA

0歲 1~3歲 4~5歲 6歲以上

記下舞步一起跳吧！

0599-57-3333

成人	國高中生	兒童(3歲~小學生)	長者(60歲以上)
5300日圓	4300日圓	3500日圓	3500日圓

樂園護照可玩所有設施。星光護照（可在黃金週、暑假星光時段16:00～使用），成人3200日圓，國高中生2600日圓，孩童2100日圓，長者2100日圓

1日 OK 有 不可 有

從正統西班牙料理到速食、美食攤位等，共17間餐飲店。

重現西班牙街道的這座主題樂園，擁有豐富的遊樂設施，還有吉祥物與西班牙表演藝術者帶來諸多表演。毗鄰「志摩西班牙村酒店」和「伊勢志摩向日葵之湯」，不管大人小孩都能擁有度假心情滿點的1天。

DATA
9:30～17:00（有季節性、日期性變動）
休 休至2107年2月10日及6月26～30日
址 志摩市磯部町坂崎
近鐵志摩線鵜方站搭巴士13分
第二伊勢道鳥羽南·白木IC 14km
P 4200輛，1次1200日圓

幼兒資訊

可哺乳、換尿布的嬰兒房共3間。所有女廁皆設有換尿布台。嬰兒車出租費用500日圓。

一起來check!

娛樂表演

2月11日～11月30日期間舉辦遊行或表演等娛樂節目。黃金週和暑假開放星光票時段。從夜間遊行、光雕秀到煙火秀接連不斷，可別錯過夜晚精采活動喔。

在熱情的街道享受表演與遊樂設施

重點看過來！

其1 Parque España Parade España Carnival

這是樂園最大娛樂盛事，共舞時間就與歡樂夥伴們一起跳舞HIGH起來吧！

其2 蒸汽雲霄飛車IRONBULL

於2017年2月啟用的這座室內雲霄飛車，馳騁在復古又先進的幻想未來空間。身高110cm以上始可搭乘。

其3 Kiddy Montserrat

飛快穿梭在巴塞隆納藝術世界與蒙塞拉特山間的這座兒童雲霄飛車，因大人小孩皆可搭乘而受到喜愛。身高90cm以上始可搭乘。

其4 期間限定舞台劇

「LOST LEGEND ～Circo De Tirra～」是一齣結合火焰、洪水和特技表演的舞台劇。在黃金週、暑假期間限定登台。

主題公園·遊樂園

大阪 兵庫 京都 滋賀 奈良 和歌山 三重

圖示凡例：1小時 大約所需時間；OK 雨天OK；有 有餐廳；OK 可帶外食入內；有 投幣式置物櫃；OK 嬰兒車（租借／自行攜帶）；有 兒童廁所；有 換尿布空間；有 哺乳室

三重 桑名市

KIDS TOWN也有適合幼兒的「小不點廣場」

書末地圖 31K-4

○ナガシマスパーランド

長島溫泉樂園

0歲 1~3歲 4~5歲 6歲以上

KIDS TOWN 適合幼兒前往

0594-45-1111（長島度假村）

成人（國中生～）1600日圓 小學生1000日圓 幼兒（2歲～）500日圓

搭乘遊樂設施費用另計。門票加一票玩到底樂園護照，成人（國中生以上）5000日圓，小學生3900日圓，幼兒（2歲～）2300日圓，長者（60歲以上）2600日圓※樂園護照是2017年3月開始的價格

有涵蓋西式到日式的兒童餐廳、花水木旅館的餐廳等，以及咖啡廳和輕食等共12間餐飲設施。

從世界最大尖叫系，到幼兒也可搭乘的設施，55種遊樂項目一應俱全。2017年春季再推出全新雲霄飛車「嵐」。夏季有巨型海水泳池、煙火秀等節目可以玩耍一整天。也別忘了去溫泉設施「溫泉島」及暢貨購物中心「爵士夢長島」看看喔。

DATA 9:30～17:00（週六日、假日～18:00，有季節性變動）
休 不定休
址 桑名市長島町浦安333
JR關西本線、近鐵名古屋線桑名站搭巴士20分
伊勢灣岸道灣岸長島IC即到
P 1萬3000輛，1日1000日圓

幼兒資訊

有嬰兒房、嬰兒床和哺乳室，並提供嬰兒車出租（500日圓）。

一起來check!

長島度假村

長島溫泉樂園所在的長島度假村，擁有溫泉和暢貨購物中心，附近還有車程10分鐘的「名花之里」，該景點花卉與點燈活動都十分有名。此外也還鄰近「麵包超人兒童博物館」。

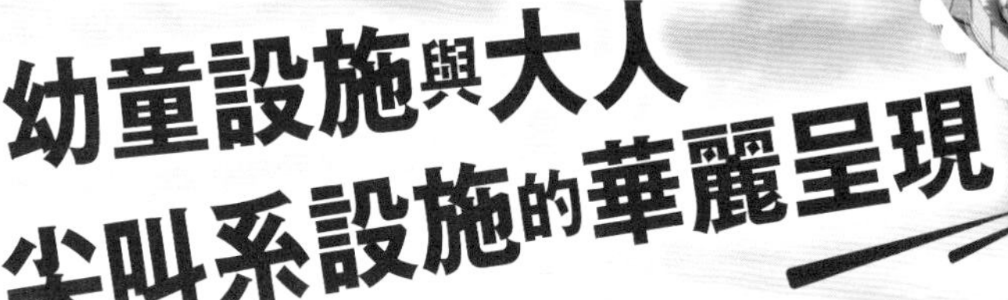

幼童設施與大人尖叫系設施的華麗呈現

重點看過來！

其1 特技飛行

搭上這座世界最大的雲霄飛車，乘客將以「趴臥」姿態一口氣衝過螺旋軌道。

其2 嵐

2017年春季啟用，為日本首見4D旋轉雲霄飛車。戰慄的搖晃和旋轉讓乘客無可預測動向。

其3 巨型海水游泳池

從適合兒童的室內型泳池「SPA KIDS」到驚險刺激的類型都有，還有許多滑水道，僅在7月下旬～9月下旬開放。

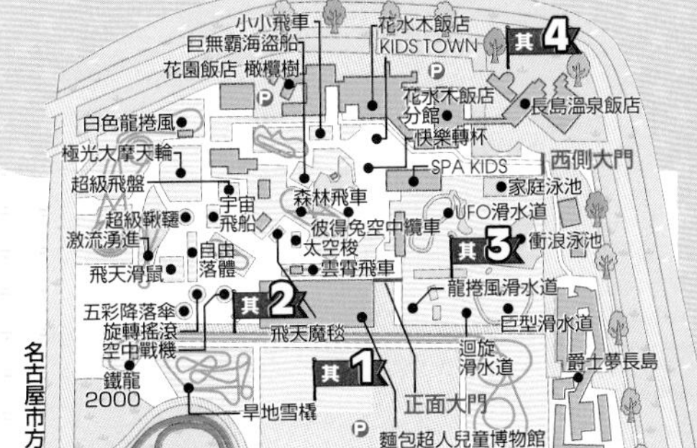

其4 溫泉島

由規模壯大的「黑部峽谷溫泉」，和充滿自然之美的「奧入瀨溪流溫泉」構成的溫泉設施。

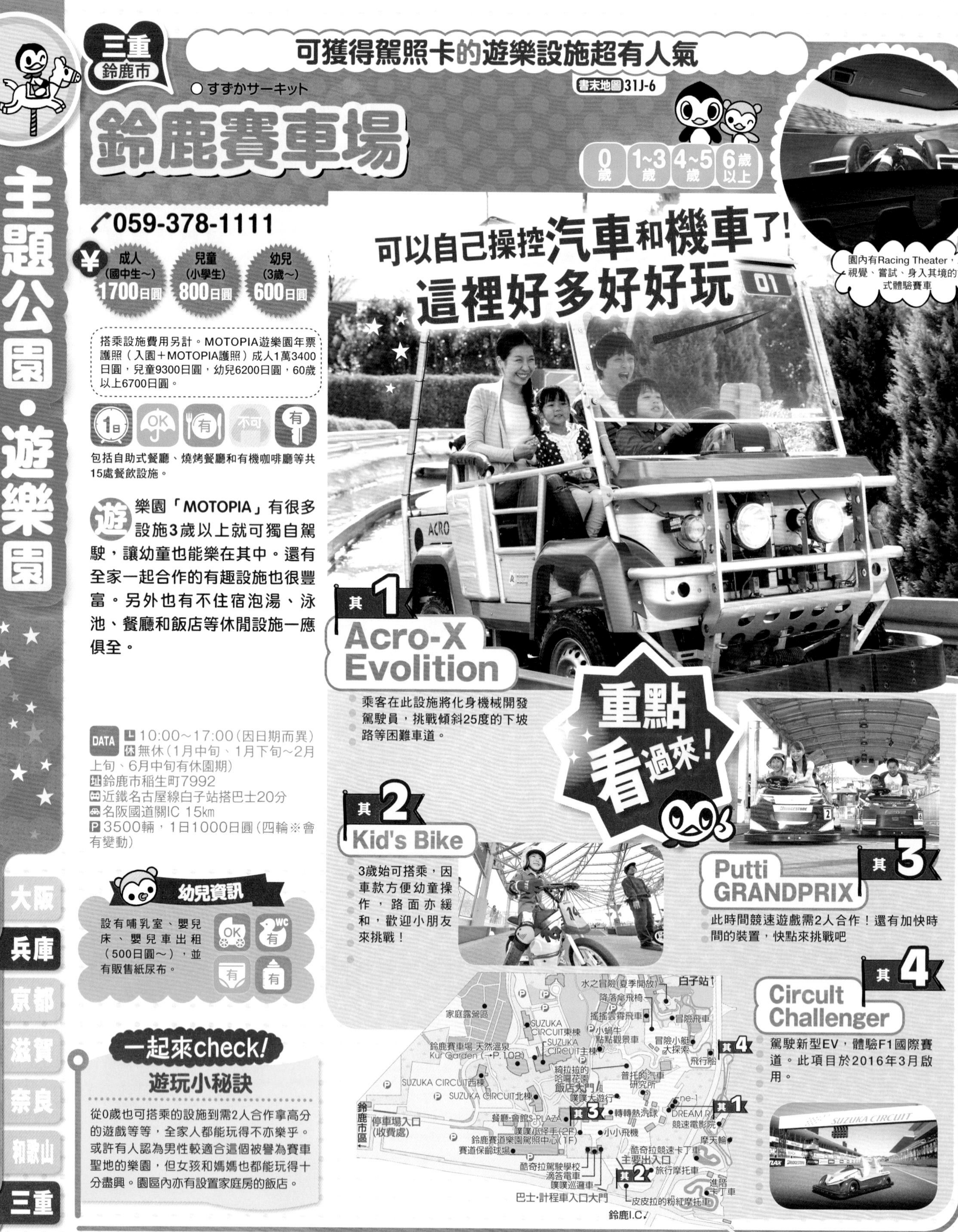

可獲得駕照卡的遊樂設施超有人氣

○すずかサーキット

鈴鹿賽車場

書末地圖31J-6

0歲 1~3歲 4~5歲 6歲以上

☎059-378-1111

¥ 成人(國中生~)1700日圓 兒童(小學生)800日圓 幼兒(3歲~)600日圓

搭乘設施費用另計。MOTOPIA遊樂園年票護照(入園+MOTOPIA護照)成人1萬3400日圓,兒童9300日圓,幼兒6200日圓,60歲以上6700日圓。

1日 OK 有 不可 有

包括自助式餐廳、燒烤餐廳和有機咖啡廳等共15處餐飲設施。

遊樂園「MOTOPIA」有很多設施3歲以上就可獨自駕駛,讓幼童也能樂在其中。還有全家一起合作的有趣設施也很豐富。另外也有不住宿泡湯、泳池、餐廳和飯店等休閒設施一應俱全。

DATA
L 10:00~17:00(因日期而異)
休 無休(1月中旬、1月下旬~2月上旬、6月中旬有休園期)
址 鈴鹿市稻生町7992
交 近鐵名古屋線白子站搭巴士20分
車 名阪國道關IC 15km
P 3500輛,1日1000日圓(四輪※會有變動)

幼兒資訊

設有哺乳室、嬰兒床、嬰兒車出租(500日圓~),並有販售紙尿布。

一起來check! 遊玩小秘訣

從0歲也可搭乘的設施到需2人合作拿高分的遊戲等等,全家人都能玩得不亦樂乎。或許有人認為男性較適合這個被譽為賽車聖地的樂園,但女孩和媽媽也都能玩得十分盡興。園區內亦有設置家庭房的飯店。

可以自己操控汽車和機車了! 這裡好多好好玩

園內有Racing Theater,以視覺、嘗試、身入其境的方式體驗賽車

重點看過來!

其1 Acro-X Evolition

乘客在此設施將化身機械開發駕駛員,挑戰傾斜25度的下坡路等困難車道。

其2 Kid's Bike

3歲始可搭乘,因車款方便幼童操作,路面亦緩和,歡迎小朋友來挑戰!

其3 Putti GRANDPRIX

此時間競速遊戲需2人合作!還有加快時間的裝置,快點來挑戰吧

其4 Circult Challenger

駕駛新型EV,體驗F1國際賽道。此項目於2016年3月啟用。

圖示凡例: 大約所需時間 | 雨天OK | 有餐廳 | 可帶外食入內 | 投幣式置物櫃 | 嬰兒車(租借/自行攜帶) | 兒童廁所 | 換尿布空間 | 哺乳室

主題公園·遊樂園 大阪 兵庫 京都 滋賀 奈良 和歌山 三重

兵庫 姬路市

有遊樂園和野生動物園，假日就是要來這裡

書末地圖18B-3

○ひめじセントラルパーク

姬路中央公園

0歲 1~3歲 4~5歲 6歲以上

恐怖的懸吊式雲霄飛車「DIABLO（魔鬼）」

☎079-264-1611

¥ 成人（國中生~）3100日圓　小學生 1900日圓　幼兒（3歲~）1200日圓

（包含遊樂園、野生動物園門票及夏季泳池、冬季滑冰場和滑冰鞋租借費用在內）遊樂設施一票玩到底，成人2800日圓，小學生2600日圓，幼兒1200日圓（門票另計）

兒童餐廳「バンバン（Banban）」有各種兒童餐和蛋包飯等，還有其他餐廳、外帶吧共7處餐飲設施。

這是一座結合遊樂園與野生動物園（→P.42）的大型主題樂園，園區有季節限定遊樂設施和表演等豐富活動，還可在草皮廣場野餐，夏天就到山坡的泳池，自由享受各種歡樂。

DATA 🕒10:00~16:00（因季節而異） 休週三不定休（假日、春·暑·寒假營業，12月初有臨時休園） 址姬路市豊富町神谷1436-1 🚌JR各線姬路站搭巴士30分，步行即到 🚗山陽道山陽姬路東IC 5km P5000輛，1日1000日圓

幼兒資訊

嬰兒車出租300日圓（保證金另計）。有換尿布空間和哺乳室。

一起來check!

GRAND CAROUSEL（巨型旋轉木馬）

園內有豐富、可以悠閒遊玩的遊樂設施，世界最大的旋轉木馬「GRAND CAROUSEL」就適合全家大小同樂。

不管是小小孩
還是想悠閒暢玩
各種遊樂設施都充足

重點看過來！

其1 GIANT WHEEL（大摩天輪）

這是親子都愛的遊樂設施，從離地85m高的大摩天輪往外看，可360度環顧群山包圍下的姬路中央公園。

其2 雲霄飛車

搭乘這項驚險設施可說既刺激又興奮，在眺望壯觀自然景色的同時，也將園區內外走了一遭，毫無疑問是讓人想挑戰無數次的正宗遊樂設施。

其3 泳池和滑冰

夏天就到泳池放肆一下吧。遼闊的空間裡有滑水道等各類型泳池，度假氣氛滿點。冬天則在猶如置身歐洲古城的風之城中，開放遊客滑冰體驗。

兵庫 淡路市

還有可挑戰手工藝的體驗教室喔

○あわじワールドパークオノコロ

書末地圖20D-4

淡路世界公園 ONOKORO

0歲 1~3歲 4~5歲 6歲以上

059-378-1111

成人（國中生~）1000日圓　兒童（4歲~）500日圓

有從淡路牛牛排到兒童餐等餐點種類多樣的餐廳，另外也有速食店可選擇。

以「與世界交流」為概念的娛樂主題樂園。以25分之1比例打造世界知名建築縮小版的「小小世界」為一大看點，欣賞的同時也好像環遊了世界。「望海足浴」和「3層樓立體迷宮」等體感設施也很受歡迎。另外也很多幼童可搭乘的設施喔。

DATA
L 9:30~17:00（有季節性變動）
休 無休
址 淡路市塩田新島8-5
JR神戸線舞子京站搭高速巴士45分，步行即到
神戸淡路鳴門道津名一宮IC5km
P 1000輛，免費

幼兒資訊

備有嬰兒床、哺乳室，也有嬰兒車出租（200日圓）服務。

一起來check!

手工藝體驗&產地直銷市場

園區有舉辦彩繪陶笛和自製手工香品等各種體驗教室。此菜，在入口處還有產地直銷市場，裡面有好多新鮮蔬果呢！

「童話森林」裡有著名的西遊記場景

前往小小世界 來趟世界環遊之旅！

重點看過來！

其1 小小世界

「小小世界」有世界知名建築物，超逼真的震撼感讓人瞠目結舌。

其2 滑草

滑草道全長45m，趕快來感受迎著海風的痛快滑草吧！（限制時間15分）

其3 立體迷宮

3層樓高的獨特立體迷宮好有趣，你有辦法順利走出來嗎？

大阪 兵庫 京都 滋賀 奈良 和歌山 三重

圖示凡例：大約所需時間　雨天OK　有餐廳　可帶外食入內　投幣式置物櫃　嬰兒車（租借／自行攜帶）　兒童廁所　換尿布空間　哺乳室

和歌山 和歌山市

精彩活動和豐富設施令人捨不得離開

○ポルトヨーロッパ

書末地圖29J-6

歐羅巴港

0歲 1~3歲 4~5歲 6歲以上

0570-064-358

免費入園 搭乘設施費用另計

一票玩到底（無限次數搭乘）成人2700日圓，兒童2300日圓

有自助式餐廳、燒烤等，連同和歌山遊艇城裡的黑潮市場在內共有7處餐飲設施。

這座仿造地中海港區的主題樂園，就位在和歌浦灣的人工島和歌山遊艇城內。園內有各式遊樂設施和周邊商品店。每個季節也可觀賞到不同活動和煙火秀。建議也可以到旁邊的黑潮市場走走。

從22m高處一口氣俯衝而下的「高台滑水」

幼兒資訊

有哺乳室、嬰兒床，並提供嬰兒車出租（保證金1000日圓，歸還500日圓）。

一起來check!

遊樂設施

在遊樂園區有許多人氣遊樂設施，如可一覽和歌浦海港風光的摩天輪「WAKKA」等等。

DATA 10:00~16:30（週六日、假日~17:30，有季節性變動） 休不定休（6月下旬~7月上旬、1月下旬有維修公休） 址和歌山市毛見1527 JR紀國線海南站搭巴士15分 阪和道海南IC 4km P3500輛，1次1000日圓

置身美麗的歐洲街道 心情宛若在海外旅遊

重點看過來！

其1 漫步街道

園區重現美麗歐洲街道，光是散步心情就很歐洲。

其2 活動

音樂與煙火共演的「STARLIGHT ILLUSION」，是黃金週與暑假等假期上演的煙火秀。

其3 巨大迷路

巨大迷宮出現在和歌山遊艇城第1停車場！有3種巨大迷宮和遊樂設施，和小朋友們一起來挑戰看看吧。（4歲以上）套票1人500~600日圓。

京都 京都市

可是真的有在拍時代劇喔

○とうえいうずまさえいがむら

書末地圖16F-1

東映太秦映畫村

0歲 1~3歲 4~5歲 6歲以上

0570-064349

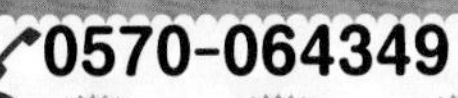

成人 2200日圓 國高中生 1300日圓 兒童（3歲~）1100日圓

部分遊樂設施需付費（付費設施設有回數票）

有餐廳、外帶吧等共8處餐飲設施，也可自行攜帶便當入內。

村內有大家熟悉的電視劇和電影外景，也可到寺子屋體驗江戶時代生活，大受歡迎的機關忍者屋（3歲以上400日圓，國中生以上500日圓），在忍者的指引下，從機關屋逃脫吧。

打扮成新選組及公主到村內散步吧

幼兒資訊

有哺乳室、嬰兒床及2歲以前的免費的嬰兒車出租（免費，12台依序出借）。僅有男孩用的兒童廁所。

一起來check!

雷射任務「城寨脫逃」

一一突破驚險刺激的8種陷阱，逃出戰國武將織田信長所掌控的魔城吧！

DATA 9:00~16:00（3~9月的週六日、假日和8月~17:00，12月~2月9:30~15:30） 休無休（2017年1月16日~20日、2018年1月15日~19日休） 址京都市右京區太秦東蜂岡町10 JR嵯峨野線太秦站或嵐電嵐山本線太秦廣隆寺步行5分 名神高速京都南IC 11km P700輛，1日1500日圓

三重 伊勢市

體驗就能變身忍者!?

○いせ・あづちももやまぶんかむら

書末地圖31K-8

伊勢·安土桃山文化村

0歲 1~3歲 4~5歲 6歲以上

0596-43-2300

成人（18歲~）2500日圓 國高中生 1200日圓 小學生 900日圓

付費場館套票成人3900日圓，國高中生2500日圓，小學生2000日圓

除了可品嘗到伊勢志摩名產、什錦散壽司的餐廳外，還有咖啡廳等5處餐飲設施。不可自行攜帶外食入內。

以具代表性的安土城及武士住宅為中心，重現江戶時代街道。還有呈現忍者武功的大忍者劇場、重頭戲的大岡裁判的山田奉行所等，精彩劇場表演別錯過！而「忍者機關迷宮」和「伊賀忍者妖術屋」則深受孩童歡迎。

有優惠券

震撼力十足的大忍者武打秀，意想不到的情節絕對很刺激

幼兒資訊

有嬰兒車出租（免費），還有換尿布空間和哺乳室分別各2間。

一起來check!

變身照相館

「變身照相館」裡有100種安土桃山時代的服裝，可以換上這些衣服到村裡散步。

DATA 9:00~16:00（有季節性變動） 休無休 址伊勢市二見町三津1201-1 近鐵山田線宇治山田站搭巴士40分，步行即到 伊勢道伊勢IC 7km P1000輛，免費

出遊小特集 1

小朋友就是隨時都想玩！
無論晴天或下雨都要出遊去

室內遊戲場

北鼻是主角♪

無論是晴天或雨天，天氣熱或天氣冷，都還是想讓小朋友盡情玩耍！
這樣的爸媽請看以下介紹的兒童室內遊戲場。
隨時隨地都能開心又舒適地玩耍，令人安心！※標註費用為單人價格

有優惠券

有溜滑梯和軟積木的室內遊戲場

樂高®積木做成的
大阪街道太驚奇了！

用了100萬個以上的樂高®積木所拼成的大阪街道

Kingdom Quest，搭乘強力戰車踏上冒險之旅

大阪 大阪樂高樂園®探索中心

★レゴランド・ディスカバリー・センターおおさか

用數百萬個樂高®積木，激發小朋友創造力的快樂廣場。除了有搭乘設施的冒險樂園，還會教導組裝樂高®積木的小撇步。

書末地圖 10D-6

06-6573-6010

址大阪市港区海岸通1-1-10 天保山マーケットプレース3F 交地下鐵中央線大阪港站步行5分 L10:00～18:00(有日期、季節性變動) 休不定休(依照天保山Market Place) ¥成人、小孩都是2300日圓 P1300輛，30分200日圓(週六日、假日30分250日圓)

樂高®積木竟有這麼多！想要做點什麼呢？

到溜滑梯&球池
活潑地玩耍吧！

寬闊的扮家家酒空間有鋪地墊，可放心玩樂

大阪 KId's CASTLE堺

★キッズキャッスル さかい

這座兒童室內遊樂場有PLARAIL鐵道王國、球池和「嬰幼兒空間」。從嬰幼兒到孩童，都可以放心讓他們在此遊玩。

書末地圖 12E-2

072-224-8290(PANIC BOWL 堺)

址堺市堺区築港八幡町1-1 堺浜えんため館内 交阪神高速灣岸線三寶出口1km L10:00～20:00 休無休 ¥入場限未就學兒童，30分400日圓，60分800日圓(每延長15分200日圓)、陪伴成人200日圓 P1800輛，免費

帶著賽車的心情
來兒童卡丁車
挑戰吧！

高4m的巨大充氣溜滑梯

大阪 Amazing World 守口Jaguar Town店

★アメイジングワールド もりぐちジャガータウンてん

巨大「FUWAFUWA充氣世界」和「攀岩」、滑草等等，好多在家玩不到的動態遊戲！另外可裝扮成公主的變身專區和各式活動也令人期待。

有優惠券

書末地圖 9L-8

06-6908-6088

址守口市佐太東町2-9-10 ジャガータウンセントラルビル2F 交地下鐵谷町線大日站步行15分 L10:00～17:00 休不定休 ¥1日票1050日圓，1小時票530日圓(1歲～，延長1小時530日圓)，加入會員費用另計1個家庭330日圓 P1200輛，免費

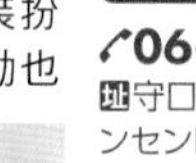

換上美麗的禮服&彩妝擺出漂亮姿勢！可以任意拍照（付費）

圖示凡例
 投幣式置物櫃
 嬰兒車（租借／自行攜帶）
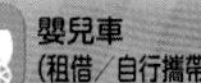 兒童廁所
  換尿布空間
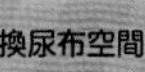  哺乳室

兒童遊戲鐵架好像外太空一樣

還有幼兒可搭乘的設施喔

來玩閃閃發光的溜滑梯吧！

大阪 Creative Park KIDS-0

★クリエイティブパーク キッズゼロ

這是臨空城內的主題樂園，每天都會舉辦徽章或是月曆畫畫等勞作活動，館內有生產遊樂器材的公司和工廠，也可以前來參觀。

書末地圖 21J-4
072-458-6336
址泉佐野市りんくう往来南3　りんくうプレジャータウンシークル2F　JR關西機場、南海機場線直達臨空城站　L10:00～18:00　休無休
¥門票收費800日圓(2歲～)
P請多加利用臨空遊樂城SEACLE停車場

充氣遊樂器材超受歡迎

爸爸媽媽通通有 全家人一起 快樂來玩耍！

京都 PURE HEART KIDS LAND伏見桃山

★ピュアハートキッズランドふしみももやま

2016年秋季高人氣的氣墊玩具改裝新登場，變得更加有趣了。也有球池與兒童咖啡廳，可以不用擔心氣候放心玩，另外記得也別錯過照相區和活動。

有優惠券

書末地圖 17J-6
075-605-3150
址京都市伏見区桃山町山ノ下32 MOMOテラス別館1F
JR、京阪、地下鐵各線六地藏站步行8分
L10:00～19:00　休不定休(依設施為準)
¥1日票990日圓，1小時票420日圓(延長30分210日圓)，年費1個家庭315日圓※小學生及以下須由家長陪同入場(國中生～19歲不可入場)。此外，成人小孩同樣價格，0歲則免費。
P可利用MOMO Terrace的停車場

可以駕駛人氣車種，像是馬力歐賽車等

乾淨的沙是抗菌沙場，來完人生第一把沙吧

兵庫 Bornelund玩樂世界 神戶BAL店

★ボーネルンドあそびのせかい こうべバルてん

此由Bornelund所開發的親子全天候型室內遊戲場。不僅可充分活動身體，也能安心玩樂。每月第3個週三固定舉辦生日派對。

書末地圖 6E-4
078-333-7735
址神戸市中央区三宮町3-6-1 神戸BAL B1・B2F　JR或阪神元町站都徒步5分
Lキドキド10:30～18:30　休無休
¥最初30分兒童(6個月～12歲)600日圓，成人500日圓(延長孩童10分100日圓)
P無(請利用鄰近收費停車場)

「請用」「我開動了」體驗扮家家酒樂趣

大型管狀輪胎轉轉轉好有趣

跌倒也沒關係 在氣墊軌道上衝刺吧！

還有很多有趣的繪本喔！

智育玩具好齊全 高人氣大型室內遊戲場

大阪 ACT ASOBI MORE

★エーティーシーあそびマーレ

廣闊的樓層分為四個區塊，每區都有豐富的設施。推薦前往綠區，內有可活動身體的氣墊溜滑梯和球池。幼童則可至有積木和繪本的「WAKUWAKU玩具樂園」和軟質遊樂器材的「學步區」。

書末地圖 10C-7
06-6616-7622
址大阪市住之江区南港北2-1　ニュートラムトレードセンター前站即到　L9:00～20:00
休不定休　¥平日900日圓，週六日、假日1100日圓(會員折100日圓，年會費500日圓)，平日Night Pass(16時以後)600日圓※未滿2歲入場免費※未來預定調整費用　P約2200輛，30分200日圓，平日最多800日圓，週六日、假日最多1000日圓

出遊小特集 2

搭上特別的交通工具
雀躍的心情更加沸騰♪

令人愉快的交通工具

懷舊的小火車和有些奢華的列車，或者是更豪華的觀光船等……
不僅是小朋友，就連爸爸媽媽也會微笑度過美景共賞的愜意時光♪
那麼，這次您想搭乘什麼呢？

※發車、發船時刻表請上官網確認。

坐在露天列車欣賞保津川的開放感真是不同凡響

愉快雀躍 觀光列車

京都 嵯峨野遊覽小火車

★さがのトロッコれっしゃ

●嵯峨野觀光鐵道 書末地圖 16D-1

行駛區間:小火車嵯峨站～小火車龜岡站

行駛日 週三以外每天行駛(週三如為假日、暑假、賞櫻和賞楓季節則行駛)，12月30日～2月最後一天停駛，1小時1班來回 ¥成人620日圓，兒童310日圓

賞楓季節的美分外雅致

此觀光鐵路行駛於嵐山和保津峽之間。車廂懷舊的設計頗受好評，春天賞櫻、新綠，秋天賞楓，此列車可飽覽四季不同的美景與保津川的美麗溪谷景致。露天車廂亦深受歡迎。

✆075-861-7444(自動語音導覽)
址 京都市右京区嵯峨天竜寺車道町
交 JR嵯峨野線嵯峨嵐山站即到

行駛過保津川上的鐵橋時，向川面上的小船揮揮手打招呼

列車&服務 這點超讚！
- 從新綠～楓紅都能親身感受大自然的美！
- 在拿掉車窗的露天車廂裡視野絕佳！
- 平均行駛時速25km，還會在景點停車！
- 車掌還會唱歌太有趣！

京都 觀景列車 KIRARA

★てんぼうれっしゃ「きらら」

●叡山電車鞍馬線 行駛區間:出柳町站～鞍馬站 書末地圖 15 I-8

行駛日 整年每日行駛，1小時1～2班 ¥全車自由座(普通乘車券即可搭乘)

是為叡山電車的觀景列車，可前往京都的後花園──貴船・鞍馬。靠近車頂處亦有設窗戶，透過車窗陶醉在新綠、楓紅的美景中。

✆075-781-5121
(叡山電車運輸課)
址 京都市左京区田中上柳町32-1(叡山電車出町柳駅)
交 京阪電鐵鴨東線出町柳站轉乘

列車&服務 這點超讚！
- 靠近天花板的車窗景觀絕佳！
- 寬闊舒適的座椅相當舒適
- 車資和一般的電車相同！

面窗座位可盡情享受美麗的楓紅景色

列車&服務 這點超讚！
- 能行駛大斜坡的山岳型列車&照映森林的設計！
- 可欣賞整面美景的景觀座位！
- 還有愜意的4人座包廂！

從景觀座位可遠眺壯麗山景

和歌山 高野花鐵道「天空列車」

★ こうやはなてつどう「てんくう」

●南海電鐵高野縣 行駛區間:橋本站～極樂橋站 書末地圖 32D-2

行駛日 除週三、四之外每天行駛(若公休日為假日則正常行駛，12月～2月僅週六日、假日行駛)，1天2班來回(3～11月的週六日、假日1天3班來回)
¥劃位票價成人510日圓，兒童260日圓(須預約，還須另計普通乘車票價)

此路線開到可轉搭高野山登山車的極樂橋站，在高度落差443m的大斜坡山面前進的列車裡，設置有可欣賞山林的景觀座位與觀景區。

✆0120-151519
(天空列車預約中心在搭車日十天前～前一天以電話預約)
址 橋本市古佐田1-4-51(橋本站)
交 難波站到南海高野線橋本站50分，橋本站轉乘

雀躍不已
觀光船
搭乘觀光船遊覽大阪名勝道頓堀！
推薦情報
因與河岸路人距離近，揮揮手對方也可能回應你喔，小朋友也會很開心。

從水上看南大阪也很有趣

大阪 道頓堀水上觀光船

★とんぼりリバークルーズ

所需時間 約20分 船班數 1日15～21班(需洽詢) 預約 不用(僅現場售票) L 13:00～21:00的每整點及30分(週六日、假日、旺季11:00～) ¥成人900日圓，小學生400日圓，未上小學者需1名成人陪同成人免費(如需座位，第2人開始需支付兒童票)

卷末地圖 11H-5

從航行於道頓堀川的船上，悠閒眺望南大阪的街道。參加導覽行程就可開心享受導覽。也很推薦在霓虹燈四起的夜晚前往。

☎06-6441-0532 (一本松海運)
休 7月13、24、25日及8月5日，其他需洽詢
址 大阪市中央区宗右衛門町7(太左衛門橋船着場)
交 地下鐵御堂筋線難波站步行5分

道頓堀水上爵士樂船
以5～11月的週末為主，從湊町碼頭發船，搭乘時間約40分，成人1800日圓

兵庫 神戶港灣周遊觀光船 Bay Cruise

★こうべこうゆうらんせんこうべベイクルーズ

推薦情報
以合理價格輕鬆享受乘船樂趣。

所需時間 約45分 船班數 神戶港內外觀光1日6～10班 預約 不用 L 海洋王子號11:15～16:15每小時的15分，皇家公主號10:45～16:45每小時的45分開船(會有臨時加班船、黃金週和盂蘭盆節的特別加開船班) ¥成人1100日圓，國高中及65歲以上900日圓，小學生550日圓

書末地圖 6D-5

此觀光船在中突堤搭乘，可以遠眺神戶大橋、神戶機場，甚至是明石海峽大橋。充分感受港都神戶的魅力，航程約45分鐘，無須預約隨時輕鬆上船。

☎078-360-0039
休 無休 址 神戶市中央区波止場町7-1(中突堤中央碼頭)
交 地下鐵海岸線港元町站步行5分

滋賀 瀨田川・琵琶湖遊河之旅

★せたがわ・びわこリバークルーズ

所需時間 約60分 船班數 1日4班(需洽詢) 預約 不用 L 石山寺港10:10發船～，瀨田川新港10:30發船～ ¥成人1300日圓，兒童(小學生)700日圓

推薦情報
迎合河面吹來的風，在甲板吃便當或零食好愜意。

書末地圖 23G-5

可以從石山寺港或瀨田川新港上船，巡遊美麗的瀨田川。途中於停靠站下船飽覽週邊風光後，可再上船。

☎0120-077-572 (LAKE WEST觀光)
休 僅4～11月的週六日、假日行駛(不同時期會有平日的船班) 址 大津市石山寺(石山寺港)／大津市松原町(瀨田川新港) 交 京阪石山坂本線石山寺站步行15分(石山寺港)／JR琵琶湖線石山寺站步行10分(瀨田川新港)

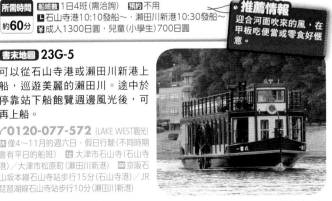

和歌山 南紀白濱巡航五漁丸

★ なんきしらはまクルージングごりょうまる

所需時間 約40分 船班數 船班數因預約狀況而異(需洽詢) 預約 要 L 9:00～傍晚(有季節性差異) ¥3人以上乘船1人2000日圓，兒童(5歲～小學生)1000日圓，2人乘船1人3000日圓

推薦情報
抬頭仰視高50m的懸崖峭壁「三段壁」感受震撼。

書末地圖 32A-7

可從海面欣賞白濱名勝風光的觀光漁船，從瀨戶港一路行經白良濱、千疊敷和三段壁。從海面望去的白濱格外美麗。

☎080-1514-1587(五漁丸)
休 無休 址 白浜町3587-1(瀬戸港)
交 JR紀國線白濱站搭巴士20分「瀬戸の浦」下車即到

出遊小特集3

無論冬夏都要一起歡樂度過

SPA&游泳池

穿泳裝玩耍！

以輕鬆休閒為概念的SPA&游泳池，可以在寬闊又獨特的浴池放鬆，也可以穿著泳衣在充滿博物館風情的SPA內享受，從親子到情侶都可依各自喜好度過愉快時光！

出門前CHECK!

裸身入浴

泳衣入浴

游泳池
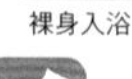
有販售、出租浴巾（付費）
可攜帶浮具入池

有換尿布空間或嬰兒床
不可／無

※費用可能會依油燃料價格變動調整，來館前請先洽詢確認。

輕鬆出發 短程最推薦!

SPA&游泳池

好多精心打造的特色溫泉！

世界大岩盤浴

仿造「羅馬浴場」的岩盤浴空間，可在古羅馬享受泡湯、休閒和飲食。還有重現世界各國沐浴環境之岩盤浴的娛樂區。

男女分浴 SPA區

歐洲區和亞洲區會每個月互換男女池。

伊斯蘭

仿造清真寺中庭的大眾浴池，有鮮豔的磁磚令人感受滿滿的異國風情，寬闊的空間相當舒服，因為是以泳池為原型，視覺上也有放鬆效果。還有可敲打肩背的打浴，讓渾身煥然一新。

古羅馬浴場

這個古羅馬風格大浴場是仿效羅馬的特雷維噴泉打造。推薦各位可以像最喜歡泡澡的古羅馬人一樣，在寬闊空間悠哉地暖和身體之後，再到冷水浴場的「黃金浴池」，反復冷熱池交替。

峇里島

見到峇里島來的石像迎賓，感受滿滿的亞洲度假風情。在這時光緩慢的療癒空間裡，充滿神聖島嶼「峇里島」，如字面意思般的假期感受。

戶外!

景觀浴場

需穿泳衣的按摩浴缸可以全家人一同入浴！點燈的通天閣十分美麗。

KIDDY PARK

有球池和電動滑水道的兒童空間頗受好評（付費）。

適合有小孩的家庭!

大阪 SPA WORLD世界大溫泉

◆スパワールドせかいのだいおんせん

書末地圖 11H-7

有優惠券

不用出國就可以來趟世界溫泉巡禮 人氣No.1的SPA

匯集世界11國的溫泉和泳池的大型SPA度假村。SPA區有優雅的歐洲區和充滿異國情調的亞洲區，每個月會男女池互換使用。此外，泳池區有驚險刺激的滑水道和水上設施，深受顧客喜愛。

免費

☎06-6631-0001 🕒10:00～翌8:45(因設施、店家而異※詳細需洽詢) 休無休 ¥成人(12歲～)1200日圓～，兒童(未滿12歲)1000日圓～，岩盤浴費用另計800日圓～ 址大阪市浪速区恵美須東3-4-24 交JR大阪環狀線新今宮站即到 P310輛，1小時300日圓

整修後更好玩

泳池區

泳池區於2017年4月以全新面貌登場。新增2座滑水道（付費），都能帶來無窮樂趣，適合親子同樂。當然也別錯過超有人氣的兒童泳池！

兒童泳池也超受歡迎！

深受兒童喜愛的全天候兒童泳池，包括0歲起可玩項目在內，共16種完善的分齡設施（部分設施費用另計）。

終年有陽光灑入的明亮博物館泳池

兵庫 RESO 鳴尾濱

◆リゾなるおはま

書末地圖 10A-4

有優惠券

從室內泳池出發，環繞室外一圈再回來驚險又刺激

かもめの湯可一邊欣賞海景一邊泡湯

悠哉**望海**玩水

這座複合式SPA度假村位在綠意盎然的鳴尾濱公園南區，遊客們可在供整年游泳的室內泳池、面海的露天泳池（僅限夏季）盡情享受。之後穿著泳衣泡入來自泉源的天然溫泉「かもめの湯」，伴隨海水氣味的的露天岩浴十分美好。此外還有種類豐富的室內浴場（不可著泳衣入池）。

室內浴場有拍打肩背的打浴、躺著泡的寢湯、按摩池和三溫暖

☎0798-42-2161
營 10:00～21:00(10月～3月底的週六日、假日～19:00) 休 週三休（逢假日則翌平日休，暑假期間無休） ¥ 成人(高中生～)1750日圓，國中生1340日圓，小學生1030日圓，幼童(3歲～)720日圓，17:00後有夜間門票(國中生需出示學生證) 址 西宮市鳴尾浜3-13 交 阪神本線甲子園站搭接駁巴士15～20分 P 400輛，30分內免費，之後每30分100日圓，來店遊客1日最多500日圓

324日圓

穿過隧道前進的叢林滑水道

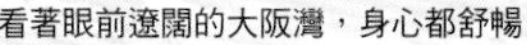
看著眼前遼闊的大阪灣，身心都舒暢

大阪 コナミスポーツクラブ弁天町 POOLS

◆コナミスポーツクラブべんてんちょうプールズ

書末地圖 10F-5

僅**夏天開放**的全天大型泳池

位在JR弁天町站前的泳池於夏天開放。全長70m的SKY RIVER可以感受在空中游泳的滋味，還有4種滑水道讓初學者到游泳健將都能享樂其中。天然溫泉有大小8種，讓爸爸媽媽也心滿意足。

☎06-4395-2619
營 10:00～18:00，泳池僅夏天開放 休 週四休(暑假期間無休) ¥ 休閒泳池成人(國中生～)1300日圓～，兒童(3歲～)700日圓～，未滿3歲免費，費用已含溫泉入浴費※以上營業期間、時間和費用皆為暫定 址 大阪市港区弁天1-2-3オーク200 3番街 交 JR大阪環狀線弁天町站即到 P 1100輛，2小時內免費

324日圓

浮具限180cm以下

置身底部可透視的SKY RIVER彷彿進行空中漫步

兒童泳池有好多有趣裝置

大阪 鶴見綠地游泳池

◆つるみりょくちプール

→P.54

書末地圖 11K-3

全長77m的滑水道，途中還有驚喜等著你喔

充滿**南國風情**感受無窮歡樂

擁有洞窟、瀑布和叢林的這座終年泳池散發滿滿南國風情，兒童泳池有自叢林中穿出的滑水道和溜滑梯，巧思打造激發孩童好奇心的環境。人造浪泳池和夏天會延伸至室外、全長100m的流水泳池，還有親水池等都可以盡情玩樂其中。

套上游泳圈跟著定時湧出的人造浪起伏吧

☎06-6915-4721 營 9:00～20:00(10月～3月～18:00)，露天泳池6～9月開放(需洽詢)※7、8月週六日、假日和盂蘭盆節期間有入場管制。建議平日造訪。親水池與露天水流泳池僅夏季開放。 休 週一休(逢假日則翌日休，暑假期間則營業，5月底～6月初、9月底～10初會有臨時公休) ¥ 成人(高中生～)1200日圓，中小學生、長者(65歲～)600日圓，小學四年級以下需陪同者(16歲以上) 址 大阪市鶴見区緑地公園1-37 交 地下鐵長堀鶴見綠地線鶴見綠地站即到

1080日圓～

浮具限100cm以下

一玩再玩！鄰近的私房景點 SPA&泳池

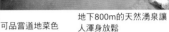

不僅有全長70m的滑水道與流水泳池，還有水療健身池（Bade Pool）和按摩池

可品嘗道地菜色的餐廳

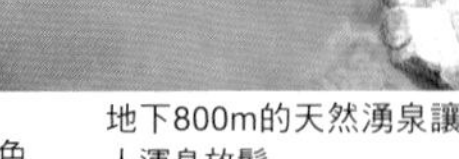
地下800m的天然湧泉讓人渾身放鬆

奈良 奈良健康園廣場飯店

◆奈良健康ランド奈良プラザホテル

書末地圖 24F-4

有優惠券

全家人能整日同樂的療癒空間

有使用老檜木打造的檜木浴池，還有藥仁湯及日本首見的奈米氧水療浴池等共10種浴池。大浴場和岩盤浴也很受歡迎。期間限定開放的室內泳池有滑水道與流水泳池，適合親子同樂。

☎0743-64-1126
營 24小時營業(館內設施需洽詢)
休 無休(有維修日)、泳池為期間限定開放
¥ 成人1620日圓，國高中、大專學生1080日圓，兒童(3歲～)864日圓，60歲以上1080日圓，深夜2:00以後加價1620日圓，泳池加價540日圓(全天) 址 天理市嘉幡町600-1 交 近鐵橿原線平端站、JR櫻井線·近鐵天理線天理站搭免費接駁巴士10分，JR大和路線郡山站搭接駁巴士30分

免費

換上旅行的心情舒展身心 SPA&泳池

25m溫水游泳池區有兒童泳池

三重 鈴鹿賽車場天然溫泉Kur Garden

◆すずかサーキットてんねんおんせんクア・ガーデン

→P.93

書末地圖 31J-6

賽車場玩樂過後，前往大自然環繞的溫泉GO！

取自鈴鹿賽車場園內的湧泉所打造的休閒娛樂空間。不僅有寬闊的露天浴池、大浴場和三溫暖，還有拍打肩背的打浴和氣泡浴池的動態池區，終年都能享受泡湯趣。

☎059-378-1111(鈴鹿賽車場)
營 6:00～9:00、11:00～23:30(溫水游泳池11:00～21:30) 休 不定休 ¥ 成人(國中生～)1100日圓，兒童(3歲～小學生)900日圓，與溫水游泳池的套票費用另計 址 鈴鹿市稻生町7992 交 名阪國道關IC 15km P 100輛，1日1000日圓
※來店顧客會有退費(價格因時期而異)

免費

浮具限未滿60cm

在溫水游泳池游泳過後，可泡溫泉舒展身心♪

京都 療癒身心的森林琉璃溪溫泉

◆こころとからだのいやしのもりるりけいおんせん

書末地圖 30D-4

有優惠券

位在琉璃溪高原中的療癒溫泉

建於大自然中的這座SPA設施，擁有日本少數含有氡元素的大浴場，還有岩盤浴、露天浴池等等。此外也有溫泉池和烤肉區，整年都有不同樂趣。

☎0771-65-5001 營 7:00～22:00
休 無休 ¥ 成人(國中生～)700日圓，兒童(4歲～)350日圓～(不含休息區)，1日票(含休息區)成人1200日圓～，兒童700日圓～
址 南丹市園部町大河內広谷1-14 交 阪神高速池田線池田木部出口 30km P 530輛，免費

充滿自然開放感的露天浴池是穿著泳衣下水，適合親子同樂

200日圓

京都 森林湖度假酒店KUR PALACE

◆レイクフォレストリゾート クアパレス

書末地圖 25I-1

有優惠券

擁有優質溫泉與兒童也開心的室內泳池

這座悠閒設施環繞在豐富大自然當中，園區內湧出的溫泉對皮膚很好，並能療癒身心。在「まほろばの湯」裡的浴場附帶有寬廣露天浴池、三溫暖等，並有夏季開放的泳池、大量使用天然神黑石的岩盤浴等，其中還有高人氣的微氣泡高濃度氧氣浴池。

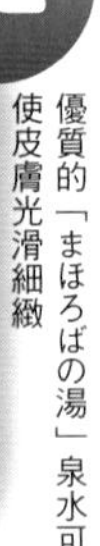
優質的「まほろばの湯」泉水可使皮膚光滑細緻

☎0743-94-0331 營 6:30～22:30(因設施而異) 休 無休 ¥ 成人1000日圓，孩童(3歲～小學生)600日圓，僅限夏季開放的泳池費用另計
址 南山城村南大河原新林
交 名阪國道小倉IC 18km P 300輛，免費

免費

激發出小朋友的夢想與好奇心!

有趣體驗

CHECK!

1 不用花錢就能玩的設施!

包括了自來水、瓦斯、消防或企業設立的博物館等，有些展出內容豐富的博物館甚至是免費參觀，千萬別錯過！

大阪市下水道科學館

2 還能學會規矩!

參觀工廠時，可以親眼看到工廠生產線實際運作的樣子。即便是幼童或小孩子，也一樣要遵守規矩。

Glicopia神戶

3 各種體驗、試吃令人期待!

在食品工廠有機會參加工廠生產食品的手作體驗，或是在參觀結束後試吃，讓人有「賺到了」的感覺！

カネテツデリカフーズ てっちゃん工房

INDEX

規劃好先後順序，有效利用時間，能玩得更盡興

○キッザニアこうしえん

書末地圖 10A-3

KidZania甲子園

0歲 | 1~3歲 | 4~5歲 | 6歲以上

※適合3歲以上體驗

☎0570-06-4343
(KidZania甲子園客服中心)

¥ 幼稚園學童(3歲~)平日2750日圓~，假日3050日圓~，小學生平日3050日圓~，假日3350日圓~，國中生平日3150日圓~，假日3450日圓~，成人(16歲~)1750日圓(以上價格皆會因時間、日期而異)。
※價格皆不含稅，詳情請參閱官網
※假日係指連假以外之週六、週日、假日

幼兒（0~2歲）雖可免費入館，但無法參加館內活動
※有中、英語對應，但中文工作人員非常駐

不可

有PIZZA-LA EXPRESS、DONQ、SCHAU ESSEN、RF1等餐飲櫃位。僅可攜帶低敏飲食、副食品入內。

小朋友在這裡能穿上有模有樣的制服，體驗自己嚮往的工作或職業，種類多達約100種。而且體驗設施內的景觀尺寸都是實際的2/3大，讓這裡成為名符其實的「以小朋友為主角的街道」。工作結束後，小朋友會拿到館內專用貨幣「KIDZO」做為薪水，可以用來買東西或存起來，讓小朋友在遊戲中學習到社會的運作。

DATA 第1場9:00～15:00，第2場16:00～21:00※完全清場制 休 不定休 址 西宮市甲子園八番町1-100 LaLaport甲子園 阪神甲子園站步行約14分 阪神高速3號神戶線武庫川出口約2km P 利用LaLaport甲子園內的停車場(有6小時免費服務)

幼兒資訊

有哺乳室、尿布台、兒童專用馬桶。並設有能讓未滿6歲的孩童及家長自由活動的空間。

一起來check!

Star Flex Pass

使用Star Flex Pass的話，便可快速地以划算的價格（2小時兒童1500日圓，成人1000日圓）在第2場的時段內體驗2小時。只要付延長費，也能以30分鐘為單位延長遊玩時間。

在以小朋友為主角的街道體驗各種工作！

重點看過來！

其1 牛奶工廠

讓小朋友化身為乳類食品行銷負責人，體驗如何使用乳製品企劃、開發出新商品。隔壁還有供嬰幼兒及家長自由活動的嬰幼兒區。

其2 銀行

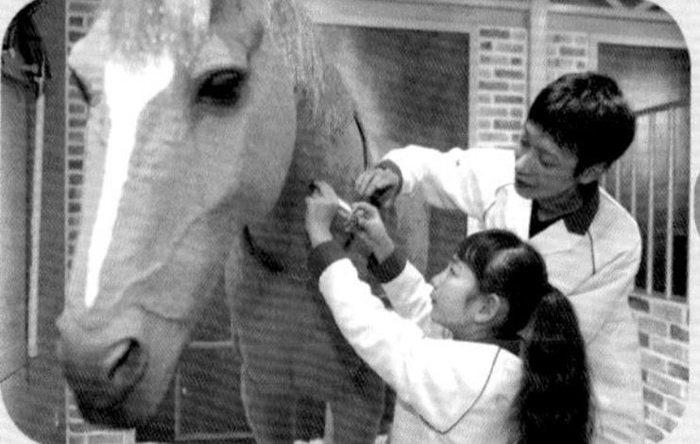

可以在這裡體驗銀行的櫃台工作。如果在銀行開戶的話，還能拿到銀行發行的提款卡。工作體驗後得到的「KIDZO」可以存在這裡。

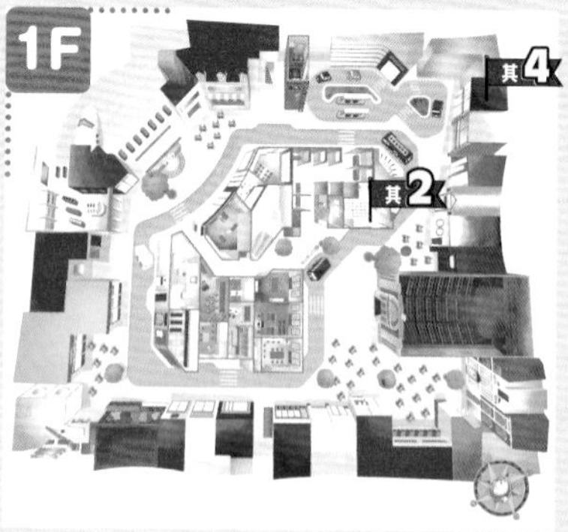

其3 馬廄

能擔任馬廄工作人員照顧馬匹，或扮演獸醫管理馬匹的身體狀況。另外還能透過模擬器進行騎馬體驗。

其4 駕照考照場

考試合格的話就能取得KidZania的駕照喔。
※限身高110cm以上之兒童

2F 其1
1F 其4 其2

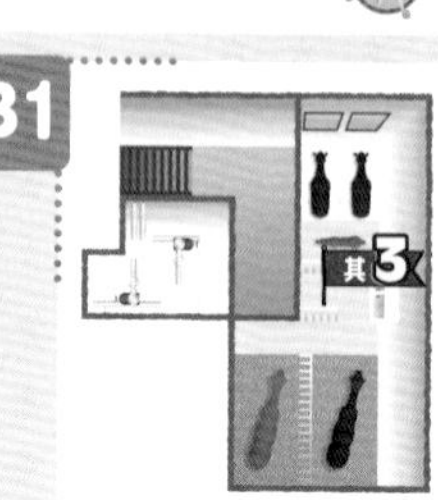

大阪 兵庫 京都 滋賀 奈良 和歌山 三重

圖示凡例

大約所需時間

雨天OK

有餐廳

可帶外食入內

投幣式置物櫃

嬰兒車(租借／自行攜帶)

兒童廁所
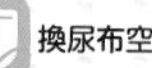
換尿布空間

哺乳室

大阪 吹田市

超～高人氣的甜甜圈手作體驗

書末地圖 9G-8

○ダスキンミュージアム

樂清博物館

0歲 1~3歲 4~5歲 小學生以上

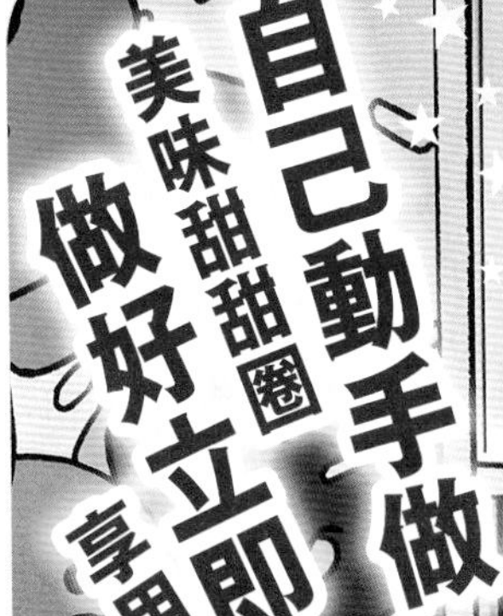

自己動手做
美味甜甜圈
做好立即享用

☎06-6821-5000

¥ 免費

MISDO KITCHEN的甜甜圈手作體驗為一人500日圓　需於官網預約（小學生以上2人一組）※無中、英語對應

館內附設Mister Donut江坂芳野町店。

以清潔用品、服務及甜甜圈而為人熟知的「樂清」在其創業地—吹田市所開設的博物館。1樓為「MISDO博物館」，提供甜甜圈手作體驗，並介紹Mister Donut的歷史及理念。2樓則是宣揚打掃的歷史及打掃文化的「清潔館」。館內附設Mister Donut的店鋪。

重點看過來！

其1 MISDO KITCHEN

能進行甜甜圈手作體驗（事前預約制），在這裡擀麵糰、製作成形，然後由工作人員幫忙油炸，最後再塗上糖漿便大功告成了。還可以同時體驗製作歐菲香甜甜圈。

DATA
🕒10:00～16:00，入館至15:30為止
休 週一休（逢假日則翌平日休）
址 吹田市芳野町5-32
🚃 地下鐵御堂筋線江坂站步行10分
P 無（請搭乘大眾運輸工具）

其2 Mister DonutHistory

在「Mister DonutHistory」這一區會從1970年代開始，展示各年代的甜甜圈及懷舊商品。還有展出超過1800家店鋪照片的「我的Mister DonutShop」等內容。

其3 打掃的歷史

透過展示等，以淺顯易懂的方式介紹打掃文化的歷史、各種用品，同時也展示了樂清的商品。

幼兒資訊

若需哺乳或換尿布可使用1樓的多功能廁所。

2F 清潔館

EV
打掃的歷史 其3
迎賓電視牆
我的打掃心得
打掃的研究
打掃工作室

1F MISDO 博物館

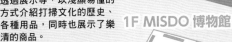

其4 Mister Donut 江坂芳野町店

館內附設講求手工、現做的Mister Donut江坂芳野町店，同時也有販售義大利麵及冰淇淋。

一起來check!
讓灰塵在眼前無所遁形

在綠色燈光的照射下，飄浮在空氣中的家塵、細微的塵埃都能用眼睛看得清清楚楚。

有趣體驗 P.103

針對不同年齡及喜好提供種類豐富的玩樂內容

○キッズプラザおおさか

書末地圖11H-3

大阪兒童樂園

0歲 1~3歲 4~5歲 6歲以上

有優惠券

☎06-6311-6601

¥ 成人 1400日圓 中小學生 800日圓 幼兒(3歲～) 500日圓

銀髮族（65歲～，需出示可證明年齡之證件）700日圓，身障人士（需出示殘障手冊等）及其1名同行者為半價，團體票價（20人以上）需洽詢。特別活動等可能會另行收費。

由於館內沒有餐飲設施，請至周邊餐廳用餐（持當日票根便可重新入館）。可帶便當入內。

館內最大亮點，就是各種別具巧思的展示、活動及工作坊，目的是藉由遊戲及體驗誘發小朋友的好奇心，培養對科學的興趣及創造性。約60種展示體驗中最值得留意的，是5樓的「體驗層」，在這個樓層能透過體驗的方式在遊戲中學習。

DATA 9:30～16:15（週六、週日、假日為～18:15） 休週一休（逢假日則翌日休），4、9、12月有臨時休館 地大阪市北区扇町2-1-7 JR大阪環狀線天滿站步行3分 阪神高速梅田出口3.5km P160輛，每30分收費150日圓

幼兒資訊

除了有哺乳室、嬰兒床、提供出租嬰兒車（免費）服務外，還有幫小朋友沖洗屁屁的設備。

一起來check!

數位體感廣場 AQUA

來到這裡別錯過了位於3樓的「數位體感廣場 AQUA」。這是一個藉由數位裝置帶來次世代的「遊戲」與「學習」體驗的空間，所有展示都運用了數位科技，可以在這裡獲得前所未有的新奇體驗。

館內全部都是遊樂場!?
可以一面體驗一面學習!

可嘗試用各種幫浦取水的「JABUJABU幫浦」

重點看過來!

其1 兒童大街

以貫穿4樓與5樓、造型獨特的高塔為中心，設置了溜滑梯、吊橋、梯子等多種遊樂器材。

其2 飛行剪影

電腦會讀取體驗者的動作，然後瞬間將剪影投映在大銀幕上，是一項充滿動感的體驗。

其3 從滾球學科學

在軌道上滾球的「RACE WAY」更升級，讓小朋友從中學習運動能量及加速度等物理概念。

其4 玩泡泡

玩泡泡是這裡的高人氣體驗項目，有「能將人包住的泡泡」、彩虹屏幕等各種玩法，充滿了樂趣。

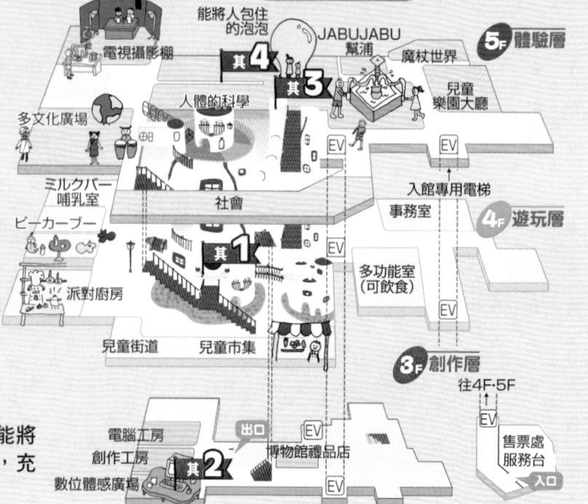

圖示凡例
 大約所需時間
 雨天OK
 有餐廳
 可帶外食入內
 投幣式置物櫃
 嬰兒車（租借／自行攜帶）

 兒童廁所
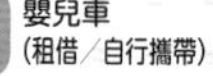 換尿布空間
 哺乳室

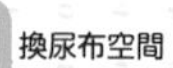

豐富多樣的遊樂器材讓人玩上一整天

○おおさかふりつおおがたじどうかん ビッグバン

書末地圖 13H-8

大阪府立大型兒童館 BIG BANG

0歲 1~3歲 4~5歲 6歲以上

有優惠券

072-294-0999

成人 1000日圓　中小學生 800日圓　幼兒(3歲~) 600日圓　65歲以上(出示證件) 500日圓

※無中、英語對應

館內有1間喫茶輕食餐廳，但僅於週六、週日、假日營業，建議自行準備便當帶來。

由動畫創作家松本零士擔任榮譽館長，以「遊戲」為主題的大型兒童館。館內打造成具有故事性的遊戲空間，構想出自松本所創造的壯闊宇宙世界。高達53m的巨大攀爬架「遊具之塔」，以及設有爬樹的遊樂器材、空中纜索的「叢林冒險」等，這裡有各式各樣讓小朋友用到全身來玩的遊戲空間！

DATA 10:00~16:30 休 週一休(逢假日則翌日休)，1月與9月有休館維修日 址 堺市南区茶山台1-9-1 泉北高速鐵道泉ケ丘站步行3分 阪和道堺IC 5.5km P 169輛，3小時700日圓(之後每小時300日圓)

幼兒資訊

有哺乳室、嬰兒床、兒童廁所，並提供嬰兒車免費出借（需先支付保證金1000日圓）。

一起來check! 推薦情報

點心製作及工藝工作坊等體驗活動頗受好評，由於每天的活動內容不同，詳情請於官網確認！另外，只有在BIG BANG才買得到的商品也別錯過喔。

在館內盡情活動遊玩充滿各式展示體驗的太空船！

待兼鱷的身體裡面也藏著遊樂器材

重點看過來！

其1 栩栩如生的待兼鱷

這座巨大的遊樂器材設計成據說遠古時期便棲息於大阪平原的待兼鱷造型。鱷魚身體表面及內臟有隧道、秘密洞穴等，可進到牠的體內遊玩。

其2 遊具之塔

這是一座高53m的巨型攀爬架，努力爬到最上面吧！

其3 兒童劇場

週六、週日及假日會有戲劇、表演節目，深受小朋友們喜愛。暑假時還會舉辦特別活動，是個充滿樂趣的天地。

其4 太空廚房

可以在這裡做餅乾、塔類點心等，體驗製作各式糕點。每個月會推出不同體驗內容，讓人想一來再來（需付費，4歲以上，週六、週日、假日舉辦）。

滋賀 草津市

小朋友能參加的體驗活動深受好評

○しがけんりつびわこはくぶつかん

書末地圖23G-3

滋賀縣立琵琶湖博物館

0歲 1~3歲 4~5歲 6歲以上

館內還有巨大的螯蝦喔

☎077-568-4811

¥ 成人750日圓 大學、高中生400日圓 國中生以下免費

特展需另行購票。全年參觀券「俱樂部LBM」成人1500日圓，大學、高中生800日圓

除了使用獨家香草鹽調理的大口黑鱸料理等深受歡迎的餐廳外，館內還有提供輕食、零嘴的咖啡廳。

思考如何以更好的方式讓湖與人類共生，以各種不同角度介紹琵琶湖的博物館。在探索室可以透過展示進行各種體驗，像是化身為螯蝦拿取食物、以魚的眼睛觀看周遭世界等，充滿樂趣。在水族展示區則能看到關西首見的貝加爾海豹等來自國外的動物。

DATA 🕒9:30~16:30 休週一休(逢假日則開館)，另有保養維修休館日 址草津市下物町1091 JR琵琶湖線草津站搭巴士25分 名神高速栗東IC 11.5km P480輛，參觀者的小客車、機車可免費停放

幼兒資訊

提供免費出租嬰兒車。有3間兒童廁所、4座尿布台，並設有哺乳室。

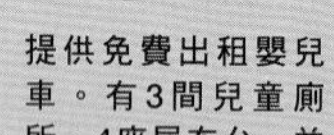

一起來check!

交流體驗室

位於水族展示室的交流體驗室(4~11月)內，有觸摸池讓遊客實際碰觸螯蝦及魚。每月第2個週六的下午還會舉辦體驗學習活動「刺激探險隊」，提升小朋友對自然及文化的興趣。

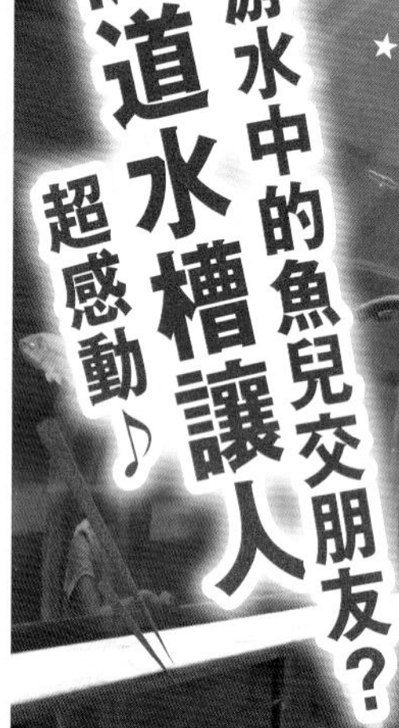

跟悠游水中的魚兒交朋友？隧道水槽讓人超感動♪

重點看過來！

其1 隧道水槽

這座水深6m、總水量400噸的巨型水槽重現了竹生島周邊水域的樣貌，有多達300條淡水魚生活於此。

其2 湖的環境與生活

展間地面上有琵琶湖盆地的空拍照片，可以試著找找看自己的家在哪裡，很有意思喔。

其3 觸摸池

可以在這裡直接摸到琵琶湖特產——大眼鯽、螯蝦，感覺就像在小溪抓魚一樣。

其4 琵琶湖的變遷

以琵琶湖為中心，介紹2億5千萬年來自然環境的演變。

其2
2F
其4
B展示室 人與琵琶湖的歷史
A展示室
其1
C展示室 各種淡水生物
其3 古代魚水槽
1F
圖書室
特展室
探索室
團體接待處
入口

大阪 大阪市

歡迎來到快樂的科學世界

○おおさかしりつかがくかん　書末地圖11G-4

大阪市立科學館

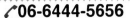

06-6444-5656

0歲 1~3歲 4~5歲 6歲以上

¥ 展示場成人400日圓　大學、高中生300日圓　國中生以下免費

天象儀觀賞一次成人600日圓，大學、高中生450日圓，3歲～國中生300日圓。居住於大阪市內之65歲以上老人、身障人士免費（需出示證件）

館內有1家提供咖哩等餐點的咖啡廳（輕食為11:00～），便當僅可在週六、週日、假日、學校假期期間於多功能室進食。

以宇宙及能量為主題的參加體驗型科學館。館內配備天象儀，可在直徑26.5m、全球最大的圓頂屏幕上欣賞美麗星空，還能在這裡學到最新的科學知識。展示場內也有科學秀等各種讓人興奮的體驗活動。

呈現橢圓形的建築物外觀是以行星軌道為概念設計

幼兒資訊

有可哺乳的醫務室（需聯絡職員）、出租嬰兒車（免費）、嬰兒座椅。

一起來check!

還有機器人等著你

在這裡還有東亞第一台機器人「學天則」迎接你的到來。展示場2樓有的「親子一起學科學」區也很適合學齡前兒童！

DATA 9:30～16:30（天象儀最終投影為16:00～）休 週一休（逢假日則翌平日休），有臨時休館日　址 大阪市北区中之島4-2-1　地下鐵四橋線肥後橋站步行7分　阪神高速1號環狀線土佐堀出口0.7km　P 利用周邊停車場

天象儀的震撼演出讓人印象深刻
重點看過來！

其1 天象儀大廳

天象儀投影出的壯闊影像佔滿了全球最大的圓頂屏幕，重現幾近逼真的星空景象。

其2 親子一起學科學

有許多能夠觀看、觸碰、操作的參加體驗型展示物，不但能親子同樂，同時還可以拉近與科學世界的距離。說不定這裡就是孕育未來諾貝爾獎得主的搖籃喔。

大阪 池田市

人氣展示帶你踏上席捲全球的國民美食尋根之旅

○インスタントラーメンはつめいきねんかん　書末地圖8D-4

速食麵發明紀念館

072-752-3484

0歲 1~3歲 4~5歲 6歲以上

¥ 免費

體驗需付費。雞湯拉麵工廠體驗國中以上500日圓，小學生300日圓（預約制）※無中、英語對應，有提供英文小冊子

設有餐飲區，可以從販賣機購買日清食品的杯麵在此當場享用。

全球首座速食麵紀念館。有從麵粉原料開始，一步步體驗手工製作雞湯拉麵的「雞湯拉麵工廠」（需預約），以及可以自己設計杯子、挑選配料及湯頭製作原創杯麵的「我的合味道工廠」（不需預約，1份300日圓）等都深受歡迎。

館內展示了日清食品歷代主要產品的外包裝

幼兒資訊

無出租嬰兒車，但可攜帶嬰兒車入館。有哺乳室及換尿布空間。

一起來check!

行動版網站註冊

於行動版網站註冊會員（免費），就能獲得「我的合味道工廠」配料優惠券等好康。

DATA 9:30～15:30　休 週二休（逢假日則翌日休）　址 池田市満寿美町8-25　阪急寶塚線池田站步行5分　阪神高速池田線川西小花出口 1.5km　P 23輛，1小時300日圓（時常停滿）

打造一款全世界獨一無二的個人專屬即食麵！
重點看過來！

其1 雞湯拉麵工廠

能挑戰雞湯拉麵的手作體驗（1日舉行4次），從麵粉開始遵循正統方式手工製作，能從中認識這款國民美食是如何生產出來的，十分有趣。預約專線072-751-0825

其2 雞湯拉麵的誕生

重現了全世界第一款即食麵—雞湯拉麵開發當時的研究小屋，帶你直擊這項世界性發明的源頭。

其3 我的合味道工廠

可自行搭配喜歡的配料及湯頭，打造出個人專屬的杯麵。由於這項體驗很受歡迎，來館人潮眾多時可能需排隊或提前打烊。

大阪 大阪市

逼真的展示將大阪的歷史栩栩如生地呈現在眼前

○おおさかれきしはくぶつかん 書末地圖11 I-5

大阪歷史博物館

0歲 1~3歲 4~5歲 6歲以上

☎06-6946-5728

¥ 成人600日圓 大學、高中生400日圓

（特展需另行購票）常設展與大阪城天守閣的入館套票成人（高中生～）900日圓※有中、英語對應

館內的餐廳「STAR ISLE」會依季節及特展推出不同午餐料理。

有優惠券

7樓近代現代樓層的公設市場之情景

走訪依時代區分的各個樓層，能讓人感受、思考大阪的歷史。建築物的地下還保存了過去挖掘出的難波宮遺跡，館方也會舉辦參觀導覽。重現了過去情境的展示及實物資料都很值得一看，讓人感覺彷彿來到了歷史主題公園。

幼兒資訊

提供免費出租嬰兒車（需確認使用條件）。於1樓服務台提出申請便可使用哺乳室。

一起來check!

難波宮遺跡探訪

「難波宮遺跡探訪」是帶領遊客參觀保存於博物館地下的難波宮遺跡，並有專人解說的參觀導覽。需確認人數限制等。

DATA
9:30～16:30
休 週二休（逢假日則翌日休）
址 大阪市中央区大手前4-1-32
地下鐵谷町、中央線谷町四丁目站步行3分 阪神高速東大阪線法円坂出口即到
P 140輛，1小時400日圓

大阪 大阪市

認識水與日常生活的密切關係

○おおさかしげすいどうかがくかん 書末地圖10F-4

大阪市下水道科學館

0歲 1~3歲 4~5歲 6歲以上

☎06-6466-3170

¥ 免費

館內無餐飲設施，便當請於戶外庭園進食（若天候不良等可使用會議室）。

帶你造訪全球地下名勝的地下探險號

介紹了下水道的架構、作用與功能，並可透過浸水對策隊體驗遊戲等學習相關知識。走進西式馬桶造型的入口，來到「汙水處理的運作」這一區，能了解到污水處理程序。另外，4樓的豪雨體驗則可以用手實際感受1小時100mm的豪雨威力。

幼兒資訊

有嬰兒、兒童安全座椅。若要使用哺乳室請洽館員。

一起來check!

地下探險號

坐進機器造訪世界各地地下名勝的「地下探險號」人氣超高。機器會配合影像搖晃，讓這趟探險之旅充滿刺激！

DATA
9:30～16:30
休 週一休（逢假日則翌日休）
址 大阪市此花区高見1-2-53
阪神本線淀川站步行7分
阪神高速池田線出入橋出口4km
P 40輛，免費

大阪 大阪市

實物大小的恐龍骨骼標本超震撼

○おおさかしりつしぜんしはくぶつかん 書末地圖13 I-1

大阪市立自然史博物館

0歲 1~3歲 4~5歲 6歲以上

☎06-6697-6221

¥ 成人300日圓 大學、高中生200日圓 國中生以下免費

特展票價因內容而異

隔壁的「花與綠與自然情報中心」內有輕食區。

玄關門廊的鯨魚骨骼標本充滿氣勢

位於長居公園（→P.70）內的博物館，以「自然與人類」為主題，有多達10000件的展示、標本。館內分為5大展示區，第2展示室的納瑪象、劍龍的實物大小骨骼標本更是不可錯過。恐龍的腳印及菊石也很值得一看。

幼兒資訊

除了設有嬰兒床外，也有免費出租嬰兒車。

一起來check!

動植物生態

第5展示室「動植物生態」藉由遊戲及影像，以歡樂的方式介紹動植物間各式各樣的關係。

DATA
9:30～16:30（11月～2月為～16:00） 休 週一休（逢假日、節日、補假則翌日休）
址 大阪市東住吉区長居公園1-23
地下鐵御堂筋線長居站步行10分
阪神高速松原線駒川出口2.5km
P 利用長居公園停車場，步行5分

大阪 大阪市

可體驗播報員工作的「變身攝影棚」超受歡迎

○エヌエイチケイおおさかほうそうきょく「ビーケイプラザ」 書末地圖11 I-5

NHK大阪放送局「BK PLAZA」

0歲 1~3歲 4~5歲 6歲以上

☎06-6937-6020

¥ 免費

中庭有咖啡廳。館內沒有可進食便當的空間，敬請留意。

有各種樂趣等你來體驗的電視台廣場

電視台導覽行程會帶你參觀進行公開播送的「PLAZA攝影棚」、能體驗電視播出工作的展示設施及圖書館等，充滿了亮點。可進行新聞、氣象播報員體驗的「變身攝影棚」尤其受歡迎，影像可燒錄成DVD帶回家。另外也有舉辦3D高畫質影像體驗。

幼兒資訊

無出租嬰兒車，但可攜帶嬰兒車入館。位於南側建築1樓的多功能廁所內有換尿布空間。

一起來check!

開心攝影棚

開心攝影棚會運用「色鍵」合成技術，讓體驗者與人偶劇「グーチョコランタン」中的人物一同演出。

DATA
10:00～17:30
休 週二休
址 大阪市中央区大手前4-1-20
地下鐵谷町、中央線谷町四丁目站步行3分 阪神高速東大阪線法円坂出口即到 P 85輛，1小時400日圓，之後每30分200日圓

圖示凡例  大約所需時間  雨天OK  有餐廳  可帶外食入內  投幣式置物櫃   嬰兒車（租借／自行攜帶）  兒童廁所   換尿布空間  哺乳室  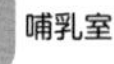

大阪 大阪市　別錯過了工作坊及五花八門的有趣活動

○おおさかくらしのこんじゃくかん（すまいのミュージアム）　書末地圖11H-3

大阪生活今昔館（人居博物館）

0歲　1~3歲　4~5歲　6歲以上

06-6242-1170

成人 600日圓　大學、高中生 300日圓　國中生以下 免費

年票（成人）2000日圓

博物館商店內有咖啡座。

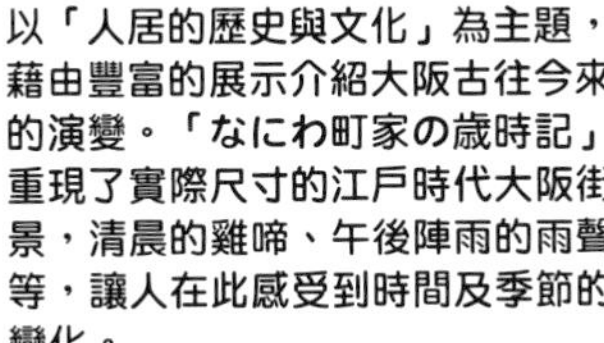

「街景展示」逼真地重現了過去的情景

以「人居的歷史與文化」為主題，藉由豐富的展示介紹大阪古往今來的演變。「なにわ町家の歳時記」重現了實際尺寸的江戶時代大阪街景，清晨的雞啼、午後陣雨的雨聲等，讓人在此感受到時間及季節的變化。

幼兒資訊

有提供免費出租嬰兒車。8樓大廳的廁所內有換尿布空間。

一起來check!

古典藝能

週六、週日、假日會不定期上演落語、座敷舞等古典藝能，演出時間及內容等需事前洽詢。

DATA 10:00～16:30 休週二休（逢假日則翌日休），假日之翌日休（不包括週日、週一），第3週一休（逢假日則第3週三休），有臨時休館 址大阪市北区天神橋6-4-20 地下鐵、阪急天神橋筋六丁目站步行即到 阪神高速守口線長柄出口即到 P40輛，1小時400日圓，之後每30分200日圓

大阪 東大阪市　運動、宇宙、探險等豐富多樣的內容令人期待

○ひがしおおさかしりつじどうぶんかスポーツセンター（ドリーム21）　書末地圖24D-3

東大阪市立兒童文化運動中心（Dream21）

0歲　1~3歲　4~5歲　6歲以上

072-962-0211

免費

天象儀成人400日圓，高中生200日圓，4歲～國中生100日圓。探險廣場成人300日圓，高中生200日圓，4歲～國中生100日圓

館內禁止飲食，便當請在公園或周邊帳篷內享用。

「自在廣場」可以讓小朋友盡情活動身體

有天象儀等以科學學習為主題的設備，以及豐富的遊樂器材、體育館等多元設施。展示室「探險廣場」裡有實物大小的恐龍壁畫等，充滿了讓小朋友開心學習的設計。體育館則有各式傳統遊樂器材。

幼兒資訊

1樓寶寶室內有哺乳室及換尿布空間。無出租嬰兒車，但部分款式可攜帶入館。

一起來check!

活動廣場

體育館內的「自在廣場（100日圓）」內有各式各樣讓小朋友活動身體的遊樂器材。1天5次，每次70分鐘，各場次間會清場。

DATA 9:30～17:00 休週一休（逢假日則開館），假日之翌日休（週六、週日、假日開館） 址東大阪市松原南2-7-21 近鐵奈良線東花園站步行15分 阪神高速東大阪線水走出口1.5km P利用花園中央公園收費停車場

大阪 吹田市　在全球化時代認識我們的世界

○こくりつみんぞくがくはくぶつかん　書末地圖9 I-5

國立民族學博物館

0歲　1~3歲　4~5歲　6歲以上

06-6876-2151

一般 420日圓　大學、高中生 250日圓　國中生以下 免費

有優惠券

特展票價另計。年票3000日圓

館內有能吃到什錦燉飯等各種亞洲料理的餐廳。飯後還可以來杯越南咖啡。

2016年6月整修完成的阿伊努族的文化展示

介紹世界各地文化、全球規模最大的民族學博物館。館內包括了以衣食住等生活用品為主，介紹各地區的展示；以及音樂、語言等特定主題的展示。每年還會舉辦數次特展、企劃展、工作坊等。

幼兒資訊

提供免費出租嬰兒車。有7處換尿布空間、1間哺乳室。

一起來check!

阿伊努族的文化展示

傳統工藝品等讓人認識阿伊努族的文化展示值得一看。另外，免費的電子導覽（攜帶型展示解說裝置）也十分便利。

DATA 10:00～16:30 休週三休（逢假日則翌日休） 址吹田市千里万博公園10-1 大阪單軌電車万博記念公園站，或公園東口站步行15分 名神高速吹田出口即到 P利用萬博紀念公園（→P56）收費停車場

大阪 大阪市　世界各地的美麗花朵讓人陶醉

○さくやこのはなかん　書末地圖11K-3

花卉館

0歲　1~3歲　4~5歲　6歲以上

06-6912-0055

成人 500日圓

國中生以下、身障人士（需出示殘障手冊）、65歲以上之大阪市民免費。年票（成人）2500日圓

便當建議於休息區享用。

「花卉之旅」帶你開心地認識各種植物

花卉館是花博紀念公園鶴見綠地（→P.54）的主要設施，栽種、展示了來自世界各國約2600種的植物。喜馬拉雅藍罌粟、熱帶睡蓮等珍貴的花卉經過開花調整後，在這裡一整年都能欣賞到。可親子同樂的接力問答遊戲很受歡迎，有2種難度可選擇，不妨挑戰看看吧。

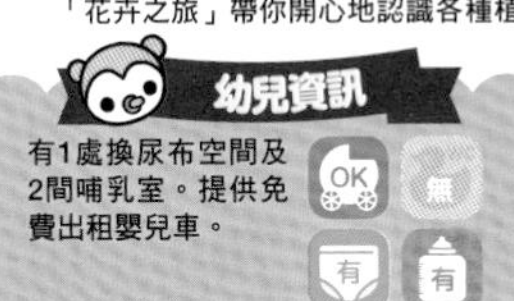

幼兒資訊

有1處換尿布空間及2間哺乳室。提供免費出租嬰兒車。

一起來check!

花卉之旅

1日舉辦3次的花卉之旅會由解說人員帶領參觀館內，學習到各種植物知識。館內還會舉辦各種展示及活動。

DATA 10:00～16:30 休週一休（逢假日則翌日休） 址大阪市鶴見区緑地公園2-163 地下鐵長堀鶴見綠地線鶴見綠地站步行10分 阪神高速守口線森小路出口2.3km P利用花博紀念公園鶴見綠地收費停車場

有趣體驗

兵庫 神戸市

一起進入麵包超人的世界!

○ こうべアンパンマンこどもミュージアムアンドモール 書末地圖 6D-5

神戸麵包超人兒童博物館&購物商場

078-341-8855

0歲 1~3歲 4~5歲 6歲以上

¥ 1歲~ 1500日圓

1歲～小學生的小朋友可獲得入館紀念品。購物商場入場免費。身障人士半價（需出示殘障手冊）

有1間餐廳，2間輕食咖啡廳，5個外帶攤位。

讓遊客置身於麵包超人世界的體驗型博物館

位於人氣區域HARBORLAND，帶領參觀者進入麵包超人世界的體驗型博物館。除了讓身體活動的遊樂器材及立體模型外，免費入場的購物商場內還買得到麵包超人們的造型麵包及限定商品。

幼兒資訊

設有8間兒童廁所。嬰兒車不可帶入2樓博物館內，敬請注意。

一起來check!

玩樂情報

館內會舉辦季節限定的表演及活動，出遊前記得先確認喔。

DATA 10:00~17:00(購物商場~19:00)
休 無休(有保養維修休館日)
址 神戸市中央区東川崎町1-6-2
JR神戸線神戸站步行8分　阪神高速神戸線柳原出口或京橋出口2km
P 利用周邊停車場，步行5分

麵包超人與夥伴們的迷你舞台表演超歡樂!

©やなせたかし／フレーベル館・TMS・NTV

重點看過來!

其1 表演活動

每天在2樓博物館（收費）內的柳瀨嵩劇場、1樓購物商場（免費）內的麵包超人廣場都看得到。

其2 麵包工廠的小丘陵

一起在果醬爺爺的麵包工廠玩做麵包遊戲吧。烤窯內還有剛烤好的麵包超人的臉喔。

其3 博物館商店

販賣博物館內限定商品及在球場使用的彈力球等。還有在購物商場買不到的商品喔。

兵庫 神戸市

別忘了確認人氣活動的資訊

○ こうべしそうごうじどうセンター（こべっこランド） 書末地圖 6D-5

神戸市綜合兒童中心（こべっこランド）

078-382-1300

0歲 1~3歲 4~5歲 6歲以上

¥ 免費

特別活動、講座、教室需付費

館內沒有餐飲設施。便當可在8樓的「便當廣場」享用。

遊戲室有許多大型遊樂器材

位於HARBORLAND的兒童中心，有設置了纜車、空中隧道、溜滑梯的遊戲室；可以進行工藝創作的造形工作室、能演奏各種樂器的音樂工作室等各式各樣的設施。另外還會舉辦體操教室、人偶劇、音樂會及烹飪活動等，絕對能激發出小朋友的好奇心。

幼兒資訊

有4處換尿布空間，哺乳室位於6樓與4樓。

一起來check!

事前確認資訊

這裡一整年都有配合時節舉辦的各種活動，不妨事前先在網站上確認。http://www.kobekko.or.jp/

DATA 9:30~17:00
休 週一休（逢假日則翌日休）
址 神戸市中央区東川崎町1-3-1
JR神戸線神戸站步行5分
阪神高速神戸線京橋出口2.5km
P 利用HARBORLAND內的收費停車場，步行5分

充滿巧思的活動人氣超高!

重點看過來!

其1 各種活動

每年都會舉辦「黃金週兒童祭」、「鬼屋」、「聖誕節活動」等各式各樣適合親子同樂的活動。

其2 料理教室

可以製作點心或麵包等，進行簡單的料理體驗。設有升降式流理台，方便年紀小的小朋友挑戰自己動手做料理。

其3 音樂工作室

有鼓組、電子琴等真正的樂器，讓小朋友在此接觸、體驗音樂。還會舉辦學習用手搖鈴演奏樂曲並舉辦音樂會等活動。

大阪 兵庫 京都 滋賀 奈良 和歌山 三重

圖示凡例

 大約所需時間
 雨天OK
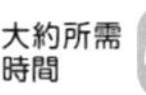 有餐廳
 可帶外食入內
 投幣式置物櫃
 嬰兒車（租借／自行攜帶）

 兒童廁所
 換尿布空間

 哺乳室
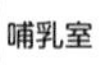

兵庫 神戶市

快樂學習科學知識的體驗型科學館

○バンドーこうべせいしょうねんかがくかん 書末地圖6F-6

BANDO神戶青少年科學館

0歲 1~3歲 4~5歲 6歲以上

078-302-5177

成人（18歲~）600日圓 兒童（小學生~）300日圓

天象儀成人400日圓，兒童200日圓

有1間輕食咖啡廳，便當請於地下大廳享用。

第4展示室「神戶的科學與技術」

能在這裡透過體驗型展示物學習科學知識。從直徑20m的天象儀放映出的影像充滿臨場感，深受好評。此外，2016年春天時將所有座位改裝成了椅背可傾倒的座椅，觀賞時更加舒適。第4、第5展示室也同時進行了整修。

幼兒資訊

有哺乳室、尿布台（座椅），並提供免費出租嬰兒車。

一起來check!

友之會

加入友之會的話，只需繳交年會費，就能免費進入展示室及觀賞天象儀。會員包括了家族會員等不同種類，詳情請洽詢。

DATA 9:30~16:00（週五、週六、週日、假日及春假、暑假期間為~18:30，天象儀最後觀賞時間為19:00~） 休 週三休（逢假日則翌日休），有館內整理休館日 地 神戶市中央區港島中町7-7-6 港灣人工島南公園站步行3分 阪神高速神戶線生田川出口4km P 利用周邊收費停車場，步行3分

兵庫 神戶市

認識海洋國家——日本的歷史

○こうべかいようはくぶつかん·カワサキワールド 書末地圖6D-5

神戶海洋博物館·川崎世界

0歲 1~3歲 4~5歲 6歲以上

078-327-8983 078-327-5401（川崎世界）

成人 600日圓 中小學生 250日圓 可參觀神戶海洋博物館與川崎世界

與位於附近的神戶港燈塔的共通門票為成人1000日圓，中小學生400日圓

館內沒有餐飲設施，不過周邊有許多餐廳。

跨上憧憬的機車，化身為帥氣騎士吧

這座博物館是為了紀念神戶開港120年而建，館內有以港口與船隻為主題的展示，以及介紹川崎重工業的歷史及產品的「川崎世界」。這裡還展示了英國軍艦「羅德尼」號的模型，並透過影像及立體模型呈現神戶港的歷史等。

幼兒資訊

有嬰兒房、哺乳室，並備有嬰兒床與自來水。

一起來check!

整修資訊

川崎世界的部分設施在2016年10月完成了整修，配備了14m曲面銀幕的電影院，以及全新機車模擬裝置都很值得留意。

DATA 10:00~16:30 休 週一休（逢假日則翌日休） 地 神戶市中央區波止場町2-2 JR、阪神元町站步行15分 阪神高速神戶線京橋出口1.5km P 利用周邊停車場，步行3分

兵庫 神戶市

用水進行的實驗趣味十足

○こうべしみずのかがくはくぶつかん 書末地圖6D-4

神戶市水之科學博物館

0歲 1~3歲 4~5歲 6歲以上

078-351-4488

成人（18歲~）200日圓 兒童（6歲~）100日圓

3月下旬~4月中旬的「櫻花節」等活動期間內可免費入館

館內沒有餐廳。便當請在草坪廣場享用（天候不良或天冷時會另行開放室內空間）。

博物館外觀渾厚穩重

由主題電影院及水科學區等4個區域構成，集合了各種與水有關的趣味展示。複合式3D電影院尤其受到歡迎，水精靈會帶著你進入不可思議的水世界喔。

※因整修關係，休館至2017年2月底（預定）。

幼兒資訊

設有兒童座椅。出租嬰兒車（免費）請於櫃台申請。

一起來check!

水的實驗室

透過歡樂實驗學習水的各種性質的「水的實驗室」等活動，能讓人認識到與水有關的科學知識。

DATA 9:30~16:00 休 週一休（逢假日則翌日休） 地 神戶市兵庫區楠谷町37-1 JR神戶線三之宮站搭乘巴士15分，步行即到 阪神高速神戶線京橋出口3.5km P 利用周邊收費停車場

兵庫 神戶市

高人氣的手作體驗工房需事前預約

○カネテツデリカフーズ てっちゃんこうぼう 書末地圖7H-5

カネテツデリカフーズ てっちゃん工房

0歲 1~3歲 4~5歲 6歲以上

078-857-3453

免費

手作體驗1200日圓（2道料理課程）、800日圓（單道料理課程，僅限24人以上之團體）

※無中、英語對應

館內沒有餐廳，但可在手作體驗後試吃。另外也有外帶攤位。

在體驗工房做出來的成品讓人期待

位於六甲人工島，可以手工製作竹輪及魚板的體驗設施，做好後便能當場品嘗熱呼呼的美味，深受好評。介紹カネテツデリカフーズ的吉祥物「てっちゃん」歷史的年表，以及販賣現炸獨家天婦羅的攤位也別錯過了。

幼兒資訊

嬰兒車不可帶入體驗區。換尿布空間設在多功能廁所內。

一起來check!

手作體驗工房

手作體驗工房需事前預約。可以將自己做出來的竹輪及魚板帶回家。商店還買得到工房限定商品。

DATA 9:30~16:30 休 不定休（需洽詢） 地 神戶市東灘區向洋町西5-8 六甲人工島中心站步行15分 阪神高速灣岸線六甲アイランド北出口2km P 5輛，免費

有趣體驗

兵庫 神戶市

蒐集了各式各樣可拿在手上玩的玩具

○ありまがんぐはくぶつかん

書末地圖5G-6

有馬玩具博物館

0歲 1~3歲 4~5歲 6歲以上

☎078-903-6971

¥ 成人(國中生~)800日圓 兒童(3歲~)500日圓

若出示殘障手冊，成人500日圓，兒童250日圓

2樓有以但馬牛漢堡排及蔬菜為賣點的餐廳「有馬食堂」。

收藏了約4000件玩具的博物館，建築物的3～6樓展示了琳瑯滿目、來自國內外的玩具。1樓的博物館商店「ALIMALI」內有歐洲的木製玩具、胡桃鉗人偶等帶有浪漫情懷的玩具。

展示樓層的各種玩具讓人興奮不已

幼兒資訊

沒有出租嬰兒車，不過可以攜帶嬰兒車入館。館內5樓有換尿布空間與哺乳室。

一起來check!

好康情報

每天會有數次由工作人員進行的玩具介紹，另外還會舉辦工藝教室，不妨來挑戰看看。

DATA ⏰9:30～17:30 休不定休 址神戶市北區有馬町797 🚃神戶電鐵有馬溫泉站步行5分 🚗中國道西宮北IC 5km P利用鄰近的有馬里停車場(於包括博物館在內的簽約店家消費滿1000日圓以上可折扣100日圓)

重點看過來！

其1 **現代的機關人偶、機器人偶**

展示了來自英國的機關人偶、機器人偶。以簡單的裝置構成的人偶表現出釣魚的情景，模樣幽默逗趣，讓人發出會心微笑。

其2 **馬口鐵玩具與鐵道模型**

這一區的展示說明了代表性的懷舊玩具──馬口鐵玩具的製作過程及歷史，還看得到德國馬克林公司的鐵道模型。

其3 **工藝教室**

會舉辦製作動物積木、拼圖的教室，以及製作博物館商店「ALIMALI」內所販賣的玩具等作品的工作坊。

兵庫 神戶市

讓小朋友開心學習的點心世界

○グリコピアこうべ

書末地圖18F-6

Glicopia神戶

0歲 1~3歲 4~5歲 6歲以上

☎078-991-3693(請小心不要打錯電話!)

¥ 免費

設施內沒有餐飲設施，不過可以帶外食入內，造訪前先準備好吧。

於1988年開幕的江崎Glico企業博物館，可以在這裡參觀工廠，以及透過影像等認識Glico的歷史與旗下產品。以立體影像觀賞原創動畫的「3D劇院」，以及教導巧克力、餅乾製作方式的展示等，能讓人更深入認識日常生活中圍繞於我們身邊的點心。

不僅可參觀工廠，還有點心相關的豐富展示

幼兒資訊

由於許多地方都有樓梯，嬰兒車僅能在1樓使用。

一起來check!

博士認證

在工廠可以參觀Pocky、PRETZ的製作過程。參觀結束後，小朋友會獲得アソビグリコ與巧克力博士認證。

DATA ⏰10:00～15:00(導覽時間為10:00、11:00、12:00、13:00、14:00、15:00，共6次，所需時間約1小時20分) 休週五休 址神戶市西區高塚台7-1 🚃地下鐵西神、山手線西神中央站搭乘巴士10分，步行即到 🚗山陽自動車道神戶西IC 9km P20輛，免費 ※參觀為預約制。請透過官網或電話(受理時間9:30～16:30)預約

兵庫 神戶市

老少咸宜的明太子主題公園

○めんたいパークこうべさんだ

書末地圖4D-1

明太子公園 神戶三田

0歲 1~3歲 4~5歲 6歲以上

☎078-986-1137

¥ 免費

明太子樂園 成人500日圓，兒童300日圓

園內有美食街。

老字號明太子製造商かねふく旗下的主題公園。除了可參觀明太子的生產現場外，還能在美食街吃到放了剛做好的明太子的飯糰、明太子霜淇淋、肉包等。在遊戲中學習明太子相關知識的「明太子樂園（需付費）」尤其推薦。

タラコン博士與タラピヨ在入口處熱情迎接遊客

幼兒資訊

園內有換尿布空間。

一起來check!

免費巡迴巴士

JR三田站與神鐵フラワータウン站每小時有1班免費巡迴巴士開往這裡，請多加利用。

DATA ⏰9:00～18:00(工廠運作時間為～17:00) 休無休 址神戶市北區赤松台1-7-1 🚃神戶電鐵公園都市線フラワータウン站搭乘計程車5分 🚗中國自動車道神戶三田IC 3分 P260輛，免費

大阪 兵庫 京都 滋賀 奈良 和歌山 三重

圖示凡例

 大約所需時間  雨天OK  有餐廳  可帶外食入內 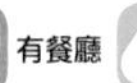 投幣式置物櫃  嬰兒車(租借／自行攜帶)   兒童廁所 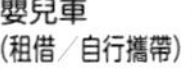  換尿布空間 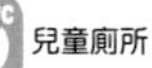  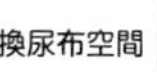 哺乳室 

兵庫 伊丹市

高人氣的獨角仙及鍬形蟲標本是必看重點

○いたみしこんちゅうかん　書末地圖8C-6

伊丹市昆蟲館

0歲　1~3歲　4~5歲　6歲以上

072-785-3582

¥ 成人 400日圓　國高中生 200日圓　兒童(3歲~) 100日圓

昆蟲館護照（年票）成人1500日圓，國高中生500日圓，兒童300日圓

館內沒有餐廳，有飲料自動販賣機。

好好觀察放大200倍的蜜蜂模型吧

位於昆陽池公園內。蝴蝶溫室內棲息了約14種、1000隻的蝴蝶，一整年都能在這裡看到蝴蝶在此穿梭飛舞、採蜜。此外館內還有生態展示室可以觀察活生生的昆蟲。以放大10倍的立體模型呈現昆蟲世界的展示區也頗受好評。

幼兒資訊

除了有哺乳室、嬰兒床外，也有提供免費出租嬰兒車。

一起來check!

高人氣的博物館商店

能買到昆蟲照片徽章及明信片等獨家商品，獨角仙、鍬形蟲商品尤其受歡迎！

DATA 9:30~16:00（蝴蝶溫室為10:00~）休週二休（逢假日則翌日休）址伊丹市昆陽池3-1 阪急伊丹線伊丹站搭乘巴士15分，步行2分 阪神高速池田線池田出口6km P昆陽池公園內151輛，1小時200日圓（之後每30分100日圓）

兵庫 三田市

震撼力十足的恐龍化石令人興奮

○ひょうごけんりつひととしぜんのはくぶつかん　書末地圖19H-3

兵庫縣立人與自然博物館

0歲　1~3歲　4~5歲　6歲以上

079-559-2002

¥ 成人 210日圓　大學生 150日圓　高中生 100日圓

國中生以下免費

65歲以上105日圓

館內無餐飲設施，可帶便當入內，但必須先確認館內規定。

以剝製標本介紹棲息於兵庫縣的野生動物

以人與自然共生為主題，以淺顯易懂的方式展示從地球與生命的誕生到兵庫的大自然等內容的自然科學博物館，最具人氣的是丹波龍「Tambatitanis amicitiae」。還有在篠山層群等地發現的各種恐龍及哺乳類化石等許多值得一看之處。

幼兒資訊

提供免費出租嬰兒車。有3間兒童廁所，換尿布空間、哺乳室在4樓各有1處。

一起來check!

人博多樣性樓層

能接觸到真正的標本及資料，學習生物多樣性的「人博多樣性樓層」很受歡迎，週末還會舉辦活動。

DATA 10:00~16:30 休週一休（逢假日則翌日休），有冬季維修休館 址三田市弥生が丘6 神戸電鐵公園都市線フラワータウン站步行即到 中國道神戸三田IC 2km P利用周邊收費停車場

兵庫 寶塚市

滿是手塚治虫漫畫的夢幻世界

○たからづかしりつてづかおさむきねんかん　書末地圖5L-5

寶塚市立手塚治虫紀念館

0歲　1~3歲　4~5歲　6歲以上

0797-81-2970

¥ 成人 700日圓　國高中生 300日圓　小學生 100日圓

有「3+1集點卡」，只要來館3次（僅限付費入館），下一次便可免費參觀。

館內沒有餐廳，不過有僅販售飲料的咖啡廳，不妨多加利用。

『緞帶騎士』的王宮風大廳

這間紀念館位於手塚治虫從5歲起住了20年的寶塚，外觀以歐洲的古城為概念，並用玻璃製的地球做為象徵。重現了手塚漫畫頁面的館內陳列著原子小金剛、火之鳥等作品的展示，另外還有體驗區。

幼兒資訊

沒有出租嬰兒車，不過可以攜帶嬰兒車入館。1樓女廁有兒童座椅。

一起來check!

動畫工房

在「動畫工房」可以進行借助了電腦的動畫製作體驗。可以自由觀賞手塚動畫作品的展區也很受歡迎。

DATA 9:30~16:30 休週三休（逢假日、春假、暑假則開館），2月21日~月底休館 址宝塚市武庫川町7-65 JR、阪急寶塚線寶塚站步行8分 中國道宝塚IC 2.5km P利用周邊收費停車場

兵庫 明石市

「時間」及「宇宙」的博大精深令人感動

○あかししりつてんもんかがくかん　書末地圖18E-7

明石市立天文科學館

0歲　1~3歲　4~5歲　6歲以上

078-919-5000

¥ 成人 700日圓

高中生以下免費

有優惠券

年票2000日圓，65歲以上、身障人士為一般門票之半價（需出示政府機關發行之證件）

館內無餐飲設施，也不可帶便當入內，敬請注意。

天文科學館就建在東京135度的子午線上

位於東經135度子午線上的天文科學館。館內有舊東德製的大型天象儀，是目前日本國內現役天象儀中最古老的，現場人聲解說也是一大特色。除了行星表面樣貌及時鐘構造的展示外，還能在日晷廣場學習太陽及行星的性質。

幼兒資訊

提供免費出租嬰兒車。4樓的兒童區有換尿布空間及哺乳室。

一起來check!

人氣活動

大約每個月會舉辦1次天體觀測會，特展、天象儀音樂會也很受歡迎（節目內容等詳情需洽詢）。

DATA 9:30~16:30 休週一、第2週二休（逢假日則翌日休）址明石市人丸町2-6 山陽電車人丸前站步行3分 第二神明道路大蔵谷IC 3km P約90輛，2小時200日圓，之後每小時100日圓

兵庫 淡路市

精心呈現的自然之美帶來一連串的感動

○あわじゆめぶたいおんしつ「きせきのほしのしょくぶつかん」 書末地圖 20E-2

淡路夢舞台溫室「奇蹟之星植物館」

0歲 1~3歲 4~5歲 6歲以上

☎0799-74-1200

¥ 成人 600日圓 高中生 300日圓

有優惠券

65歲以上300日圓。特展期間費用另計。與明石海峽公園的套票為成人810日圓，高中生610日圓

在咖啡廳「Miracle Planet Cafe」可品嘗花草茶及使用淡路名產製作的餐點。

日本最大規模的植物館，高20m的空間內種植了多肉植物、高山植物等約3000種的植物。館內還有春天有美麗玫瑰花盛開的「玫瑰花園」、11月起在高達10m的樹上點燈的活動等，一年四季有不同的植物與庭園景色可欣賞。

一年四季都能看到美麗的花朵

幼兒資訊

館內有斜坡、電梯方便嬰兒車使用。也提供免費出租嬰兒車。

一起來check!

焦點活動

有香氛教室及寄植教室等各式體驗，豐富多樣的活動也不容錯過。在咖啡廳可吃到獨家甜點。

DATA 營10:00～18:00 休7、11月的第2週四休，1、3月中旬有臨時休館 址淡路市夢舞台4 交JR神戶線舞子站搭乘高速巴士20分，步行7分 車神戶淡路鳴門道淡路IC 4km P利用威斯汀酒店淡路之停車場(1次500日圓)

兵庫 西脇市

用大型反射望遠鏡在白天觀看星星

○にしわきけいいどちきゅうかがくかん「テラ・ドーム」 書末地圖 18E-1

西脇經緯度地球科學館「Terre Dome」

0歲 1~3歲 4~5歲 6歲以上

☎0795-23-2772

¥ 成人 510日圓 大學、高中生 200日圓 中小學生 100日圓

有優惠券

與岡之山美術館的共通入館費為成人620日圓，大學、高中生300日圓，中小學生150日圓。天體觀測會200日圓（小學生以上）

在日本肚臍公園的休息站內可以吃到使用西脇市名產—黑田庄牛肉做成的美食。

這座科學館位在東經135度、北緯35度的交叉點「日本的肚臍」上。可以透過天文台、天象儀、體驗型展示，快樂學習地球及宇宙的組成等。週日、假日還有使用日常生活中的材料做作品、實驗的科學教室，很受親子遊客喜愛。

位於「日本的肚臍」，外型獨特的建築物

幼兒資訊

沒有出租嬰兒車，不過可以攜帶嬰兒車入館。多功能廁所內有換尿布空間。

一起來check!

大型反射望遠鏡

在天氣好時，即使是白天也能用大型反射望遠鏡看星星！週六、假日前一天也有舉行夜間觀星。

DATA 營10:00～17:30(天體觀測為週六與假日前一天19:30～21:00) 休週一、假日之翌日休 址西脇市上比延町334-2 交JR加古川線日本肚臍公園站步行5分 車中國道滝野社IC 10km P120輛，免費

兵庫 姬路市

以小朋友為主角進行遊戲與學習的設施

○ひょうごけんりつこどものやかた 書末地圖 29G-1

兵庫縣立兒童館

0歲 1~3歲 4~5歲 6歲以上

☎079-267-1153

¥ 免費

工藝等活動可能需付費

便當請在館內地下1樓的便當廣場進食。室外的草坪及活動廣場也可以吃東西。

建於風景優美的櫻山湖畔的大型兒童館。館內有親子遊戲室、傳統遊戲廣場、可進行竹子或木頭工藝體驗的工藝館等，學習與遊戲設施十分完善。最受歡迎的是設計成飛機造型的體驗學習區，可以在這裡看DVD。另外還會常態性舉辦育兒相關的工作坊。

在實習室進行的體驗活動很受歡迎

幼兒資訊

提供免費出租嬰兒車。3樓的親子遊戲室裡有哺乳室，館內則有5處換尿布空間。

一起來check!

體驗活動

可以體驗用包袱布包東西等。1樓的「親近樹木的世界」也很受小朋友喜愛。日期、時間等詳情需洽詢。

DATA 營9:30～16:30 休週二、每月最後一天休(週二逢假日則翌日休，週二逢每月最後一天則翌日亦休) 址姬路市太市中915-49 交JR神戶線姬路站搭乘巴士20分，步行5分 車姬路バイパス太子東坡道3.8km P100輛，免費

京都 京都市

新舊鐵道車輛都能近距離接觸到!

○きょうとてつどうはくぶつかん 書末地圖 17G-3

京都鐵道博物館

0歲 1~3歲 4~5歲 6歲以上

☎075-323-7334

¥ 成人 1200日圓 大學、高中生 1000日圓 中小學生 500日圓 幼童(3歲～) 200日圓

SL Steam號搭乘費用為成人及大學、高中生300日圓，中小學生、幼童100日圓

館內有能欣賞京都景色及電車的餐廳。

2016年4月29日開幕，日本最大規模的鐵道類博物館。館內收藏、展示了蒸汽火車、車鼻突出造型的特快車、500系新幹線等53輛新舊鐵道車輛，可藉由「觀看、觸摸、體驗」親身感受鐵道與其歷史，即使不是鐵道迷也能樂在其中。

別錯過了被指定為國家重要文化財的扇形車庫與轉車台

幼兒資訊

提供免費出租嬰兒車。館內各處設置了備有熱水瓶及尿布台的哺乳室。

一起來check!

注目焦點

除了大型鐵道立體模型外，還有能體驗司機工作的駕駛模擬器、搭乘貨真價實的蒸汽火車SL Steam號等豐富的體驗活動。

DATA 營10:00～17:00 休週三休(逢假日、春假、暑假則開館) 址京都市下京区觀喜寺町 交JR京都線京都站步行20分 車無停車場，請搭乘大眾交通工具 P無

圖示凡例  大約所需時間   雨天OK  有餐廳  可帶外食入內 投幣式置物櫃  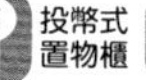 嬰兒車(租借/自行攜帶) 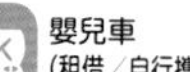 兒童廁所  換尿布空間  哺乳室

京都 京都市

一定能找到你想看的漫畫

○きょうとこくさいマンガミュージアム　書末地圖 17H-1

京都國際漫畫博物館

0歲 1~3歲 4~5歲 6歲以上

075-254-7414

¥ 成人 800日圓　國高中生 300日圓　小學生 100日圓

購票當日可自由進出，也有年票

「ミュージアムカフェえむえむ」咖啡廳分為STANDCAFE與GRANDCAFE兩部分，STANDCAFE店內牆上滿是漫畫家們的親筆簽名。

博物館的原創吉祥物「マミュー」也很喜歡漫畫

過去原本是小學校舍的博物館內收藏了約30萬部新舊漫畫。從明治時代的雜誌及戰後的出租漫畫等珍貴的歷史資料，到現代作品都應有盡有，館藏非常豐富。由專業漫畫家親自示範作畫過程的「漫畫工房」十分受歡迎，另外還會舉辦各種特展及工作坊。

幼兒資訊

換尿布空間位於1樓的多功能廁所，若需要哺乳請洽詢工作人員。

一起來check!

工作坊

在工作坊（週六、週日、假日舉辦）可以快樂地以漫畫「畫畫」、「創作」、「體驗」。

DATA 10:00~17:30（會因活動而延長開館時間） 休 週三休（逢假日則翌日休，有維修保養休館日） 址 京都市中京区烏丸通御池上ル 地下鐵烏丸、東西線烏丸御池站即到 無停車場，請勿開車前往 P無

京都 京都市

透過體驗型展示快樂地學習科學吧

○きょうとしせいしょうねんかがくセンター　書末地圖 17 I-5

京都市青少年科學中心

0歲 1~3歲 4~5歲 6歲以上

075-642-1601

¥ 成人 510日圓　國高中生 200日圓　小學生 100日圓

天象儀需另付成人510日圓，國高中生200日圓，小學生100日圓

館內無餐飲設施，可帶便當入內，但必須先確認館內規定。

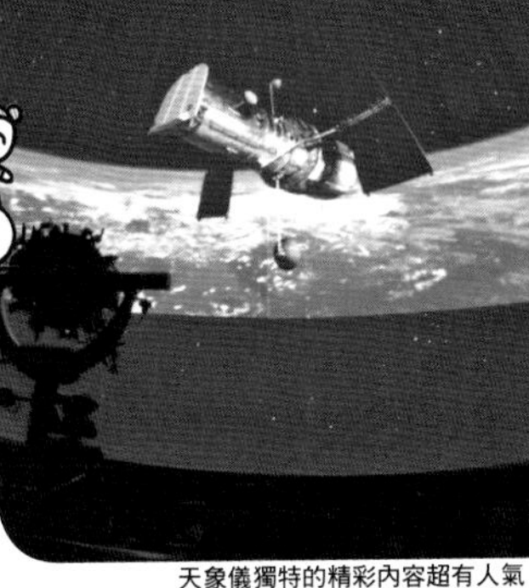

天象儀獨特的精彩內容超有人氣

藉由實驗及觸摸展示物的體驗讓人實際接觸科學的科學館。館內還可以觀察海洋生物、比較京都夏天與沙漠的氣候環境。週六、週日、假日、暑假等會舉辦包括實驗及工藝等活動的「快樂實驗室」。

幼兒資訊

有哺乳室，廁所內也有兒童座椅，並提供免費出租嬰兒車。

一起來check!

天象儀

在天象儀，遊客可以欣賞美麗的星空及震撼力十足的影像。天象儀會重現當天的星空，並搭配館員淺顯易懂的現場解說，深受好評。

DATA 9:00~16:30（閉館為17:00） 休 週四休（逢假日則翌平日休） 址 京都市伏見区深草池ノ内町13 京阪本線藤森站步行5分 名神高速京都南IC 2km P30輛，免費

滋賀 大津市

鄰近琵琶湖的科學博物館

○おおつしかがくかん　書末地圖 22F-4

大津市科學館

0歲 1~3歲 4~5歲 6歲以上

077-522-1907

¥ 小學生以上 100日圓

天象儀為成人400日圓，小學生～高中生200日圓，幼童免費

有優惠券

館內有1間餐廳。

2樓的展示大廳

天文展示及天體觀測室、播放星座故事等影像的天象儀深受好評。展示大廳2樓的「琵琶湖劇院」則可以學到琵琶湖的神奇知識。週六、週日、假日還會舉辦迷你實驗「興奮科學」。3樓展示了許多能實際體驗到力學及視錯覺等的科學物品。

幼兒資訊

2樓與3樓的女廁內有嬰兒床，1樓的生涯學習中心裡有哺乳室。

一起來check!

天象儀

在此處遊客可以透過數位天象投影機觀賞全天空影像等。

DATA 9:00~16:15 休 週一休（逢假日則翌日休），第3週日休 址 大津市本丸町6-50 京阪石山坂本線膳所本町站步行7分 名神高速大津IC 4km P97輛，免費

滋賀 長濱市

定期舉辦的工作坊及體驗活動值得推薦

○ヤンマーミュージアム　書末地圖 31 I-2

YANMAR MUSEUM

0歲 1~3歲 4~5歲 6歲以上

0749-62-8887

¥ 成人 600日圓　中小學生 300日圓

年票成人2000日圓，中小學生1000日圓
※有英語對應，但英語工作人員非常駐
※提供日、英、中、韓文小冊子與部分語音導覽

館內有咖啡廳，原創甜點是人氣美食。也可以在2樓露臺（室外）吃便當。

可以操作真正的挖土機，挑戰將球挖起來！

位於創辦人故鄉——長濱市的企業博物館。由於YANMAR以小型柴油引擎等發動機的製造商著稱，因此館內有各種關於能量轉換的原理及架構的展示。此外也看得到貨真價實的農業機械及建築機具。

幼兒資訊

有哺乳室、尿布台，並有出租嬰兒車（免費，1台）。

一起來check!

重點體驗

除了體驗操作挖土機及遊艇外，還有以沖壓加工製作圓徽章的體驗等，有五花八門的體驗型展示。

DATA 10:00~17:00 休 週一休（逢假日則翌日休） 址 長浜市三和町6-50 JR北陸本線長濱站步行10分 北陸自動車道長浜IC 4.5km P30輛，免費

有趣體驗

三重 名張市

穿上忍者服裝化身為小小忍者

○あかめしじゅうはちたき にんじゃのもり 書末地圖25K-5

赤目四十八瀑布 忍者之森

0歲 1~3歲 4~5歲 6歲以上

0595-64-2695（赤目四十八瀑布生態旅遊服務台）

溪谷入山費成人 400日圓 中小學生 200日圓

修行體驗成人2000日圓，兒童（～國中生）1750日圓，幼童1550日圓（含忍者服裝租金、溪谷入山費），僅租借忍者服裝費用為700日圓

※有英語對應，但無中文對應

森林內沒有餐飲設施，周邊商店有使用嚴選在地食材製作的「滝見便當」。

可以在赤目四十八瀑布的山腳下體驗忍者修行。穿上忍者服裝，挑戰爬城牆、樹間盪繩、手裡劍術、渡河（夏季）等各種修行，彷彿就像真正的伊賀忍者。修行參加者會獲頒伊賀赤目流免許皆傳的證書。

來挑戰忍者修行體驗吧！

幼兒資訊

森林內有許多高低落差，不適合使用嬰兒車。有換尿布、哺乳空間。

DATA 9:00～17:00（有修行體驗開始時間）

休 無休（1月3日～3月14日為週三休）

址 名張市赤目町長坂671-1

近鐵大阪線赤目口站搭乘巴士10分，步行即到（赤目遊客中心內）

名阪國道針IC 20km

P 利用周邊收費停車場

一起來check!

忍者修行體驗

忍者修行體驗所需時間約1小時30分（因參加人數而異），開始時間為10:30～與13:30～（需預約）。

和歌山 海南市

認識和歌山縣豐富美麗的自然風光

○わかやまけんりつしぜんはくぶつかん 書末地圖29J-6

和歌山縣立自然博物館

0歲 1~3歲 4~5歲 6歲以上

073-483-1777

成人 470日圓 高中生以下、65歲以上 免費

65歲以上需出示政府機關發行之證件

展示室內禁止飲食。

以棲息於水中的生物為主，展示動植物、昆蟲、貝類、化石等的標本。在水族館區可以觀察竹筴魚、沙丁魚成群悠游水中的模樣，「黑潮之海」則是在週二、週四、週六的下午4時起能看到魚兒們進食的景象。

水族館區展示了約550種、6000隻生物

幼兒資訊

提供免費出租嬰兒車，有2處換尿布空間位於多功能廁所前等處，如要哺乳請洽詢工作人員。

DATA 9:30～16:30

休 週一休（逢假日、補假日則下一平日休）

址 海南市船尾370-1

JR紀國線海南站搭乘巴士10分，步行3分 阪和道海南IC 3km

P 54輛，免費

一起來check!

潮間帶水槽

在體驗型的潮間帶水槽可觸摸到海星及海膽等，並觀察潮汐的高低。另外還有棲息於森林、水邊等區域的昆蟲標本。

滋賀 甲賀市

完成忍者道場修行，取得「免許皆傳」卷軸證書！

○こうかのさとにんじゅつむら 書末地圖23K-6

甲賀之里忍術村

0歲 1~3歲 4~5歲 6歲以上

0748-88-5000

成人 1030日圓 國高中生 820日圓 兒童（3歲～小學生）730日圓 幼童 520日圓

入村費包括了博物館、機關屋的入館費

※無中、英語對應

村內有餐廳「霧隱莊」，可享用忍術烤肉（需預約）及各種便當等。

村內有展示了忍術秘傳書、手裡劍的忍術博物館，以及機關屋、手裡劍道場等各種與忍者有關的設施。進行忍者修行的「忍者道場」共有9關，全部過關的話就能得到免許皆傳的認定。

可租借忍者服裝（1日1030日圓）

幼兒資訊

設施內有許多高低落差及狹窄道路，使用嬰兒車時需多加注意。

DATA 10:00～16:30（有日期、季節性變動）

休 不定休（原則上為週一，逢假日則翌日休） 址 甲賀市甲賀町隠岐394

JR草津線甲賀站有免費接駁車

新名神高速甲賀土山IC 9km

P 80輛，免費

一起來check!

手作體驗道場

在手作體驗道場可以製作樂燒陶器及燒杉板。暑假期間還會舉辦忍者修行夏令營（費用另計，需預約）。

大阪 兵庫 京都 滋賀 奈良 和歌山 三重

圖示凡例  大約所需時間  雨天OK  有餐廳  可帶外食入內  投幣式置物櫃  嬰兒車（租借／自行攜帶）  兒童廁所  換尿布空間 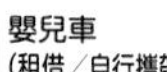 哺乳室   

全家一同親近大自然!

簡單的戶外活動

CHECK!

1 經典的大自然饗宴!

說到戶外活動，當然少不了成吉思汗烤肉及BBQ！全家一起開心地大快朵頤吧！

幸福之村

2 夏天記得防曬，冬天記得保暖！

夏天請確實準備好帽子、飲料等以預防中暑，保冷劑及扇子等有助於消暑的物品也別忘記了。冬天除了禦寒裝備外，不妨再準備條方便摺疊攜帶的絨毛毯，可以用來鋪在地上或披在身上擋風，非常實用。

山村都市交流之森

3 來參加體驗教室吧!

有些景點還有使用森林素材的工藝創作，或是在汽油桶裡泡澡、夜晚觀賞星空等誘發小朋友好奇心的獨特體驗。

Actpal宇治

INDEX

凡例  免費入場　△ 部分收費(免費入場,遊樂設施費用另計等)　✕ 不可、付費入場、不建議

大阪 大阪市

位於大阪市內的道地戶外景點

まいしまスポーツアイランド

書末地圖10C-6

舞洲體育島

0歲 1~3歲 4~5歲 6歲以上

有優惠券

06-6572-4050

¥ 免費入園

某些設施費用另計

HOTEL LODGE MAISHIMA的烤肉場為1人1000日圓（自備材料）。舞洲InfinityCircuit為5圈2500日圓～

半日 不可 有 OK 無

各有1間提供兒童餐的餐廳及輕食咖啡廳。

位於大阪港內的人工島—「舞洲」的運動娛樂設施。海邊除了舞洲綠道外，還有設置了各式遊樂器材的草坪廣場、可以烤肉的露營場、小木屋等戶外區域。也可以前往賽車場，輕鬆體驗賽車手馳騁於賽道上的感覺。

露營場及遊樂器材周圍放眼放去便是大阪灣美景♥

眼前的優美景色也十分迷人

DATA 自由入園（舞洲綠道為7:00～日落） 休無休（因設施而異） 址大阪市此花区北港緑地1·2 JR夢咲線櫻島站搭乘巴士10分，步行即到 阪神高速湾岸線湾岸舞洲出口2km P6處，2342輛，30分以上400日圓～（因停車時間、部分設施而異）

幼兒資訊

無提供出租嬰兒車服務。HOTEL LODGE MAISHIMA露營場的廁所內設有換尿布空間。

OK 無 有 無

一起來check!

舞洲綠地

名為「舞洲綠地」的草坪廣場上有鯨魚造型溜滑梯等各式各樣的大型遊樂器材，絕對讓小朋友超開心！在這裡吃便當，享受野餐樂趣也很不錯喔。

重點看過來！

其1 舞洲綠地

廣場寬闊的草地上設置了大型遊樂器材，小朋友可以在這兒遊玩，大人則可以悠閒地放鬆。

其2 HOTEL LODGE MAISHIMA烤肉場

可以自備食材，或是由飯店幫你準備好，而且場地有屋頂，即使突然下雨也不用擔心。

06-6460-6688

其3 舞洲InfinityCircuit

只要身高達145cm以上，任何人都能來輕鬆體驗當賽車手的感覺！跑道全長450m，可現場租借裝備。

06-6466-2022

其4 新夕陽之丘

從高25m的展望廣場可將大阪灣盡收眼底。別忘了來這兒欣賞夕陽沒入水平線的震撼景色！

沙池、木頭火車讓小小朋友也能玩得開心

ふみんのもりみどりのぶんかえんむろいけえんち

書末地圖 24E-2

府民之森綠之文化園 むろいけ園地

0歲 1~3歲 4~5歲 6歲以上

可以看到松鼠在吃松果的模樣

在有小動物居住的森林 開心地玩耍及進行工藝體驗！

072-879-6362

¥ 免費入園

參加森林工藝館的活動需付費（因內容而異）

1日 不可 有 OK 無

綠之文化園內的I&I LAND內有1間餐廳。

這裡是大阪府的9處府民之森中，遊樂器材最為豐富的設施。園內十分遼闊，大致可分為室池周圍樹木茂密的水邊自然園，以及可以邊運動邊玩樂的森林寶島。水邊自然園內修築了內環、外環兩條步道，讓每位遊客都能安心地在此享受森林浴。

DATA
自由入園（森林工藝館、服務處、停車場為9:00~17:00）
休 無休（設施為週二休，逢假日則翌日休）
址 四條畷市逢阪他
JR學研都市線四条畷站搭乘社區巴士17分，步行10分
阪神高速守口線森小路出口12km
P 162輛，免費，9:00~17:00

幼兒資訊

沒有特別提供出租嬰兒車等嬰幼兒服務，但帶著小寶寶來也沒問題。

OK 無 無 無

重點看過來！

其1 家族小徑

走上家族小徑，可以前往生物觀察園。3月下旬至4月上旬能在這裡欣賞到大阪罕見的水芭蕉。

其2 喧鬧廣場

有木製火車及沙池、2座不同高度的大溜滑梯等各種適合小小朋友的遊樂器材。

其3 中堤

在大自然圍繞的園內，隨處都能欣賞到四季美景。秋天時從中堤觀賞室池的楓紅更是美不勝收。

其4 森林工藝館

會舉辦使用自然素材的工藝體驗等豐富多樣的活動。也會提供與園內自然相關的各種情報。

一起來check! 還有更多人氣設施

位於森林寶島內的わんぱく坂及泰山繩索、火車等遊樂器材很受歡迎。另外，森林工藝館除了會舉辦陶藝教室、觀賞螢火蟲等活動外，也會教導如何利用自然素材製作簡單的工藝品（僅週六、週日、假日舉辦，預約制）。

簡單的戶外活動

兵庫 神戶市

有提供兒童遊樂器材和繪本的「遊樂小屋」喔

○しあわせのむら

書末地圖6A-3

幸福之村

0歲 1~3歲 4~5歲 6歲以上

☎078-743-8000

¥ 免費入村（使用設施需另行付費）

週六、週日、假日、春假、暑假的騎小馬體驗為小學生以下1次300日圓。溫泉健康中心成人800日圓，國中生以下400日圓。游泳池6～9月成人400日圓，國中生以下200日圓；10～5月成人500日圓，國中生以下250日圓

有8間餐廳、2間輕食・咖啡廳，有些店家有提供外帶餐點。

幅員遼闊、遊樂器材豐富！玩法五花八門讓人雀躍不已

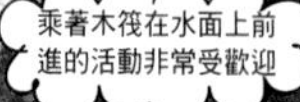

乘著木筏在水面上前進的活動非常受歡迎

從大人到小朋友、年長者、身障人士都適合前來的綜合福祉區域。活潑好動的小朋友可以去遊樂園地，這裡有木筏、溜滑梯等近30種能盡情活動身體的遊樂器材。另外還有提供當日來回烤肉方案的白天用露營地及帳篷露營地。

DATA 自由入園（開放時間因設施而異） 休無休（因設施而異） 址神戶市北区山田町下谷上中一里山14-1 JR神戶線三之宮站搭乘巴士30分，步行即到 阪神高速北神戶線しあわせの村出口即到 P1600輛，1日500日圓（1小時以內免費），若使用溫泉則為250日圓

重點看過來！

其1 遊樂園地

有長約50m的溜滑梯等30種以上有趣好玩的遊樂器材！

其2 草坪廣場

位在幸福之村中央的草坪廣場四周樹木圍繞，綠意盎然。廣場上還擺放了畫有圍棋棋盤的石桌。

其3 白天用露營地

附烤爐的桌子為預約制，1桌1500日圓。這裡有販賣食材，兩手空空前來也OK。也可以自行準備食材帶來。

其4 玩水

遊樂園地內規劃了一條小河，夏天時總是吸引大批小朋友前來嬉戲。

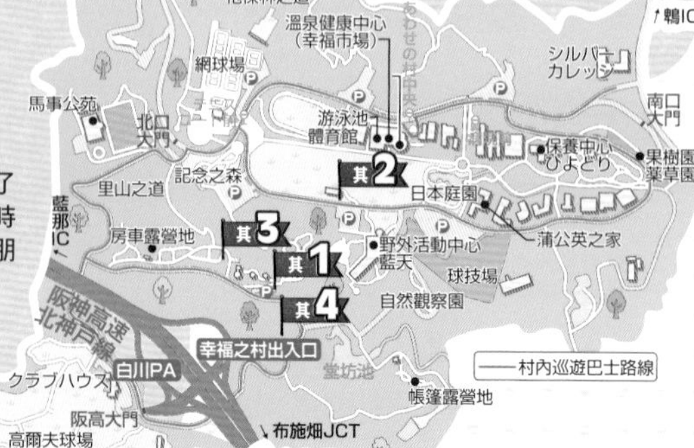

幼兒資訊

野外活動中心等地有哺乳室、嬰兒床。也有提供免費出租嬰兒車。

一起來check!

幸福市場

位於溫泉健康中心內的直銷所「幸福市場」販售了當令的在地蔬菜及魚、鹽漬食品、加工品等。可以在回家前順便來逛逛，或是先來這裡採買烤肉用的新鮮食材。

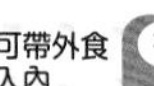

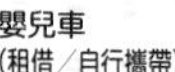

圖示凡例：大約所需時間｜雨天OK｜有餐廳｜可帶外食入內｜投幣式置物櫃｜嬰兒車（租借／自行攜帶）｜兒童廁所｜換尿布空間｜哺乳室

一年四季可觀賞到不同的植物、野鳥、昆蟲

書末地圖18E-5

○ひょうごけんりつみきやましんりんこうえん

兵庫縣立三木山森林公園

0歲 1~3歲 4~5歲 6歲以上

☎0794-83-6100

森林工藝館使用費成人150日圓，小學生以下70日圓（使用時需洽詢）。提供工具免費出租

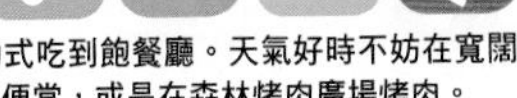

有1間自助式吃到飽餐廳。天氣好時不妨在寬闊的草地上吃便當，或是在森林烤肉廣場烤肉。

佔地遼闊，而且園內有接近8成為森林。森林中有長約14km的步道，並棲息著各種野鳥及昆蟲。另外還規劃了適合野餐的草坪廣場、有豐富遊樂器材供小小孩玩耍的Woody廣場、免費烤肉場（預約制）等。在這裡可以撿橡實、賞紅葉等，一年四季享受不同樂趣。

紅葉季節的景色美極了
美麗大自然環繞的森林公園
綠意盎然，讓人身心舒暢！

DATA
🕒9:00~17:00
休週三休(逢假日則翌日休)
址三木市福井三木山2465-1
🚌神戶電鐵粟生線惠比須站搭乘巴士5分，步行即到
🚗山陽道三木東IC 6.5km
P390輛，免費

幼兒資訊

森林文化館等處有嬰兒床、哺乳室，並有提供免費出租嬰兒車，十分便利。

一起來check!
焦點活動

使用森林素材進行的工藝體驗及森林遊戲等親近大自然的活動主要集中於週末舉辦。在老師的教導下，能近距離感受森林中的植物及各種生物。在這座各種生物群聚、有如森林般的公園內觀察大自然也很好玩。

其1 森林烤肉廣場

在樹林間有8張附烤爐的桌子，不但免費又整潔，很受歡迎。

其2 Woody廣場

如果帶著年幼的小朋友，就來這兒吧！有繩網、隧道等遊樂器材及沙池，是個麻雀雖小，五臟俱全的遊樂場。

其3 大草坪廣場

擁有在京阪神地區中也數一數二的美麗草坪！視野開闊，感覺非常舒服。廣場上還設置了許多木頭長凳。

京都 宇治市

○アクトパルうじ

書末地圖 22F-5

Actpal宇治

0歲 1~3歲 4~5歲 6歲以上

☎075-575-3501

天體觀察室成人200日圓，高中生150日圓，中小學生100日圓，幼童50日圓。工藝教室使用費成人200日圓，高中生150日圓，中小學生100日圓，幼童50日圓（需另付材料費）※皆為預約制，住宿遊客免費

有可容納約160人的大食堂。定食需預約，但輕食可不用預約。

不論大型遊樂器材或創作、觀察類的知性遊戲都找得到

冒險山寨附近的休憩步道

為 宇治豐富美麗的大自然所圍繞的野外活動設施。利用山坡所建成、五彩繽紛的巨型活動器材深受小朋友們喜愛。此外還有通往展望台的休憩步道、烤肉設施、有大片草地的櫻花廣場、可以玩水的河川廣場等適合全家一同親近大自然的遊憩場所。

DATA
營 9:00～17:00
休 週一休（逢假日則開園，暑假期間無休）
址 宇治市西笠取辻出川西1
交 京阪宇治線宇治站搭乘計程車20分
車 京滋バイパス笠取IC 3km
P 150輛，免費

重點看過來！

其1 冒險山寨

位於山坡上的巨大遊樂設施。來挑戰看看搖搖晃晃的獨木橋及迴旋溜滑梯吧！

其2 工藝教室

有使用竹子及樹枝進行的工藝體驗、製作盤子或茶杯的陶藝體驗等30種課程。

其3 天體觀察室

可以在位於管理大樓的天文台進行天體觀測，這裡還有京都府內最大、直徑25cm的折射望遠鏡！

其4 河川廣場

可以觀察棲息於笠取川清流中的小魚及水生昆蟲。河水很淺，水流也很徐緩，因此小小朋友也能放心在此遊玩。

幼兒資訊

無出租嬰兒車，但管理大樓等處有換尿布空間、哺乳室。

一起來check!
人氣活動情報

在天體觀察室可以觀察白天的太陽及夜空。由於晚上的觀測會是供住宿遊客參加，若不住宿的話，建議參加定期舉辦的星空開放日（免費，自由參加）等活動。新建的運動場．高爾夫球場也頗受好評。

大阪 兵庫 京都 滋賀 奈良 和歌山 三重

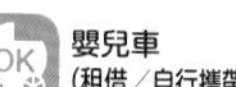

大阪 交野市

參加體驗活動可以學到如何盡情在山林間遊玩

ふみんのもりくろんどえんち　書末地圖 24E-1

府民之森くろんど園地

0歲 1~3歲 4~5歲 6歲以上

072-891-4488

家族露營場的烤肉架一組1500日圓。

園內沒有餐廳等餐飲設施，請自己帶便當前往。

大阪的「府民之森」之一，位在以健行聞名的くろんど池附近。園內依照原有的山丘、山谷做規劃，有數條走起來十分舒暢的休憩步道，森林內還有潺潺小溪流過。全家一起在烤肉場享受烤肉樂趣也很不錯。

綠意盎然的自然公園

幼兒資訊

園內沒有特別設置嬰幼兒設施。行走山路時不方便使用嬰兒車，敬請留意。

一起來check!

便利商品情報

購買一份健行地圖（500日圓）帶在身上可方便散步時查閱。也可以從府民之森官網下載園區地圖。

DATA 自由入園（停車場、服務處為9:00～17:00）休 無休（設施為週二休，逢假日則翌日休）
址 交野市私部
京阪交野線私市站步行50分
第二京阪道交野南IC 5km
P 50輛，免費

大阪 高槻市

有遊樂廣場、溫泉、烤肉，一家大小都樂趣無窮

たかつきしんりんかんこうセンター　書末地圖 16A-6

高槻森林觀光中心

0歲 1~3歲 4~5歲 6歲以上

072-688-9400

各設施使用費另計。「山彥森林」小學生以上210日圓。採香菇260日圓（100g）。木工、杉燒板教室420～2000日圓。溫泉成人700日圓，小學生500日圓，幼童300日圓（毛巾費用另計，可自備）

除了烤肉餐廳、以講究的親子丼馳名的食堂外，還有1間咖啡廳。

有優惠券

採香菇讓人不知不覺採到忘我

位於一年四季可欣賞到不同自然之美的山谷間，有整年都能採香菇的「香菇中心」、進行木工體驗的「工藝中心」等。享受了森林浴、在溪邊玩完水、玩過「山彥森林」的遊樂器材後，再去樫田溫泉好好泡個湯吧。

幼兒資訊

沒有出租嬰兒車。哺乳室位在早市商店後方。可以換尿布。若需使用請洽工作人員。

一起來check!

ささゆりの里

採香菇時採到的新鮮香菇可以在烤肉餐廳「ささゆりの里」裡直接烤來吃喔。

DATA 9:00～17:00（因設施而異）
休 週二休（春假、暑假期間無休）
址 高槻市樫田地區
JR京都線高槻站搭乘巴士40分，步行即到　名神高速茨木IC 30km
P 125輛，免費

大阪 貝塚市

也有提供住宿設施的超熱門戶外景點

アスレチックスポーツ　書末地圖 21K-5

ATHLETIC SPORT

0歲 1~3歲 4~5歲 6歲以上

072-446-1133

成人（高中生～）850日圓　兒童（4歲～）650日圓

自帶食材、炊煮設備管理費成人350日圓，兒童250日圓（可付費租借器材，禁止攜帶燃料類）。野外烤肉套餐1～2人份3200日圓，3～4人份6200日圓。釣虹鱒1100日圓（含器材）

有2間輕食、咖啡廳，不過天候良好時推薦自己帶便當或烤肉。

位於大阪近郊，是個可輕鬆前往的戶外景點。從山谷到山丘上，全長約1.5km的活動器材（免費）共有36種各式各樣的關卡，充滿刺激。如果玩水、釣魚等各種活動都想玩遍的話，就不妨在這裡的小木屋或民宿過夜吧。

充滿刺激的活動器材

幼兒資訊

沒有出租嬰兒車。休息站內有換尿布空間、哺乳室。

一起來check!

釣虹鱒

想參加虹鱒溪釣可以向園方租借器材，不用自行準備。溪釣沒有時間限制，釣到的魚可以免費帶回家。

DATA 9:00～17:00
休 週三休（逢春假、暑假、假日則開園）
址 貝塚市木積24
水間鐵道水間觀音站搭乘巴士7分，步行即到　阪和道貝塚IC 1.5km
P 350輛，免費

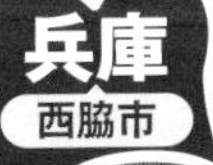

兵庫 西脇市

不論露營或是當天來回的烤肉出遊都適合

にしわきしにほんのへそひどけいのおかこうえんオートキャンプじょう　書末地圖 27 I-6

西脇市日本的肚臍日時計之丘公園房車露營場

0歲 1~3歲 4~5歲 6歲以上

0795-28-4851

若要烤肉，包含了烤網、木炭的桌位為3小時2000日圓～（不包括食材），房車露營營位為日間露營1500日圓，過夜一晚3000日圓～，山中小屋一晚5800日圓～（假日前一天8000日圓～）

有「農家餐廳日時計」，可吃到使用了大量當地特產製作的料理。

位於東京135度子午線上，為一處有豐富自然風光的戶外景點。其中最推薦的是加入了房車露營協會的房車露營場，整區都有AC電源與自來水，並提供各種物品出租，十分舒適。當天來回的遊客則可以參加燻製教室等體驗活動。

最具代表性的「世界的日晷」也被設計成了活動器材

幼兒資訊

換尿布空間位於行政大樓，可多加利用。無出租嬰兒車。

一起來check!

推薦資訊

在小溪玩水是夏天的人氣活動。7月中旬～8月上旬在園內可以抓到獨角仙及鍬形蟲。

DATA 9:00～21:00
休 無休
址 西脇市黒田庄町門柳871-14
JR加古川線黒田庄站步行35分
中國道滝野IC 15km
P 60輛，免費

簡單的戶外活動

兵庫 篠山市 每個季節都規劃了不同活動，一整年都好玩

○ユニトピアささやま 書末地圖27J-6

Unitopia篠山

0歲 1~3歲 4~5歲 6歲以上

079-552-5222

成人(國中生~) 300日圓 兒童(5歲~) 200日圓 年長者(70歲~) 免費

夏季游泳池為3歲以上510日圓

有可以品嘗到丹波篠山在地美味的餐廳、烤肉屋、輕食、咖啡廳。需確認帶便當入內的規定。

集結了餐廳、烤肉、釣魚池、露營場的綜合休閒設施。走過吊橋、櫻花公園去展望台野餐也不錯喔。還設置了2條路線、39個關卡的道地活動設施，讓人穿梭徜徉於大自然中，所需時間合計約3小時。園內春天可欣賞到油菜花，夏天則有向日葵綻放。

深受歡迎的野外活動設施

幼兒資訊

提供免費出租嬰兒車。換尿布可前往Lake Plaza及Forest Plaza等4處。

一起來check!

Lake Plaza

從Lake Plaza的露天浴池望出去的景色美不勝收。只泡溫泉的費用為成人300日圓，兒童200日圓（不包括入場費）。商店可買到特産及獨家糕點。

DATA 8:00~21:00（戶外設施為~17:00）
休 無休 址 篠山市矢代231-1
JR寶塚線篠山口站搭乘計程車10分
舞鶴若狭道丹南篠山口IC 4.5km
P 500輛，免費

兵庫 姬路市 前往離島盡情感受海洋風情

○けんりついえしましぜんたいけんセンター 書末地圖28F-2

縣立家島自然體驗中心

0歲 1~3歲 4~5歲 6歲以上

079-327-1508

1人 210日圓

若住宿則不需付入場費。野外活動地區的帳篷（3月中旬~10月中旬）4人用1600日圓，8人用3300日圓。小屋6人用8200日圓，7人用5800日圓，10人用13200日圓（週五、週六、假日前日皆加收25%）
※無中、英語對應

雖然有餐廳，但僅供住宿旅客使用，敬請留意。如不住宿請自行帶便當。

位於分布在瀨戶內海的家島群島中最大的一座島─西島，是能夠認識海洋環境的設施。遊客可以在這裡玩水、露營，從事獨木舟或皮艇等海上運動（完全預約制），盡情遊覽壯麗的山海景色。也別錯過了能品嘗到播磨灘海鮮的活動喔。

划著獨木舟徜徉於大自然中

幼兒資訊

沒有出租嬰兒車，但有換尿布空間、哺乳室。島上有柏油路，可使用嬰兒車。

一起來check!

環境學習中心

環境學習中心裡有可以摸到活生生章魚的觸摸池及大型觸控面板，讓遊客透過雙眼、雙手快樂學習海洋環境相關知識。

DATA 完全預約制（最晚需於使用日1週前以電話聯絡） 休 無休
址 姬路市家島町西島 JR各線姬路站搭乘巴士20分、船35分，步行20分 姬路バイパス姬路南IC 4km，於姬路港停車，搭船上島
P 利用姬路港周邊的收費停車場

兵庫 神河町 風光明媚，全年樂趣無窮的景點

○グリーンエコーかさがた 書末地圖27H-6

GREEN ECHO笠形

0歲 1~3歲 4~5歲 6歲以上

0790-32-1307

小學生~ 200日圓

自行攜帶烤肉食材、便當等清潔費1人200日圓。抓石川櫻鱒1kg4000日圓，營位1個2060日圓~

除了可品嘗會席料理及壽司的會席料理「華風」外，還有提供定食及麵類等的餐廳、燒肉區。

四周綠意盎然的戶外設施，不但有抓石川櫻鱒及露營體驗，還能在體育館及游泳池從事各種運動。夏天可以抓鍬形蟲，秋天則能賞楓、健行等，一年四季都能親近大自然。

在各種天候都能使用的烤肉區大快朵頤吧

幼兒資訊

由於設施內有許多高低落差及坡道，不適合使用嬰兒車。換尿布空間位於餐廳後方的廁所。

一起來check!

推薦活動

4月上旬~5月31日會舉行「1000支鯉魚旗遨遊天空」，11月24日~12月25日則有聖誕樹夜間點燈活動。

DATA 8:30~22:00 休 無休（1月~3月第3週二為週二休）
址 神河町根宇野1019-13
JR播但線寺前站搭乘計程車20分
播但聯絡道路神崎南坡道8km
P 400輛，免費

大阪 兵庫 京都 滋賀 奈良 和歌山 三重

圖示凡例   大約所需時間  雨天OK  有餐廳  可帶外食入內  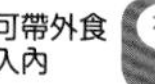 投幣式置物櫃   嬰兒車（租借/自行攜帶） 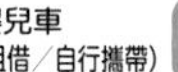  兒童廁所 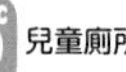  換尿布空間  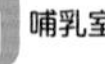 哺乳室

京都 京都市
距離京都市區僅1小時車程的自然景點
さんそんとしこうりゅうのもり
書末地圖30F-3

山村都市交流之森

0歲 1~3歲 4~5歲 6歲以上

075-746-0439

烤肉費用3歲以上1000日圓（預約優先，附烤爐桌）

有餐廳，以自製木炭烹調的炭火燒烤料理很受歡迎。園內共有4處烤肉設施，很適合在此烤肉。

在清澈的溪流中玩水不禁讓人忘了時間

保留了山村風情、面積廣達1100萬㎡的森林公園。蜿蜒於森林間、總長度有40km的步道最適合在此進行自然觀察。可以在上桂川的清流中玩水、抓香魚或烤肉，盡情享受大自然的魅力。森林工房的木工教室（需預約）也很值得推薦，從小東西到家具，各種物品都可以挑戰製作。

幼兒資訊

沒有出租嬰兒車。多功能廁所內有換尿布用的嬰兒床，不妨多加利用。

一起來check!

人氣活動

夏天有「螢火蟲觀賞之夜」，冬天有「交流之森冰雪節」，另外還有每個季節都會舉辦的「野外體驗塾」等各式各樣精彩活動。

DATA 9:00~17:00 休週二休（逢假日則翌日休） 址京都市左京区花背八桝町250 京阪本線出町柳站搭乘巴士1小時30分，步行即到 名神高速京都南IC 38km P70輛，免費

京都 井手町
住宿設施完善的野外活動中心
たいしょういけグリーンパーク
書末地圖22F-7

大正池GREEN PARK

0歲 1~3歲 4~5歲 6歲以上

0774-99-4733

免費入園

使用野外設施成人550日圓，國高中生500日圓，兒童（3歲以上）450日圓。帳篷平台1晚1530日圓，房車營位1晚2700日圓（含1個車位）

主建築裡有可以喝咖啡、享用輕食的「CAFE GREEN PARK」。事前預約的話，店家可幫忙準備烤肉食材。

有優惠券

大正池可說是京阪奈地區的綠洲

大正池是以美麗景觀著稱，又有豐富自然生態的休憩景點。周邊分布著露營場、水生植物園等。從佇立於大正池中的浮見堂能觀賞到蒼鷺等野鳥，近距離感受大自然的四季變化。

幼兒資訊

紅葉谷營區較無高低落差，帶著年幼的小朋友也不用擔心。無出租嬰兒車。

一起來check!

BBQ情報

可以在平房區一面烤肉，一面欣賞已登錄為京都府景觀資產的大正池景色。

DATA 9:00~17:00 休週三休（逢假日則翌日休） 址井手町多賀一ノ谷20-1 JR奈良線玉水站搭乘計程車20分 京奈和道田辺西IC 20km P約60輛，1日500日圓（也有免費停車場）

滋賀 大津市
集結了人氣項目滑草等多項戶外活動設施
びわこバレイ
書末地圖30F-3

琵琶湖VALLEY

0歲 1~3歲 4~5歲 6歲以上

077-592-1155

空中纜車來回票成人（國中生～）2200日圓，小學生900日圓，幼兒500日圓

有座位數達360席的大型自助式吃到飽餐廳，以及可眺望琵琶湖景色的咖啡廳。

有優惠券

讓人感覺像走在天空中的「SKY WALKER」

以滑雪場著稱的琵琶湖VALLEY除了適合冬天前來外，也是可以眺望琵琶湖景色、感受高原涼風吹拂的戶外景點。除了可以在和緩的山丘上健行之外，也可以玩玩活動器材、滑草等各種遊戲與運動項目。將琵琶湖景色盡收眼底、可乘坐121人的大型空中纜車也深受好評。

幼兒資訊

有2處換尿布空間、1間哺乳室。沒有出租嬰兒車。

一起來check!

解謎冒險越野

「解謎冒險越野」是這裡大受好評的活動，於4月下旬~11月上旬舉辦。只需500日圓就能獲得一份解謎BOOK，趕快去挑戰吧！

DATA 9:30~17:00（週六、週日、假日為9:00~）、12月起為滑雪場 休無休（可能會因維修檢查公休） 址大津市木戸1547-1 JR湖西線志賀站搭乘巴士10分，步行即到 湖西道路志賀IC 5km，空中纜車5分 P1700輛，1次500日圓（滑雪季節為1次1000日圓）

滋賀 守山市
觀察昆蟲及野鳥等生物的好所在
みさきしぜんこうえん
書末地圖23G-2

美崎自然公園

0歲 1~3歲 4~5歲 6歲以上

077-585-4280

日間露營1200日圓（守山市居民600日圓）

園內無餐飲設施，請自行帶便當。

露營區可以烤肉

重生了水邊環境的自然公園，園內有花草茂密、昆蟲四處飛舞的「草原區」，打造出水車及農田等懷舊景象的「農家之里區」等，依照不同主題重現了自然環境及鄉村生活。另外也時常舉辦穿插了遊戲與自然學習的體驗學習會及自然觀察會等。

幼兒資訊

沒有出租嬰兒車，也沒有兒童廁所、哺乳室，但帶著小寶寶來也沒問題。

一起來check!

接觸動植物

園內設有種植了昆蟲、野鳥喜歡的樹木的「生物之森區」等，遊客可以在各個區域近距離接觸大自然。

DATA 8:30~17:00 休週二、假日之翌日休 址守山市今浜町十軒家2870-2 JR琵琶湖線守山站搭乘巴士30分，步行20分 名神高速栗東IC 16km P273輛，免費（僅7、8月為1次600日圓）

簡單的戶外活動

滋賀 高島市

療癒的森林讓人身心舒暢

○かぞくりょこうむらビラデストいまづ 書末地圖31G-1

家庭旅行村 Village-dest今津

0歲 1~3歲 4~5歲 6歲以上

☎0740-22-6868

¥ 小學生~ 300日圓

烤肉食材家庭套餐1人2200日圓（需預約），不住宿的遊客使用烤肉區費用為2200日圓（1區塊，2小時）。迷你高爾夫1人900日圓，地面高爾夫1人700日圓，羽毛球1小時500日圓。

「森林交流館」1樓有餐廳，使用日本國產牛肉烹調的牛排及鍋類料理很受歡迎。還有雨天也可使用的烤肉區。

盡情在運動廣場上的大型遊樂器材間玩耍吧

位於標高550m的高原，可居高俯視琵琶湖。在享受了森林浴，玩過地面高爾夫、遊樂器材後，就享用烤肉填飽肚子吧。橡實工房還推出了自然素材工藝體驗（500日圓~）。

幼兒資訊

沒有設置嬰幼兒設施，但帶著小寶寶來也沒問題。

一起來check!

烤肉館

只要先預約好烤肉館（5~10月）的食材套餐，便可以什麼都不用帶就前往。館內還設置了吊床，讓人可以自在悠閒地在此度過。

DATA
- 8:30~17:30
- 休 無休（12月1日~3月31日休村）
- 址 高島市今津町深清水2405-1
- JR湖西線近江今津站搭乘計程車30分　湖西道路志賀IC 37km
- P 300輛，免費

滋賀 米原市

享受戶外生活的最佳選擇

○グリーンパークさんとう 書末地圖31 I-2

Green Park山東

0歲 1~3歲 4~5歲 6歲以上

☎0749-55-3751

¥ 免費入園

自由營地1營位2160日圓，烤肉1爐2160日圓~，露營場區域入場費1080日圓（最多10人，每追加一人加收108日圓），房車露營場（有大、中、小營位）4320日圓~

可眺望伊吹山風景的和風餐廳「しゃべの」有提供定食及麵類餐點。

園內有各種好玩的遊樂器材

在棲息著螢火蟲的美麗大自然中，有活動器材及暑假期間限定的泥巴池等各種好玩的設施。其中，全長100m的迴旋溜滑梯「DRAGON SLIDER」更是讓小朋友們興奮不已。小木屋及住宿拖車也很受歡迎。

幼兒資訊

鴨池莊內有兒童廁所、換尿布空間。沒有出租嬰兒車。

一起來check!

BBQ情報

在可以觀賞伊吹山風景的地方設有20座烤肉台，讓人在此輕鬆享受烤肉樂趣。

DATA
- 8:30~22:00
- 休 無休
- 址 米原市池下80-1
- JR東海道本線近江長岡站搭乘巴士10分，步行即到
- 北陸道米原IC 9km
- P 380輛，免費

滋賀 長濱市

與家人一同在大自然中度過悠閒時光

○ウッディパルよご 書末地圖31H-1

Woody Pal余吳

0歲 1~3歲 4~5歲 6歲以上

☎0749-86-4145

¥ 免費入園

兒童博物館成人（國中生~）310日圓，兒童（1歲~）210日圓，賤岳之戰活動器材310日圓（小學生~）
※無中、英語對應

山里餐廳「ぱるむ」使用余吳產食材等製作的午餐套餐很受歡迎。另外也提供便當。
※有冬季休業。雨天時有入場限制

在玩人氣的賤岳之戰活動器材時小心掉到水裡喔！

位於有櫸木原生林的高原上，夏天可以玩活動器材、打網球或迷你高爾夫，冬天則可以滑雪，是一年四季都好玩的大自然寶庫。在小木屋烤肉或透過露營親身體驗大自然的魅力吧。

幼兒資訊

「余吳兒童博物館」裡有哺乳室及換尿布空間。沒有出租嬰兒車。

一起來check!

推薦情報

在預約制的「體驗教室」進行工藝體驗是這裡的人氣活動。小小朋友最喜愛的「賤岳之戰活動器材」裡有多達28種大型木製遊樂器材。

DATA
- 9:30~16:00
- 休 週二休（逢假日則翌日休，暑假期間無休）
- 址 長浜市余吳町中之郷260
- JR北陸本線木之本站搭乘巴士20分，步行即到　北陸道木之本IC 7km
- P 300輛，免費

滋賀 日野町

石窯披薩及點心的手作體驗教室值得推薦

○グリムぼうけんのもり 書末地圖23L-4

GRIMM冒險之森

0歲 1~3歲 4~5歲 6歲以上

☎0748-53-0809

¥ 免費入園

烤肉1爐位2800日圓

交流促進設施「HANAU」裡有輕食・喫茶區，不妨多加利用。
※無中、英語對應

假日時就和家人一起來露營吧

位於自然景觀豐富的山間，園區內有房車露營場及小木屋，另外還有設置了大型遊樂器材的「Leo Park」、木製藝術裝飾及鞦韆深受歡迎的「不萊梅森林」等豐富遊樂設施。只要事先預約，就可以參加從生火到後續整理全都能完整體驗到的汽油桶泡澡活動。

幼兒資訊

沒有出租嬰兒車，但行政中心內有嬰兒床及哺乳室。

一起來check!

人氣體驗活動

園內有舉辦木工體驗及製作年輪蛋糕等小朋友也能參加的體驗活動（預約制）。

DATA
- 9:00~17:00
- 休 無休
- 址 日野町熊野431
- 無法搭乘電車、巴士前往
- 新名神高速甲賀土山IC 19km
- P 45輛，免費

大阪 兵庫 京都 滋賀 奈良 和歌山 三重

圖示凡例   大約所需時間  雨天OK  有餐廳  可帶外食入內  投幣式置物櫃  嬰兒車（租借／自行攜帶）  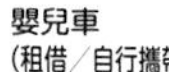 兒童廁所  換尿布空間   哺乳室

奈良 生駒市
探索準國家公園內蘊藏的豐富自然景觀
○いこまさんろくこうえん　書末地圖24E-2

生駒山麓公園

0歲　1~3歲　4~5歲　6歲以上

☎0743-73-8880
（生駒山麓公園交流中心）

¥免費入園
活動器材成人500日圓，國高中生400日圓，兒童（4歲～）300日圓

3小時　不可　有　OK　有
交流中心內有餐廳，可多加利用。

來挑戰道地的活動器材吧

位於生駒山北側山麓的丘陵上，為有豐富自然美景的公園。不僅有正統的活動器材，也有動々池畔的步道、可聽見野鳥啼叫的萬葉之道等處可以悠閒地散步。另外，園內還有傳來潺潺水流聲的せせらぎ廣場、有澡堂及餐廳的交流中心等，設施規劃十分完善。

幼兒資訊
沒有出租嬰兒車，嬰兒車也不可於活動器材設施使用。交流中心內有換尿布空間、哺乳室。

一起來check!
活動器材
1圈長800m、每一關都有不同的挑戰並設定了分數的正統派活動設施，適合小學生以上遊客來玩。

DATA 🕒9:00～21:00（因設施而異，活動器材設施入場～15:30）休週二休（逢假日則營業），夏季（6～9月）無休　址生駒市俵口町2088　🚃近鐵奈良線生駒站搭乘接駁巴士15分　🚗阪神高速東大阪線水走出口9.5㎞，信貴生駒SKYLINE 2㎞　P500輛，1日510日圓

奈良 宇陀市
宇陀川與群山交織出的大自然美景
○へいせいはいばらこどものもりこうえん　書末地圖25 I-5

平成榛原兒童之森公園

0歲　1~3歲　4~5歲　6歲以上

☎0745-82-7411

¥免費入園
烤肉場地使用費2000日圓，自帶帳篷費用1500日圓

※2017年1月起停止設置常設帳篷

半日　不可　無　OK　無
園內沒有餐廳等餐飲設施，請自行準備便當等。

有各式遊樂器材的「恐龍王國」

總長度400m、做成了恐龍造型的迴廊型遊樂器材是這裡的象徵。公園內有噴水廣場及森林館等，適合各類型遊客前來遊玩。此外還會定期舉辦石窯教室，使用設置在野外的石窯烤麵包或披薩，享用道地美味，很受歡迎。

幼兒資訊
兒童廁所、尿布台位於管理中心等。哺乳室請向工作人員詢問。沒有出租嬰兒車。

一起來check!
實用資訊
遊樂器材的突起物為橡膠製，小朋友可放心遊玩。夏天時有樹冰式的噴泉及直徑27m的人工瀑布，可以來這裡玩水。

DATA 🕒9:00～17:00　休無休、11月～3月為週二休（逢假日則翌日休）　址宇陀市榛原桧牧2107-4　🚃近鐵大阪線榛原站搭乘巴士5分，步行10分　🚗名阪國道針IC 12㎞　P250輛，1次500日圓

奈良 御杖村
公路休息站及溫泉等周邊設施一應俱全
○みつえせいしょうねんりょこうむら　書末地圖25L-6

御杖青少年旅行村

0歲　1~3歲　4~5歲　6歲以上

☎0745-95-6126（御杖村觀光服務處，預約專用，10:00～16:00）
☎0745-95-3088（洽詢專線，僅限開村期間內）

¥免費入園
烤肉場地使用費3500日圓（～6人）。有舵雪橇單人乘坐成人300日圓，兒童200日圓，2人乘坐400日圓

半日　不可　無　OK　無
村內沒有餐廳等餐飲設施，請自行準備便當等。

大型迴旋溜滑梯看起來超驚人

位於自然景觀豐富的三峰山麓，為可以露營、玩各式活動器材的景點。最受歡迎的是全長240m、破風滑行的有舵雪橇，刺激度與爽快感不同凡響。另外還能體驗抓石川櫻鱒及釣魚等各式各樣的活動。

幼兒資訊
沒有出租嬰兒車及哺乳室等設備，但帶著小寶寶來也沒問題。

一起來check!
周邊資訊
附近的「御杖體驗交流館」可以擀蕎麥麵等，還有溫泉「姫石之湯」。

DATA 🕒9:00～17:00　休週二休（11月1日～4月下旬閉村）　址御杖村神末1790　🚃無法搭乘電車、巴士前往　🚗名阪國道針IC 45㎞　P20輛，免費

三重 多氣町
動物交流廣場的動物餵食體驗深受歡迎
○ごかつらいけふるさとむら　書末地圖33J-1

五桂池故鄉村

0歲　1~3歲　4~5歲　6歲以上

☎0598-39-3860

¥免費入園
「花與動物交流廣場」成人600日圓，兒童（3歲～小學生）400日圓。天鵝船白鳥號（3人乘坐）30分1300日圓

3小時　不可　有　OK　無
在高中生的餐飲實習設施「まごの店」可以品嘗精心製作的午餐等。另外還有「ふるさと食堂」。

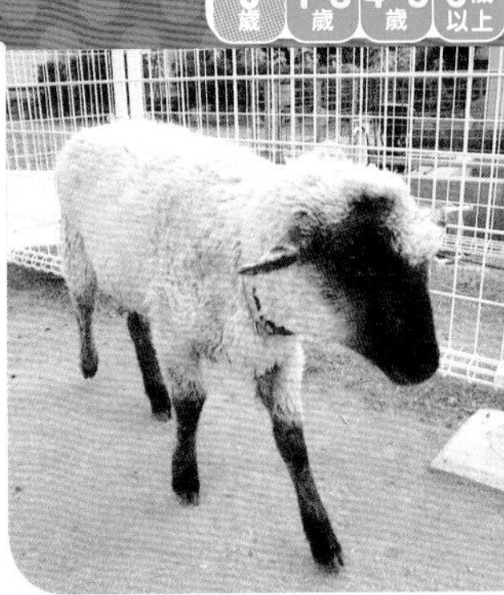

在村內可以接觸到許多動物

飼養了約49種、250隻動物的迷你動物園「花與動物交流廣場」很受歡迎，並且有與兔子、陸龜等動物近距離接觸，以及騎小馬、餵飼料等各種與動物們親近的企劃。另外還有烤肉屋。

幼兒資訊
提供免費出租嬰兒車，休憩所內有換尿布空間、哺乳室。

一起來check!
人氣的秘密
這裡不僅可以採橘子、柿子、草莓、藍莓、菇類等美味蔬果，還能在水池踩天鵝船、餵鴨子飼料。

DATA 🕒營業時間因設施而異　休第2週二休（8月無休，動物園每週二休，逢假日則開園）　址多気町五桂956　🚃JR紀勢本線多気站搭乘計程車10分　🚗伊勢道勢和多気IC 5㎞　P400輛，免費

出遊 小特集 4

全家人一起悠閒泡湯
還有五花八門的娛樂節目！

出遊前請先CHECK!

 有販售、出租浴巾（付費）

 有尿布台或嬰兒床

無

※費用可能會因燃料價格的變動而有變更。出遊前請先洽詢各設施。

好玩 療癒

在箕面溫泉的主要設施
自在、開心地享受泡湯生活

水量充沛的天然溫泉大澡堂裡附設了露天浴池、臥式浴池、三溫暖

大澡堂、露天浴池是基本配備，不但能享受各種不同的浴池，還有餐廳、娛樂節目，讓人充實度過一整天的入浴設施，現在已成了度假放鬆的熱門去處。以下就一起來看看新型態的溫泉會館有哪些創意，並為你介紹目前的超人氣設施。

大阪 大江戸溫泉物語 箕面溫泉SPA GARDEN

●おおえどおんせんものがたりみのおおんせんスパーガーデン

書末地圖 8F-3 免費

¥成人1580日圓（週六、週日、假日為1980日圓），小學生980日圓，幼童580日圓（新年期間為特別價格，另有各種優惠，所有標示價格皆不含稅。成人入館費需另付75日圓入湯稅）

箕面溫泉SPA GARDEN是以新綠及紅葉著稱的箕面溫泉中最主要的設施。這座西日本最大規模的溫泉主題樂園在重新裝修後，打出了「365日都能感受到祭典般的氣氛」的口號，泡完湯後的休閒活動也更加升級，包括了吉本的搞笑表演、大眾戲劇、歌謠秀等，在這個有玩樂、歡笑，熱鬧中又帶有懷舊氣息的溫泉風情中，絕對能讓全家擁有難忘的假日。

服務專線 0570-041266

10:00～22:45 休無休 地箕面市溫泉町1-1 阪急箕面線箕面站步行3分

這裡才找得到的樂趣

充滿江戶風情的氣派外觀很有祭典氣氛

在熱鬧的祭典廣場裡有釣水球、打靶等各種令人懷念的廟會攤位（玩1次100日圓～）

每天都會上演大眾戲劇、落語、歌謠秀等。週末則能欣賞到吉本的搞笑表演及爵士樂現場演奏

免費觀賞

娛樂

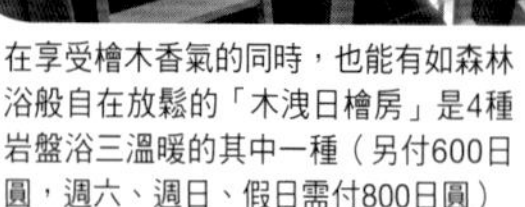

在享受檜木香氣的同時，也能有如森林浴般自在放鬆的「木洩日檜房」是4種岩盤浴三溫暖的其中一種（另付600日圓，週六、週日、假日需付800日圓）

泡完湯後別忘了填飽肚子！

悠閒地泡完湯後，就去吃吃美食、來杯冰涼的啤酒潤潤喉吧。館內的美食街從蓋飯到可麗餅都有，箕面觀光飯店餐廳裡也有自助式吃到飽午餐等，選擇十分多樣。

※菜單內容有變更可能，詳情請洽詢館方。

いなせや
魚河岸いなせ丼
（特選海鮮蓋飯）
1100日圓

各式拌飯 780日圓～

各種可麗餅 280日圓～

自助式吃到飽午餐套餐
（含SPA GARDEN入館費）
成人2980日圓～，
小學生1980日圓～，幼童1280日圓～

三重 AQUA × IGNIS

●アクアイグニス

書末地圖 31J-5  100日圓～ ¥成人600日圓，兒童(3歲～小學生)300日圓

能親身感受大地恩惠帶來的「療癒」與「美食」體驗的複合溫泉度假會館

以位於御在所岳山麓的片岡溫泉為中心，運用大自然給予的恩惠，推出療癒與美食兩大主題的複合溫泉度假會館。除了100%源泉放流式的入浴設施外，還能品嘗到出自世界知名甜點師與主廚之手的甜點及石窯麵包、義大利料理、和食等，享受高規格的溫泉之旅。

059-394-7733

6:00～24:00(因店而異)

休 無休(因店而異)

址 菰野町菰野4800-1

近鐵湯之山線湯之山溫泉站步行8分

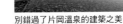

「Confiture H」裡有各式以獨家工法製作的甜點

被稱作美人之湯的天然溫泉完全沒有加水、加溫、循環。竹林圍繞的露天浴池很受歡迎

別錯過了片岡溫泉的建築之美

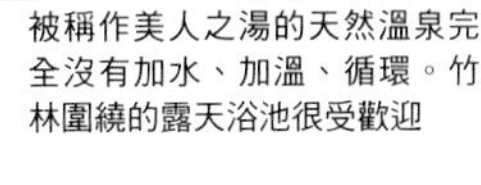

室內浴池的單斜式檜木天花板與窗外的竹林營造出清新氣息

大阪 天然温泉 延羽の湯 鶴橋

●てんねんおんせんのべはのゆつるはし

書末地圖 11 I-6  免費 ¥入浴費成人850日圓，兒童（4歲～小學生）450日圓／藥石汗蒸房成人1050日圓，兒童650日圓（入館費另計）／包租家族浴池1小時3800日圓～

以融合日本與韓國的溫泉文化為主題，館內重現了里山風景，可以泡溫泉及體驗韓式三溫暖「藥石汗蒸房」。包租家族浴池也深受好評。

06-4259-1126

9:00～翌1:00(藥石汗蒸房為～24:00) 休 無休(一年有4次臨時維修公休) 址 大阪市東成区玉津3-13-41 各線鶴橋站步行5分

大阪 天然露天温泉 スパスミノエ

●てんねんろてんおんせんスパスミノエ

書末地圖 12F-1  200日圓～ ¥成人650日圓，兒童(4歲～小學生)320日圓(週六、週日、假日成人750日圓，兒童370日圓)

讓人想像不到自己原來置身市區的森林露天浴池為一大賣點。種植了約300株樹木、綠意盎然的露天區域中有「竹林之湯」與「森のつぼ湯」會每週男女輪替。

06-6685-1126

10:00～翌1:00 休 無休

址 大阪市住之江区泉1-1-82

地下鐵四橋線住之江公園站步行3分

大阪 彩都天然温泉 すみれの湯

●さいとてんねんおんせんすみれのゆ

書末地圖 9 I-3 100日圓 ¥入浴費成人750日圓，兒童（5歲～小學生）370日圓，幼童（3、4歲）100日圓／汗蒸幕（入浴費另計）成人750日圓，兒童370日圓

有優惠券

湧出量為北攝地區首屈一指，且礦物質豐富的露天浴池為最大賣點。男女湯皆有碳酸浴池等13種不同的浴池及汗蒸幕，可體驗8種不同的療癒效果。

072-643-4126

9:00～翌1:00（週六、週日、假日為6:00～）

休 無休（有臨時維修公休） 址 茨木市清水1-30-7

大阪單軌電車彩都線豐川站步行5分（有JR京都線茨木站、北大阪急行千里中央站等地出發之免費接送巴士）

大阪 スパバレイ枚方南 ●スパバレイひらかたみなみ

有優惠券

書末地圖 22D-8 ¥入浴費成人440日圓，兒童(小學生)150日圓，幼童(3歲～)60日圓／岩盤交流三溫暖(含入浴費)成人1300日圓，兒童650日圓，幼童400日圓(週六、週日、假日費用會增加)

能在這裡泡到每天從能勢運來的天然溫泉。泡完湯後，就去提供安心、安全美食的健康食堂大快朵頤吧。

✆072-808-4126
🕒10:00～24:00（餐廳為11:00～LO23:30）
休無休 址枚方市津田山手1-24-1
🚃JR學研都市線津田站步行15分

大阪 箕面湯元 水春 ●みのおゆもとすいしゅん

書末地圖 9G-4 250日圓 ¥成人750日圓，兒童(5歲～小學生)370日圓，幼童(3、4歲)100日圓，岩盤浴需另付750日圓(週六、週日、假日之溫泉、岩盤浴皆為成人800日圓，兒童400日圓)

除了可感受四季風情的岩石浴池外，引發熱烈討論的碳酸泉也值得一試。另外還有不限時的岩盤浴，可以悠閒地在此享受。

✆072-726-4126
🕒9:00～翌2:00(週六、週日、假日為6:00～)
休無休(一年有2次維修公休) 址箕面市船場東3-13-11 🚃北大阪急行、大阪單軌電車千里中央站搭乘免費接駁巴士10分

大阪 ユーバスRoyal高井田店 ●ユーバスロイヤルたかいだてん

書末地圖 11K-5 200日圓～ ¥入浴費成人750日圓，兒童（3歲～小學生）350日圓（週六、週日、假日為成人780日圓，兒童380日圓）／岩盤浴（入浴費另計）50分720日圓

可使用專用休息室的「假眠方案」值得推薦。可以在看看電視、VOD（電影看到飽）或上上網，舒適地放鬆了之後再泡一次湯。

✆06-6785-4126
🕒6:00～翌2:00(第4週一為12:00～)
休無休 址東大阪市高井田本通5-2-20
🚃地下鐵中央線高井田站步行10分

大阪 天然温泉 平野台の湯 安庵 ●てんねんおんせんひらのだいのゆあんあん

書末地圖 21 I-5  100日圓 ¥成人650日圓，兒童(小學生)300日圓，嬰幼兒(1歲～)100日圓

有優惠券

有一年四季提供不同泡湯體驗的檜木浴池及深受女性歡迎的碳酸浴池等。所有浴槽、沖洗身體處皆使用軟水，是名符其實的美人之湯。

✆072-470-1126
🕒9:00～24:00
休無休(有臨時維修公休)
址阪南市鳥取中632-1
🚃JR阪和線和泉鳥取站步行20分

大阪 岩塩温泉 りんくうの湯
●がんえんおんせんりんくうのゆ

有優惠券

書末地圖 21J-4 250日圓

¥成人620日圓，兒童(5歲～小學生)310日圓，幼童(3、4歲)210日圓。另有悠閒方案成人930日圓、岩盤悠閒方案成人1240日圓等

有定期替換不同池水的人氣浴池「高見湯」，以及溶入了含有豐富天然礦物質的岩鹽的「岩石浴池」、「展望浴池」等8種浴池。

072-469-4126
9:00～24:00(週六、週日、假日為7:00～)
休 無休(有臨時維修公休) 址 泉佐野市りんくう往来南3 りんくうプレジャータウンシークル2F
JR關西機場線、南海機場線臨空城站下車即到

兵庫 つかしん天然温泉 湯の華廊
●つかしんてんねんおんせんゆのかろう

書末地圖 8D-8 160日圓

¥成人800日圓，兒童(4歲～小學生)450日圓

有優惠券

「つかしん」附設的大型SPA，除了能泡到各種不同池水的浴池外，源泉放流式的露天浴池及奈米高碳酸浴池也很值得推薦。

06-6423-4426
10:00～24:00 休 無休(有臨時公休)
址 尼崎市塚口本町4-8-12 JR寶塚線猪名寺站、阪急伊丹線稲野站步行7分(有免費接送巴士)

兵庫 名湯宝乃湯
●めいとうたからのゆ

書末地圖 8B-4 130日圓

¥成人750日圓，兒童(小學生)350日圓，嬰幼兒(3歲～)200日圓／岩盤浴(國中生～)需另付650日圓

擁有自家源泉，可以在這裡泡到與有馬溫泉同質之高鹽分濃度的黃金泉。不僅道地的泉質深受歡迎，蔚為話題的碳酸浴池也不可錯過。

0797-82-1126
9:00～24:00(足湯為～18:00，週六、週日、假日公休) 休 無休(有臨時維修公休) 址 宝塚市中筋3-3-1 JR寶塚線中山寺站步行5分(有免費接送巴士)

滋賀 永源寺温泉 八風の湯
●えいげんじおんせんはっぷうのゆ

有優惠券

書末地圖 23L-3 免費

¥成人(國中生以上)1300日圓(週六、週日、假日1500日圓)，兒童(小學生以下)700日圓(週六、週日、假日800日圓)，幼童(未滿3歲)200日圓

鄰近永源寺的溫泉館。可感受到四季變化的露天浴池，以及使用在地食材製作的料理都十分受歡迎。也可在此住宿。

0748-27-1126
10:00～21:00(週六為～22:00，餐廳皆為11:00～LO21:00) 休 無休(有維修公休)
址 東近江市永源寺高野町352 JR琵琶湖線近江八幡站搭乘免費接駁巴士45分

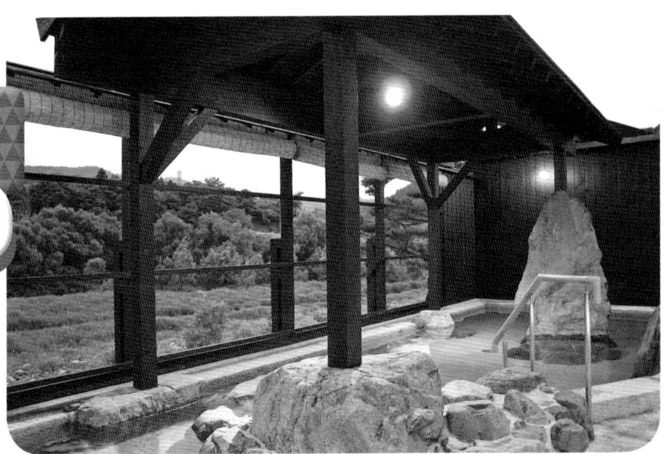

適合親子住宿的飯店

大阪 大阪市 在大阪市中心的都會飯店舒適放鬆

ANAクラウンプラザホテル大阪大阪全日空 書末地圖 11H-4

大阪全日空皇冠假日酒店

☎06-6347-1112（免費訂房專線☎0120-455-655）

¥ 雙床房 成人17000日圓～ 兒童17000日圓～ 6歲以下同床免費

位於堂島川畔，大阪首屈一指的都會飯店。禮賓人員無微不至的服務讓人可放心與家人同住。能看見天空的室內游泳池很受小朋友喜愛。

俯瞰著堂島川的氣派建築

DATA IN 15:00 OUT 12:00 客房 單人房164，雙床房203，雙人房106，其他5 址 大阪市北区堂島浜1-3-1 🚃 JR東西線北新地站步行5分（接駁巴士從JR大阪站出發） P 140輛(收費)

一起來check! 有 有 有 有

大阪 大阪市 在大阪北區享受一流接待

ヒルトン大阪 書末地圖 11H-4

大阪希爾頓酒店

☎06-6347-7111

¥ 雙床房 成人29030日圓～ 兒童29030日圓～ 12歲以下同床免費

位在JR大阪站前，35層樓高的都會飯店。鄰近車站，眾多餐廳與用心的接待讓家族旅客可在此度過舒適的一天。從房間望出去的夜景也美極了。

祥和穩重的客房，讓人感受到日式寧靜氛圍

DATA IN 15:00 OUT 12:00 客房 雙床房219，雙人房281，其他27 址 大阪市北区梅田1-8-8 🚃 JR大阪站即到 P 300輛(收費)

一起來check! 有 有 有 有

大阪 大阪市 集結了各種官方公認飯店特有的驚喜

ホテル近鉄ユニバーサルシティ 書末地圖 10E-5

近鐵環球影城酒店

☎06-6465-6000（住宿免費專線☎0120-333-001，受理時間9:00～22:00，週六、週日、假日為～20:00）

¥ 雙床房 成人22680日圓～ 兒童22680日圓～ 3歲以下同床免費

日本環球影城®的官方公認飯店。以芝麻街裡的角色打造的主題樓層十分有人氣。飯店內還設有攝影景點。

有的房間內就有芝麻街裡的角色

DATA IN 15:00 OUT 11:00 客房 雙床房430，雙人房26 址 大阪市此花区島屋6-2-68 🚃 JR夢咲線環球城站即到 P 52輛(收費)

一起來check! 有 有 有 有

大阪 大阪市 開心暢遊USJ與自在玩大阪的好選擇

ホテル京阪ユニバーサルシティ 書末地圖 10E-5

京阪環球影城飯店

☎06-6465-0321

¥ 休閒雙床房 成人19600日圓～ 兒童19600日圓～ 學齡前兒童同床免費

打造成好萊塢世界的館內與全具有主題概念的房間十分迷人，而且還有各種能讓全家同樂的設計。另外也有豐富的兒童用備品及早餐選擇。

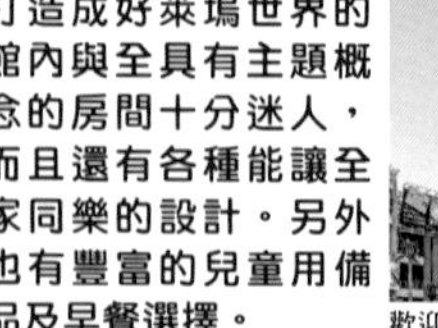

歡迎來到充滿玩心的夢想國度

DATA IN 15:00 OUT 11:00 客房 雙床房250，雙人房64，其他16 址 大阪市此花区島屋6-2-78 🚃 JR夢咲線環球城站即到 P 42輛(收費)

一起來check! 有 有 有 有

大阪 大阪市 眺望大阪城的同時感受都會度假風情

ホテルニューオータニ大阪 書末地圖 11 I-4

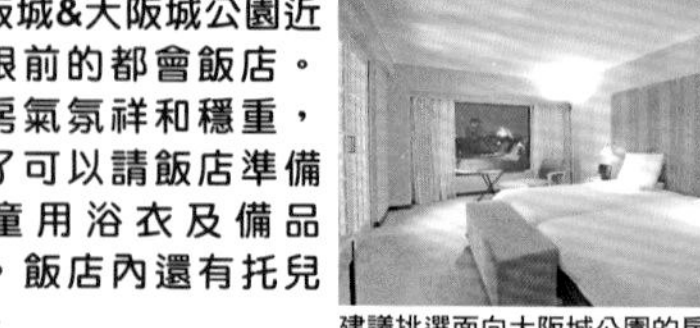

大阪新大谷飯店

☎06-6941-1111（訂房專線☎06-6949-3232）

¥ 雙床房 成人39270日圓～ 兒童39270日圓～ 同床免費

大阪城&大阪城公園近在眼前的都會飯店。客房氣氛祥和穩重，除了可以請飯店準備兒童用浴衣及備品外，飯店內還有托兒房。

建議挑選面向大阪城公園的房間

DATA IN 14:00 OUT 12:00 客房 雙床房276，雙人房85，其他165 址 大阪市中央区城見1-4-1 🚃 JR大阪環狀線大阪城公園站步行3分 P 500輛(收費)

一起來check! 有 有 有 有 有

大阪 大阪市 大阪觀光的便利選擇，全家都滿足！

ホテルコスモスクエア国際交流センター 書末地圖 10D-7

國際交流中心酒店

☎06-6614-8711

¥ 雙床房 成人15120日圓～ 兒童15120日圓～ 小學生以下同床免費

除了有兒童區外，還可租借床欄、加濕器等，而且鄰近大阪的觀光景點，十分便利。小學生以下的小朋友同床不需另外付費，貼心極了。

有便利商店及免費的交誼室

DATA IN 15:00 OUT 10:00 客房 單人房45，雙床房180，雙人房95 址 大阪市住之江区南港北1-7-50 🚃 地下鐵中央線、南港港城線宇宙廣場站搭乘巴士3分，下車即到 P 80輛(收費)

一起來check! 有 有 有 有

圖示凡例  出租嬰兒床  出租嬰兒車  嬰兒房、兒童區 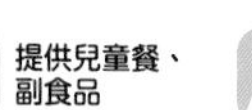 提供兒童餐、副食品  游泳池 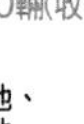 室內浴池、包租浴池

兵庫 神戸市 元湯 龍泉閣
可房內用餐，不論大人或小寶寶都能自在享受
○もとゆ りゅうせんかく 書末地圖 5G-5

078-904-0901

¥ 附2食 成 人 15120日圓～ 兒 童 3780日圓～

位於關西的後花園—有馬的溫泉旅館，露天岩石浴池是這裡自豪的特色。繪本區等為嬰兒、小朋友量身打造的服務多達了50種以上！

可欣賞到美麗自然景觀的金泉露天浴池

DATA IN 15:00 OUT 10:00 客房 和室30 地 神戶市北區有馬町1663 交 神戶電鐵有馬線有馬溫泉站步行10分(有接送服務，需確認) P 50輛

兵庫 神戸市 兵衛向陽閣
帶著小寶寶一起悠閒地泡溫泉吧
○ひょうえこうようかく 書末地圖 5G-6

078-904-0501

¥ 附2食 成 人 18684日圓～ 兒 童 8640日圓～ 2歲以下同床免費

位於有馬的溫泉旅館，除了能租借浴池用的嬰兒椅、嬰兒提籃外，還提供兒童用浴衣、牙刷等備品。另外也能幫忙煮沸奶瓶、加熱副食品。

所有浴池都能泡到名湯「金泉」

DATA IN 14:30 OUT 11:00 客房 和室123，西式客房1，和洋室2，其他3 地 神戶市北區有馬町1904 交 神戶電鐵有馬線有馬溫泉站步行6分(有接送服務，需確認) P 150輛

兵庫 豊岡市 雷澤尼特城崎套房別墅
皆為和洋室的房間寬敞舒適
○レイセニット城崎スイートVILLA 書末地圖 27H-2

0796-28-2810

¥ 附2食 成 人 10000日圓(未稅)～ 兒 童 7000日圓(未稅)～ 3歲以下同床免費

所有客房皆為13.5坪以上的和洋室，有寶寶專用、狗狗專用、附設廚房的房間等，還有溫泉、泳池、玩具租借等，帶來各種不同的享受。夏天的小小孩活動深受好評。

位於圓山川畔的舒適旅館

DATA IN 15:00 OUT 10:00 客房 和洋室30 地 豊岡市小島1220 交 JR山陰本線城崎溫泉站搭乘計程車7分(有接送服務，預約制) P 45輛

一起來check!

兵庫 洲本市 新淡路酒店
各式浴池與兒童服務深受好評
○ホテルニューアワジ 書末地圖 20D-6

0799-23-2200

¥ 附2食 成 人 22680日圓～ 兒 童 10260日圓～ 未滿3歲同床免費

位於淡路島東海岸，距離海面50m的屋頂包租浴池很受歡迎。飯店內有遊戲區，並提供浴衣、嬰兒寢具（收費）等，十分體貼帶著小孩的遊客。可幫忙加熱副食品。

面向紀淡海峽的淡路棚田之湯

DATA IN 15:00 OUT 10:00 客房 和室84，和洋室1，其他32 地 洲本市小路谷20 交 洲本高速巴士中心搭乘免費接送巴士3分(預約制) P 200輛

一起來check!

兵庫 洲本市 夢海游 淡路島
海水浴、泳池、溫泉全都享受得到
○ゆめかいゆう あわじしま 書末地圖 20D-6

0799-22-0203

¥ 附2食 成 人 12960日圓～ 兒 童 8640日圓～ 未滿3歲同床免費

大濱海岸近在眼前的度假飯店。準備了木製玩具及繪本的兒童區十分受歡迎。位於最上層的室內游泳池也深受有幼小孩童同行的家長好評。

可眺望大濱海岸景色的包租浴池「夢海」

DATA IN 15:00 OUT 10:00 客房 和室45，和洋室26，西式客房30 地 洲本市山手1-1-50 交 洲本高速巴士中心步行10分(有接送服務，需確認) P 100輛

兵庫 洲本市 淡路夢泉景
在提供貼心兒童服務的旅館度過優雅假期
○あわじゆめせんけい 書末地圖 20D-6

0799-22-0035

¥ 附2食 成 人 17280日圓～ 兒 童 8640日圓～ 未滿3歲同床免費

能欣賞到美麗海景的旅館。除了有兒童區、夏天開放的游泳池外，還有嬰兒床、繪本等物品可租借，提供各式服務讓家長安心地帶著小朋友來旅行。

能在此盡情飽覽絕美景致

DATA IN 15:00 OUT 10:00 客房 和室38，西式客房12，和洋室3，其他7 地 洲本市小路谷1052-2 交 洲本高速巴士中心搭乘巴士10分，下車即到(有接送服務，預約制) P 100輛

兵庫 洲本市 淡路島觀光飯店
「釣魚體驗」讓全家留下難忘回憶
○あわじしまかんこうホテル 書末地圖 20D-6

0799-26-0111

¥ 附2食 成 人 10000日圓(未稅)～ 兒 童 7000日圓(未稅)～ 1歲以下同床免費

所有客房都能看到海景的「釣魚體驗」飯店。不用準備任何東西就能在飯店內的釣魚場垂釣，並將釣到的魚當作晚餐享用。小朋友也能參加的「船釣體驗」及夏季開放的游泳池都適合全家同樂。

全家一起來挑戰釣魚吧！

DATA IN 15:00 OUT 10:00 客房 和室61，和洋室6，其他9 地 洲本市小路谷1053-17 交 洲本高速巴士中心搭乘巴士9分，下車即到(有接送服務，需確認) P 100輛

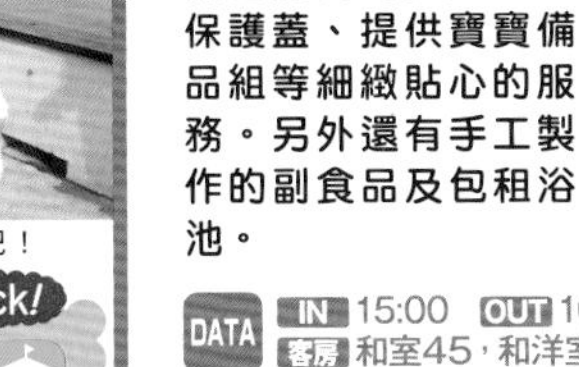

兵庫 洲本市 淡路陽光廣場國際飯店
主廚精心調理的副食品深受好評
○淡路インターナショナルホテルザ・サンプラザ 書末地圖 20D-6

0799-23-1212 (免費專線 0120-040-212)

¥ 附2食 成 人 16800日圓～ 兒 童 8400日圓～ 未滿1歲同床免費

高人氣的寶寶方案有為客房內的插座加上保護蓋、提供寶寶備品組等細緻貼心的服務。另外還有手工製作的副食品及包租浴池。

穩重的和風客房迎接旅客的到來

DATA IN 15:00 OUT 10:00 客房 和室45，和洋室9 地 洲本市小路谷1279-13 交 洲本高速巴士中心搭乘計程車10分(有接送服務，需預約) P 60輛

兵庫 南淡路市 南淡路皇家度假大飯店
露天浴池及夏日活動帶來滿滿度假氣氛
○南淡路ロイヤルホテル 書末地圖 20A-7

0799-52-3811

¥ 附2食 成 人 14000日圓～ 兒 童 9500日圓～ 未滿3歲同床免費

位在可眺望鳴門海峽的山丘上，庭園風露天浴池等是這裡自豪的特色。家庭房、禁菸的摩登和室深受家庭遊客好評，暑假時還會舉辦廟會等活動。

在寬敞的庭園露天浴池好好放鬆吧

DATA IN 15:00 OUT 11:00 客房 和室58，和洋室80，西式客房191 地 南あわじ市福良丙317 交 JR神戶線三之宮站搭乘巴士1小時25分，計程車10分(有接送服務，需確認) P 265輛

以上列出之價格，「雙床房」等為2人份的客房費用，「附2食」等則是1人份的住宿費用。

親子飯店

京都 京都市 直通京都站，便利的觀光據點
○ホテルグランヴィア京都 書末地圖 17H-3

京都格蘭比亞大酒店
✆075-344-8888

¥ 雙床房 成人 33264日圓～ 兒童 33264日圓～ 小學生以下同床免費

直通JR京都站的都會飯店。除了家庭房外還有超大床房，可以放心讓年幼的小朋友同床。另外也有提供嬰兒床免費出借。

客房內準備了獨家床鋪

DATA IN 15:00 OUT 12:00 客房 雙床房404，雙人房85，其他46 址 京都市下京区烏丸通塩小路下ル京都駅ビル内 JR京都線京都站直通 P 1250輛(收費)

一起來check!

京都 京都市 眺望二條城感受滿滿京都風情
○ANAクラウンプラザホテル京都 書末地圖 17H-1

京都全日空皇冠假日酒店
✆075-231-1155

¥ 雙床房 成人 18000日圓～ 兒童 18000日圓～ 12歲以下同床免費

可欣賞到二條城景色的都會飯店。充實的設備與完善的服務讓全家出遊的旅客也能舒適享受。前往京都太秦映畫村等小朋友喜歡的景點也很方便。

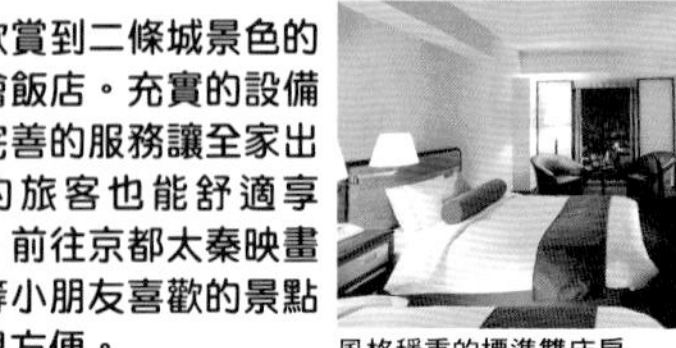
風格穩重的標準雙床房

DATA IN 15:00 OUT 11:00 客房 和室3，西式客房(雙床房208，雙人房40，其他40) 址 京都市中京区堀川通二条城前 地下鐵東西線二条城前站即到 P 150輛

一起來check!

京都 宮津市 絕美景色與可口餐點讓人超滿足
○天橋立宮津ロイヤルホテル 書末地圖 27J-2

天橋立宮津皇家度假大飯店
✆0772-25-1800（訂房專線✆0772-25-1188）

¥ 附2食 成人 9800日圓～ 兒童 5880日圓～ 2歲以下同床免費

能將天橋立景色盡收眼底的溫泉度假飯店。有36㎡的寬敞西式客房、家庭旅客喜愛的和室等各式房型，還附設日、中、西式餐廳等，提供豐富美食隨你挑選。

和洋室的參考圖，適合家庭旅客住宿

DATA IN 15:00 OUT 11:00 客房 和室36，西式客房267，其他8 址 宮津市田井岩本58 京都丹後鐵道各線宮津站搭乘計程車15分(有接送服務，需確認) P 250輛

一起來check!

滋賀 大津市 提供各式嬰兒用品免費出借
○びわ湖花街道 書末地圖 22F-2

琵琶湖花街道
✆077-578-1075

¥ 附2食 成人 16000日圓(未稅)～ 兒童 8000日圓(未稅)～ 未滿1歲同床免費

除了兒童用浴衣、木屐、餐點外，還提供嬰兒提籃、尿布用垃圾桶等物品供租借（一部分收費，需洽詢），非常符合帶小寶寶出遊的家長之需求。也有適合小寶寶同行的住宿方案。

充滿木頭香氣的「ばんからの湯」

DATA IN 14:00 OUT 11:00 客房 和室28，西式客房5，和洋室3，其他7 址 大津市雄琴1-1-3 JR湖西線雄琴溫泉站搭乘計程車5分(有接送服務，需確認) P 48輛

一起來check!

滋賀 大津市 景色絕佳，夏季會開放游泳池
○さとゆむかしばなし ゆうざんそう 書末地圖 22F-2

里湯昔話 雄山荘
✆077-578-1144

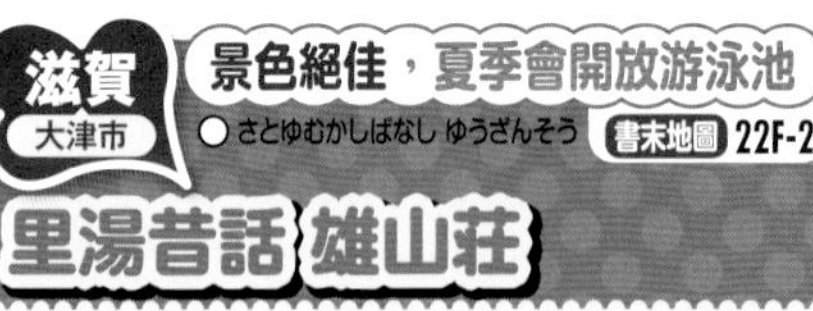

¥ 附2食 成人 14040日圓～ 兒童 9828日圓～ 未滿2歲同床免費

位於琵琶湖畔的山丘上，擁有絕佳景觀的和風旅館。推薦帶小寶寶的旅客選擇附露天浴池的客房。夏天時還會開放適合家人同樂的庭園游泳池。

大浴堂配備了舒適木枕，讓人可以自在地放鬆

DATA IN 15:00 OUT 10:00 客房 和室93，和洋室6，西式客房14，其他2 址 大津市雄琴1-9-28 JR湖西線おごと溫泉站搭乘計程車5分(有接送服務，需確認) P 100輛

一起來check!

和歌山 白濱町 海灘近在眼前，親子出遊的人氣選擇
○白良荘グランドホテル 書末地圖 32A-7

白良莊格蘭飯店
✆0739-43-0100（免費專線✆0120-420-566）

¥ 附2食 成人 16200日圓～ 兒童 8100日圓～ 未滿1歲同床免費

只要步行30秒就是白良濱海水浴場，是最適合海灘玩水的高人氣飯店。以當令食材製作的料理及面海的露天浴池、客房都有顧慮到帶小朋友來的旅客的貼心設計，讓人放心。

以美麗景色自豪的「眺望之湯 潮風」

DATA IN 15:00 OUT 10:00 客房 和室89，和洋室7，西式客房3，西式客房(雙床房)1 址 白浜町868 JR紀國線白濱站搭乘巴士15分，下車即到 P 70輛

一起來check!

和歌山 白濱町 適合全家同住的度假飯店
○しらはまこがのいリゾートアンドスパ 書末地圖 32A-7

白濱古賀之井SPA度假村
✆0739-43-6000

¥ 附2食 成人 16150日圓～ 兒童 7500日圓～ 2歲以下同床免費

白濱的正統度假飯店，所有客房都能欣賞到海景。游泳池及私人霓彩燈飾很受歡迎。「嬰兒友善旅館認證和洋室」最適合有小寶寶同行的旅客住宿。

「Iluminous Ocean」一整年都能觀賞到

DATA IN 14:00 OUT 11:00 客房 和室11，和洋室20，西式客房(雙床房99，雙人房12，其他25) 址 白浜町3212-1 JR紀國線白濱站搭乘巴士8分，步行6分(有接送服務) P 110輛

一起來check!

和歌山 白濱町 可全家一同享受白濱首屈一指的泉質
○ゆどころむろべ 書末地圖 32A-8

湯処むろべ
✆0739-42-3300

¥ 附2食 成人 11814日圓～ 兒童 7560日圓～ 學齡前兒童同床免費

位於白濱的溫泉旅館。澡堂為無障礙設計，帶著嬰幼兒也能安心使用。兒童區有球屋、溜滑梯等。另外還提供兒童用拖鞋、浴衣。

露天浴池（女湯）有岩石浴池及壺湯

DATA IN 15:00 OUT 10:00 客房 和室12，西式客房15，和洋室1 址 白浜町1997 JR紀國線白濱站搭乘巴士15分，步行7分 P 30輛

一起來check!

和歌山 周參見町 歡迎全家造訪，洋溢南國風情的飯店
○ホテル ベルヴェデーレ 書末地圖 32D-7

布萊維德利飯店
✆0739-55-3630

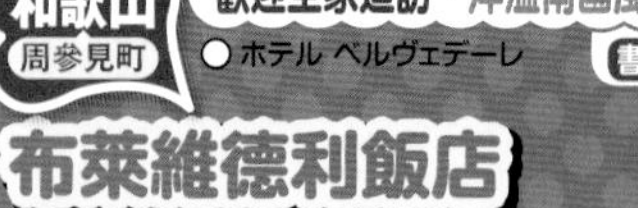

¥ 附2食 成人 12204日圓～ 兒童 7787日圓～ 未滿1歲同床免費

從客房便可望見枯木灘海岸的景色。除了有游泳池，離海水浴場也很近。飯店內設有兒童區，並提供兒童用浴衣、嬰兒用洗澡椅等備品。

以地中海為概念設計的露天浴池

DATA IN 15:00 OUT 11:00 客房 和室32，和洋室3，西式客房2，其他1 址 すさみ町周参見4857-3 JR紀國線周參見站搭乘免費接送巴士5分 P 60輛

一起來check!

圖示凡例：出租嬰兒床 出租嬰兒車 嬰兒房、兒童區 提供兒童餐、副食品 游泳池 室內浴池、包租浴池

和歌山 那智勝浦町

吃得到滿滿海鮮的餐點及溫泉超誘人

○かつうら御苑 書末地圖 33G-7

勝浦御苑

✆0735-52-0333

¥ 附2食 成　人 14040日圓～ 兒　童 成人的70%　未滿3歲同床免費

位於南紀勝浦的溫泉旅館，海邊的露天庭園浴池為一大賣點。除了有夏天舉行的鮪魚解體秀等活動外，遊戲區及夏天開放的游泳池也深受家庭旅客好評。

「滝見之湯」景色宜人

DATA IN 15:00 OUT 10:00 客房 和室104，和洋室11，其他8 址 那智勝浦町勝浦216-19 🚃 JR紀國線紀伊勝浦站步行12分 P 100輛

一起來check!

三重 津市

可以體驗搗麻糬及做麵包!

○みすぎリゾートひのたにおんせん ホテルアネックス 書末地圖 31I-8

火之谷美杉溫泉度假村ANNEX

✆059-272-1155

¥ 附2食 成　人 14350日圓～ 兒　童 成人的75%

有溫泉、游泳池等設施的度假飯店。提供手作體驗麵包教室、木工教室，以及在自助餐廳舉辦的搗麻糬體驗等供全家出遊的旅客參加。

深受家庭旅客喜愛的度假飯店

DATA IN 15:00 OUT 10:00 客房 和室45，和洋室6，西式客房25 址 津市美杉町八知5990 🚃 近鐵大阪線榊原溫泉口站搭乘計程車30分(有接駁巴士，預約制) P 80輛

一起來check!

三重 鳥羽市

不僅有美食與溫泉，小朋友也能玩得開心

○とだや 書末地圖 33L-1

戶田家

✆0599-25-2500

¥ 附2食 成　人 15120日圓～ 兒　童 10584日圓～　未滿3歲同床免費

位在鳥羽灣沿岸，坐擁絕美景色的旅館。除了高人氣的溫泉及自助式吃到飽料理外，黃金週、暑假期間舉辦的賓果大會等適合小朋友參加的活動也不容錯過。

擁有絕佳景觀的人氣旅館

DATA IN 15:00 OUT 10:00 客房 和室133，和洋室20，西式客房11 址 鳥羽市鳥羽1-24-26 🚃 近鐵鳥羽線鳥羽站步行3分(有接送服務，需確認) P 150輛

一起來check!

三重 鳥羽市

提供各種體貼寶寶及家長服務的溫泉旅館

○サンうらしま ゆうきのさと 書末地圖 33L-1

太陽浦島 悠季之里

✆0599-32-6111

¥ 附2食 成　人 20670日圓～ 兒　童 成人的70%　6歲以下同床免費

有2股源泉湧出的溫泉旅館。提供從租借幼兒用椅、泡奶粉用的熱水瓶等物品，到幫忙加熱旅客帶來的副食品、洗奶瓶等各種服務，讓爸爸媽媽可以輕鬆帶小朋友出遊。

可泡到2種溫泉的「まろびね庵」

DATA IN 15:00 OUT 11:00 客房 和室19，和洋室6，其他9 址 鳥羽市浦村町1215-5 🚃 近鐵鳥羽線鳥羽站搭乘計程車20分(有接送服務，預約制) P 50輛

一起來check!

三重 鳥羽市

寶寶也可以一起悠閒自在地泡溫泉

○リゾートヒルズとよはま そらのかぜ 書末地圖 33L-1

豐濱度假山莊 蒼空之風

✆0599-33-6000

¥ 附2食 成　人 12960日圓～ 兒　童 9072日圓～　未滿3歲同床免費

孕婦及嬰幼兒也可以泡的泉質的溫泉及美味料理為旅館自豪的特色。還提供兒童用浴衣、幫寶椅、泡奶粉用的電熱水瓶等備品出租。也有附家庭露天浴池的客房。

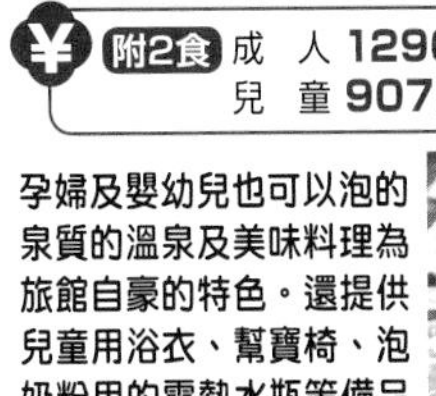

能品嘗到鳥羽特有的豐富海鮮

DATA IN 15:00 OUT 10:00 客房 和室23，西式客房6，和洋室9 址 鳥羽市相差町千鳥ヶ浜1471 🚃 近鐵鳥羽線鳥羽站搭乘巴士40分，步行2分(有接送服務，需確認) P 40輛

一起來check!

三重 志摩市

有游泳池及天文館的度假飯店

○ホテル近鉄アクアヴィラ伊勢志摩 書末地圖 33L-2

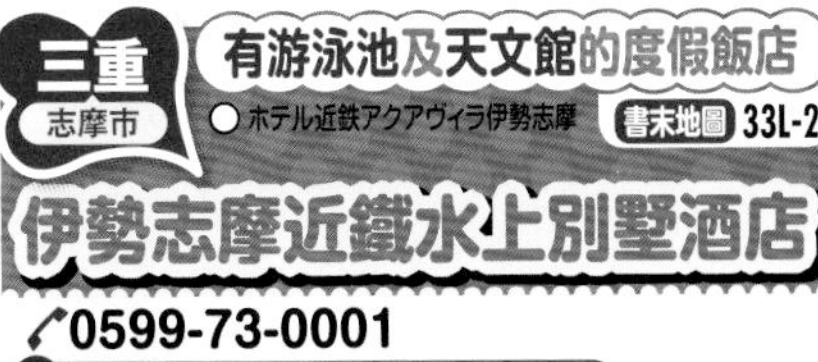

伊勢志摩近鐵水上別墅酒店

✆0599-73-0001

¥ 附2食 成　人 13000日圓～ 兒　童 9100日圓～

位於美景圍繞的大自然中，不僅有美味的料理，溫泉設施、夏天的戶外泳池也是一大賣點。另外還可以在附設的天文館裡觀察星空等，小朋友絕對會開心。

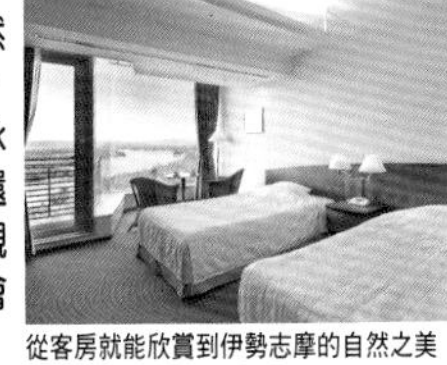

從客房就能欣賞到伊勢志摩的自然之美

DATA IN 15:00 OUT 11:00 客房 和室11，和洋室12，西式客房81，其他23 址 志摩市大王町船越3238-1 🚃 近鐵志摩線賢島站搭乘計程車20分(有接送服務，需確認) P 250輛

一起來check!

三重 志摩市

優質的天然溫泉露天浴池為最大賣點

○かしこじまほうじょうえん 書末地圖 33L-2

賢島宝生苑

✆0599-43-3111

¥ 附2食 成　人 17000日圓(未稅)～ 兒　童 8500日圓(未稅)～　未滿3歲同床免費

從可以近距離觀賞英虞灣景色的庭園露天浴池、有小河及滑水道的戶外泳池、遊戲區到保齡球館，各種設施應有盡有。澡堂的更衣處設有嬰兒床。

露天浴池的景觀值得好好欣賞

DATA IN 15:00 OUT 10:00 客房 和室162，其他7 址 志摩市阿児町神明718-3 🚃 近鐵志摩線賢島站步行7分(有接送服務，不需預約) P 200輛

一起來check!

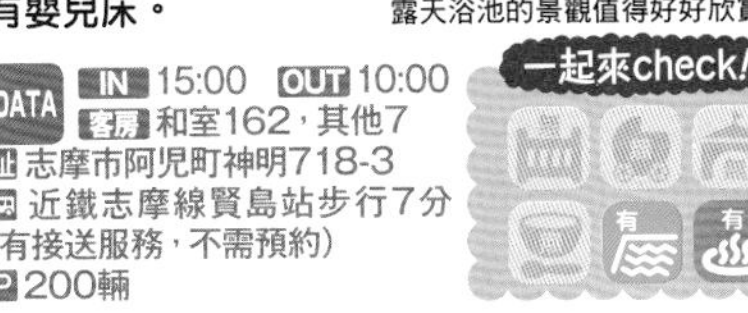

三重 志摩市

從兒童區到泳池都讓人超滿意

○いせしまこくりつこうえん かしこじまのやど みちしお 書末地圖 33L-2

伊勢志摩國立公園 賢島之宿 滿潮

✆0599-43-1067 (免費專線✆0120-73-1067)

¥ 附2食 成　人 9800日圓～ 兒　童 4900日圓～

可欣賞英虞灣景色的老牌旅館。除了大澡堂旁有兒童區外，夏天時還有廟會、兒童用泳池等，提供各種適合帶小朋友前來的設備及服務。

可以在客房內品嘗伊勢志摩的山珍海味

DATA IN 15:00 OUT 10:00 客房 和室33，和洋室3，其他8 址 志摩市阿児町神明754-9 🚃 近鐵志摩線賢島站步行5分 P 50輛

一起來check!

三重 志摩市

繽紛料理與淺水海灘深受好評

○プレミアリゾート 夕雅 伊勢志摩 書末地圖 33K-2

夕雅 伊勢志摩頂級度假村

✆0599-53-1551

¥ 附2食 成　人 14000日圓～ 兒　童 成人的50%～　未滿3歲同床免費

所有客房都能欣賞到夕陽美景的度假飯店。不但鄰近水淺的海灘，夏天開放的泳池內也設有兒童用泳池。也有全家可以一起同樂的桌球場。

露天浴池能欣賞到夕陽與滿天星斗

DATA IN 15:00 OUT 10:30 客房 和室26，西式客房36，和洋室17，其他7 址 志摩市浜島町浜島1645 🚃 近鐵志摩線鵜方站搭乘巴士27分，下車即到(有接送服務，預約制) P 60輛

一起來check!

以上列出之價格，「雙床房」等為2人份的客房費用，「附2食」等則是1人份的住宿費用。

出遊攻略BOX

四季的玩樂好選擇都在這兒！

實用資訊一網打盡！

※刊載之時間、資料為2016年9～12月採訪的2017年度預定舉辦日、資料（包括2016年度實績），內容可能會有變更，請事前確認。

夏天一定要去！

海水浴場&游泳池

海水浴場及游泳池是炎熱的夏天必定要造訪的休閒去處。出遊前別忘了先做好水分補充及防曬等準備工作喔。

●0～1歲的幼兒皮膚較脆弱，體力也可能無法負荷。另外，也要注意孩童在沙灘上會不會隨便撿東西放進嘴裡等，請務必勤加查看孩子的狀況。

●炙熱的陽光十分危險，因此要確實做好防曬。海邊建議在早晨或傍晚前往。也不妨多加利用海之家遠離日曬。

●即使大人覺得水淺的地方，對小朋友而言可能也很深，有溺水的風險，請確實保護好小朋友。

●有些設施禁止穿著游泳池用尿布、擦防曬乳等，請事先確認。

大阪　大阪灣　7月1日～8月底(預定)

●たんのわときめきビーチ

淡輪心動海灘

有 有

072-494-2141 書末地圖 21H-6
（海水浴管理公會），非開放期間請打072-494-3069（淡輪漁會）或072-494-2626（泉南里海公園管理辦公室） 岬町淡輪地先 阪神高速灣岸線泉佐野南出口 15km
P 600輛(1日1240日圓，海水浴期間內)
施設 2間海之家、投幣式置物櫃，淋浴需收費
春天時可以挖貝殼的海灘。有烤肉場及釣魚場，並會舉辦各種活動。

大阪　大阪灣　7月上旬～8月下旬(預定)

●はこつくりかいすいよくじょう(ぴちぴちビーチ)

箱作海水浴場(ぴちぴちビーチ)

有 有

072-476-3319 書末地圖 21H-6
（海水浴管理公會），非開放期間請打072-471-5678（阪南市商工勞動觀光課）或072-494-2626（泉南里海公園管理辦公室） 阪南市箱作 阪神高速灣岸線泉佐野南出口 15km
P 1000輛(預定1日1240日圓，海水浴期間內)
施設 海之家、投幣式置物櫃，淋浴需收費
有蔚藍大海且綠意盎然的美麗白沙海灘。附近還有烤肉區。

兵庫　大阪灣　7月上旬～8月下旬

●すまかいすいよくじょう

須磨海水浴場

有 有

078-322-5661 書末地圖 6A-7
（神戶市海港總局海岸防災課） 神戸市須磨区若宮町1、須磨浦通1～6 阪神高速神戸線若宮出口即到，JR須磨站步行即到 P 1630輛(1小時400日圓，之後每小時200日圓) 施設 約30間海之家
京阪神首屈一指的海水浴場。※禁止放煙火、騎乘水上摩托車、烤肉、露出刺青等。垃圾請自行帶回。海岸全面禁菸（違者罰金1000日圓）。

兵庫　7月8日～9月3日(預定)

●デカパトス

Deka pathos

有 有

078-857-1170 書末地圖 7H-5
神戸市東灘区向洋町中8-1 六甲Linerマリンパーク站下車即到 10:00～18:00(一部分會有變更)
休 期間內無休(可能會因天候不良臨時公休) ¥ 成人1400日圓，國高中生900日圓，小學生700日圓，幼童(4歲以上)400日圓 ※票價可能會變更(需洽詢)
P 1200輛(1日600日圓) 種類 波浪、流水、滑水道
有滑水道（有身高限制）、人造波浪池及流水池、遊樂器材池等豐富多樣的設施，可以玩上一整天。

兵庫　7月上旬～9月上旬

●とうじょうこおもちゃおうこく「ウォーターパークアカプルコ」

東條湖玩具王國「WATER PARK Acapulco」

有 有

0795-47-0268 書末地圖 18F-2
加東市黒谷1216 中國道ひょうご東条IC 5km 9:30～17:30(有日期性變更)
休 期間內僅7月上旬、9月上旬之週四休
¥ 成人2000日圓，兒童(2歲～小學生)1200日圓 P 2000輛(1日1000日圓)
種類 波浪、流水、滑水道等
關西地方最大規模的游泳池，有流水池、嬉戲池等讓大人、小孩都開心的設施。

京都　7月15日～8月31日

●たんばしぜんうんどうこうえんファミリープール

丹波自然運動公園家族泳池

有 有

0771-82-0300 書末地圖 30D-3
（公園綜合服務處） 京丹波町曽根
京都縦貫道丹波IC 2km
9:00～16:30 休 期間內無休 ¥ 成人700日圓，高中生500日圓，中小學生300日圓，幼童100日圓 P 460輛(免費)
種類 波浪、按摩池
除了人造波浪、小溪池外，還有按摩池、滑水道。旁邊的迷你高爾夫球場也很受歡迎。

和歌山　加太灣　7月初～8月31日

●かだかいすいよくじょう

加太海水浴場

有 有

073-459-0003 書末地圖 20F-7
（加太觀光協會）
和歌山市加太 阪和道和歌山北IC 16km P 500輛(7、8月為1日1000日圓)
施設 海之家、投幣式置物櫃，附近有房車露營場，溫水淋浴需收費
眼前便是友島，風景優美的海灘。周邊有旅館及溫泉街，開放期間會吸引大批遊客造訪。

和歌山　和歌浦灣　7月1日～8月31日

●はまのみやビーチ

濱之宮海灘

有

073-431-7266 書末地圖 29J-6
（和歌山下津港灣辦公室）
和歌山市毛見
阪和道海南IC 6.5km
P 300輛（1日1000日圓，7、8月以外為500日圓）
施設 投幣式置物櫃、更衣室，淋浴需收費
海面平靜、深度較淺的海灘。附近的和歌山遊艇城裡有黑潮溫泉。

 有西式廁所  有海之家  有幼兒用泳池 無(或是不可)

繽紛絢爛的花朵讓人沉醉其中

賞花

看到五彩繽紛、美麗綻放的花朵，
心也一定會暖起來！
來看看各個季節有哪些賞花名勝吧。

●公園內有些地方可能沒有柏油路，請先做好要將嬰兒車摺疊起來帶著走的心理準備。

●避開人潮，挑選遊客較少的日子或時段前往。

●春天有時仍會天冷，請做好保暖；陽光炙熱的夏天則要確實防曬，根據季節備妥各種用品。

●公園的廁所可能空間狹窄或必須排隊。不妨先準備好換尿布墊，屆時可以另外找隱密處幫小朋友換尿布。

大阪 梅花 2月中旬～3月中旬

●てんまてんじんうめまつり

天滿天神梅花節

有 OK

☎06-6353-0025 書末地圖 11H-4

（大阪天滿宮）地 大阪市北區天神橋2-1-8 大阪天滿宮 交 地下鐵南森町站或JR大阪天滿宮站步行5分 L 因活動而異 休 期間內無休 ¥ 因活動而異 P 無

在神社內各處梅花綻放的時節，也會舉辦各種與梅花有關的活動，其中尤其以盆梅展（成人500日圓，小學生300日圓）最具人氣，樹齡超過200年的老樹等十分壯觀。

大阪 櫻花 4月中旬前後的1週

●ぞうへいきょくさくらのとおりぬけ

造幣局櫻花通道

有

☎050-5548-8686 書末地圖 11 I-4

（服務專線8:00～21:00）

地 大阪市北區天滿1-1-79 交 京阪、地下鐵天滿橋站步行15分 L 10:00～21:00（週六、週日為9:00～，以上時間皆為預定）休 期間內無休 ¥ 免費 P 無

種植了約130種、350株櫻花樹，長約560m的櫻花通道每年總是吸引大批遊客前來賞花。

大阪 花菖蒲 5月下旬～6月中旬

●しろきたしょうぶえん

城北菖蒲園

有 OK

☎06-6912-0650 書末地圖 11 I-2

（鶴見綠地公園辦公室） 地 大阪市旭區生江3-29 交 JR大阪站搭乘巴士25分「城北公園前」下車即到 L 未定（5月上旬以後請於官網確認） 休 期間內無休 ¥ 成人200日圓，國中生以下、65歲以上大阪市居民及身障人士免費（需出示證明） P 無

以花菖蒲著稱的公園，可欣賞到約250種江戶、伊勢、肥後品種的花菖蒲在此綻放（預定）。

大阪 玫瑰 5月中旬～6月上旬、10月中旬～11月上旬

●うつぼこうえん

靭公園

有 OK

☎06-6941-1144 書末地圖 11G-4

（大阪城公園辦公室）

地 大阪市西區靭本町1丁目、2丁目

交 地下鐵本町站步行3分

L 自由入園

P 155輛（30分200日圓，有1日最高金額）

位於商業區的城市綠洲，玫瑰園內種植了約170種、3400株的玫瑰，並有許多草地及長凳，是高人氣的休憩場所。

兵庫 繡球花 6月中旬～7月中旬

●こうべしりつしんりんしょくぶつえん

神戸市立森林植物園

有 OK

☎078-591-0253 書末地圖 6D-1

地 神戸市北區山田町上谷上長尾1-2

交 神戸電鐵北鈴蘭台站搭乘免費接駁巴士10分 L 9:00～16:30 休 週三休（逢假日則翌日休） ¥ 成人300日圓，中小學生150日圓 P 700輛（1日500日圓）

約50000株的繡球花構成的美景不可錯過。春天的杜鵑花、石楠花及秋天的紅葉也賞心悅目。

兵庫 玫瑰 5月中旬～6月中旬、10月中旬～11月中旬

●あらまきバラこうえん

荒牧玫瑰公園

有 OK

☎072-772-7696 書末地圖 8B-5

（伊丹市立綠之廣場）

地 伊丹市荒牧6-5-50

交 中國道寶塚IC 2.5km

L 9:00～17:00（因季節而異）

休 週二休（5、6、10、11月無休）

P 230輛（1次500日圓）

可以在這座南歐風的公園欣賞到來自世界各地約250種、10000株的玫瑰綻放。

兵庫 水仙 12月下旬～2月下旬

●なだくろいわすいせんきょう

灘黑岩水仙鄉

有

☎0799-56-0720 書末地圖 20C-8

（期間外請打☎0799-43-5221，南淡路市商工觀光課） 地 南あわじ市灘黒岩2 交 神戸淡路鳴門道西淡三原IC 24km L 9:00～17:00 休 期間內無休 ¥ 成人500日圓，中小學生300日圓 P 50輛（會另設免費臨時停車場）

日本名列前矛的水仙花名勝。連綿至海邊的陡坡種滿了約500萬株的日本水仙。每年的開花狀況會有所不同，請事前確認。

京都 梅花 2月上旬～3月下旬

●きたのてんまんぐうばいえん

北野天滿宮梅苑

OK

☎075-461-0005 書末地圖 15G-8

地 京都市上京區馬喰町

交 JR 京都站搭乘巴士30分「北野天滿宮前」下車即到 L 10:00～16:00 休 無休

¥ 成人（國中生～）700日圓，兒童350日圓（皆附茶、和菓子）

P 300輛（25日為廟會，禁止停車）

神社佔地內及梅苑共約有1500株梅花樹，2月25日會舉辦梅花季。

有 有西式廁所　OK 可使用嬰兒車　無（或是不可）

京都 櫻花 4月上旬～中旬

●てつがくのみち

哲學之道

無 書末地圖 17J-1

京都市左京区浄土寺石橋町から若王子町

JR京都站搭乘巴士約40分「銀閣寺道」下車，步行10分

P 利用周邊停車場

銀閣寺至若王子神社間水道旁約1.5km長的小路，以染井吉野為主，約400株的櫻花樹在此盛開。日本畫家橋本關雪之妻致贈的「關雪櫻」尤其著名。

京都 櫻花 3月下旬～4月上旬

●きよみずでら

清水寺

075-551-1234 書末地圖 17 I-2

京都市東山区清水1-294

JR京都站搭乘巴士15分「五条坂」或「清水道」下車，步行10分

6:00～18:00 休 無休

¥ 成人400日圓，中小學生200日圓

P 利用周邊停車場

可欣賞到約1000株染井吉野櫻在此綻放，夜間點燈襯托的夜櫻尤其美麗。

滋賀 石楠花 4月下旬～5月上旬

●かいがけだにほんしゃくなげぐんらく

鎌掛谷 本石楠花群落

0748-52-6577 書末地圖 23L-4

（日野觀光協會）

日野町鎌掛1-17

新名神高速甲賀土山IC 11km

9:00～16:30 休 無休

¥ 成人（國中生～）400日圓，兒童200日圓

P 100輛

可同時享受充滿自然氣息的森林浴，並觀賞被指定為天然紀念物的低地石楠花。

滋賀 櫻花 4月上旬～中旬

●ほうこうえん

豐公園

0749-62-4111 書末地圖 31 I-2

（長濱市公所）

長浜市公園町

JR長濱站步行5分

自由入園 P 141輛

園內有長濱城，同時也是「日本百大櫻花名勝」之一，可欣賞到約600株染井吉野櫻綻放的美景。夜晚由雪洞燈襯托的夜櫻也很有人氣。

奈良 櫻花 4月上旬～下旬

●よしのやま

吉野山

0746-39-9237 書末地圖 25H-8

（吉野町觀光服務處）

吉野町 吉野山 近鐵吉野站搭乘空中纜車吉野山站下車 P 利用下千本吉野山觀光停車場（收費）、周邊停車場（收費）

日本首屈一指的櫻花名勝，以白山櫻為主，約有30000株櫻花樹在此綻放。下千本、中千本、上千本、奧千本等處的櫻花會在約3週的期間內依序盛開。從上千本眺望的景色更是美不勝收。

奈良 牡丹 4月下旬～5月上旬、寒、冬牡丹 11月下旬～2月上旬

●はせでら

長谷寺

0744-47-7001 書末地圖 25H-5

桜井市初瀬731-1

名阪國道針IC 15km

8:30～17:00（有季節性差異）

休 無休 ¥ 入山費500日圓

P 70輛（1日500日圓）

這裡一年四季都有美麗的花朵盛開，尤其以多達7000株的牡丹最為搶眼。4月下旬～5月上旬會舉辦牡丹祭。

奈良 繡球花 6月上旬～7月上旬

●やたでら

矢田寺

0743-53-1445 書末地圖 24F-3

大和郡山市矢田町3506

近鐵郡山站搭乘巴士15分「矢田寺」下車，步行5分（期間內也可從JR法隆寺站搭乘巴士）

8:30～17:00 休 無休 ¥ 成人500日圓，小學生200日圓 P 利用周邊停車場

以繡球花著稱的佛寺，寺內種植了約60種、10000株的繡球花。在塔頭寺院能品嘗到素食料理及抹茶。

和歌山 櫻花 3月末～4月上旬

●きみいでら

紀三井寺

073-444-1002 書末地圖 21H-8

和歌山市紀三井寺1201

JR紀三井寺站步行10分

8:00～17:00 休 無休

¥ 成人200日圓，中小學生及70歲以上年長者100日圓（參拜費）

P 30輛（1次300日圓）

種植了約500株早開的染井吉野櫻及彼岸櫻，3月20日～4月20日會舉辦櫻花祭。

和歌山 桃花 3月下旬～4月上旬

●とうげんきょう

桃源郷

0736-66-1259 書末地圖 21J-7

（あら川の桃振興協議會）

0736-77-2511（紀之川市商工觀光課）

紀の川市段新田地内

JR下井阪站步行20分

P 利用臨時停車場

紀之川沿岸的平地及山丘上開滿了桃花，有如鋪上了粉紅色的地毯，感覺就像真的來到了世外桃源。

和歌山 梅花 1月下旬～3月上旬

●みなべばいりん

南部梅林

0739-74-3464 書末地圖 32C-6

（梅之里觀梅協會，或撥打0739-74-8787 南部觀光協會） みなべ町晩稲

JR南部站搭乘巴士10分「南部梅林」下車即到

8:00～17:00 休 期間內無休 ¥ 成人300日圓，小學生100日圓 P 利用周邊停車場

在和緩的山丘上舉目所及盡是盛開的梅花，規模傲視全日本，被譽為「一目百萬，芬芳十里」。

熱鬧！華麗！歡騰！

祭典&活動

傳統祭典及煙火大會是出遊時不可錯過的精彩活動。煙火大會等的擁擠程度可能超乎想像，若有年幼的小朋友同行請特別留意。

●煙火大會會場多在暗處，因此請留意別讓同行的小朋友走失了。

●尤其是有幼童同行或要使用嬰兒車的旅客，更要避開人潮。

●長時間使用背巾有導致中暑的危險，請記得定時讓寶寶從背巾中出來透氣，以及採取必要的預防中暑措施。

大阪 7月下旬

●だい65かいきしわだみなとまつりはなびたいかい

第65屆 岸和田港祭花火大會

072-423-9618 書末地圖 21J-3
（產業政策課內岸和田港振興協會，僅平日）
址 岸和田市地蔵浜町 阪南港阪南1区岸壁
交 南海岸和田站步行30分
P 無
昭和28（1953）年起舉辦至今的煙火大會，在10分鐘內連續施放250發的Star Mine煙火更是值得一看（演出內容未定）。

大阪 7月24、25日

●てんじんまつり

天神祭

06-6353-0025 書末地圖 11H-4
（大阪天滿宮社務所）
址 大阪市北区天神橋2-1-8 大阪天満宮
交 地下鐵南森町站或JR大阪天滿宮站步行5分
P 無（有交通管制）
為日本三大祭典之一，出動百餘艘船隻的「船渡御」十分壯觀。25日還會施放酬神煙火。

兵庫 5月最後週日與前一天的週六週日

●あいおいペーロンまつり

相生龍舟祭

0791-23-7133 書末地圖 26F-8
（相生市地域振興課）
址 相生市 相生湾特設会場
交 JR相生站步行20分
P 祭典時擁擠
由長崎傳來此地的中國祭典。起源為大正11（1922）年的造船廠海上運動會，當時以龍舟進行了划船比賽。前一日晚間的前夜祭會從海上施發多達5000發的煙火。

兵庫 8月5日

●さんだまつり

三田祭

079-559-5087 書末地圖 19 I-3
（三田市商工觀光振興課內三田祭執行委員會事務局）
址 三田市天神1-3-1 総合文化センター駐車場
交 JR・神戶電鐵三田站步行10分
P 當日請搭乘大眾交通工具
由市民們親手打造的祭典。30分鐘內會施放約2500發煙火（預定）。

兵庫 8月上旬

●だい70かいあわじしままつりはなびたいかい

第70屆 淡路島祭花火大會

0799-22-2777 書末地圖 20D-6
（洲本商工會議所內）
址 洲本市 洲本港 大浜海岸周辺 交 JR舞子站搭乘高速巴士60分「洲本高速バスセンター」下車即到 P 利用臨時停車場
淡路島最大規模、歷史超過50年且為淡路島祭畫下完美句點的煙火大會。千萬別錯過兵庫縣內最壯觀的水中Star Mine煙火。
http://www.awajishimamatsuri.jp

兵庫 8月15、16日

●たんばささやまデカンショまつり

丹波篠山篠山祭

079-552-0758 書末地圖 27J-6
（篠山祭執行委員會）
址 篠山市
交 舞鶴若狭道丹南篠山口IC 6km
P 1900輛
跟著日本全國知名的民謠「篠山節（デカンショ節）」一同舞蹈的祭典。爬上日本最大規模的巨大木造塔樓，在篠山的盛夏夜中跳上一整晚正是這項祭典的醍醐味。

兵庫 11月22、23日

●こんぴらたいさい

金刀比羅大祭

0795-32-4779 書末地圖 27 I-6
（多可町地域振興課）
址 多可町中区鍛冶屋 大歳金刀比羅神社
交 中國道滝野社IC 20km
P 300輛
為北播磨晚秋增色的華麗風情畫，為播州三大祭典之一。

兵庫 12月13、14日

●だい114かいあこうぎしさい

第114屆赤穗義士祭

0791-42-2602 書末地圖 26E-8
（赤穗觀光協會）
址 赤穂市 いきつぎ広場・お城通り周辺
交 JR播州赤穗站下車即到
P 2200輛
13日會於大石神社、花岳寺舉辦前夜祭，14日則有忠臣藏遊行及大石神社的祭典、花岳寺的法會、武道大會等。

京都 7月下旬

●みなとまいづるちゃったまつり

港都舞鶴祭

0773-62-4600 書末地圖 27K-3
（舞鶴商工會議所）
址 舞鶴市東舞鶴浜海岸
JR東舞鶴站步行15分
P 有（地點未定）
海上以霓彩燈飾妝點的遊艇，以及在夜空綻放的Star Mine等5000發煙火（預定）描繪出舞鶴市的夏季風情畫。

京都 8月16日

●きょうとござんおくりび

京都五山送火

075-343-0548 書末地圖 17J-1
（京都綜合觀光服務處）
址 京都市 大文字山等五山　由JR京都站搭乘地下鐵及巴士前往各處（詳情需洽詢）
P 利用周邊停車場
在京都的五座山上點燃以篝火排列成的文字來為精靈送行的儀式。20:00會點起東山如意嶽的「大文字」，接著再依序點燃「妙、法」、「船形」圖案、「左大文字大」字及「鳥居形」圖案。

京都 8月16日

●みやづとうろうながしはなびたいかい

宮津放流燈籠花火大会

0772-22-5131 書末地圖 30C-1
（宮津商工會議所）
址 宮津市島崎 島崎公園地先
京都丹後鐵道宮津站步行10分
P 約2000輛
開始流放約10000個追思燈籠後，會施放五彩繽紛的華麗煙火，是一場讓海空融為一體的祭典。

滋賀 8月8日

●びわこだいはなびたいかい

琵琶湖大花火大會

077-511-1530 書末地圖 22F-4
（琵琶湖遊客中心內琵琶湖大花火大會執行委員會）　址 大津市浜大津 滋賀県営大津港沖水面一帯　JR大津站、膳所站步行15分　P 無
琵琶湖的夏日風情畫。從湖上施放約10000發（2016年時）五彩繽紛的煙火，將夜空與湖面點綴得燦爛無比。也有收費觀賞區（預定）。

奈良 1月第4週六

●わかくさやまやき

若草山燒山節

0742-27-8677 書末地圖 25G-2
（若草山燒山節儀式執行委員會辦公室）
址 奈良市雑司町　JR・近鐵奈良站分別搭乘巴士8分與4分至「東大寺大仏殿・春日大社前」下車，步行15分　P 利用周邊停車場（有交通管制，搭乘大眾交通工具較方便）
將若草山整座山達330000㎡的草地全部燒盡的祭典。在18:15盛大施放煙火後，18:30起會全山一齊點火（預定）。

奈良 10月7、8、9日

●しかのつのきり

鋸鹿角

0742-22-2388 書末地圖 25G-3
（一般財團法人奈良之鹿愛護會）
址 奈良市 春日大社境内鹿苑角きり場
近鐵奈良站搭乘巴士10分「春日大社表參道」下車，步行7分
P 利用周邊停車場
相傳起源於江戶時代初期，將公鹿的角鋸短的傳統儀式。鹿與勢子英勇相搏的景象很有看頭。舉行時間為12:00~15:00(預定)。

和歌山 7月14日

●なちのおうぎまつり（なちのひまつり）

那智扇祭(那智火祭)

0735-55-0321 書末地圖 32F-7
（熊野那智大社）
址 那智勝浦町那智山 熊野那智大社那智の滝（飛瀧神社）
JR紀伊勝浦站搭乘巴士30分「那智の滝前」下車即到　P 利用周邊停車場
以飛瀧神社（那智瀑布）內的大火炬淨化從熊野那智大社出發的扇神轎，非常壯觀，是日本全國知名的火祭。

三重 7月下旬

●くわなすいごうはなびたいかい

桑名水鄉花火大會

0594-21-5416 書末地圖 31K-4
（桑名市物產觀光服務處）
址 桑名市 揖斐川河畔（鍋屋堤）
JR、近鐵桑名站步行20分
P 當日請搭乘大眾交通工具
開始於昭和9（1934）年，為歷史悠久的煙火大會。10000發煙火在揖斐川畔燦爛點亮夜空的情景充滿震撼力。

三重 7月第4週六

●きほくとうろうまつり

紀北燈籠祭

0597-47-5378 書末地圖 33I-3
（紀北町燈籠祭執行委員會，僅5～8月。其他期間請撥打0597-46-3555紀北町觀光協會）
址 紀北町長島 長島港
JR紀伊長島站步行15分　P 1000輛
被稱作海之睡魔、超過10m的巨大燈籠與這裡絕無僅有的煙火「彩雲孔雀」交織出夢幻美麗的場景。

三重 7月25日

●なばりがわのうりょうはなびたいかい

名張川納涼花火大會

0595-63-9148 書末地圖 25K-4
（一般社團法人名張市觀光協會）
址 名張市 名張川新町河畔
近鐵名張站步行15分
P 輛數、費用每年不同（當日請搭乘大眾交通工具）
每年不但能看到熱門卡通人物造型的煙火，還能欣賞到Star Mine、三處同時施放的煙火等各式各樣的煙火。

去外面盡情遊玩！

公園&戶外活動

小朋友就應該到外面活潑玩耍！
自然及大型遊樂器材、盛開的花朵等，
戶外有各種不同的樂趣等你來發掘。

●有的小朋友可能不習慣上蹲式廁所，因此建議先確認出遊處的廁所、洗手台等。

●在大自然中遊玩時請小心受傷及蚊蟲叮咬。去河邊或玩水時尤其要注意。

●建議先想好雨天備案。

熱門出遊去處　公園&戶外活動

大阪　採蔬果、烤肉

●のうぎょうていえん「たわわ」

農業庭園「たわわ」

有 OK

☎072-446-8000 書末地圖 24A-8

地 貝塚市馬場3081 交 阪和道貝塚IC 1.5km 時 9:00～15:00 休 週一休（逢假日則營業） ¥ 免費入園 P 100輛

烤肉場（附烤爐、烤網）使用費為2500日圓、3500日圓（有屋頂），採預約制，1組最多8人，冬季不開放。農產品直銷所「いろどりの店」9:00～12:00，週六、週日與假日為～15:00，週一休，逢假日則翌日休。

兵庫　玩水、運動、賞花

●けんりつにしいなこうえん

縣立西豬名公園

有 OK

☎072-759-0785 書末地圖 8D-5

地 川西市久代6-30-1 交 JR北伊丹站步行即到 時 網球場、球類運動場為9:00～21:00，水上樂園為～16:30 休 收費設施為週二休 ¥ 免費入園

P 163輛（費用未定，需洽詢）

夏季開放的親水設施「水上樂園」1人（4歲～）210日圓（6月15日～7月19日、9月1～20日），310日圓（7月20日～8月31日）。

兵庫　遊樂器材

●ドラゴンランド

龍樂園

有 OK

☎072-740-1185 書末地圖 8D-4

（川西市公園綠地課）

地 川西市小戶2周辺

交 阪急川西能勢口站步行13分

時 入園自由

休 無休 ¥ 免費 P 62輛（收費）

位於阪神高速道路池田線高架下的公園。龍形的大型遊樂器材十分受歡迎，適合6至12歲小朋友使用，下雨天也能來玩。

京都　賞花名勝、野餐

●きょうとふりつしょくぶつえん

京都府立植物園

有 OK

☎075-701-0141 書末地圖 15H-7

地 京都市左京区下鴨半木町 交 地下鐵北山站步行即到 時 9:00～16:00

休 無休 ¥ 成人200日圓，高中生150日圓，國中生以下、高齡人士（70歲以上，需出示證明）免費 P 150輛（1次800日圓）

栽種了約12000種植物，有適合吃便當的草地及設置了遊樂器材的廣場，是野餐的好選擇。

兵庫　賞花名勝、野外活動、野餐

●すまりきゅうこうえん

須磨離宮公園

有 OK

☎078-732-6688 書末地圖 6A-7

地 神戶市須磨区東須磨1-1 交 山陽電車月見山站步行10分 時 9:00～16:30（依季節有夜間開園） 休 週四休（逢假日則翌日休，依季節有臨時開園） ¥ 成人400日圓，中小學生200日圓 P 300輛（1次500日圓）

可眺望大阪灣景色的歐風噴水庭園「王侯貴族玫瑰園」與野外活動設施「兒童森林」深受歡迎的綜合公園。走過聯絡橋來到的植物園內有觀賞溫室、花卉廣場、日式庭園等。

兵庫　烤肉、賽車、釣魚

●ろっこうさんカンツリーハウス

六甲山Country House

有 OK

☎078-891-0366 書末地圖 5G-8

地 神戶市灘区六甲山町北六甲4512-98 交 表六甲ドライブウェイ丁字ヶ辻十字路口3km 時 10:00～16:30 休 週四休（逢假日、活動舉辦期間、夏季則開園），11月下旬～4月上旬預定休園（有其他臨時公休） ¥ 成人（國中生～）620日圓，兒童（4歲～）310日圓 P 800輛（1日500日圓，週六、週日、假日及暑假期間以外免費）

位於六甲山上的戶外綜合休閒公園。除了有烤肉場、Go-Kart等，還會舉辦各種活動。

兵庫　玩水、自然觀察、森林浴

●ひとくらこうえん

一庫公園

有 OK

☎072-794-4970 書末地圖 19K-2

地 川西市国崎知明1-6 交 阪神高速池田線池田木部出口 11km 時 休 自由入園（停車場為5～9月9:00～18:00，10月～4月～17:00） ¥ 免費入園 P 145輛

自然觀察森林是小星頭啄木鳥、日本樹鶯等野鳥的寶庫，還可進行樹冠漫步。夏天時則可以在「山丘之流」玩水。此外，還會舉辦各種體驗及教室等（需洽詢）。

滋賀　野外活動、烤肉、玩水

●ガリバーせいしょうねんりょこうむら

格列佛青少年旅行村

有 OK

☎0740-37-0744 書末地圖 31G-3

地 高島市鹿ヶ瀬987-1

交 湖西道路終點23km 時 9:00～17:00

休 4～11月無休、12月～3月休村

¥ 4歲以上400日圓 P 200輛

以「格列佛遊記」為概念的戶外活動設施。自然工藝等各種體驗為預約制。有可容納400人的附屋頂烤肉場，食材為自備或預約制。

有 有西式廁所　OK 可使用嬰兒車　無（或是不可）

動物園以外的好去處

親近動物

這些景點不論大人、小朋友都可以和動物近距離接觸，不用多花心思，便能與可愛動物們度過歡樂時光，讓人想一去再去。

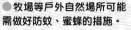

●有些動物較為敏感，請留意各設施的注意事項。

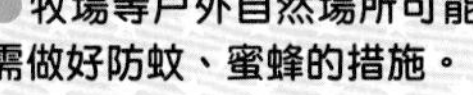

●牧場等戶外自然場所可能需做好防蚊、蜜蜂的措施。

●許多景點開車前往較為方便，若要搭乘大眾交通工具，建議事先洽詢時間等較為保險。

兵庫 動物、各種體驗

●ひょうごけんりつたじまぼくじょうこうえん

兵庫縣立但馬牧場公園

有 OK

☎0796-92-2641 書末地圖 26F-3

地 新温泉町丹土1033
🚗 北近畿豐岡道八鹿氷ノ山IC 45km
L 9:00～17:00
休 週四休（逢假日則翌日休） ¥ 免費入園
P 200輛

除了能親近動物，還可以參加製作蕎麥麵、烏龍麵、香腸等各式各樣的農產加工體驗（預約制），詳情需洽詢。

京都 動物、野餐、賞花名勝

●きょうとふのうりんすいさんぎじゅつセンターちくさんセンターいかりこうげんぼくじょう

京都府農林水產技術中心畜產中心碇高原牧場

有 OK

☎0772-76-1121 書末地圖 27J-1

地 京丹後市丹後町碇1 🚗 山陰近畿道与謝天橋立IC 45km L 9:00～17:00 休 無休（交流廣場11月下旬～4月上旬關閉）
¥ 免費入園 P 60輛

交流廣場有小馬、綿羊、山羊、兔子、水鳥等動物。旁邊的碇高原ステーキハウス可以品嘗到京都肉及京都的葡萄酒，週二、週三休。

滋賀 動物、野餐、賞花

●しがけん ちくさんぎじゅつしんこうセンター

滋賀縣畜產技術振興中心

OK

☎0748-52-1221 書末地圖 23K-4

地 日野町山本695
🚗 名神高速八日市IC 11.5km
L 9:00～16:00 休 無休 ¥ 免費入園
P 30輛

這裡是家畜試驗研究所，交流廣場開放時間為9:00～16:00，為免費入場。在櫻花及大波斯菊花季時還能欣賞到美麗的花朵。搭乘電車或巴士前來較為不便。

奈良 動物、各種體驗、野餐

●ならけんえいうだ・アニマルパーク

奈良縣營宇陀動物公園

有 OK

☎0745-87-2520 書末地圖 25I-6

地 宇陀市大宇陀小附75-1
🚃 近鐵大阪線榛原站搭乘巴士12分「五十軒」下車，步行5分
L 9:00～17:00 休 週一休（逢假日則翌平日休） ¥ 免費 P 320輛

能免費親近動物的人氣設施。製作奶油與擠牛奶體驗需付費。還有動物溜滑梯及遊樂器材廣場。

奈良 動物、各種體驗、烤肉

●かつらぎこうげんラッテたかまつ

葛城高原ラッテたかまつ

有 OK

☎0745-62-3953 書末地圖 24E-6

地 葛城市山口278-3
🚗 南阪奈道葛城IC 2km
L 10:00～17:00（12月～3月為～16:00）
休 週二休（12月～3月為週二、週三休）
¥ 免費入園 P 30輛

以「觸摸、感受、樂在其中」為主題的酪農教育農場認定農家，可以進行擠牛奶等各式各樣的酪農體驗。

和歌山 動物、自然觀察、活動

●たいじちょうりつくじらのはくぶつかん

太地町立鯨魚博物館

有 OK

☎0735-59-2400 書末地圖 33G-7

地 太地町太地2934-2 🚃 JR太地站搭乘巴士6分「くじら館」下車即到 L 8:30～17:00 休 無休 ¥ 成人（高中生～）1500日圓，兒童（中小學生）800日圓 P 200輛

如果想欣賞表演的話，建議在16:00以前入館。館內展示了北太平洋露脊鯨的實物全身骨骼標本等鯨魚的珍貴資料。

和歌山 自然觀察、活動

●きょうとだいがくしらはますいぞくかん

京都大學白濱水族館

有 OK

☎0739-42-3515 書末地圖 32A-7

（京都大學瀨戶臨海實驗所）
地 白浜町459 🚃 JR白浜站搭乘巴士20分「臨海」下車即到 L 9:00～16:30 休 無休 ¥ 成人（高中生～）600日圓，中小學生200日圓 P 30輛

從色彩繽紛的珊瑚到各式各樣的海星、巨大高足蟹等，館內無脊椎動物的種類在全球數一數二。

和歌山 動物、自然觀察、各種體驗

●くしもとかいちゅうこうえんセンター

串本海中公園中心

有 OK

☎0735-62-1122 書末地圖 32E-8

地 串本町有田1157 🚃 JR串本站搭乘免費接駁巴士12分 L 9:00～16:30（售票為～16:00） 休 無休 ¥ 成人1800日圓，中小學生800日圓，幼童（3歲～）200日圓（水族館、海中展望塔、海中觀光船的入場、乘船套票為成人2600日圓，中小學生1400日圓，幼童200日圓） P 200輛

可親近海龜寶寶的「もしもしカメさんふれあい広場」最為引人矚目（12:30～14:30，週日、假日為～15:00）。

有 有西式廁所　OK 可使用嬰兒車　無（或是不可）

完整品嘗新鮮當令美味

採蔬果

全家一起出動去採蔬果！
採收新鮮蔬果並當場品嘗，
肯定能留下難忘的回憶。

小朋友同行時

●請教導小朋友確實遵守採收的方法及規定。

●請留意蚊蟲叮咬。建議穿著肌膚露出面積較少的衣服或準備好驅蟲用品。

●若當場享用，小朋友可能會因為興奮而弄髒衣服，可先準備好替換衣物。

●請確實留意好小朋友的行動，以免因為樹枝等而不小心受傷。

大阪　草莓 12月~5月／春季馬鈴薯 5月中旬~6月中旬／葡萄 7月下旬~9月／番薯 9月上旬~10月下旬

●とんだばやしのうぎょうこうえんサバーファーム

富田林市農業公園 SAVOR FARM

0721-35-3500　書末地圖 24D-7

址 富田林市甘南備2300　近鐵富田林站搭乘巴士20分「サバーファーム」下車即到（有免費接駁巴士）　9:30～17:00（10月～3月為～16:00）　休 週一休（逢假日則翌平日休）　¥ 入園費成人700日圓，兒童（4歲～國中生）300日圓，馬鈴薯2株400日圓，番薯2株400日圓（皆有可能變更），另有草莓及葡萄（費用未定）　P 300輛　預約 不需（僅團體需預約）

大阪　草莓 4~6月上旬／葡萄 8月上旬~9月中旬／梨子 8月下旬~10月上旬／橘子 10月上旬~12月中旬

●かんこうのうえんなんらくえん

觀光農園南樂園

072-298-5037　書末地圖 24B-7

址 堺市南区別所1457　阪和道堺IC 9km　10:00～16:00（夏季為～17:00）　休 週二休（逢假日則翌平日休）　¥ 入園費3～9月成人300日圓，小學生250日圓，幼童200日圓；10月上旬～12中旬成人900日圓，小學生700日圓，幼童500日圓（橘子吃到飽、其他採蔬果費用另計）　P 300輛（1日500日圓）　預約 不需（如要烤肉則需預約）

兵庫　李子 6月20日前後~7月20日前後／葡萄 7月下旬~9月中旬／栗子 9月上旬~10月中旬／柿子 10月下旬~11月下旬

●みとろかんこうかじゅえん

見土呂觀光果園

079-428-2133　書末地圖 18D-5

址 加古川市上荘町見土呂835-4　山陽道三木小野IC 6km　9:00～16:30　休 期間內無休　¥ 李子吃到飽成人（國中生～）700日圓，兒童（4歲～）500日圓；葡萄吃到飽成人900日圓，兒童700日圓；栗子500日圓（外帶另計）；柿子吃到飽成人600日圓，兒童400日圓　P 200輛　預約 不需（30人以上則需預約）

滋賀　葡萄 8月上旬~9月中旬／蘋果 10月上旬~11月下旬

●マキノピックランド

マキノピックランド

0740-27-1811　書末地圖 31G-1

址 高島市マキノ町寺久保835-1　名神高速京都東IC 65km　9:00～16:00　休 週三休（逢假日則翌日休）　¥ 採葡萄成人1200日圓～，小學生800日圓～，幼童（3歲～）500日圓～；採蘋果成人1500日圓（附伴手禮），小學生1000日圓（附伴手禮），幼童500日圓（無伴手禮）※可能會有變更　P 160輛　預約 不需（僅20人以上團體需預約）

滋賀　梨子、葡萄　8月中旬~10月上旬

●かじゅのもりよこせなしえん

果樹の森よこせ梨園

0748-27-1184　書末地圖 23L-3

址 東近江市石谷町1278-2
名神高速八日市IC 3km
10:00～17:00
休 期間內無休　¥ 梨子1kg800日圓，葡萄1kg1700日圓；梨子吃到飽成人1700日圓，中小學生900日圓，幼童（2歲～）500日圓；糖煮和梨手作體驗800日圓
P 50輛　預約 不需

奈良　草莓　1月7日~5月28日（2017年）

●あすかいちごがりパーク

明日香草莓園

0744-54-1115　書末地圖 25G-6

址 明日香村、14か所の農園　近鐵飛鳥站步行15分～　10:00～15:30　休 週一～週五休（逢假日則開園，2月8日起為週三開園）　¥ 明日香紅寶石草莓吃到飽至5月7日止成人1500日圓，小學生1200日圓，幼童（3歲～）800日圓；外帶100g150日圓（5月8日～成人1100日圓，小學生900日圓，幼童600日圓；外帶100g120日圓）　P 10～20輛（因農園而異）　預約 需要（有人數限制）

和歌山　草莓 1月上旬~5月中旬／哈蜜瓜 6月下旬~8月中旬

●のうえんきのくに

農園紀之國

0738-29-3070　書末地圖 32B-5

址 御坊市名田町上野1335-4　湯淺御坊道路御坊IC 8km　9:00～17:00　休 草莓週四休，哈密瓜期間內無休　¥ 草莓40分鐘吃到飽成人（國中生～）1400日圓～，兒童（小學生）1200日圓～，幼童（3歲～）800日圓～；哈密瓜吃到飽成人1800日圓，兒童1500日圓，幼童1000日圓，哈密瓜1顆1800日圓～（費用請事先洽詢）　P 20輛　預約 需要

三重　草莓 1月3日~5月31日／葡萄 7月20日~10月31日

●しょうれんじこかんこうむら（ぶどうがりといちごがり）

青蓮寺湖觀光村（採葡萄與採草莓）

0595-63-7000　書末地圖 25K-4

（青蓮寺湖葡萄公會）　址 名張市青蓮寺976　近鐵名張站搭乘巴士10分「百合が丘」下車即到，名阪國道針IC 20km　9:00～17:00（採草莓為9:30～16:00）　休 期間內無休　¥ 採草莓成人（國中生～）1700日圓，兒童（小學生）1500日圓，幼童（3～5歲）1000日圓（1/3～5/10）；成人1150日圓，兒童900日圓，幼童600日圓（5/11～5/31）；採葡萄成人1300日圓，兒童950日圓，幼童650日圓；採巨峰、紅富士葡萄（9月前後）成人1800日圓，兒童1350日圓，幼童950日圓　P 200輛（草莓），500輛（葡萄）　預約 不需（15人以上團體則需預約）

有西式廁所　OK 可使用嬰兒車　無（或是不可）

寓教於樂的好去處

有趣體驗

去博物館、科學館，或是參觀工廠等，既好玩又能從中學習，因此深受大家喜愛。而且許多地方的收費也不貴，是全家出遊的最佳選擇。

●有些工廠參觀或體驗課程等需事前預約，請多留意。

●某些設施有年齡限制，請事前先做確認。

●暑假等期間可能會人潮眾多。

大阪 各種體驗、學習、視覺影像

●おおさかかがくぎじゅつかん(てくてくテクノかん)

大阪科學技術館(TEKUTEKU科技館)

有 OK

06-6441-0915 書末地圖 11H-4

址 大阪市西区靱本町1-8-4 交 地下鐵本町站步行3分 時 10:00～17:00(週日、假日為～16:30) 休 無休(有因維修之臨時公休) ¥ 免費入館(一部分團體參觀方案收費) P 利用周邊收費停車場

由機器人幫你進行體力測量診斷的體力測定越野賽車很受歡迎。週日及春假、暑假、寒假期間會舉辦工藝教室及實驗秀。

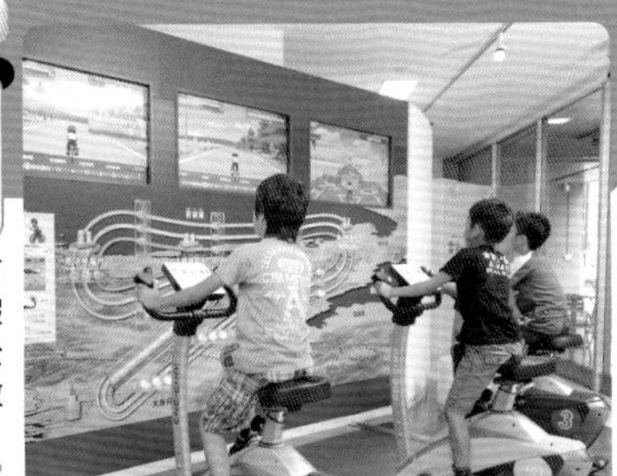

兵庫 各種體驗、學習、活動

●なだはまサイエンススクエア

灘濱科學廣場

有 OK

078-882-8136 書末地圖 7G-4

址 神戶市灘区灘浜東町2

交 阪神高速神戶線摩耶出口1km

時 9:30～16:00

休 週一休(逢假日則翌日休)

¥ 免費 P 20輛

約30件的體驗式展示作品能讓人一面活動身體，一面學習科學知識。別錯過了週六、週日、假日限定的兒童科學實驗(14:00～，免費)。

京都 各種體驗、學習、視覺影像

●きょうとしみんぼうさいセンター

京都市市民防災中心

有 OK

075-662-1849 書末地圖 17H-4

址 京都市南区西九条菅田町7 交 近鐵十条站步行8分 時 9:00～17:00

休 週一休(逢假日則翌平日休)，第2週二休(逢假日則開館) ¥ 免費

P 車位數量少，請搭乘大眾交通工具

有能感受震度4～7的地震體驗室、風速達32m的強風體驗室、以「地下空間浸水的恐怖」為主題的4D劇院等。

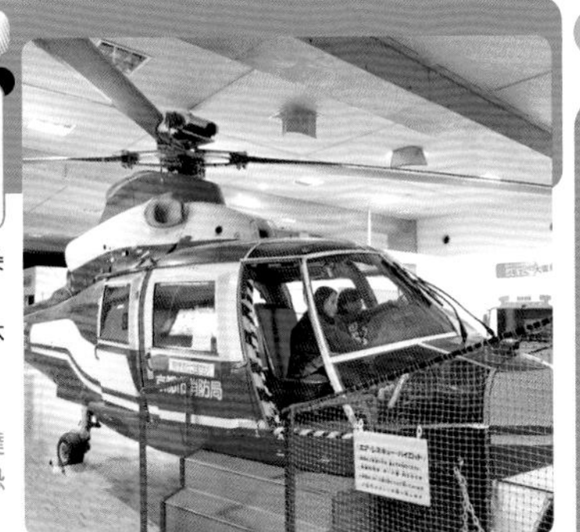

滋賀 各種體驗

●かいようどうフィギュアミュージアムくろかべ りゅうゆうかん

海洋堂公仔博物館黑壁龍遊館

有 OK

0749-68-1680 書末地圖 31 I-2

址 長浜市元浜町13-31

交 JR長濱站步行5分

時 10:00～18:00(僅冬季～17:00)

休 不定休

¥ 成人800日圓，中小學生500日圓(附入館紀念公仔) P 無

依不同主題展示食玩與模型廠商海洋堂所製作的各種公仔。

奈良 各種體驗、視覺影像、學習

●かしはらしこんちゅうかん

橿原市昆蟲館

有 OK

0744-24-7246 書末地圖 25G-6

址 橿原市南山町624 交 近鐵大和八木站搭乘巴士30分「橿原市昆虫館」下車即到

時 9:30～16:30(10月～3月為～16:00)

休 週一休(逢假日則翌日休，暑假期間無休)

¥ 成人510日圓，大學、高中生410日圓，4歲～國中生100日圓 P 100輛

可欣賞到南國蝴蝶翩翩飛舞的放蝶溫室非常值得一看。館內也會舉辦各種活動。

和歌山 天象儀、各種體驗、學習

●わかやましりつこどもかがくかん

和歌山市立兒童科學館

有 OK

073-432-0002 書末地圖 21H-7

址 和歌山市寄合町19 交 南海和歌山市站步行5分 時 9:30～16:00 休 週一休(逢假日則翌日休) ¥ 成人(高中生～)300日圓，中小學生150日圓；天象儀觀賞費成人300日圓，中小學生150日圓 P 8輛

「探險！宇宙廣場」非常受到小朋友喜愛。還會舉辦「9歲前要學會的科學知識」及「迷你科學」等讓小朋友親近科學的活動。

和歌山 視覺影像、野外活動、學習

●しらはまエネルギーランド

白濱能量樂園

有 OK

0739-43-2666 書末地圖 32A-7

址 白浜町3083 交 JR白濱站搭乘巴士15分「白良浜前」下車即到 時 9:00～16:00(因季節而異) 休 週二休(週二逢假日、春假、暑假、寒假無休，12月有維修公休)

¥ 成人(高中生～)1800日圓，中小學生1200日圓，幼童(3歲～)500日圓，60歲以上1620日圓 P 280輛

體感劇院「侏儸紀之旅」深受好評。

三重 各種體驗、天象儀、視覺影像

●みえけんりつみえこどものしろ

三重県立三重兒童之城

有 OK

0598-23-7735 書末地圖 31J-8

址 松阪市立野町1291 中部台運動公園內

交 伊勢道松阪IC 6km 時 9:30～17:00

休 週一休(逢假日則翌日休，有臨時休館)

¥ 免費入館，一部分空間收費 P 560輛

最高處達7m的攀爬牆高度在兒童館中首屈一指，十分受小朋友歡迎(小學生以上，需穿著室內鞋)。

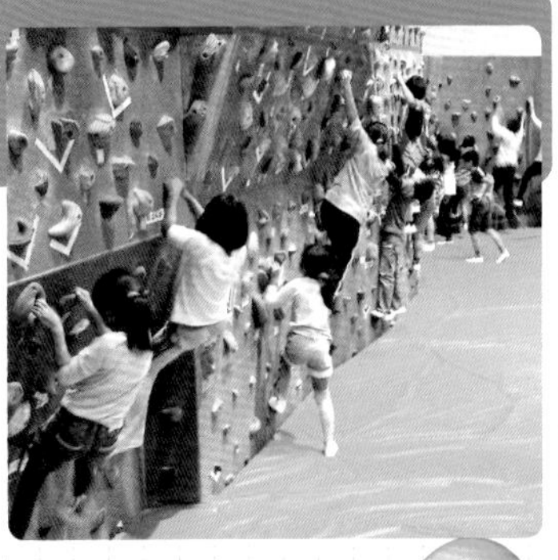

 有西式廁所 OK 可使用嬰兒車 無(或是不可)

INDEX

●動物園 ●水族館 ●親近牧場·動物 ●公園 ●主題樂園·遊樂園 ▲有趣體驗
▲簡單的戶外活動 ▲出遊攻略BOX ▲親子飯店 ▲巻頭特集 ▲小特集

※刊載於複數頁面的景點類別色，以種類顏色表示為優先

【大阪】

外文字母

日文假名

二劃～五劃

八劃～十一劃

十二劃以上

【兵庫】

外文字母

日文假名

一劃～六劃

七劃～十劃

就算你不是鐵道迷也心動！

關西出遊MAP

好想到處**走走**！

附近有好玩的景點嗎？

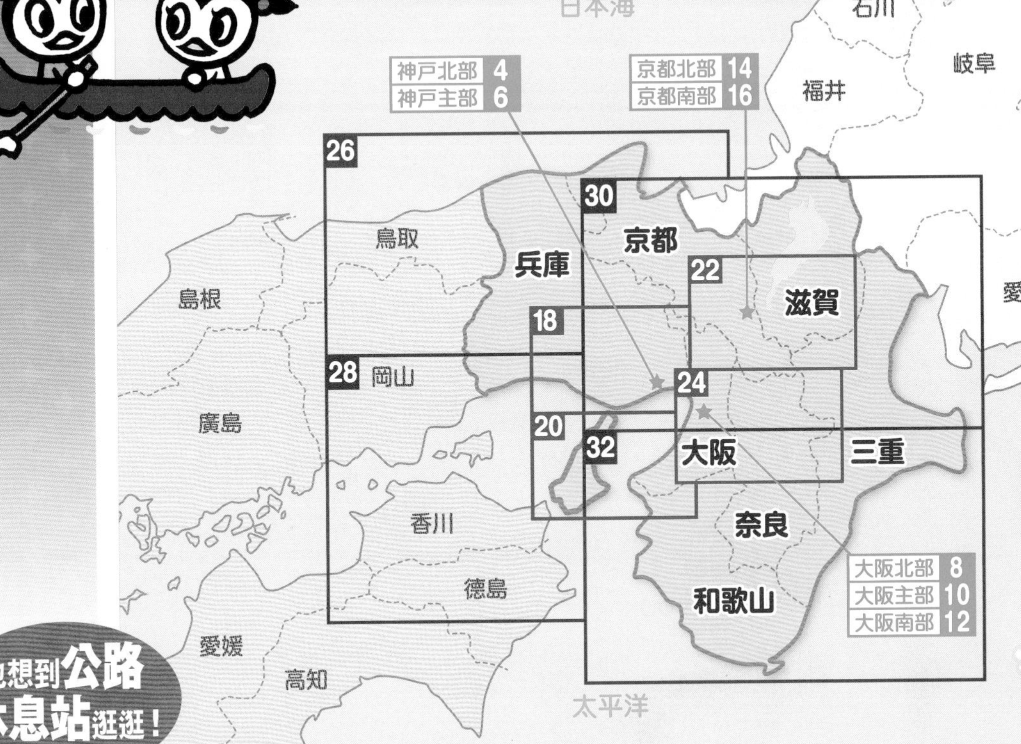

休假來趟**遠一點**的旅行吧！

也想到**公路休息站**逛逛！

地圖記號

P.70 ● 扇町公園 本書介紹設施	♨ 溫泉地	★ 賞花名勝	大型休息站(SA) 小型休息站(PA)	高速公路	新幹線
◯ 都道府縣廳	⛩ 神社	★ 紅葉名勝	18 高規格 收費	國道	JR一般火車
◎ 市公所	卍 寺院	∴ 其他名勝	高規格 有費	都道府縣道路	私鐵線
⊙○ 町村公所	公路休息站			一般道路	

關西周邊 高速公路資訊

有好多美食

熱門的SAPA在這兒!

出遊時休憩、用餐、買伴手禮的最佳首選就是SAPA，以下介紹關西圈中最值得推薦的SAPA。

淡路 SA ◆あわじサービスエリア

書末地圖 **20E-1**

從展望視野絕佳的淡路 SA，能將明石海峽大橋的優美景致一覽無遺。上行下行皆可自由進出，也很推薦從位於下行的大摩天輪上欣賞風景，上行下行都買得到淡路島著名的洋蔥特產。

✆**0799-72-5531**（上行商店）
✆**0799-72-5571**（下行商店）

所 淡路市岩屋 3118-1（上行）2568（下行）
神戶淡路鳴門道淡路 SA 內 L 下行 24 小時、上行 24 小時 休 無休 P 下行 439 輛、上行 445 輛、免費

〈上行/下行〉
餐廳「ロイヤル」
整顆淡路
洋蔥咖哩飯
1,080日圓

外帶

《外帶》
〈上行/下行〉小吃區
藻鹽霜淇淋 390日圓

淡路島南 PA ◆あわじしまみなみパーキングエリア

書末地圖 **20A-7**

位於四國出入門戶的 PA。從屋頂展望台能飽覽大鳴門橋的美景。備有許多使用淡路島特產的料理，一定要嘗嘗看。

✆**0799-39-1117**（上行商店）
✆**0799-39-1150**（下行商店）

所 南あわじ市阿那賀 神戶淡路鳴門道淡路島南 PA 內 L 美食區、商店上行 8：00～21：00 下行 7：30～20：30 休 無休 P 上行 146 輛、下行 76 輛、免費

《伴手禮》
〈上行/下行〉商店
洋蔥派1個/108日圓

〈下行限定〉
美食區
和風鯛鹽味拉麵 750日圓

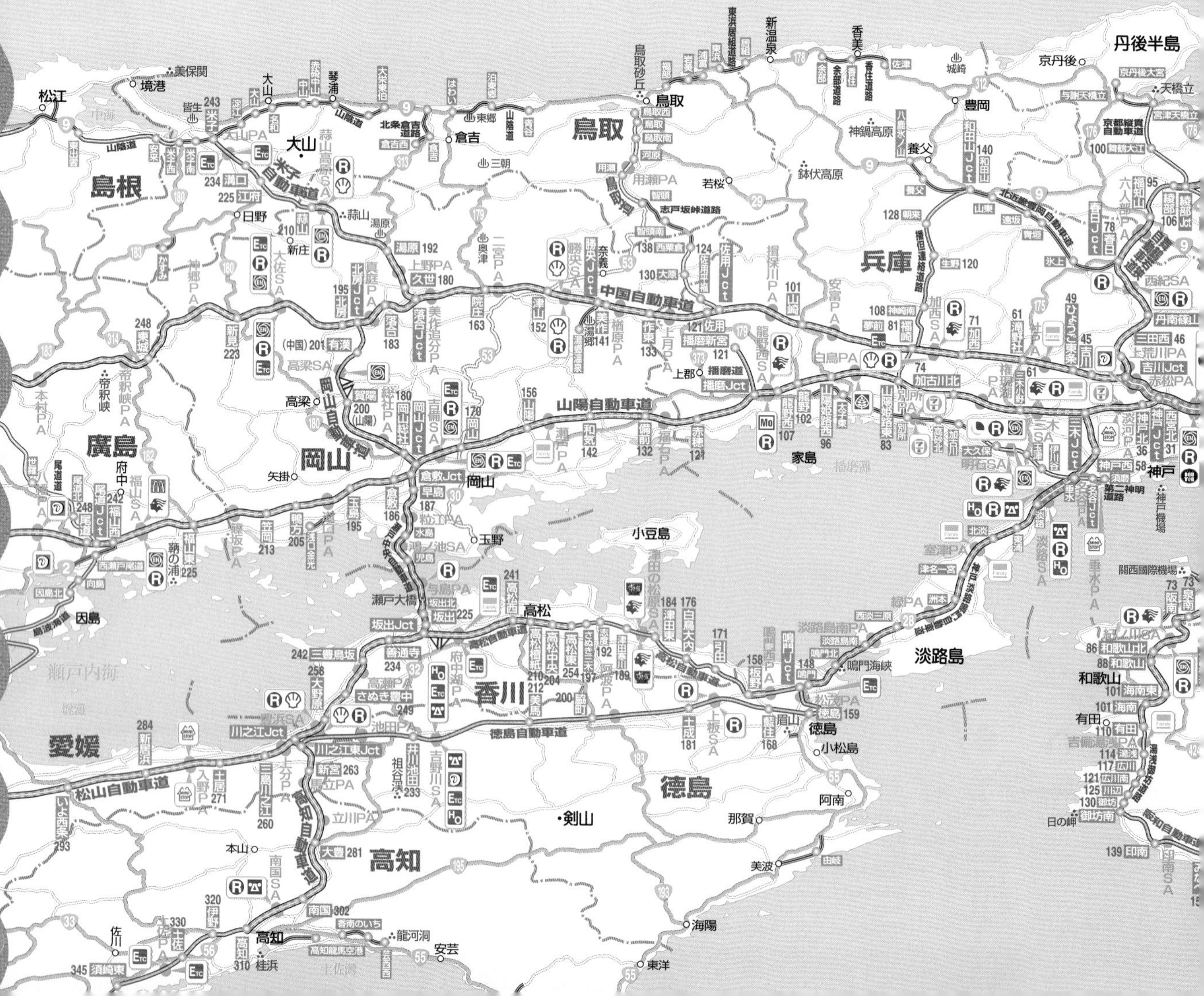

鳥取 兵庫 島根 岡山 廣島 香川 愛媛 德島 高知 淡路島 丹後半島 瀨戶內海

IC間的距離一目瞭然
0 吹田
IC間的距離一目瞭然
189 名古屋
27 京都南
於本例中即189-27
=162km
路線分水嶺
A 經由A的距離
有馬 201
路線分水嶺
0 吹田
賀陽 200
以此為起點
B 經由B的距離
能登半島
珠洲
輪島
能登
九十九湾
能登金剛
能登島
七尾
志賀
羽咋
氷見
富山灣
富山
北陸自動車道
劔岳・
立山・
金沢
白山
石川
小松
加賀
東尋坊
福井
勝山
大野
越前岬
越前海岸
九頭竜峡
白山
ひるがの高原
飛騨
高山
乗鞍岳
下呂
長野
岐阜
板取渓谷
若狭灣
敦賀半島
三方五湖
小浜
舞鶴
滋賀
京都
伊吹山
関ケ原
琵琶湖
中央自動車道
名神高速道路
新名神高速道路
比叡山
大津
京都
高槻
奈良
大阪
堺
河内長野
橋本
吉野山
桜井
三重
津
伊勢湾
名古屋
常滑
半田
中部國際機場
南知多
知多半島
愛知
渥美半島
伊良湖岬
田原
豊橋
設楽
新城
新東名高速道路
東名高速道路
靜岡
浜名バイパス
遠州灘
二見浦
鳥羽
伊勢神宮
志摩
賢島
大王崎
大台ケ原
奈良
熊野灘
紀勢自動車道
尾鷲
熊野尾鷲道路
熊野
瀞峡
本宮
和歌山
新宮
太地
串本
潮岬
田辺
白浜
紀勢自動車道
すさみ
地圖範例
高速自動車國道
交流道(IC)
系統交流道(JCT)
自吹田的距離
6線道以上
Smart IC
(ETC專用交流道)
大型休息站(SA)
小型休息站(PA)
免費
4線道
大津SA
桂川PA
休息站內設施(詳情請見右側)
免費
2線道
200(山陽)
路線分水嶺
※注 201(中國)
其他道路
收費
免費
汽車專用
伊賀SA
國道幹線
其他道路
國道幹線·其他道路
部分IC·SA·PA因空間所限而省略標示。
休息站設施資訊
餐廳
入浴設施
住宿設施
複合式休息站
Smart IC
天然氣加氣站
甲醇汽油加油站
液化石油氣加氣站
加油站
便利商店
速食
ENEOS
COSMO
昭和Shell
JOMO
出光興產
Mobil
ESSO
ゼネラル
KYGNUS
三井石油
SOLATO
其他
7-11
LAWSON
全家
Daily YAMAZAKI
スリーエフ
MINI STOP
SAVE ON
Seicomart
POPLAR
其他
麥當勞
摩斯漢堡
肯德基
Mister Donut
儂特利
羅多倫咖啡
吉野家
松屋
SUKIYA
其他
※注釋　路線分水嶺：當吹田到目的地IC的路線有兩條時，會標示出可選擇最短路線的界線。

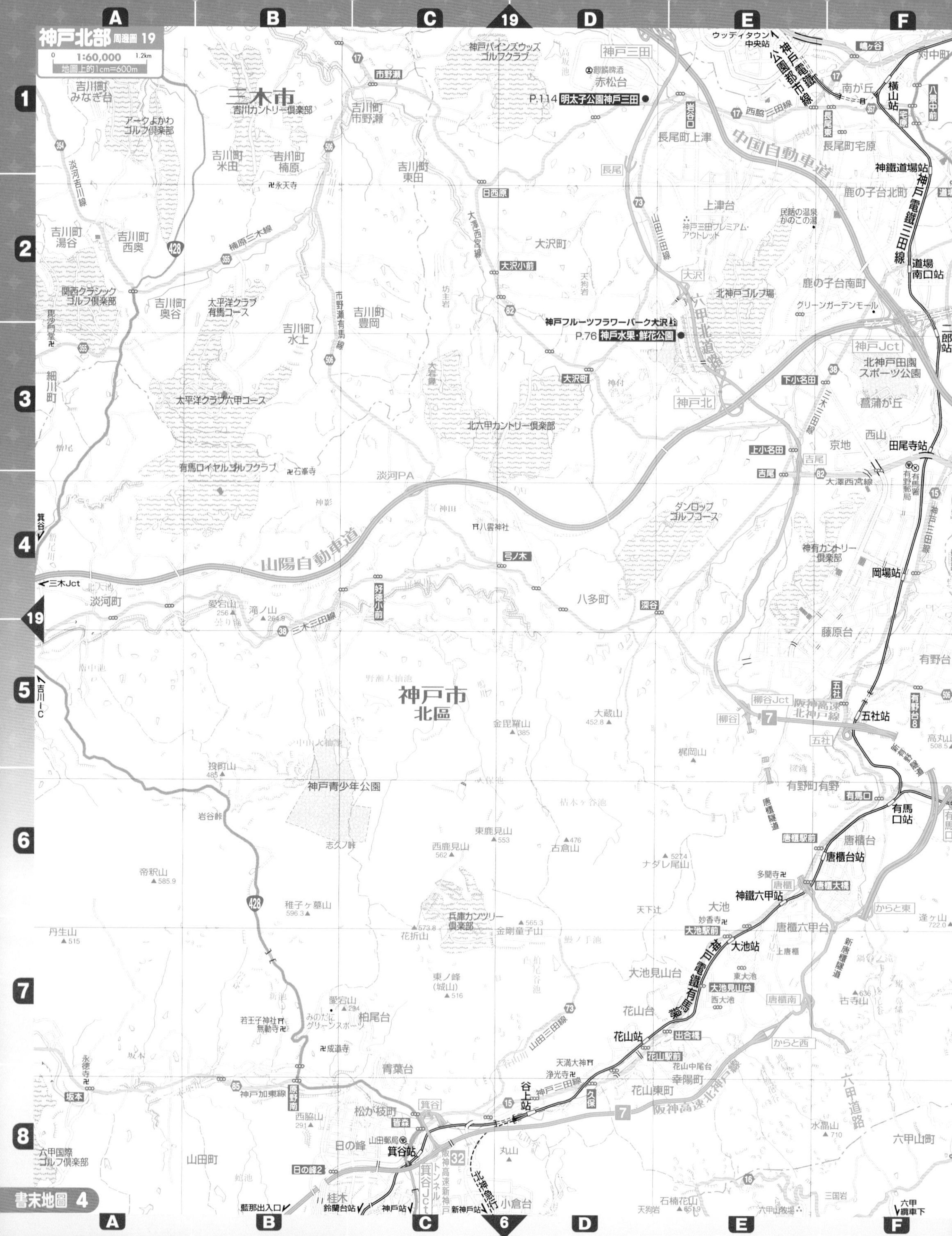

神戸北部 周邊圖 19
1:60,000
地圖上的1cm=600m
三木市
吉川町みなぎ台
アークよかわゴルフ倶楽部
吉川カントリー倶楽部
吉川町市野瀬
神戸パインズウッズゴルフクラブ
麒麟啤酒
赤松台
神戸三田
P.114 明太子公園神戸三田
ウッディタウン中央站
神戶電鐵公園都市線
南が丘
横山站
長尾町上津
長尾町宅原
中国自動車道
神鐵道場站
神戶電鐵三田線
鹿の子台北町
上津台
民話の温泉かのこの湯
神戸三田プレミアム・アウトレット
大沢町
北神戸ゴルフ場
道場南口站
鹿の子台南町
グリーンガーデンモール
二郎站
神戸フルーツフラワーパーク大沢
P.76 神戸水果・鮮花公園
六甲北道路
神戸Jct
北神戸田園スポーツ公園
菖蒲が丘
神戸北
吉川町米田
吉川町楠原
吉川町東田
永天寺
吉川町湯谷
吉川町西奥
関西クラシックゴルフ倶楽部
吉川町奥谷
太平洋クラブ有馬コース
吉川町豊岡
吉川町水上
細川町
太平洋クラブ六甲コース
北六甲カントリー倶楽部
有馬ロイヤルゴルフクラブ
石峰寺
淡河PA
京地
西山
田尾寺站
ダンロップゴルフコース
八雲神社
山陽自動車道
神有カントリー倶楽部
岡場站
三木Jct
淡河町
愛宕山
滝ノ山
八多町
藤原台
有野台
神戸市北區
大蔵山
金毘羅山
柳谷Jct
阪神高速北神戸線
五社站
高丸山
梶岡山
投町山
神戸青少年公園
有野町有野
有馬口站
岩谷峠
東鹿見山
西鹿見山
古倉山
唐櫃台
唐櫃台站
志久ノ峠
ナダレ尾山
帝釈山
稚子ヶ墓山
神鐵六甲站
大池
天下辻
唐櫃六甲台
丹生山
兵庫カンツリー倶楽部
金剛童子山
花折山
大池站
逢ヶ山
東ノ峰(城山)
大池見山台
愛宕山
みのたにグリーンスポーツ
柏尾台
若王子神社
無動寺
成道寺
花山台
古寺山
花山站
永徳寺
天満大神
浄光寺
谷上站
神戸加東線
青葉台
幸陽町
花山東町
松が枝町
西脇山
箕谷站
日の峰
山田町
六甲国際ゴルフ倶楽部
丸山
水晶山
六甲山町
六甲道路
桂木
鈴蘭台站
神戸站
新神戸站
小倉台
天狗岩
石楠花山
三国岩
六甲纜車下
北神急行
阪神高速新神戸トンネル
箕谷Jct

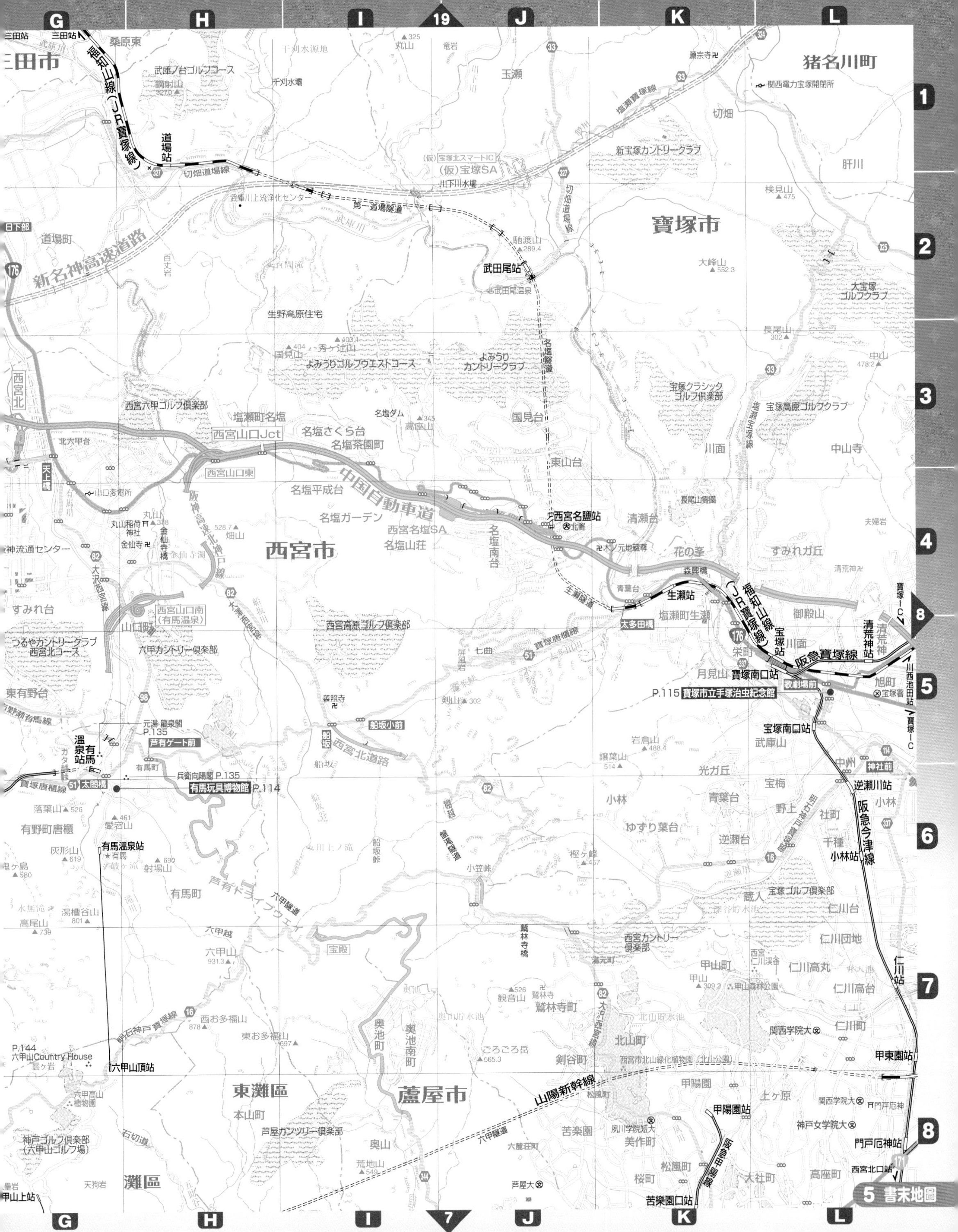
G
H
I
19
J
K
L
三田站
三田市
桑原東
福知山線（JR寶塚線）
武庫ノ台ゴルフコース
鎌倉山
千刈水源地
丸山
竜岩
玉瀬
蓬宗寺
猪名川町
関西電力宝塚開閉所
千刈水場
塩瀬寶塚線
切畑
道場站
新宝塚カントリークラブ
(仮)宝塚北スマートIC
(仮)宝塚SA
切畑道場線
川下川水場
肝川
武庫川上流浄化センター
第一道場隧道
武庫川
検見山
日下部
道場町
新名神高速道路
百丈岩
馳渡山
寶塚市
武田尾站
武田尾温泉
大峰山
大宝塚ゴルフクラブ
生野高原住宅
国見山
秀ヶ辻山
よみうりゴルフウエストコース
よみうりカントリークラブ
名塩隧道
長尾山
中山
宝塚クラシックゴルフ倶楽部
宝塚高原ゴルフクラブ
西宮北
西宮六甲ゴルフ倶楽部
塩瀬町名塩
名塩ダム
高座山
国見台
名塩さくら台
名塩茶園町
西宮山口Jct
北六甲台
西宮山口東
東山台
川面
中山寺
天上橋
山口支所
名塩平成台
中国自動車道
長尾山霊園
丸山稲荷神社
金仙寺
金仙寺橋
阪神高速北神戸線
畑山
名塩ガーデン
西宮名塩SA
名塩山荘
名塩南台
西宮名塩站
北署
木ノ元地蔵尊
清瀬台
夫婦岩
神流通センター
西宮市
花の峯
すみれガ丘
森興橋
清荒神
大沢西宮線
青葉台
生瀬站
生瀬隧道
福知山線（JR寶塚線）
寶塚IC
すみれ台
西宮山口南（有馬温泉）
山口町
大多田橋
塩瀬町生瀬
御殿山
つるやカントリークラブ西宮北コース
西宮高原ゴルフ倶楽部
寶塚唐櫃線
屏風岩
七曲
宝塚站
川面
清荒神站
六甲カントリー倶楽部
阪急寶塚線
東有野台
栄町
月見山
寶塚南口站
旭町
宝塚署
川西池田站
歌劇場前
P.115 寶塚市立手塚治虫紀念館
善照寺
剣山
元湯 龍泉閣 P.135
船坂小前
宝塚南口站
芦有ゲート前
岩倉山
武庫山
有馬温泉站
西宮北道路
譲葉山
中州
有馬町
兵衛向陽閣 P.135
船坂
光ガ丘
神社前
逆瀬川站
寶塚唐櫃線
太閤橋
有馬玩具博物館 P.114
宝梅
落葉山
小林
青葉台
阪急今津線
有野町唐櫃
愛宕山
盤滝隧道
野上
社町
ゆずり葉台
逆瀬台
小林
有馬温泉站
千種
灰形山
射場山
船坂峠
小林站
小笠峠
樫ヶ峰
有馬町
芦有ドライブウエイ
蔵人
宝塚ゴルフ倶楽部
湯槽谷山
六甲隧道
仁川台
高尾山
六甲越
鷲林寺橋
西宮カントリー倶楽部
仁川団地
六甲山
宝殿
甲山町
仁川高丸
仁川站
観音山
鷲林寺
鷲林寺町
甲山
甲山森林公園
仁川高台
奥池
明石神戸寶塚線
西お多福山
奥池町
奥池南町
北山町
仁川町
P.144 六甲山Country House
東お多福山
ごろごろ岳
剣谷町
関西学院大
雲ヶ岩
六甲山頂站
西宮市北山緑化植物園（北山公園）
甲東園站
六甲高山植物園
東灘區
蘆屋市
山陽新幹線
甲陽園
上ヶ原
本山町
芦屋カンツリー倶楽部
六甲隧道
松風町
甲陽園站
関西学院大
門戸厄神
苦楽園
夙川学院短大
神戸女学院大
神戸ゴルフ倶楽部（六甲山ゴルフ場）
石切道
奥山
六麓荘町
美作町
阪急甲陽線
門戸厄神站
荒地山
松風町
西宮北口站
天狗岩
灘區
芦屋大
桜町
大社町
高座町
甲山上站
苦楽園口站
7
K
L
1
2
3
4
5
6
7
8

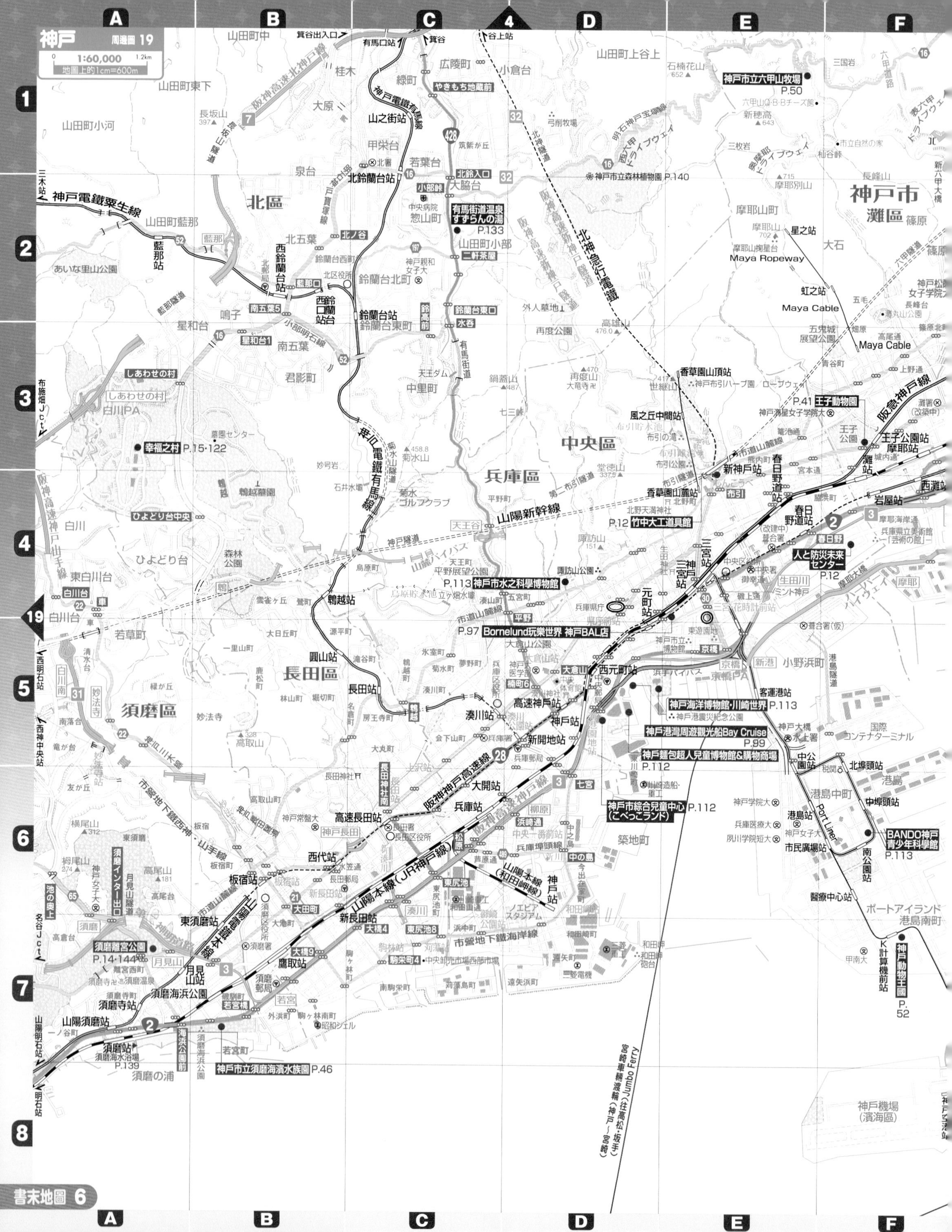

神戸
周邊圖 19
1:60,000
地圖上的1cm=600m
A
B
C
4
D
E
F
1
2
3
4
5
6
7
8
19
山田町中
箕谷出入口
有馬口站
箕谷
谷上站
山田町上谷上
石楠花山
三国岩
六甲山路
山田町東下
桂木
綠町
廣陵町
小倉台
神戸市立六甲山牧場
P.50
阪神高速北神戸線
やきもち地蔵前
長坂山
大原
六甲山Q·B·Bチーズ館
山田町小河
山之街站
神戸電鐵有馬線
弓削牧場
新穗高
表六甲ドライブウェイ
甲栄台
筑紫が丘
北神急行電鐵
西六甲ドライブウェイ
三枚岩
市立自然の家
裏六甲ドライブウェイ
若葉台
北鈴蘭台站
北鈴入口
大脇台
神戸市立森林植物園 P.140
摩耶別山
長峰山
泉台
小部峠
中央病院
惣山町
有馬街道溫泉すずらんの湯
P.133
摩耶山町
神戸市
灘區
篠原
神戸電鐵粟生線
北區
山田町藍那
藍那
藍那站
北五葉
北ノ谷
山田町小部
摩耶山
星之站
大石
西鈴蘭台站
鈴蘭台西町
神戸親和女子大
二軒茶屋
摩耶山掬星台
Maya Ropeway
あいな里山公園
北區役所
鈴蘭台北町
阪神高速新神戸隧道
藍那口
西鈴蘭台站
虹之站
Maya Cable
神戸松蔭女子學院大
鳴子
南五葉
鈴蘭台站
鈴蘭台東町
鈴蘭台東口
水呑
外人墓地
再度公園
高雄山
五鬼城展望公園
Maya Cable
星和台
星和台1
南五葉
有馬街道
君影町
天王ダム
中里町
鍋蓋山
再度山
大龍寺
香草園山頂站
世継山
神戸布引ハーブ園
ロープウェイ
青谷町
上野通
阪急神戸線
しあわせの村
白川PA
布施畑Jct
七三峠
風之丘中間站
P.41 王子動物園
神戸海星女子學院大
灘署(改築中)
幸福之村 P.15·122
菊水山
中央區
布引の滝
王子公園
王子公園站
摩耶站
神戸電鐵有馬線
菊水山隧道
妙号岩
兵庫區
堂德山
布引公園
新神戸站
灘站
西灘站
春日野道站
石井水壩
鵯越墓園
第二布引隧道
香草園山麓站
北野町
布引
岩屋站
阪神高速神戸山手線
ひよどり台中央
平野町
山陽新幹線
北野天滿神社
菊水ゴルフクラブ
P.12 竹中大工道具館
春日野道站
摩耶海岸通
白川
天王谷
兵庫縣立美術館「藝術の館」
神戸隧道
諏訪山
三宮站
春日野
人と防災未來センター
ひよどり台
森林公園
鳥原町
天王町
平野展望公園
諏訪山公園
三宮站
神戸站
中央區役所
中央署
生田川
P.12
摩耶
東白川台
P.113 神戸市水之科學博物館
白川台
雲雀ケ丘
鵯越站
湊山町
五宮町
兵庫縣廳
元町站
三宮花時計前站
ハーバーハイウェイ
白川台
若草町
市道山麓線
平野
源平町
Bornelund玩樂世界 神戸BAL店
P.97
東遊園地
葺合署(仮)
大日丘町
一里山町
大倉山公園
神戸市立博物館
京橋
新港
小野浜町
港島隧道
西明石站
白川南
鹿松町
圓山站
滝谷町
氷室町
夢野町
菊水町
神戸大醫學部
大倉山
楠町6
西元町站
濱手バイパス
須磨區
長田區
長田站
林山町
堀切町
湊川町
兵庫區役所
高速神戸站
神戸站
神戸海洋博物館·川崎世界 P.113
客運港站
神戸港震災紀念公園
西神中央站
妙法寺
南落合
須磨區
妙法寺
名倉町
房王寺町
湊川站
神戸港灣周遊觀光船Bay Cruise
P.99
神戸大橋
國際コンテナターミナル
竜が台
高取山
會下山町
兵庫署
新開地站
水上署
市營地下鐵西神·山手線
大丸町
神戸麵包超人兒童博物館&購物商場
P.112
中公園站
友が丘
長田神社
長田神社前
阪神神戸高速線
大開站
兵庫郵局
北埠頭站
港島
高取山町
兵庫站
七宮
川崎造船·重工
港島中町
中埠頭站
神戸常盤大
神戸長田
高速長田站
長田區役所
長田署
柳原
浜崎通
中央一番前站
神戸市綜合兒童中心(こべっこランド) P.112
神戸學院大
兵庫醫療大
港島站
Port Liner
BANDO神戸青少年科學館 P.113
横尾山
東須磨
須磨インター出口
阪神高速神戸線
築地町
神戸女子大
南公園站
市民廣場站
西代站
兵庫埠頭線
中之島
苅藻通
房川學院短大
栂尾山
高尾山
水笠通
長田郵局
山陽本線(JR神戸線)
松原
今出在家町
山陽本線(和田岬線)
神戸站
板宿站
新長田站
東尻池
和田岬
醫療中心站
池の奥上
神戸女子大
高尾台
市道山麓線
月見山隧道
新長田站
大田町
和田岬站
ポートアイランド
港島南町
名谷Jct
東須磨站
須磨區役所
須磨署
大橋4
東尻池8
浜中町
ノエビアスタジアム
御崎公園
市營地下鐵海岸線
高倉台
須磨離宮公園
P.14·144
月見山
鷹取站
大橋9
駒林町
駒栄町4
中央卸売市場西部市場
和田宮
三菱電機
神戸動物王國
P.52
K計算機前站
甲南大
須磨寺
須磨溫泉
月見山站
須磨郵局
遠矢浜町
須磨寺町
須磨寺站
須磨海浜公園
若宮
駒林南町
外浜町
昭和シェル
宮崎車輛渡輪(往高松·坂手)Jumbo Ferry(神戸~宮崎)
山陽須磨站
須磨站
須磨海水浴場
P.139
海浜公園前
須磨海浜公園
若宮町
神戸市立須磨海濱水族園 P.46
須磨の浦
山陽明石站
明石站
神戸機場(濱海區)

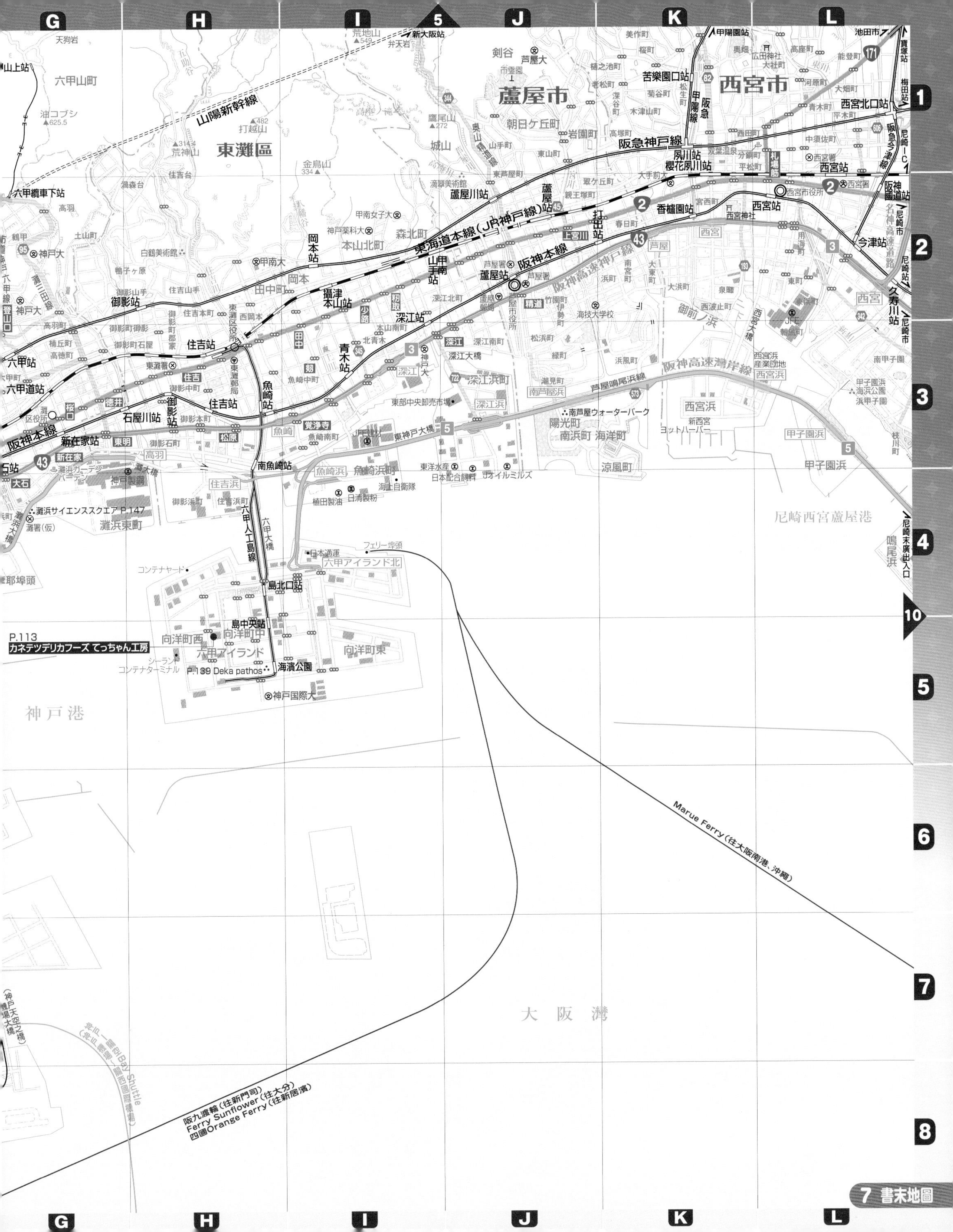
G
H
I
5
J
K
L
1
2
3
4
5
6
7
8
10
蘆屋市
西宮市
東灘區
山陽新幹線
六甲山町
油コブシ
荒神山
打越山
金鳥山
荒地山
新大阪站
劍谷
芦屋大
朝日ケ丘町
岩園町
城山
鷹尾山
苦樂園口站
甲陽園站
甲陽線
阪急
西宮北口站
阪急今津線
阪急神戸線
夙川站
櫻花夙川站
西宮站
香櫨園站
西宮神社
西宮市役所
今津站
阪神國道站
打出站
蘆屋川站
蘆屋站
東海道本線(JR神戸線)
阪神本線
阪神高速神戸線
阪神高速灣岸線
芦屋鳴尾浜線
岡本站
攝津本山站
甲南山手站
深江站
青木站
魚崎站
住吉站
御影站
六甲道站
六甲站
石屋川站
新在家站
南魚崎站
甲南女子大
神戸藥科大
甲南大
神戸大
白鶴美術館
滴翠美術館
本山北町
森北町
岡本
田中町
御影山手
住吉山手
東灘區役所
東灘署
芦屋署
蘆屋市役所
海技大学校
深江浜町
深江大橋
南芦屋浜
南芦屋ウォーターパーク
陽光町
南浜町
海洋町
涼風町
西宮浜
新西宮ヨットハーバー
甲子園浜
尼崎西宮蘆屋港
東部中央卸売市場
東神戸大橋
魚崎浜町
住吉浜町
御影浜町
灘浜東町
灘浜サイエンススクエア P.147
六甲人工島線
六甲大橋
六甲アイランド北
フェリー埠頭
日本通運
コンテナヤード
島北口站
島中央站
海濱公園
向洋町西
向洋町中
向洋町東
六甲アイランド
神戸國際大
シーランド
コンテナターミナル
P.139 Deka pathos
P.113
カネテツデリカフーズ てっちゃん工房
神戸港
大阪灣
Marue Ferry(往大阪南港、沖繩)
阪九渡輪(往新門司)
Ferry Sunflower(往大分)
四國Orange Ferry(往新居濱)
Bay Shuttle
神戸天空之橋
JR西日本
御前ノ浜
西宮浜産業団地
甲子園浜
鳴尾浜
尼崎末廣出入口
尼崎站
久寿川站
梅田站
池田市
寶塚站
名神高速道路
尼崎IC
阪神高速神戸線

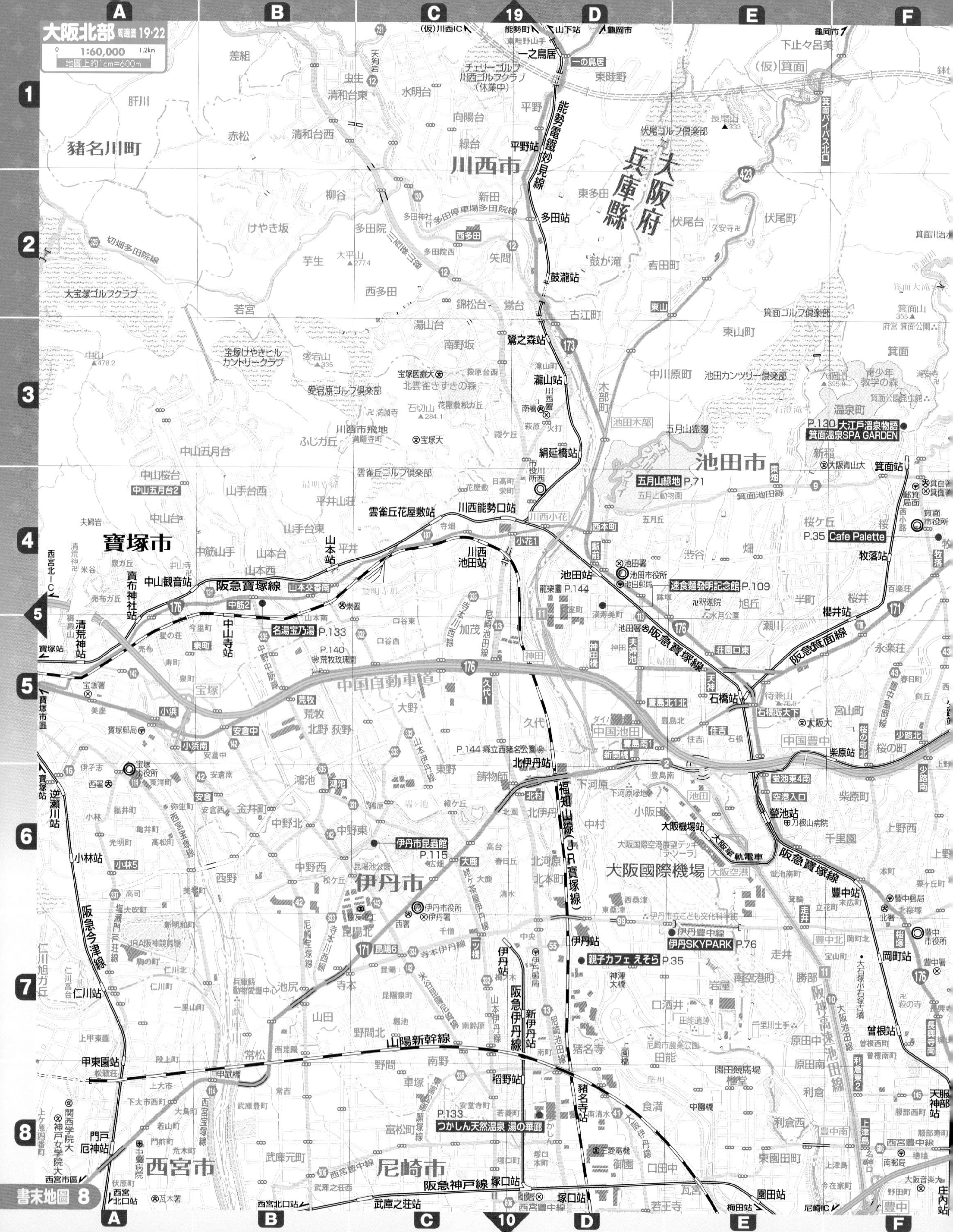

大阪北部 周邊圖 19·22
1:60,000
0 1.2km
地圖上的1cm=600m
川西市
寶塚市
伊丹市
池田市
尼崎市
西宮市
猪名川町
大阪府
兵庫縣
大阪國際機場
中国自動車道
能勢電鐵妙見線
阪急寶塚線
阪急箕面線
阪急伊丹線
阪急今津線
阪急神戸線
福知山線（JR寶塚線）
山陽新幹線
阪神高速池田線
大阪單軌電車
一之鳥居
平野站
多田站
鼓瀧站
鶯之森站
瀧山站
絹延橋站
川西能勢口站
雲雀丘花屋敷站
川西池田站
山本站
中山觀音站
賣布神社站
清荒神站
中山寺站
池田站
石橋站
牧落站
櫻井站
箕面站
柴原站
螢池站
大阪機場站
豐中站
岡町站
曾根站
北伊丹站
伊丹站
新伊丹站
稻野站
猪名寺站
塚口站
園田站
武庫之荘站
甲東園站
仁川站
小林站
逆瀨川站
門戸厄神站
天服神部站
庄内站
P.130 大江戸溫泉物語 箕面溫泉SPA GARDEN
P.35 Cafe Palette
五月山綠地 P.71
速食麵發明記念館 P.109
P.144
名湯宝乃湯 P.133
P.140
伊丹市昆蟲館 P.115
P.144 縣立西猪名公園
伊丹SKYPARK P.76
親子カフェ えそら P.35
P.133 つかしん天然溫泉 湯の華廊
19
10
5

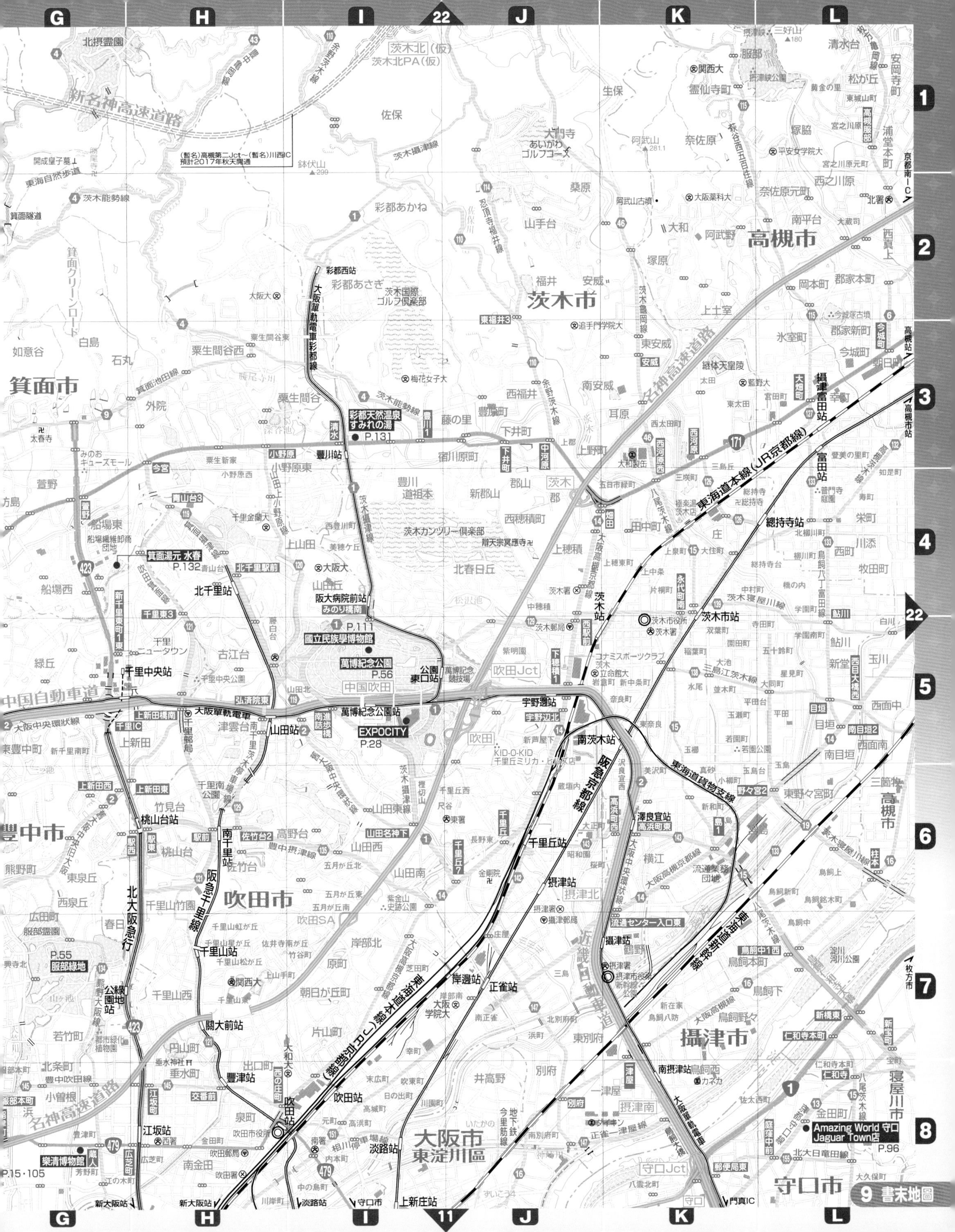

G
H
I
22
J
K
L
1
2
3
4
5
6
7
8
北摂霊園
新名神高速道路
茨木北（仮）
茨木北PA（仮）
(暫名)高槻第二Jct～(暫名)川西IC
預計2017年秋天開通
佐保
生保
関西大
霊仙寺町
摂津峡公園
服部
三好山
清水台
安岡寺町
松が丘
大門寺
あいがわゴルフコース
阿武山
奈佐原
塚脇
平安女学院大
浦堂本町
開成皇子墓
東海自然歩道
茨木能勢線
箕面隧道
鉢伏山
茨木摂津線
桑原
阿武山古墳
大阪薬科大
奈佐原元町
西之川原
北署
彩都あかね
山手台
大和
阿武野
高槻市
南平台
塚原
岡本町
郡家本町
彩都西站
彩都あさぎ
茨木国際ゴルフ倶楽部
福井
安威
茨木市
大阪大
上土室
郡家新町
追手門学院大
東福井3
東安威
安威
氷室町
今城町
今城町
箕面グリーンロード
白島
如意谷
石丸
粟生間谷東
粟生間谷西
梅花女子大
継体天皇陵
藍野大
箕面市
大阪單軌電車彩都線
南安威
太田
摂津富田站
外院
粟生間谷
彩都天然温泉 すみれの湯
P.131
豊川1
藤の里
豊原町
西福井
耳原
宮田町
大畑町
太春寺
みのおキューズモール
清水
下井町
上郡
西太田町
西河原
今宮
豊川站
小野原
宿川原町
下井町
中河原
上野町
大和製缶
富田站
小野原東
茨木
郡
三島丘
萱野
豊川
道祖本
新郡山
郡山
五日市緑町
東海道本線（JR京都線）
総持寺
船場東
青山台3
千里金蘭大
茨木カンツリー倶楽部
西穂積町
畑田
田中町
庄
總持寺站
船場繊維卸商団地
上山田
辯天宗冥應寺
上穂積
上泉町
大住町
箕面湯元 水春
P.132
北千里駅前
大阪大
北春日丘
上穂積町
総持寺台
牧田町
船場西
北千里站
山田丘
阪大病院前站
みのり橋南
茨木市役所
茨木市站
阪急京都線
永代町
鮎川
千里東3
新千里東町1東
千里ニュータウン
国立民族學博物館
P.111
萬博紀念公園
P.56
茨木郵局
茨木站
西駅前
下穂積1
緑丘
古江台
公園東口站
萬博記念競技場
吹田Jct
立命館大
岩倉町
新中条町
玉川
千里中央站
千里中央公園
中国吹田
中国自動車道
弘済院東
大阪單軌電車
萬博紀念公園站
宇野邊站
上新田橋南
千里IC
津雲台
山田站
EXPOCITY
P.28
宇野辺北
東豊中町
上新田
吹田
新芦屋下
南茨木站
KID-O-KID
千里丘ミリカ・ヒルズ店
目垣
南目垣2
東海道貨物支線
上新田西
上新田東
竹見台
千里南公園
茨木摂津線
山田東線
野々宮2
東野々宮町
高槻市
桃山台站
南千里站
佐竹台2
高野台
山田名神下
千里丘
高浜町西
澤良宜站
高浜町東
豊中市
駅前
桃山台
豊中摂津線
山田西
千里丘站
横江
流通業務団地
熊野町
東泉丘
阪急千里線
佐竹台
五月が丘北
千里丘7
摂津站
北大阪急行
吹田市
西泉丘
千里山竹園
摂津北
吹田SA
紫金山史跡公園
摂津署
摂津郵局
広田町
服部靈園
春日
岸部北
流通センター入口東
P.55
服部緑地
千里山站
摂津站
摂津市役所
鳥飼中1西
鳥飼本町
淀川河川公園
枚方市
関西大
原町
服部緑地站
千里山西
朝日が丘町
岸邊站
正雀站
大阪学院大
鳥飼下
関大前站
片山町
東海道本線（JR京都線）
新在家
鳥飼野々
摂津市
若竹町
円山町
北別府町
東別府
新橋東
仁和寺本町
北条町
垂水町
出口町
豊津站
大和大
井高野
別府
南摂津站
鳥飼西
カネカ
仁和寺
寝屋川市
小曽根
名神高速道路
江坂町
交番前
西の庄町
吹田站
一津屋
別府
摂津南
江坂站
泉町
吹田市役所
吹田站
大阪市東淀川區
今里筋線
地下鉄
淡路站
相川
南別府町
正雀一津屋線
金田町
Amazing World 守口 Jaguar Town店
P.96
豊津町
樂清博物館
P.15・105
南金田
吹田署
中の島町
守口Jct
郵便局東
守口市
大久保町
新大阪站
新大阪站
川岸町
淡路站
守口市
上新庄站
守口
門真IC
11

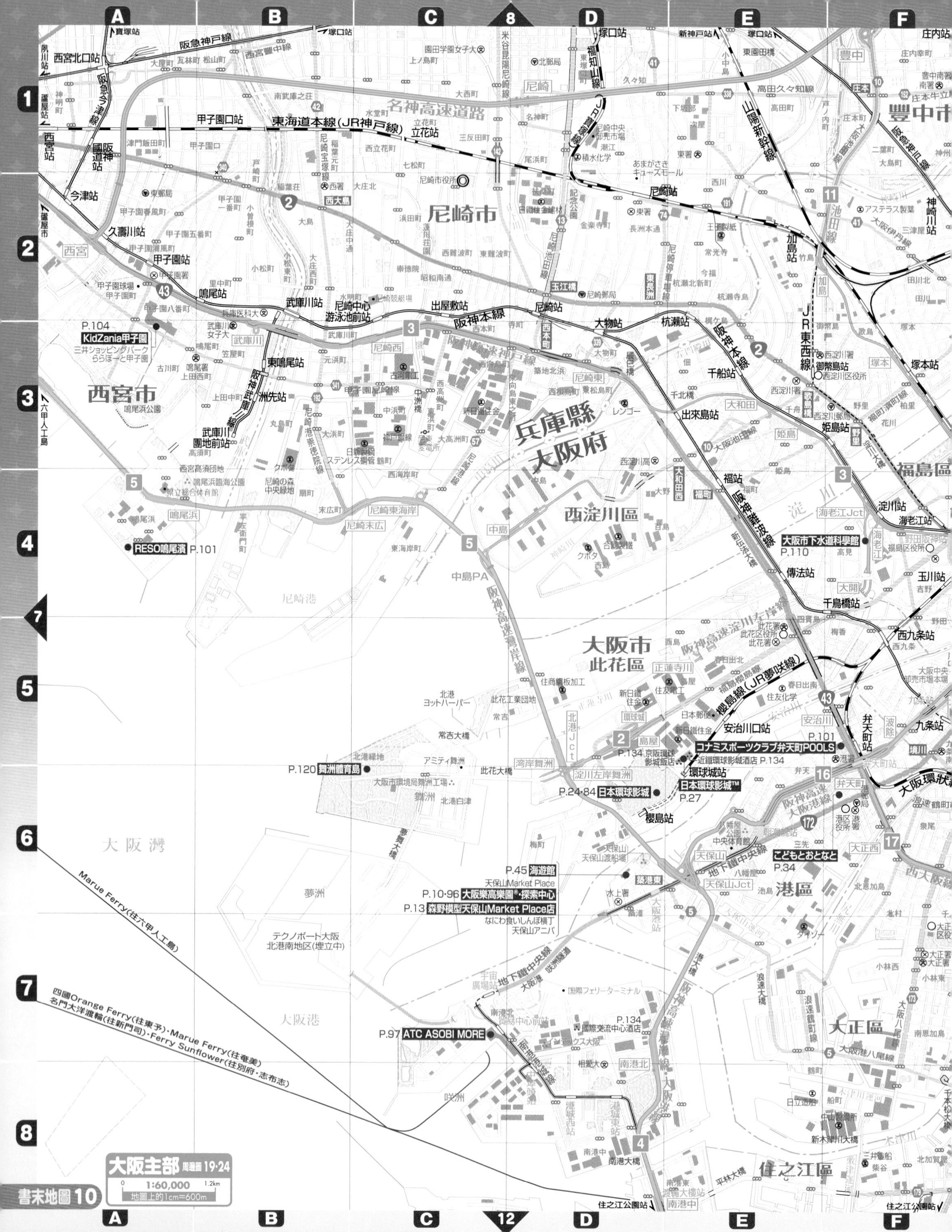
大阪主部 周邊圖 19·24
1:60,000
地圖上的1cm=600m
阪急神戶線
西宮北口站
阪急今津線
甲子園口站
東海道本線(JR神戶線)
立花站
名神高速道路
尼崎市
尼崎站
塚口站
福知山線
JR寶塚線
山陽新幹線
豐中市
阪急寶塚線
今津站
久壽川站
甲子園站
鳴尾站
武庫川站
尼崎中心游泳池前站
出屋敷站
阪神本線
大物站
杭瀨站
千船站
姬島站
加島站
JR東西線
御幣島站
塚本站
神崎川站
西宮市
東鳴尾站
洲先站
武庫川團地前站
阪神武庫川線
P.104 KidZania甲子園
三井ショッピングパーク ららぽーと甲子園
RESO鳴尾濱 P.101
兵庫縣
大阪府
出來島站
西淀川區
福站
阪神難波線
淀川站
海老江站
大阪市下水道科學館 P.110
傳法站
千鳥橋站
西九条站
玉川站
福島區
尼崎港
中島PA
阪神高速灣岸線
大阪市
此花區
櫻島線(JR夢咲線)
安治川口站
環球城站
日本環球影城™ P.27
P.24·84 日本環球影城
櫻島站
コナミスポーツクラブ弁天町POOLS P.101
近鐵環球影城酒店 P.134
京阪環球影城飯店 P.134
弁天町站
九条站
大阪環狀線
P.120 舞洲體育島
舞洲
夢洲
大阪灣
大阪港
港區
こどもとおとなと P.34
P.45 海遊館
天保山Market Place
P.10·96 大阪樂高樂園®·探索中心
P.13 森野模型天保山Market Place店
なにわ食いしんぼ横丁
天保山アニバ
大阪港站
地下鐵中央線
テクノポート大阪 北港南地區(埋立中)
P.97 ATC ASOBI MORE
咲洲
大正區
住之江區
南港大橋
住之江公園站
Marue Ferry(往六甲人工島)
四國Orange Ferry(往東予)·Marue Ferry(往奄美)
名門大洋渡輪(往新門司)·Ferry Sunflower(往別府·志布志)

G
H
I
9
J
K
L
13
24
1
2
3
4
5
6
7
8
淀川區
東淀川區
旭區
守口市
門真市
北區
都島區
鶴見區
城東區
大東市
東大阪市
中央區
西區
東成區
天王寺區
浪速區
生野區
平野區
東住吉區
阿倍野區
西成區
住吉區
八尾市
大阪城公園 P.70
中之島公園 P.70
扇町公園 P.70
キッズプラザ大阪 P.106
大阪生活今昔館(人居博物館) P.111
NHK大阪放送局「BK PLAZA」 P.110
大阪歴史博物館 P.110
大阪市立科学館
靭公園
koti by pOundhouse P.36
BABY CAFE kobito de punch P.36
道頓堀水上觀光船 P.99
天然温泉 延羽之湯 鶴橋 P.131
SPA WORLD世界大温泉 P.100
天王寺動物園 P.40
天王寺公園 P.70
TEN-SHIBA P.15
ボーネルンド プレイヴィル 天王寺公園 P.15
花博紀念公園鶴見綠地 P.54
花卉館 P.111
鶴見綠地游泳池 P.101
ユーバスRoyal 高井田店 P.132
久寶寺綠地 P.71
大阪天滿宮 P.134
造幣局櫻花通道 P.140
大阪府
大阪城
大阪站
梅田站
新大阪站
天王寺站
京橋站
鶴橋站
難波站
近鐵奈良線
京阪本線
阪急京都線
阪急千里線
大阪環狀線
關西本線(大和路線)
南海本線
阪神高速東大阪線
近畿自動車道
11 書末地圖

大阪南部 周邊圖 21·24
1:60,000
0
1.2km
地圖上的1cm=600m
A
B
C
D
E
F
10
21
1
2
3
4
5
6
7
8
南港發電所
南港南
南港北出入口
南港東3
南港中
南港東站
南港口站
プロロジスパーク
南港内港
関西自動車部品流通センター
南港南
平林南
濱口南港線
住之江區
平林站
P.131
天然露天溫泉 スパスミノエ
住之江公園前
住之江郵局
かもめ大橋
堺市立サッカー・ナショナルトレーニングセンター
海とふれあい広場
(仮)三宝Jct～(仮)鉄砲西出入口2017年春開通予定
三宝Jct
三宝
P.96 Kid's CASTLE堺
新日鐵住金
シャープ
築港八幡町
緑町
松屋町
浅香山通
堺泉北港
堺區
阪神高速
産業廃棄物処分用地
大阪灣
築港南町
ケイミュー
海山町
山本町
北公園前
神南辺町
戎島町
大濱
堺鉄工団地
大浜西町
大浜公園
大浜北町
大浜北町
堺站
堺署
宿院
みなと堺グリーンひろば
西區
堺港
出島西町
堺高石本部
宇部興産
コスモ石油
堺発電所
出島
出島南
湊站
出島町
南旅籠町
南宗寺
築港新町
ダイキン
日新製鋼
大仙西町
永大産業
ライオン
石津西町
石津
石津町
協和町
石津川站
石津町東2
石津北町
堺泉北港
石津漁港
乳の岡古墳
石津町
緑ケ丘
南陵町
築港浜寺西町
ゴールデンフリース
東燃ゼネラル石油
諏訪之森站
臨海分署
阪堺電軌阪堺線
大阪ガス
浜寺大橋西站
築港浜寺町
浜寺
橋東站
浜寺公園北
浜寺中前
P.58 濱寺公園
濱寺站前站
濱寺公園站
津久野站
下田町前
大阪高石線
三井化学
高砂公園
高砂
DIC
浜寺郵局
鳳郵局
鶴田町
大池前
大鳥大社
羽衣站
東羽衣站
羽衣国際大
西區役所
平岡町
高石市
高石
高石署
羽衣
阪和線(羽衣線)
阪和線
鳳站
西堺署
南高砂
南海高師濱線
高師濱站
伽羅橋站
ジャパンベール
高石
高師浜
加茂
西取石
高石署
アリオ鳳
上
鳳
毛穴
小津島町
千代田
高石高
高石市役所
富木站
日部神社
助松Jct
高石站
泉大津美原線
草部
泉大津大橋
いすゞ自動車 大阪
助松橋
助松橋1
臨海町
大津港
助松
西取石
取石
菱木北
北助松站
新港町
原田
草部
堺泉北收費道路
なぎさ町
泉大津
東助松町
汐見公園
泉大津PA
松之浜町
松之濱站
千原町
北信太站
上町
太町
泉大津美原線
菱木
汐見町
汐見町
港
泉大津署
森町
富秋町
上代町
和田福泉線
青葉町
河原町
本町
泉大津市役所
泉大津站
池上曽根遺跡
曽根町
王子町
旭町
忠岡町
住友ゴム工業
南海本線
泉大津市
宮町
大阪府立弥生文化博物館
池上町
幸
信太山站
山手町
鶴山台
菱木
高尾
新浜
清水町
戎小前
ケイエスピー 弥生の里温泉
新浜東
忠岡中
忠岡北
式内町
昭和町
池浦町
富田林泉大津線
岸和田市
和泉市
岸和田北
忠岡南
宇多
豊中
和泉署
伯太町
尾井町
大阪市信太山青少年活動センター
檜尾西
自衛隊演習地
木材町
忠岡東
忠岡站
忠岡町役場
岸和田站
臨空Jct
穴田
岸和田市
和泉府中站
小野町
岸和田和泉IC
赤坂台北
野々井橋
檜尾
赤坂台
阪九渡輪(往新門司)
書末地圖12

G
H
I
11
J
K
L
東住吉區
大阪市
平野區
住吉區
長居公園 P.70
大阪市立自然史博物館
八尾市
藤井寺市
羽曳野市
松原市
北區
東區
堺市
美原區
中區
大阪狹山市
富田林市
大泉綠地 P.57
大仙公園 P.69
大阪狹山市立市民親近之家 P.71
大阪府立大型兒童館 BIG BANG P.107
しらとりの郷・羽曳野
松原Jct
美原Jct·IC
三宅Jct
堺Jct
阪和自動車道
西名阪自動車道
近畿自動車道
阪神高速松原線
阪神高速堺松原線
阪神高速堺線
泉北高速鐵道
南海高野線
近鐵南大阪線
近鐵長野線
阪和線
南海本線
阪堺電軌上町線
地下鐵御堂筋線
長居站
我孫子町站
杉本町站
淺香站
堺市站
三國之丘站
百舌鳥八幡站
中百舌鳥站
白鷺站
初芝站
萩原天神站
北野田站
狹山站
大阪狹山市站
金剛站
深井站
泉之丘站
布忍站
河內天美站
河內松原站
高見之里站
惠我之莊站
高鷲站
藤井寺站
富田林站
富田林西口站
川西站
針中野站
矢田站
粉濱站
住吉大社站
澤之町站
住之江站
我孫子前站
七道站
堺東站
百舌鳥站
1
2
3
4
5
6
7
8
24
G
H
I
24
J
K
L

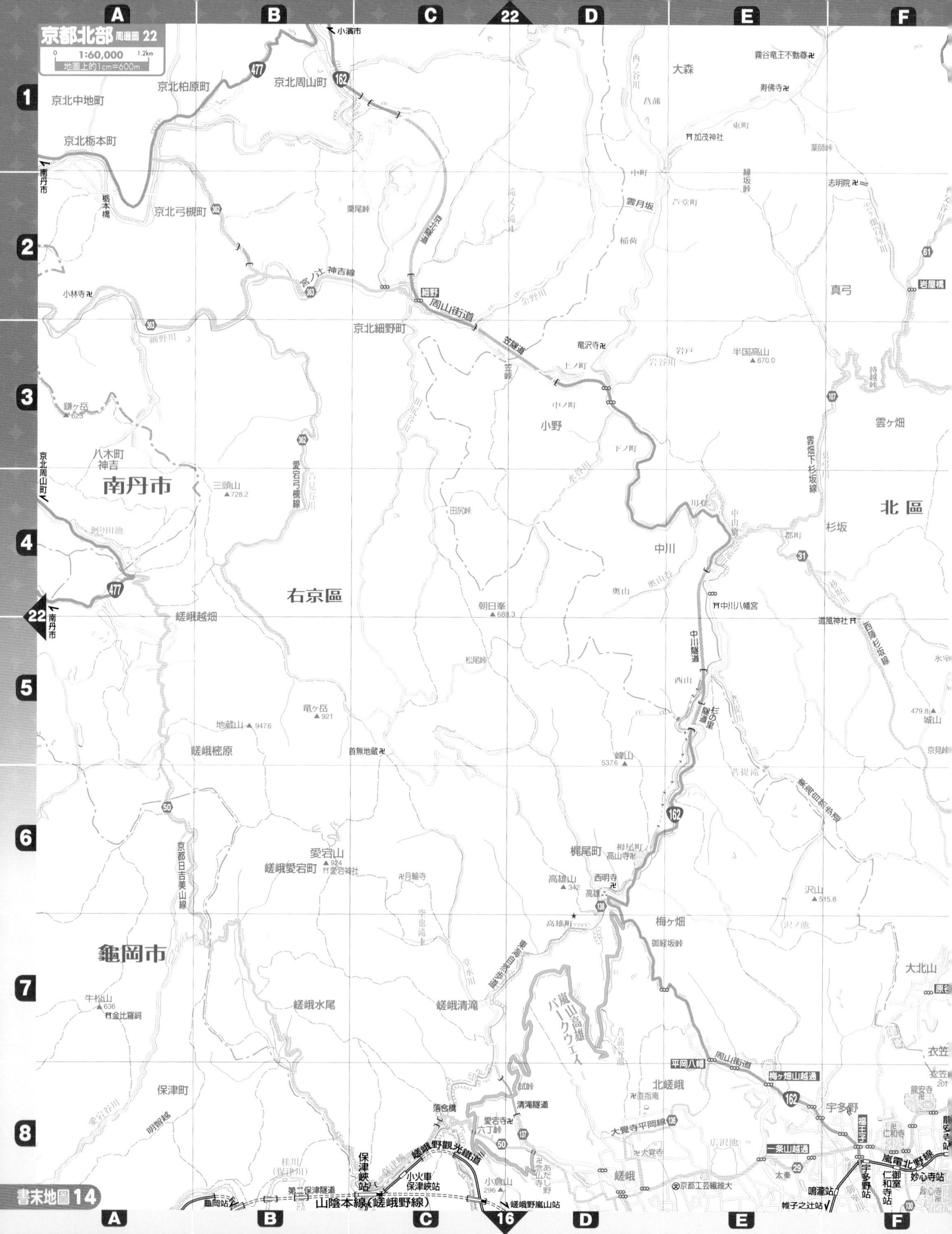
1:60,000
地圖上的1cm=600m
京北中地町
京北柏原町
京北周山町
京北栃本町
小濱市
南丹市
京北弓削町
栗尾峠
宮ノ辻
神吉線
細野
周山街道
京北細野町
笠峠
笠隧道
大森
霧谷竜王不動尊
寿佛寺
加茂神社
雲月坂
稲荷
志明院
真弓
岩屋橋
竜沢寺
半国高山
上ノ町
中ノ町
小野
下ノ町
雲ケ畑
雲畑下杉坂線
北區
杉坂
中川
鎌ケ岳
八木町
神吉
南丹市
三頭山
愛宕弓槻線
田尻峠
右京區
朝日峯
奥山
中川八幡宮
道風神社
西賀茂杉坂線
嵯峨越畑
中川隧道
松尾峠
西山
杉の里隧道
竜ケ岳
地藏山
嵯峨樒原
首無地藏
峰山
城山
京見峠
愛宕山
嵯峨愛宕町
愛宕神社
月輪寺
梶尾町
高山寺
西明寺
高雄山
高雄
京都日吉美山線
梅ケ畑
御経坂峠
沢山
沢ノ池
龜岡市
大北山
牛松山
金比羅祠
嵯峨水尾
嵯峨清滝
嵐山高雄パークウェイ
平岡八幡
周山街道
梅ケ畑山越通
衣笠
保津町
明智越
落合橋
試峠
清滝隧道
北嵯峨
直指庵
大覚寺平岡線
宇多野
仁和寺
愛宕寺
六丁峠
大覚寺
広沢池
一条山越通
嵐電北野線
保津峡站
嵯峨野觀光鐵道
小火車保津峡站
第二保津隧道
山陰本線(嵯峨野線)
小倉山
化野念仏寺
嵯峨
京都工芸繊維大
太秦
鳴瀧站
宇多野站
御室仁和寺站
妙心寺站
帷子之辻站
龜岡站
嵯峨野嵐山站
桂川(保津川)
書末地圖14
16

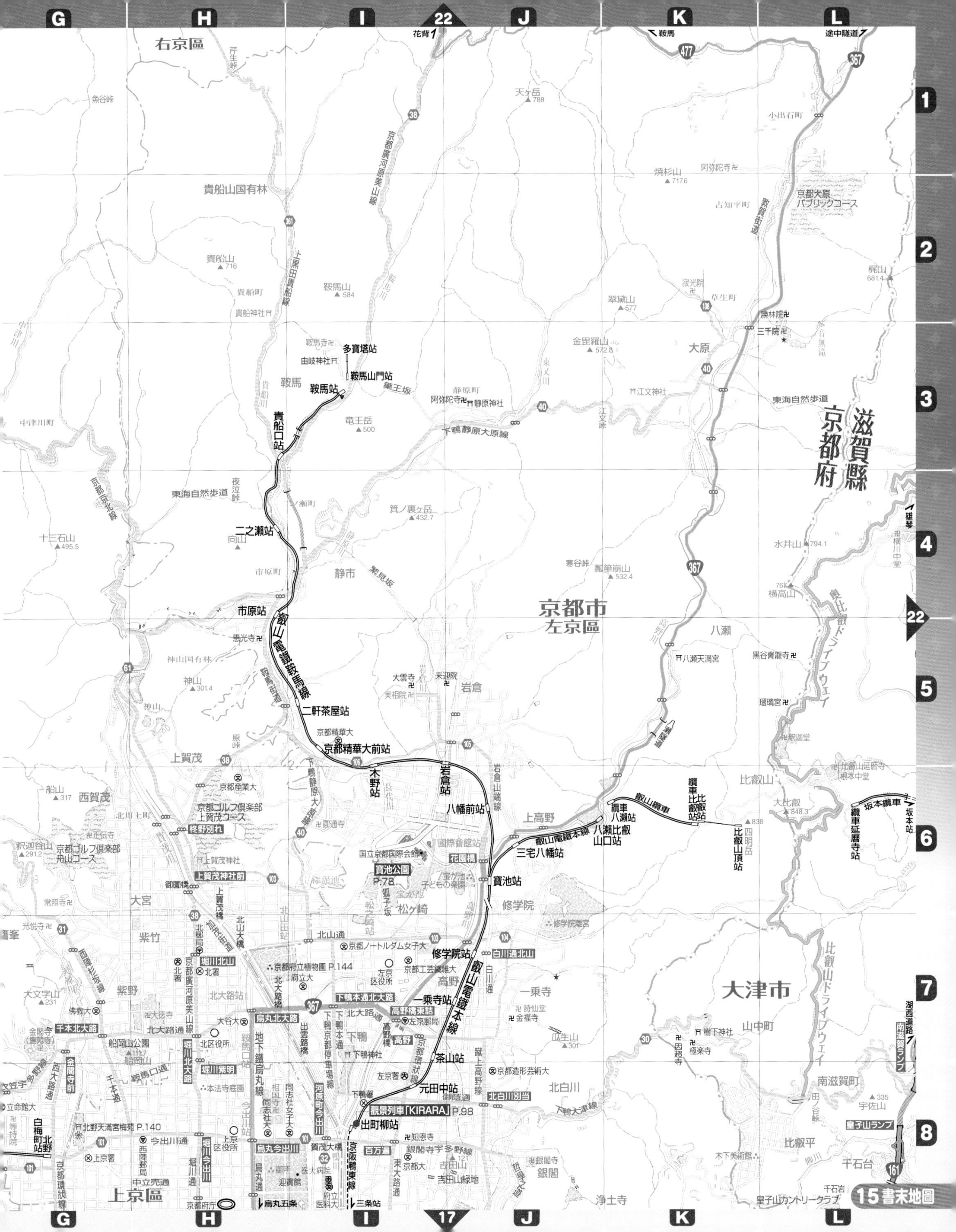

右京區
京都市
左京區
京都府
滋賀縣
大津市
叡山電鐵鞍馬線
叡山電鐵本線
鞍馬站
貴船口站
二之瀨站
市原站
二軒茶屋站
京都精華大前站
木野站
岩倉站
八幡前站
寶池站
三宅八幡站
八瀨比叡山口站
修学院站
一乗寺站
茶山站
元田中站
出町柳站
多寶塔站
鞍馬山門站
叡山纜車
纜車八瀨站
纜車比叡站
比叡山頂站
坂本纜車
纜車延暦寺站
坂本站
鞍馬山
貴船山
天ヶ岳
燒杉山
竜王岳
箕ノ裏ヶ岳
金毘羅山
翠黛山
瓢箪崩山
水井山
比叡山
大原
三千院
寂光院
八瀬
岩倉
静市
修学院
松ヶ崎
高野
下鴨
北白川
一乗寺
銀閣
浄土寺
上京區
上賀茂
西賀茂
紫竹
紫野
大宮
寶池公園 P.78
觀景列車「KIRARA」P.98
京都府立植物園 P.144
北野天滿宮梅苑 P.140
東海自然歩道
比叡山ドライブウェイ
奥比叡ドライブウェイ
15書末地圖

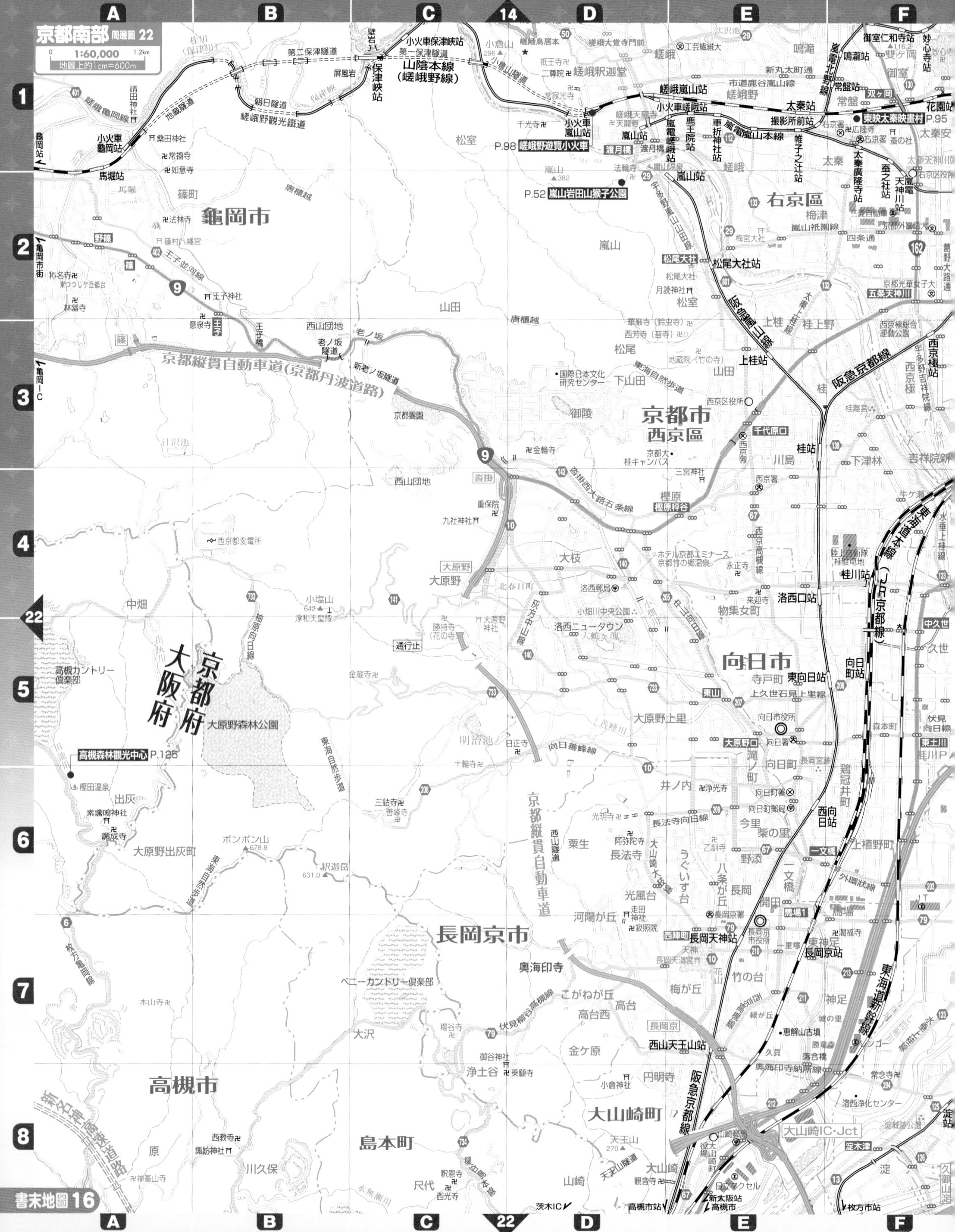

1:60,000
地圖上的1cm=600m
A
B
C
D
E
F
14
22
1
2
3
4
5
6
7
8
小火車保津峽站
第一保津隧道
第二保津隧道
山陰本線
(嵯峨野線)
保津峽站
屏風岩
朝日隧道
嵯峨野觀光鐵道
地藏隧道
嵯峨龜岡線
請田神社
小火車龜岡站
龜岡站
馬堀站
桑田神社
常福寺
如意寺
小倉山
嵯峨鳥居本
嵯峨大覺寺門前
工藝纖維大
祇王寺
二尊院
嵯峨釈迦堂
常寂光寺
嵯峨嵐山站
小火車嵯峨站
千光寺
小火車嵐山站
嵯峨天龍寺
天龍寺
嵐山站
渡月橋
嵐電嵯峨站
鹿王院站
車折神社站
嵐電嵐山本線
帷子之辻站
太秦廣隆寺站
蚕之社站
天神川站
松室
P.98 嵯峨野遊覽小火車
嵐山
法輪寺
P.52 嵐山岩田山猴子公園
嵐山站
右京區
梅津
嵐山祇園線
四條通
松尾大社
松尾大社站
月讀神社
松室
市道鹿谷嵯峨線
新丸太町通
鳴滝
嵐電北野線
常盤站
常盤
太秦站
撮影所前站
東映太秦映畫村 P.95
太秦
太秦安
御室仁和寺站
鳴瀧站
雙ケ岡
妙心寺站
花園站
篠町
龜岡市
法林寺
篠村八幡宮
唐櫃越
野條
龜岡市街
稱名寺
林幽寺
王子神社
王子並河線
篠
王子
惠泉寺
王子橋
西山団地
老ノ坂
老ノ坂隧道
新老ノ坂隧道
京都縱貫自動車道(京都丹波道路)
亀岡IC
京都靈園
山田
唐櫃越
華厳寺(鈴虫寺)
西芳寺(苔寺)
松尾
地藏院(竹の寺)
國際日本文化研究センター
下山田
東海自然步道
御陵
京都市
西京區
西京區役所
千代原口
京都大桂キャンパス
三宮神社
川島
桂站
桂
上桂站
上桂
桂上野
阪急京都線
阪急嵐山線
西京極站
西京極
下津林
吉祥院
汁沢池
金輪寺
沓掛
西山団地
重保院
九社神社
樫原
樫原秤谷
西京都変電所
大原野
大原野
北春日町
大枝
洛西郵局
小畑川中央公園
洛西ニュータウン
ホテル京都エミナース
永正寺
來迎寺
洛西口站
桂川站
物集女町
東海道本線
JR京都線
中久世
久世
中畑
小塩山
淳和天皇陵
勝持寺(花の寺)
大原野神社
通行止
金藏寺
向日市
寺戶町
東向日站
向日町站
上久世石見上里線
京都府
大阪府
高槻カントリー倶楽部
大原野森林公園
明治池
日正寺
十輪寺
向日善峰線
大原野上里
向日市役所
向日署
大原野口
森本町
東土川
高槻森林観光中心 P.125
樫田溫泉
出灰
素盞鳴神社
願成寺
大原野出灰町
ポンポン山
釈迦岳
三鈷寺
善峰寺
東海自然步道
京都縱貫自動車道
西山隧道
粟生
光明寺
阿弥陀寺
長法寺
長法寺向日線
井ノ内
淨光寺
滝ノ町
向日町
長岡宮跡
鶏冠井町
西向日站
今里
柴の里
乙訓寺
野添
一文橋
上植野町
外環状線
光風台
河陽が丘
寂照院
長岡京署
長岡京市役所
西陣町
長岡天神站
長岡天満宮
長岡京站
馬場
八条が丘
うぐいす台
長岡
奥海印寺
長岡京市
こがねが丘
高台
高台西
竹の台
梅が丘
東海道新幹線
神足
伏見柳谷高槻線
楊谷寺
本山寺
ベニーカントリー倶楽部
大沢
金ケ原
西山天王山站
惠解山古墳
奥海印寺納所線
落合橋
常念寺
洛西浄化センター
御谷神社
淨土谷
乘願寺
円明寺
小倉神社
大山崎町
大山崎IC・Jct
阪急京都線
高槻市
新名神高速道路
枚方亀岡線
西教寺
諏訪神社
原
神峯山寺
川久保
島本町
天王山
天王山隧道
大山崎
山崎
觀音寺
尺代
釈恩寺
西光寺
水無瀬川
茨木IC
高槻市站
新大阪站
高槻市
枚方市站
淀站
淀
淀木津

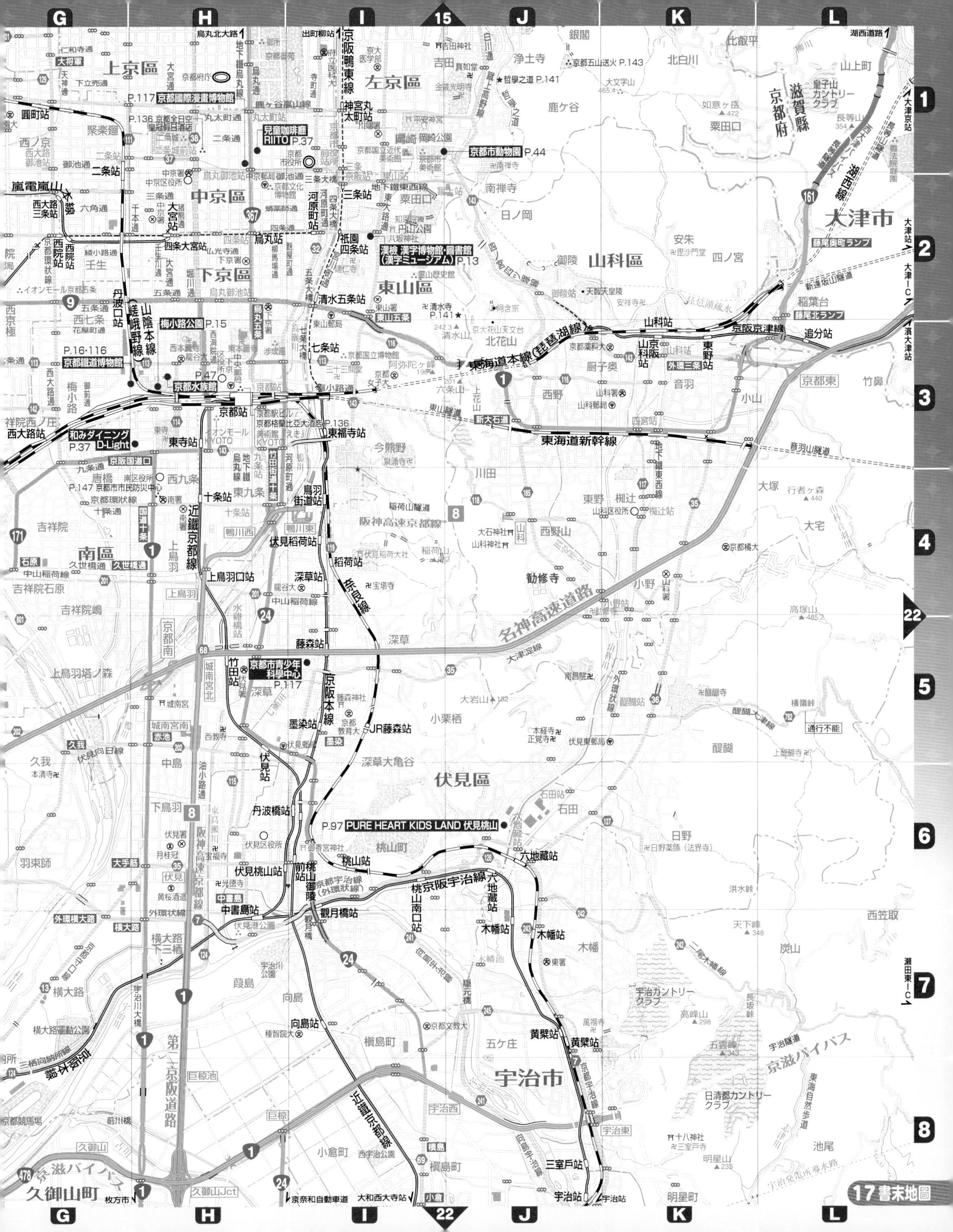

G
H
I
J
K
L
15
22
1
2
3
4
5
6
7
8
上京區
中京區
下京區
左京區
東山區
山科區
南區
伏見區
宇治市
大津市
京都府
滋賀縣
京都國際漫畫博物館
P.117
兒童咖啡廳 RIITO
P.37
京都市動物園
P.44
漢檢 漢字博物館・圖書館（漢字ミュージアム）
P.13
梅小路公園
P.15
京都鐵道博物館
P.16・116
京都水族館
P.47
和みダイニング D-Light
P.37
京都市青少年科學中心
P.117
PURE HEART KIDS LAND 伏見桃山
P.97
哲學之道 P.141
京都五山送火 P.143
京都站
二条站
東寺站
十条站
丹波口站
七条站
清水五条站
三条站
祇園四条站
伏見稻荷站
稻荷站
深草站
藤森站
JR藤森站
墨染站
丹波橋站
伏見桃山站
桃山站
六地藏站
觀月橋站
木幡站
黃檗站
向島站
中書島站
三室戶站
宇治站
山科站
東野站
追分站
名神高速道路
東海道本線（琵琶湖線）
東海道新幹線
京阪本線
近鐵京都線
奈良線
京阪宇治線
京滋バイパス
第二京阪道路
阪神高速京都線
17書末地圖

A
B
C
27
D
E
F
1
2
3
4
5
6
7
8
和田山站
市川SA
市川町
朝來市
丹波市
谷川站
七種の滝
夢前町
多可町
北はりまエコミュージアム
西脇經緯度地球科學館「Terre Dome」P.116
西脇市
山崎IC
夢前スマートIC
福崎町
日光寺山
P.65 兵庫縣立播磨中央公園
加東市
中國自動車道
加西市
加西SA
播但連絡道路
P.139 東條湖玩具王國「ウォーターパークアカプルコ」
社PA
兵庫縣立花卉中心 P.77
山陽姫路西IC
書寫の里・美術工芸館
P.42·94 姫路中央公園
共進牧場 P.51
ひまわりの丘公園
小野市立児童館チャイコム
サンパティオおの
小野市
山陽自動車道
兵庫県立歴史博物館
世界文化遺產 姫路城
P.44 姫路市立動物園
加古川市
權現湖PA
NESTA RESORT KOBE P.20
三木SA
三木市
姫路市
姫路駅
高砂市
見土呂觀光果樹園 P.146
P.23 三木HORSE LAND PARK
兵庫縣立三木山森林公園 P.123
加古川中央Jct
手柄山中央公園 P.73
ひめじ手柄山遊園
姫路市立水族館 P.49
手柄山交流ステーション モノレール展示室
稲美町
グリコピア神戸 P.114
神戸ワイナリー・ワイン城
東播磨港
播磨町
第二神明道路
山陽本線(JR神戸線)
布施畑Jct
上島
播磨灘
明石市
明石市立天文科學館 P.115
P.76 垂水健康公園
垂水Jct
P.64 明石公園
P.133 天然温泉 龍の湯
舞子公園
孫文記念館(移情閣)
明石海峽
マリンピア神戸
さかなの学校
三井アウトレットパーク マリンピア神戸
淡路休息站
淡路市
淡路島
淡路IC
Ferry Sunplower·其他
(新門司·別府·高松·其他~神戸·大阪)
29
20
1:200,000
0
4km
地圖上的1cm=2km

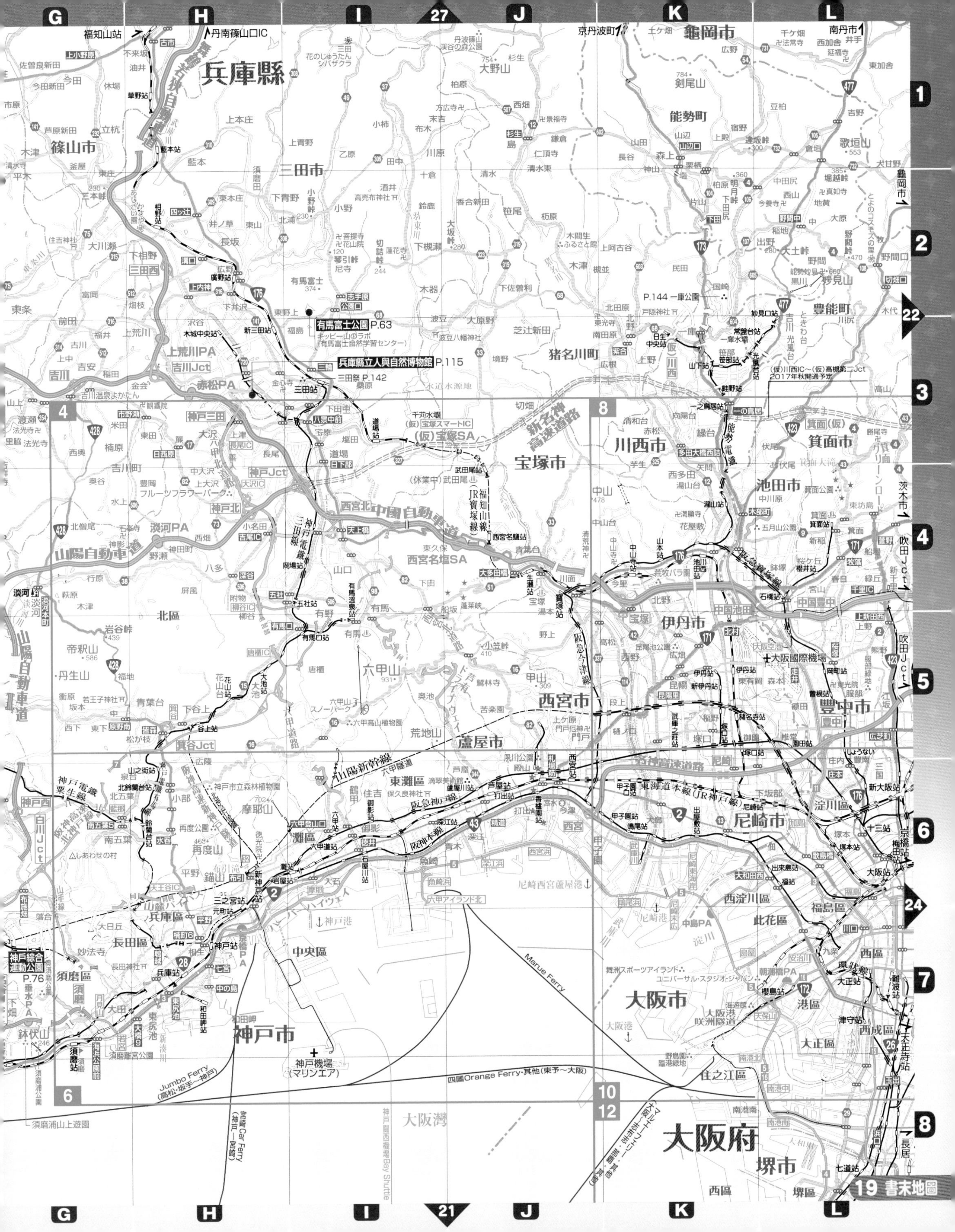

G
H
I
J
K
L
27
21
22
24
兵庫縣
篠山市
三田市
龜岡市
能勢町
豊能町
猪名川町
川西市
箕面市
池田市
宝塚市
伊丹市
西宮市
蘆屋市
神戸市
尼崎市
豊中市
大阪市
大阪府
堺市
北區
東灘區
灘區
中央區
兵庫區
長田區
須磨區
西淀川區
淀川區
此花區
福島區
港區
大正區
西成區
住之江區
西區
舞鶴若狭自動車道
中國自動車道
山陽自動車道
新名神高速道路
阪神高速道路
山陽新幹線
有馬富士公園 P.63
兵庫縣立人與自然博物館 P.115
三田祭 P.142
P.144 一庫公園
神戸綜合運動公園 P.76
六甲山
摩耶山
再度山
剣尾山
大野山
妙見山
歌垣山
有馬富士
帝釈山
丹生山
鉢伏山
大阪國際機場
神戸機場（マリンエア）
大阪灣
大阪港
神戸港
尼崎港
Marue Ferry
Jumbo Ferry（高松・坂手～神戸）
四國Orange Ferry・其他（東予～大阪）
宮崎 Car Ferry（神戸～宮崎）
神戸關西機場Bay Shuttle
ユニバーサル・スタジオ・ジャパン
（仮）川西IC～（仮）高槻第二Jct 2017年秋開通予定

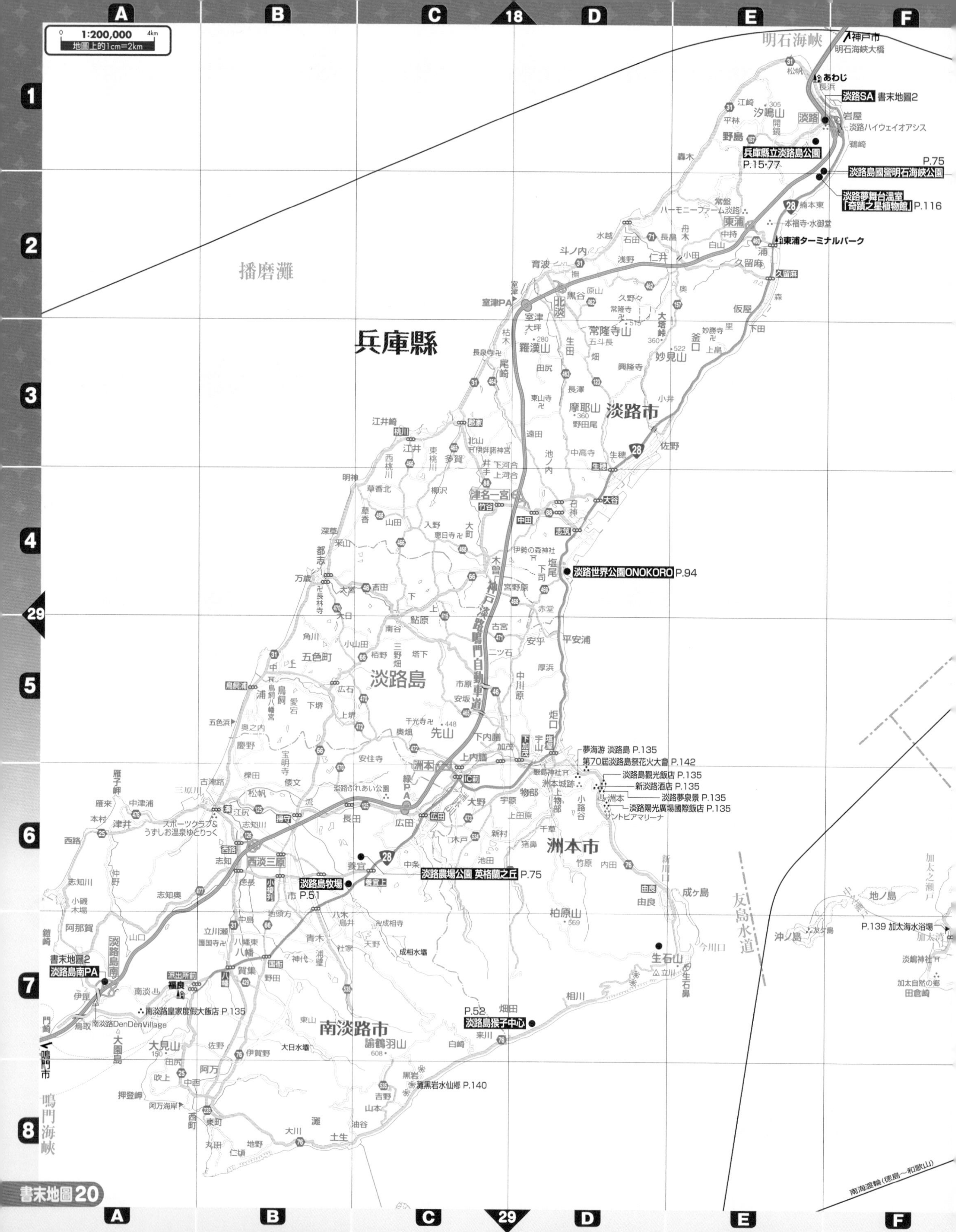

1:200,000
0 4km
地圖上的1cm=2km
A
B
C
18
D
E
F
明石海峽
神戸市
明石海峽大橋
松帆
あわじ
長浜
淡路SA 書末地圖2
江崎
305
汐鳴山
平林
淡路
岩屋
淡路ハイウェイオアシス
野島
鵜崎
轟木
兵庫縣立淡路島公園
P.15·77
P.75
淡路島國營明石海峽公園
淡路夢舞台溫室「奇蹟之星植物館」 P.116
楠本東
常盤
ハーモニーファーム淡路
東浦
本福寺·水御堂
水越
石田
長畠
舟木
中持
白山
東浦ターミナルパーク
斗ノ内
育波
浅野
仁井
小田
久留麻
播磨灘
室津
室津PA
黒谷
原山
北淡
久野々
常隆寺
515
大坪
常隆寺山
大坪峠
360
妙勝寺
522
釜口
妙見山
仮屋
下田
兵庫縣
枯木
280
羅漢山
生田
五斗長
長泉寺
尾崎
上畠
田尻
興隆寺
長澤
東山寺
摩耶山
360
野田尾
淡路市
小井
江井崎
郡家
桃川
北山
伊弉諾神宮
江井
東桃川
多賀
井手
下河合
上河合
遠田
池ノ内
中高寺
生穂
佐野
明神
西桃川
草香北
柳沢
津名一宮
竹谷
石神
大谷
中田
草香
山田
入野
恵日寺
大町
志筑
深草
釜山
都志
伊勢の森神社
木曽
塩尾
下司
淡路世界公園ONOKORO P.94
万歳
吉田
大宮
宮野原
長林寺
大日
上
下
点原
神戸淡路鳴門自動車道
赤堂
29
角川
南谷
小山田
三野畑
古宮
安乎
平安浦
五色町
栢野
塔下
二ツ石
厚浜
中
上
淡路島
鳥飼浦
広石
中川原
鳥飼
鳥飼八幡宮
愛宕
市原
浦
下堺
安坂
炬口
五色浜
奥之内
上堺
千光寺
448
先山
奥畑
下内膳
下加茂
宇山
塩屋
慶野
宝明寺
安住寺
上内膳
加茂
夢海游 淡路島 P.135
第70屆淡路島祭花火大會 P.142
雁子岬
榎田
洲本
淡路島觀光飯店 P.135
古津路
倭文
淡路ふれあい公園
IC前
厳島神社
洲本城跡
新淡路酒店 P.135
雁来
中津浦
三原川
松帆
流
物部
上物部
小路谷
洲本
淡路夢泉景 P.135
本村
江尻
長田
大野
宇原
淡路陽光廣場國際飯店 P.135
津井
湊
志知川
榎守
広田
上田原
サントピアマリーナ
西路
スポーツクラブ&うずしお温泉ゆとりっく
千草
緑PA
新村
木戸
猪鼻
洲本市
西路
志知
西淡三原
養宜
池田
中条
竹原
内田
新川口
志知川
小榎列
淡路島牧場
市 P.51
養宜上
淡路農場公園 英格蘭之丘 P.75
由良
成ケ島
由良
志知奥
八木
小磯木場
地頭方
鳥井
成相寺
柏原山
569
友島水道
阿那賀
中島
加太之瀬戸
地ノ島
鎧崎
立川瀬
青木
護国寺
八幡東
天野
今川口
P.139 加太海水浴場
沖ノ島
友ケ島
加太湾
山口
八幡
国衙
杜家
成相水壩
淡路島南
生石山
淡嶋神社
書末地圖2
淡路島南PA
派出所前
賀集
浦壁
神代
立川
生石鼻
福良
加太自然の郷
田倉崎
伊毘
南淡
野田
八幡
相川
南淡路皇家度假大飯店 P.135
畑田
P.52
門崎
鳥取
南淡路DenDenVillage
淡路島猴子中心
東山
南淡路市
来川
大鳴門橋
大見山
150
佐野
大日水壩
白崎
鳴門市
大島
伊賀野
論鶴羽山
608
日尻
阿万
吹上
中西
黒岩
灘黒岩水仙郷 P.140
鳴門海峽
押登岬
阿万海岸
吉野
西町
東町
山本
灘
油谷
大川
土生
丸田
仁頃
地野
南海渡輪（徳島～和歌山）
29

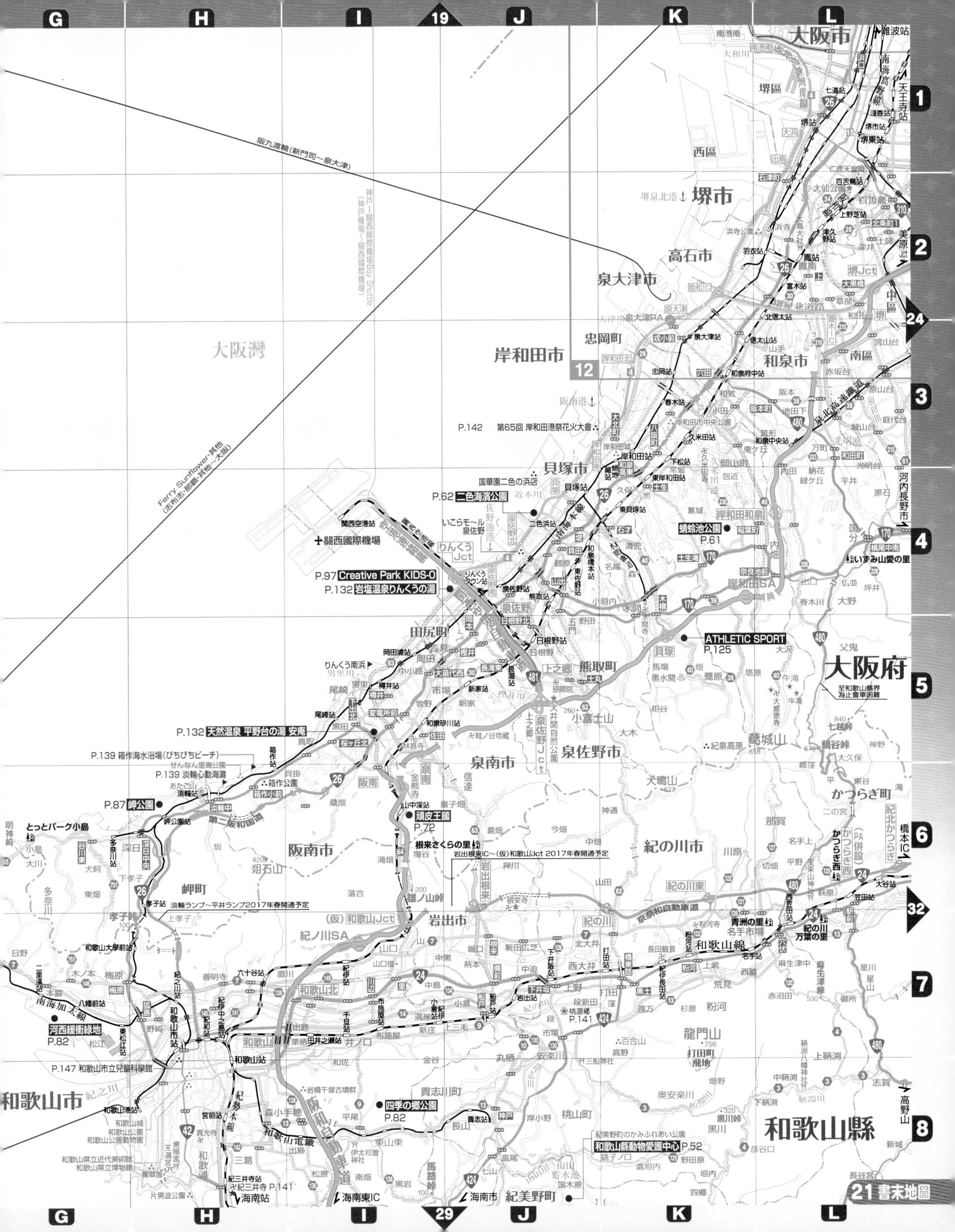

G
H
I
19
J
K
L
大阪市
難波站
南港南
大和川
堺區
七道站
天王寺站
淺香站
堺站
堺市站
堺東站
西區
石津町
百舌鳥站
堺泉北港
堺市
百舌鳥
上野芝站
北條町1
美原Jct
浜寺公園
羽衣站
高石市
鳳站
堺Jct
大阪灣
阪九渡輪（新門司～泉大津）
神戸－關西國際機場Bay Shuttle
（神戸機場－關西國際機場）
泉大津市
富木站
大黒橋
中區
堺
泉大津PA
北信太站
泉大津站
信太山站
忠岡町
岸和田市
12
和泉市
南區
忠岡站
和泉府中站
赤坂台
阪本
春木站
岸和田市中央公園
和泉中央站
阪南港
P.142　第65回 岸和田港祭花火大會
久米田站
岸和田站
東岸和田站
下松站
貝塚市
國華園二色の浜店
P.62 二色海濱公園
貝塚站
東貝塚站
Ferry Sunflower・其他
（志布志・那霸・其他～大阪）
關西空港站
關西國際機場
いこらモ～ル泉佐野
りんくうJct
岸和田和泉
蜻蛉池公園
P.61
河内長野市
槇尾中南
いずみ山愛の里
P.97 Creative Park KIDS-O
P.132 岩塩温泉りんくうの湯
りんくうタウン站
泉佐野站
熊取站
岸和田SA
日根野站
田尻町
ATHLETIC SPORT
P.125
岡田浦站
りんくう南浜
熊取町
大阪府
樽井站
新家站
至和歌山縣界
為止會車困難
尾崎站
和泉砂川站
P.132 天然温泉 平野台の湯 安庵
泉佐野Jct
小富士山
泉佐野市
泉南市
葛城山
紀泉高原
P.139 箱作海水浴場（ぴちぴちビーチ）
せんなん里海公園
P.139 淡輪心動海灘
箱作站
箱作公園
淡輪站
P.87 岬公園
岬公園站
第二阪和國道
山中渓站
頑皮王國
P.72
かつらぎ町
とっとパーク小島
多奈川站
深日
阪南市
根來さくらの里
岩出根來IC～（仮）和歌山Jct 2017年春開通予定
紀の川市
橋本IC
かつらぎ西
岬町
淡輪ランプ～平井ランプ2017年春開通予定
孝子站
雄ノ山峠
岩出市
（仮）和歌山Jct
紀ノ川SA
京奈和自動車道
青洲の里
紀の川万葉の里
大谷站
32
和歌山大學前站
和歌山線
六十谷站
紀伊站
下井阪站
打田站
名手站
粉河
南海加太線
八幡前站
紀之川站
和歌山市站
河西緩衝綠地
P.82
東松江站
紀伊中ノ島站
千旦站
布施屋站
船戸站
岩出站
桃源郷
P.141
龍門山
P.147 和歌山市立兒童科學館
和歌山站
和歌山市
和歌山港站
和歌山城
和歌山公園
和歌山公園動物園
紀勢本線
岩橋千塚古墳群
四季の郷公園
P.82
貴志川町
貴志站
桃山町
和歌山電鐵
阪和自動車道
紀美野町のかみふれあい公園
和歌山縣動物愛護中心 P.52
和歌山縣
高野山
和歌山縣立近代美術館
和歌山縣立博物館
紀三井寺站
紀三井寺 P.141
海南站
海南東IC
海南市
紀美野町
21 書末地圖
29

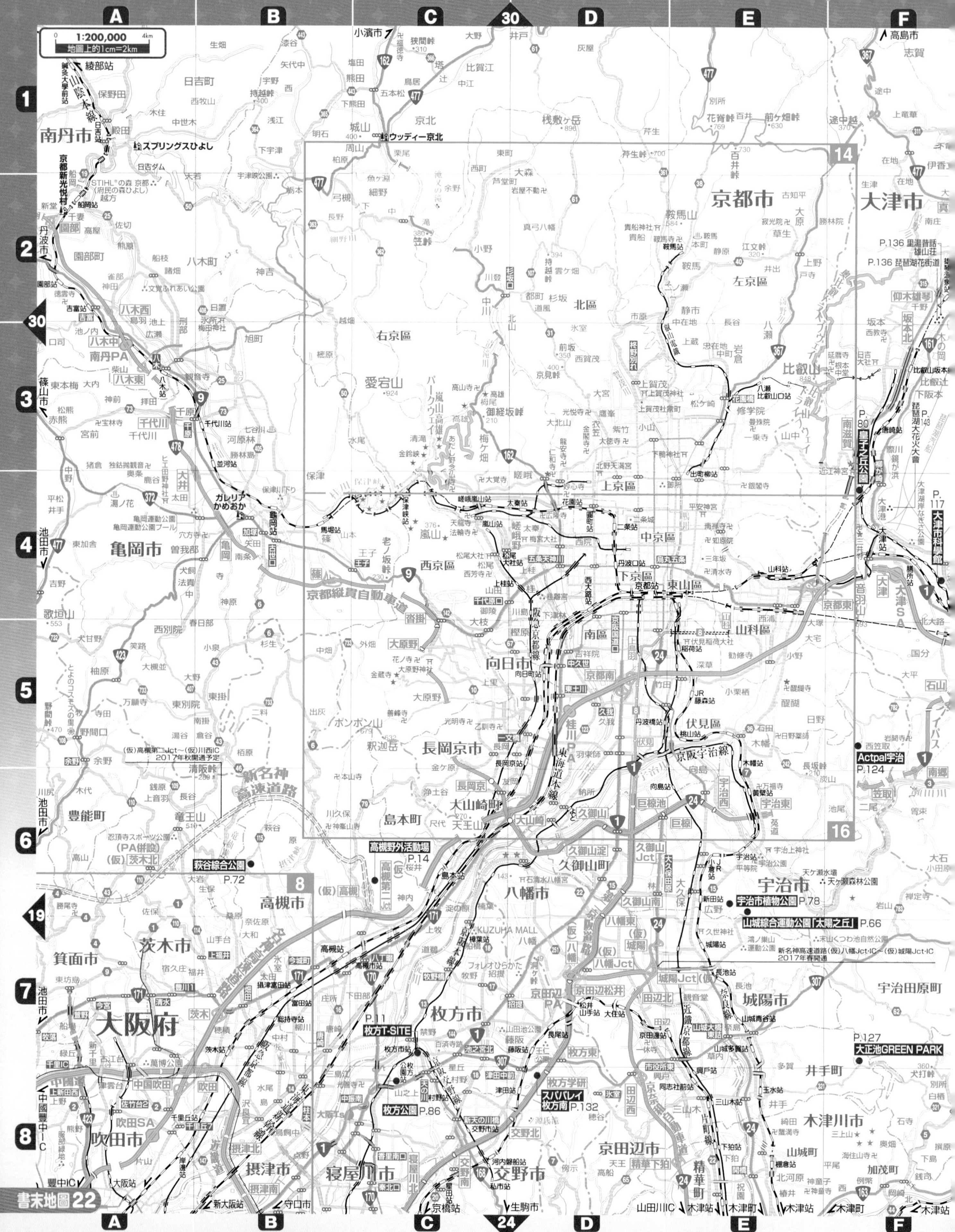

1:200,000
地圖上的1cm=2km
A
B
C
D
E
F
30
1
2
3
4
5
6
7
8
14
16
8
19
24
30
小濱市
高島市
南丹市
京都市
大津市
亀岡市
豊能町
茨木市
高槻市
箕面市
大阪府
吹田市
摂津市
寝屋川市
交野市
枚方市
八幡市
宇治市
城陽市
井手町
木津川市
京田辺市
精華町
長岡京市
大山崎町
向日市
久御山町
宇治田原町
山城町
加茂町
日吉町
八木町
園部町
比叡山
愛宕山
鞍馬山
右京區
左京區
北區
上京區
中京區
下京區
東山區
西京區
南區
伏見區
山科區
京都縱貫自動車道
新名神高速道路
京都站
嵐山
大原野
ポンポン山
釈迦岳
天王山
老ノ坂峠
笠峠
京阪宇治線
東海道本線
近鐵京都線
阪急京都線
スプリングスひよし
ウッディー京北
ガレリアかめおか
南丹PA
吹田SA
桂川PA
京田辺PA
大津SA
高槻野外活動場 P.14
萩谷綜合公園 P.72
枚方T-SITE P.11
枚方公園 P.86
スパバレイ枚方南 P.132
宇治市植物公園 P.78
山城綜合運動公園「太陽之丘」P.66
Actpal宇治 P.124
大正池GREEN PARK P.127
大津市科學館 P.117
皇子之丘公園 P.80
P.136 里湯昔話雄山荘
P.136 琵琶湖花街道
(仮)高槻第二Jct～(仮)川西IC 2017年秋開通予定
新名神高速道路(仮)八幡Jct·IC～(仮)城陽Jct·IC 2017年春開通

琵琶湖
近江八幡市
愛荘町
多賀町
東近江市
守山市
野洲市
竜王町
草津市
日野町
栗東市
湖南市
甲賀市
滋賀縣
伊賀市
亀山市
京都府
三重縣
和束町
南山城村
笠置町
美崎自然公園 P.127
滋賀縣立琵琶湖博物館 P.108
近江風土記之丘 P.80
希望之丘公園 P.79
永源寺温泉八風の湯 P.133
滋賀農業公園BLUMEN之丘 P.80
GRIMM冒險之森 P.128
瀬田川、琵琶湖遊河之旅 P.99
甲賀之里忍術村 P.118
伊賀之里MOKUMOKU手作農場 P.82
東海道新幹線
東海道本線
近江鐵道本線
信樂高原鐵道
關西本線
新名神高速道路
名神高速道路
名阪國道
23書末地圖

A B C D E F
1 2 3 4 5 6 7 8
22
32
19
21
兵庫縣
伊丹市
豐中市
吹田市
寝屋川市
京田辺市
摂津市
交野市
精華町
尼崎市
守口市
門真市
四條畷市
大阪市
大阪府
西淀川區
此花區
福島區
淀川區
東淀川區
北區
都島區
旭區
城東區
鶴見區
中央區
天王寺區
東成區
東大阪市
大東市
生駒市
西區
浪速區
港區
大正區
西成區
阿倍野區
生野區
住之江區
東住吉區
平野區
住吉區
八尾市
平群町
斑鳩町
大和郡山市
三郷町
安堵町
柏原市
王寺町
河合町
川西町
三宅町
松原市
藤井寺市
香芝市
上牧町
広陵町
堺市
堺區
北區
西區
東區
中區
南區
美原區
羽曳野市
大和高田市
高石市
泉大津市
忠岡町
和泉市
大阪狭山市
太子町
河南町
葛城市
岸和田市
富田林市
千早赤阪村
御所市
河内長野市
高取町
貝塚市
橋本市
五條市
東大阪市立児童文化運動中心 (Dream21) P.111
大阪府營寝屋川公園 P.71
府民之森くろんど園地 P.125
京阪奈紀念公園 (關西文化學術研究都市紀念公園) P.78
府民之森緑之文化園むろいけ園地 P.121
生駒山麓公園 P.129
生駒山上遊園地 P.90
信貴山長閑 (NODOKA) 村 P.81
奈良健康園廣場飯店 P.102
玉手山公園交流園區 P.72
縣營馬見丘陵公園 P.81
二上山故郷公園 (Futakami Park) P.81
ふたかみパーク當麻
錦織公園 P.60
世界牧場 P.51
かつらぎ
かなん
ちはやあかさか
富田林市農業公園SAVOR FARM P.69・146
P.145 葛城高原ラッテたかまつ
堺・緑色博物館 收穫之丘 P.59
觀光農園南樂園 P.146
大阪府立花之文化園 P.72
愛彩ランド
いずみ 山愛の里
關西自行車運動中心 P.88
府民の森ちはや園地
農業庭園「たわわ」 P.144
(仮)三宝Jct～(仮)鉄砲出入口 2017年春開通予定
御所南IC～五條北IC 2017年夏開通予定
至和歌山縣界為止會車困難
1:200,000
地圖上的1cm=2km
書末地圖24

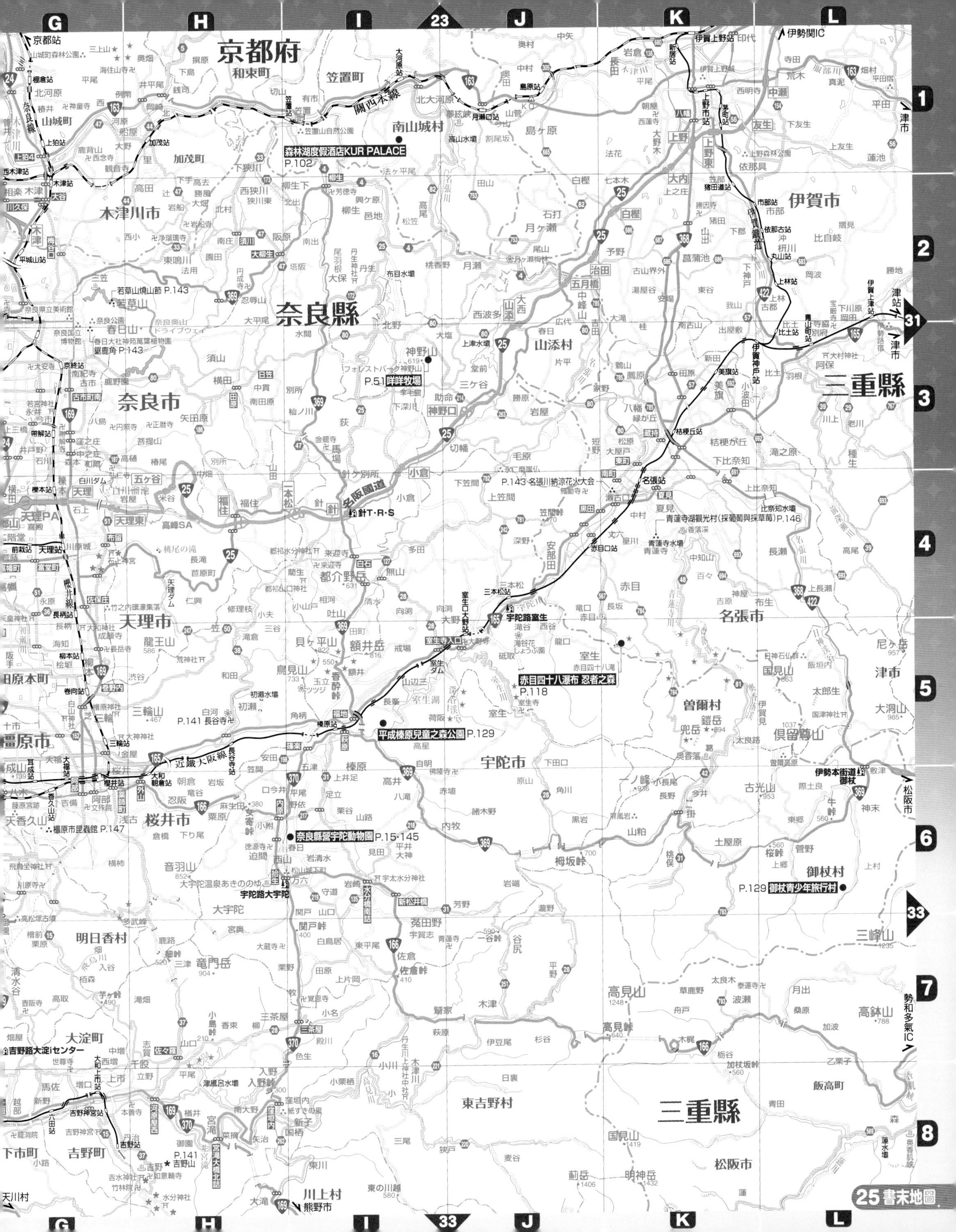

G
H
I
23
J
K
L
京都府
和束町
笠置町
南山城村
森林湖度假酒店KUR PALACE
P.102
山城町
加茂町
木津川市
奈良縣
伊賀市
三重縣
奈良市
天理市
山添村
名張市
宇陀市
曽爾村
櫻井市
橿原市
明日香村
大淀町
吉野町
東吉野村
松阪市
御杖村
津市
伊勢関IC
伊賀上野站
上野市站
関西本線
名阪國道
針T・R・S
若草山燒山節 P.143
春日大社神苑萬葉植物園
鋸鹿角 P.143
P.51 咩咩牧場
神野山
P.143 名張川納涼花火大会
青蓮寺湖觀光村(採葡萄與採草莓) P.146
宇陀路室生
赤目四十八瀑布 忍者之森
P.118
平成榛原兒童之森公園 P.129
P.141 長谷寺
近鐵大阪線
奈良縣營宇陀動物園 P.15・145
橿原市昆蟲館 P.147
宇陀路大宇陀
伊勢本街道 御杖
P.129 御杖青少年旅行村
吉野路大淀iセンター
P.141 吉野山
川上村
熊野市
勢和多氣IC
松阪市
津站
三峰山
高見山
高見峠
国見山
明神岳
薊岳
倶留尊山
大洞山
尼ヶ岳
額井岳
貝ヶ平山
鳥見山
龍王山
三輪山
音羽山
竜門岳
都介野岳
31
33
1
2
3
4
5
6
7
8

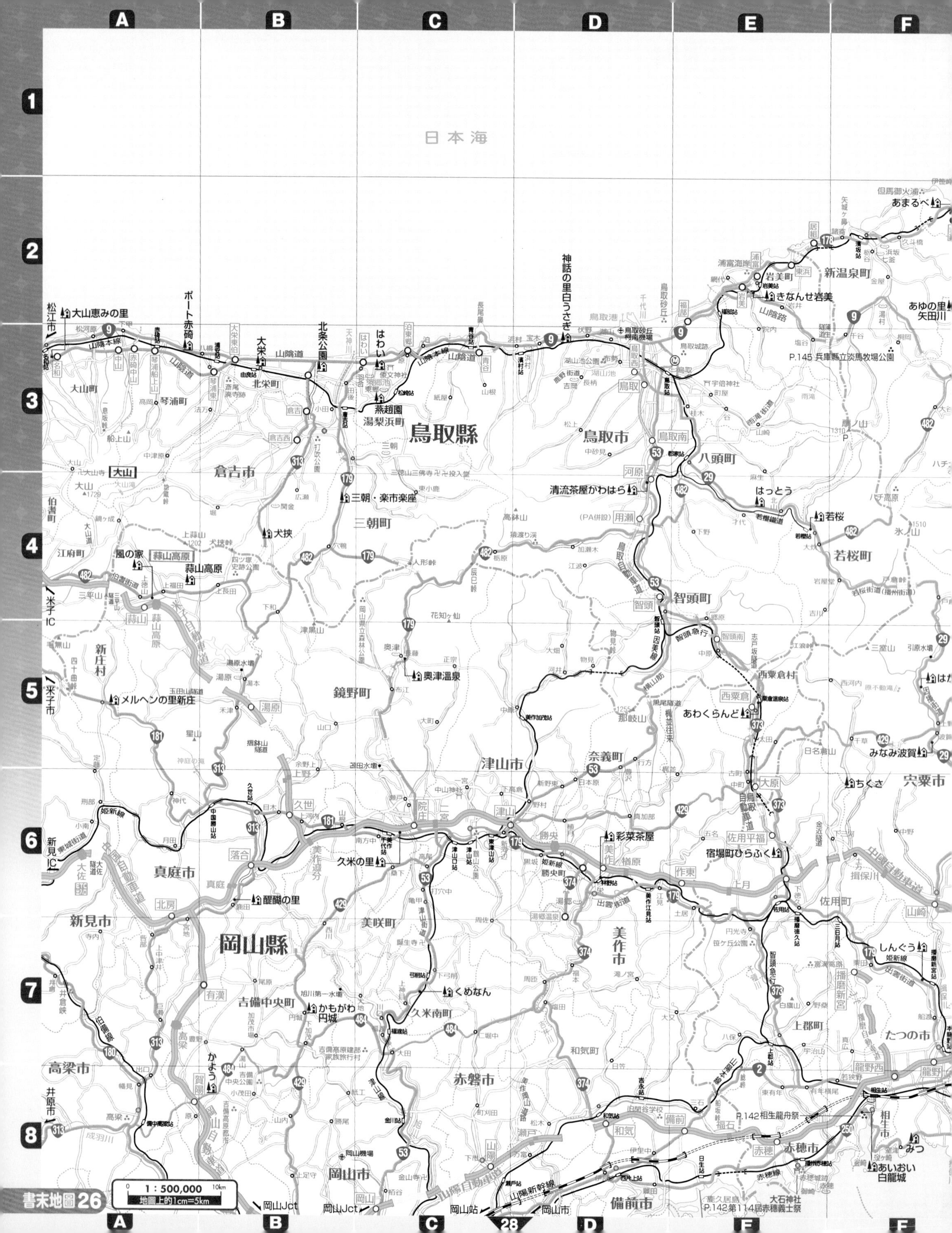

A
B
C
D
E
F
1
2
3
4
5
6
7
8
日本海
但馬御火浦
あまるべ
居組
岩美町
きなんせ岩美
新温泉町
浦富海岸
あゆの里矢田川
鳥取砂丘
鳥取港
鳥取砂丘コナン空港
神話の里白うさぎ
鳥取城跡
P.145 兵庫縣立淡馬牧場公園
松江市
大山恵みの里
ポート赤碕
大栄
北条公園
はわい
燕趙園
湯梨浜町
鳥取縣
鳥取市
大山町
琴浦町
北栄町
倉吉市
三朝・楽市楽座
三朝町
清流茶屋かわはら
八頭町
はっとう
若桜
若桜町
大山
伯耆町
江府町
風の家
蒜山高原
犬挟
米子IC
智頭町
新庄村
メルヘンの里新庄
奥津温泉
鏡野町
西粟倉村
あわくらんど
那岐山
みなみ波賀
米子市
奈義町
津山市
大原
ちくさ
宍粟市
新見IC
新見市
真庭市
久米の里
彩菜茶屋
美作
宿場町ひらふく
醍醐の里
佐用町
美咲町
岡山縣
美作市
しんぐう
吉備中央町
かもがわ円城
くめなん
久米南町
上郡町
たつの市
高梁市
かよう
和気町
赤磐市
井原市
P.142 相生龍舟祭
相生市
備前
赤穂市
みつ
あいおい白龍城
岡山市
岡山Jct
岡山站
備前市
P.142第114屆赤穗義士祭
大石神社
山陽新幹線
1：500,000
地圖上的1cm=5km
28

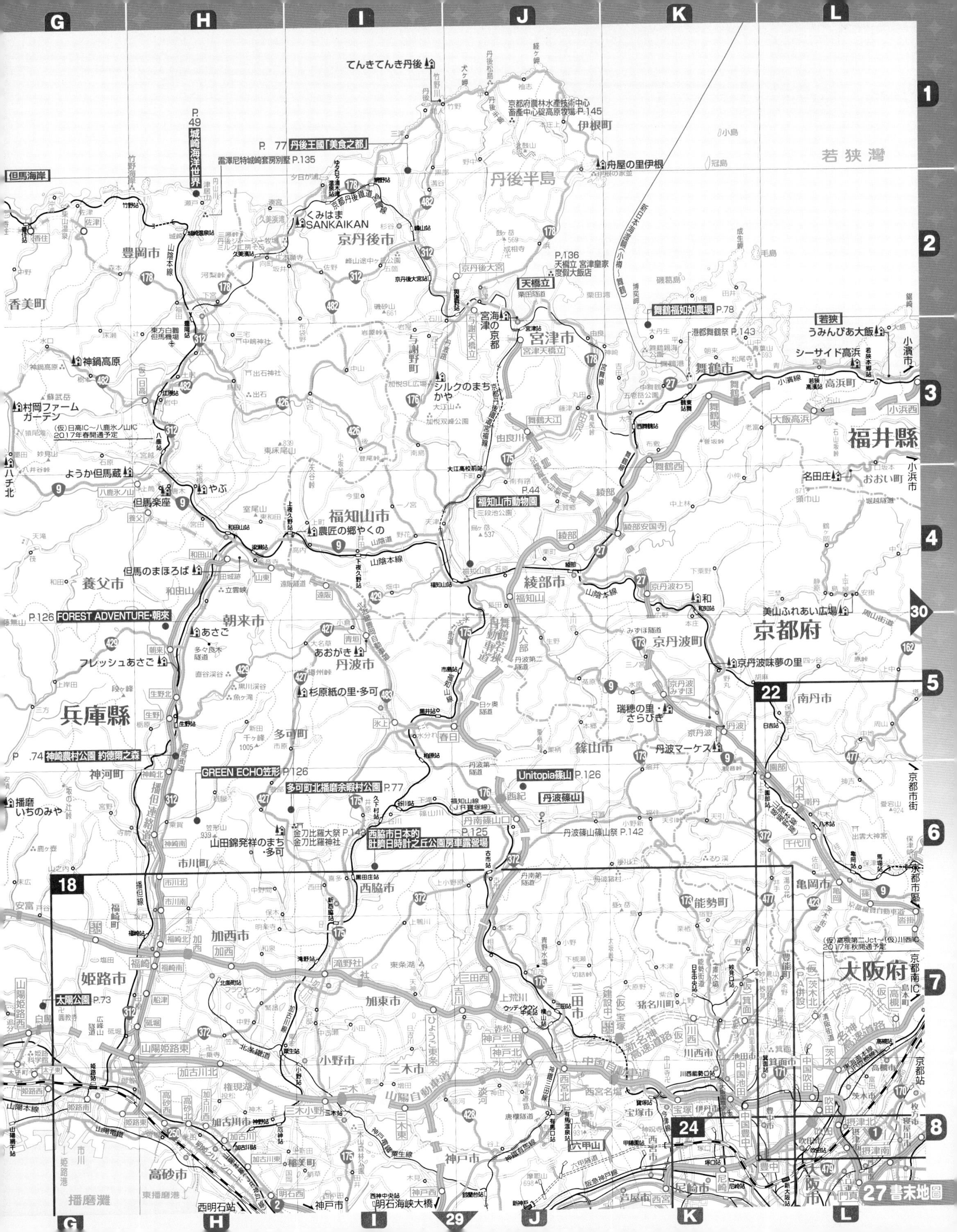
G
H
I
J
K
L
1
2
3
4
5
6
7
8
てんきてんき丹後
京都府農林水產技術中心
畜產中心碇高原牧場 P.145
伊根町
若狭灣
P.49 城崎海洋世界
P. 77 丹後王國「美食之都」
雷澤尼特城崎套房別墅 P.135
但馬海岸
舟屋の里伊根
丹後半島
くみはま SANKAIKAN
京丹後市
豊岡市
香美町
P.136 天橋立 宮津皇家度假大飯店
天橋立
舞鶴福知如農場 P.78
若狭
うみんぴあ大飯
港都舞鶴館 P.143
シーサイド高浜
小濱市
宮津市
舞鶴市
高浜町
神鍋高原
村岡ファームガーデン
シルクのまちかや
大阪高浜
福井縣
(仮)日高IC～八鹿氷ノ山IC 2017年春開通予定
ようか但馬蔵
やぶ
但馬楽座
名田庄
おおい町
P.44 福知山市動物園
福知山市
農匠の郷やくの
綾部
但馬のまほろば
養父市
綾部市
京丹波わち
和
美山ふれあい広場
P.126 FOREST ADVENTURE・朝來
朝来市
あさご
フレッシュあさご
あおがき
丹波市
京丹波町
京丹波味夢の里
京都府
杉原紙の里・多可
兵庫縣
瑞穂の里・さらびき
南丹市
多可町
篠山市
丹波マーケス
P. 74 神崎農村公園 約德爾之森
GREEN ECHO笠形 P.126
Unitopia篠山 P.126
神河町
多可町北播磨余暇村公園 P.77
丹波篠山
播磨いちのみや
金刀比羅大祭 P.142
西脇市日本的肚臍日時計之丘公園房車露營場
丹波篠山味まつり P.142
山田錦発祥のまち・多可
市川町
西脇市
能勢町
亀岡市
加西市
姫路市
太陽公園 P.73
加東市
三田市
猪名川町
大阪府
(仮)高槻第二Jct～(仮)川西IC 2017年秋開通予定
小野市
三木市
川西市
稲美町
神戸市
宝塚市
高砂市
播磨灘
芦屋市
尼崎市
大阪市
18
22
24
29
30
27 書末地圖

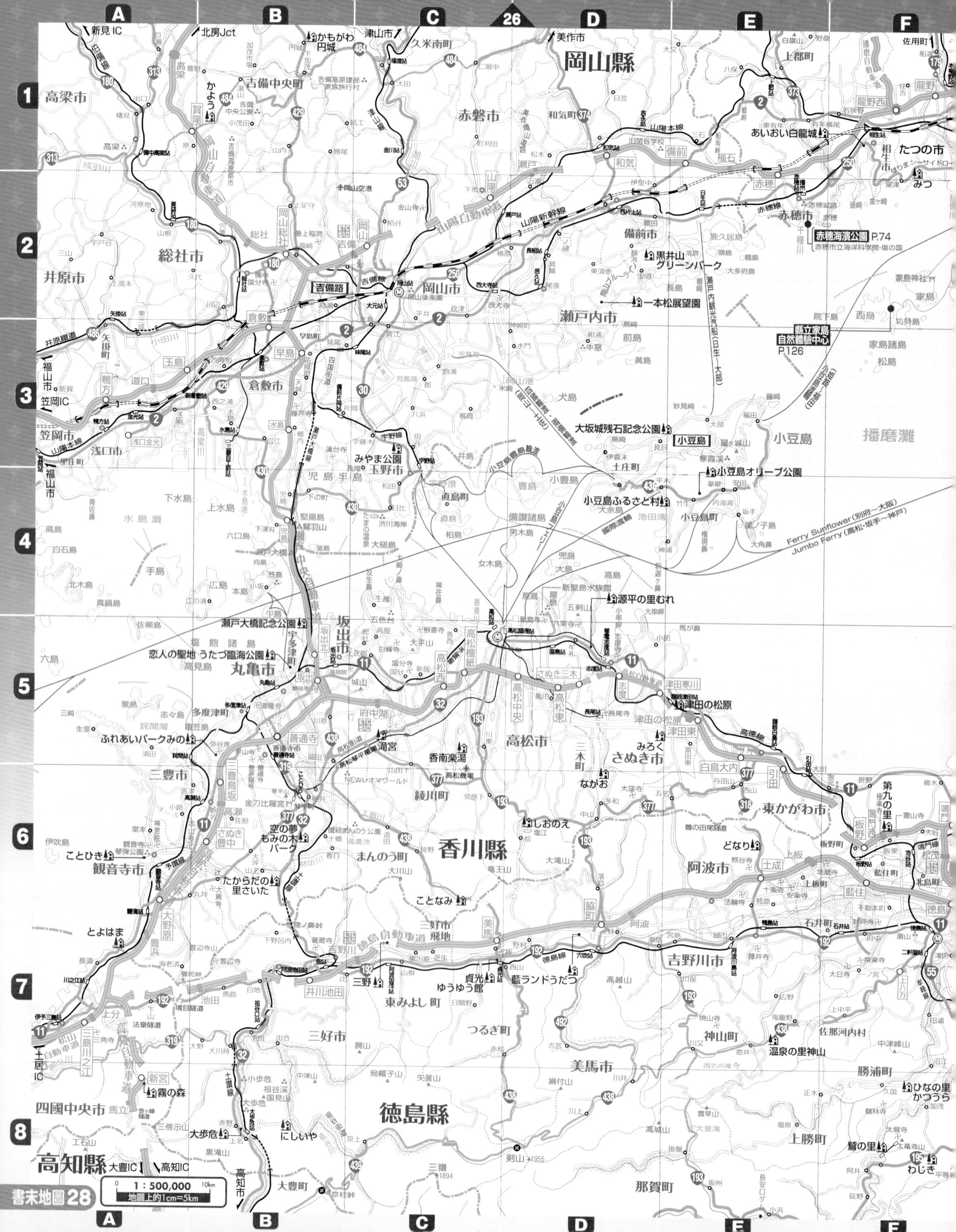

0 1：500,000 10km
地圖上的1cm=5km

兵庫縣
大阪府
和歌山縣
奈良縣
大阪灣
淡路島
姫路市
高砂市
加古川市
加西市
加東市
小野市
三木市
明石市
神戸市
芦屋市
西宮市
宝塚市
川西市
三田市
尼崎市
大阪市
堺市
高石市
泉大津市
和泉市
岸和田市
貝塚市
泉佐野市
泉南市
阪南市
田尻町
熊取町
河内長野市
橋本市
五條市
かつらぎ町
九度山町
高野町
紀の川市
岩出市
和歌山市
海南市
紀美野町
有田川町
有田市
湯浅町
広川町
由良町
日高町
日高川町
美浜町
御坊市
印南町
みなべ町
田辺市
野迫川村
十津川村
淡路市
洲本市
南淡路市
鳴門市
徳島市
小松島市
阿南市
松茂町
岬町
明石海峡大橋
明石海峡
六甲山
高野山
関西国際機場
神戸機場
紀伊水道
友島水道
和歌山縣立自然博物館
歐羅巴港
海南市WANPAKU公園
明恵ふるさと館
しらまの里
SanPin中津
紀州備長炭記念公園
水の郷日高川龍遊
あらぎの里
しみず
田辺市龍神ごまさんスカイタワー
柿の郷くどやま
公方の郷なかがわ
兵庫縣立兒童館
P.116
P.118
P.139 濱之宮海灘
P.95
P.68

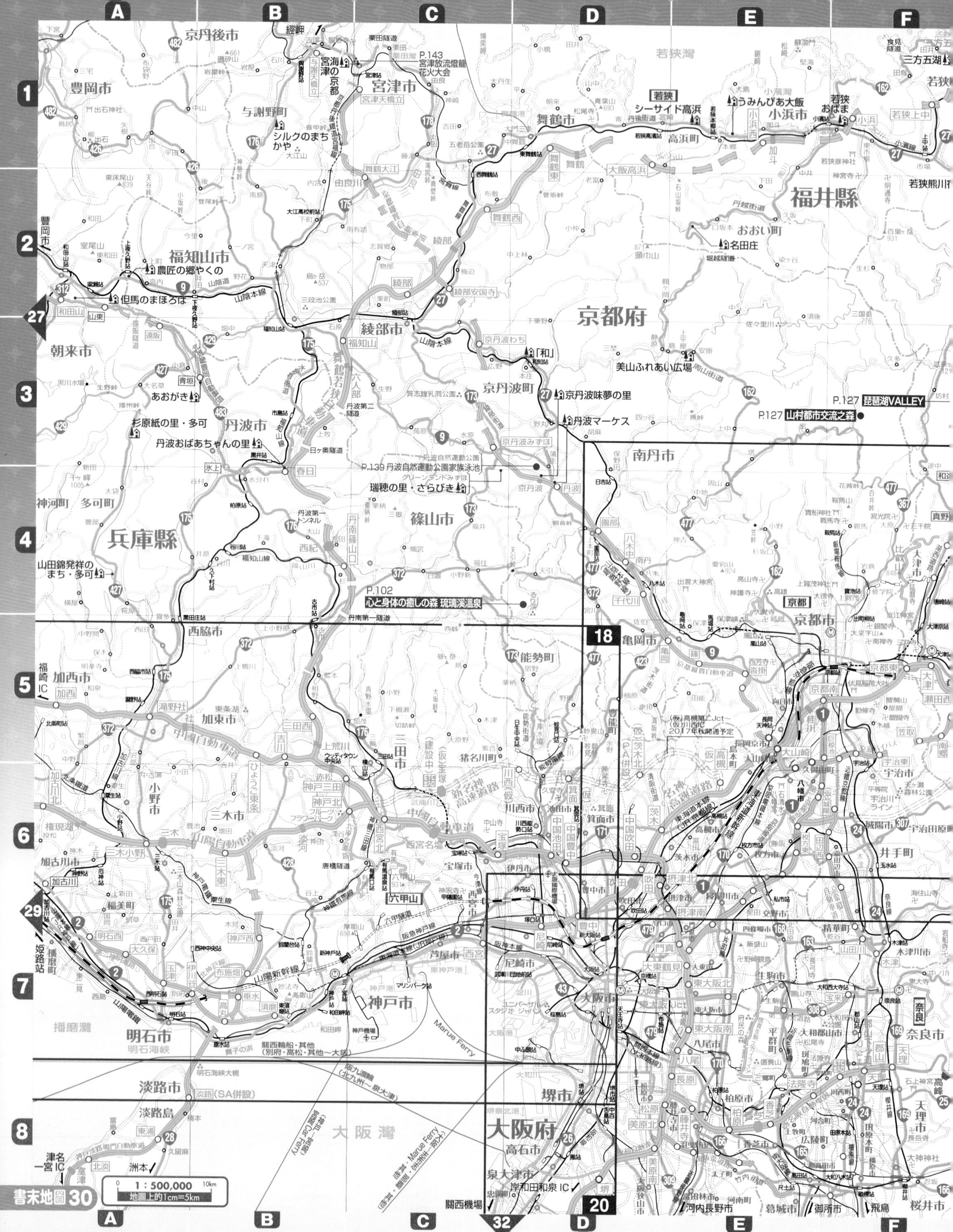

A
B
C
D
E
F
1
2
3
4
5
6
7
8
京丹後市
豊岡市
宮津市
与謝野町
シルクのまちかや
舞鶴市
若狭灣
若狭
シーサイド高浜
うみんぴあ大飯
小浜市
若狭おばま
三方五湖
若狭上中
高浜町
おおい町
名田庄
福井縣
福知山市
農匠の郷やくの
但馬のまほろば
綾部市
京都府
朝来市
あおがき
杉原紙の里・多可
丹波市
丹波おばあちゃんの里
京丹波町
「和」
京丹波味夢の里
丹波マーケス
美山ふれあい広場
P.127 琵琶湖VALLEY
P.127 山村都市交流之森
P.143 宮津放流燈籠花火大会
P.139 丹波自然運動公園家族泳池
瑞穂の里・さらびき
南丹市
篠山市
兵庫縣
神河町
多可町
山田錦発祥のまち・多可
P.102 心と身体の癒しの森 琉璃渓温泉
西脇市
亀岡市
京都市
能勢町
加西市
加東市
三田市
猪名川町
小野市
三木市
川西市
池田市
箕面市
茨木市
高槻市
宇治市
宇治田原町
城陽市
井手町
加古川市
稲美町
明石市
神戸市
宝塚市
伊丹市
西宮市
芦屋市
尼崎市
豊中市
吹田市
摂津市
寝屋川市
枚方市
交野市
精華町
木津川市
大阪市
東大阪市
生駒市
奈良市
大和郡山市
八尾市
平群町
斑鳩町
天理市
堺市
大阪府
高石市
泉大津市
大阪灣
播磨灘
淡路市
淡路島
明石海峡大橋
姫路站
関西機場
岸和田和泉 IC
河内長野市
葛城市
御所市
飛鳥
桜井市
広陵町
香芝市
柏原市
藤井寺市
大阪狭山市
18
20
27
29
32
1:500,000
地圖上的1cm=5km

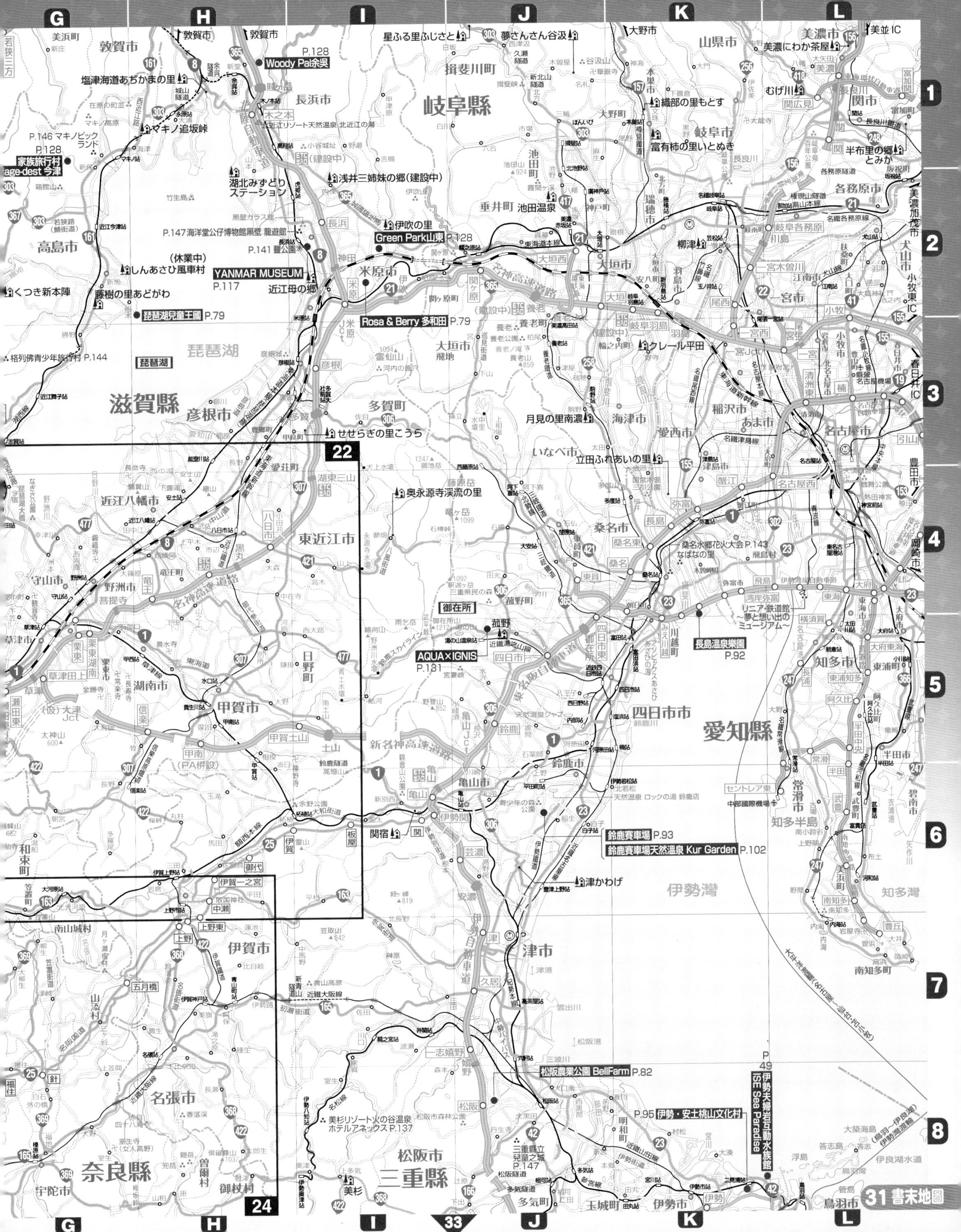

G
H
I
J
K
L
1
2
3
4
5
6
7
8
敦賀市
長浜市
揖斐川町
岐阜縣
山県市
美濃市
関市
岐阜市
各務原市
高島市
米原市
大垣市
一宮市
江南市
犬山市
小牧市
滋賀縣
彦根市
多賀町
海津市
稲沢市
あま市
名古屋市
愛西市
いなべ市
津島市
近江八幡市
東近江市
桑名市
守山市
野洲市
草津市
栗東市
湖南市
甲賀市
日野町
四日市市
愛知縣
鈴鹿市
亀山市
知多市
常滑市
知多半島
伊勢灣
津市
伊賀市
名張市
松阪市
三重縣
奈良縣
宇陀市
伊勢市
鳥羽市
玉城町
多気町
明和町
南知多町
琵琶湖
名神高速道路
新名神高速道路
東名阪自動車道
伊勢自動車道
御在所
塩津海道あぢかまの里
マキノ追坂峠
Woody Pal余呉
家族旅行村 Village-dest 今津
湖北みずどりステーション
浅井三姉妹の郷(建設中)
伊吹の里
Green Park山東 P.128
YANMAR MUSEUM P.117
近江母の郷
藤樹の里あどがわ
くつき新本陣
しんあさひ風車村
琵琶湖児童王國 P.79
Rosa & Berry 多和田 P.79
星ふる里ふじさと
夢さんさん谷汲
織部の里もとす
富有柿の里いとぬき
美濃にわか茶屋
むげ川
半布里の郷とみか
池田温泉
柳津
クレール平田
月見の里南濃
立田ふれあいの里
せせらぎの里こうら
奥永源寺渓流の里
AQUA×IGNIS P.131
長島温泉樂園 P.92
リニア・鉄道館～夢と想い出のミュージアム～
鈴鹿賽車場 P.93
鈴鹿賽車場天然温泉 Kur Garden P.102
関宿
津かわげ
松阪農業公園 BellFarm P.82
伊勢・安土桃山文化村 P.95
伊勢夫婦岩ふれあい水族館 ISE Sea Paradise P.49
美杉リゾート火の谷温泉ホテルアネックス P.137
美杉
三重縣立児童之城 P.147
22
24
33
31 書末地圖

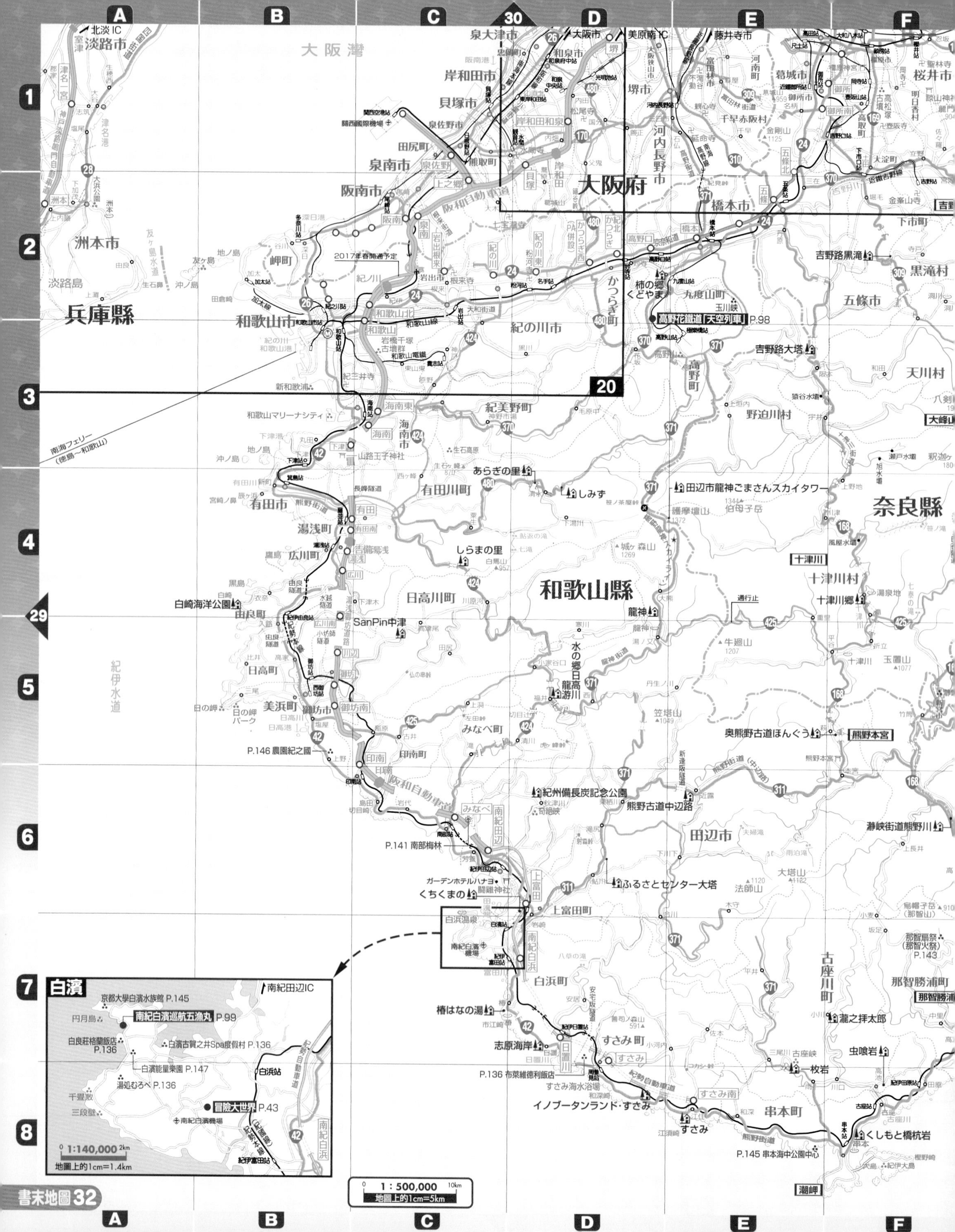

A
B
C
D
E
F
1
2
3
4
5
6
7
8
30
20
29
大阪灣
淡路市
北淡IC
洲本市
淡路島
兵庫縣
友ヶ島水道
地ノ島
沖ノ島
泉大津市
大阪市
美原南IC
藤井寺市
岸和田市
和泉市
和泉府中站
貝塚市
泉佐野市
關西國際機場
田尻町
泉南市
熊取町
阪南市
岬町
大阪府
堺市
河内長野市
富田林市
河南町
葛城市
御所市
桜井市
高取町
千早赤阪村
五條市
橋本市
高野口
かつらぎ西
紀北かつらぎ
かつらぎ町
紀の川市
紀の川東
紀の川
岩出市
岩出根来
紀ノ川
和歌山市
和歌山北
和歌山
和歌山港
紀の川
和歌山電鐵
岩橋千塚古墳群
新和歌浦
和歌山マリーナシティ
海南市
海南東
海南
紀美野町
2017年春開通予定
阪和自動車道
南海フェリー（徳島～和歌山）
高野花鐵道「天空列車」P.98
柿の郷くどやま
九度山町
高野山
高野町
吉野路大塔
吉野路黒滝
黒滝村
五條市
天川村
野迫川村
奈良縣
あらぎの里
しみず
田辺市龍神ごまさんスカイタワー
護摩壇山
伯母子岳
有田川町
有田市
有田
湯浅町
広川町
湯浅
広川
しらまの里
城ヶ森山
日高川町
和歌山縣
龍神
十津川
十津川村
十津川郷
白崎海洋公園
由良町
日高町
SanPin中津
水の郷日高川龍游
牛廻山
玉置山
美浜町
御坊市
御坊
御坊南
日の岬パーク
紀伊水道
みなべ町
笠塔山
奥熊野古道ほんぐう
熊野本宮
P.146 農園紀之國
印南町
印南
紀州備長炭記念公園
熊野古道中辺路
田辺市
瀞峡街道熊野川
みなべ
南紀田辺
P.141 南部梅林
ガーデンホテルハナヨ
くちくまの
上富田
上富田町
ふるさとセンター大塔
法師山
大塔山
烏帽子岳（那智山）
那智扇祭（那智火祭）P.143
古座川町
那智勝浦町
白浜町
南紀白浜
椿はなの湯
志原海岸
日置川
すさみ町
すさみ
すさみ南
P.136 布萊維德利飯店
すさみ海水浴場
イノブータンランド・すさみ
串本町
一枚岩
虫喰岩
瀧之拝太郎
くしもと橋杭岩
P.145 串本海中公園中心
潮岬
白濱
南紀田辺IC
京都大學白濱水族館 P.145
円月島
南紀白濱巡航五漁丸 P.99
白良莊格蘭飯店 P.136
白濱古賀之井Spa度假村 P.136
白濱能量樂園 P.147
湯処むろべ P.136
千畳敷
三段壁
冒險大世界 P.43
南紀白濱機場
白浜站
紀勢自動車道
1:140,000
地圖上的1cm=1.4km
1:500,000
地圖上的1cm=5km

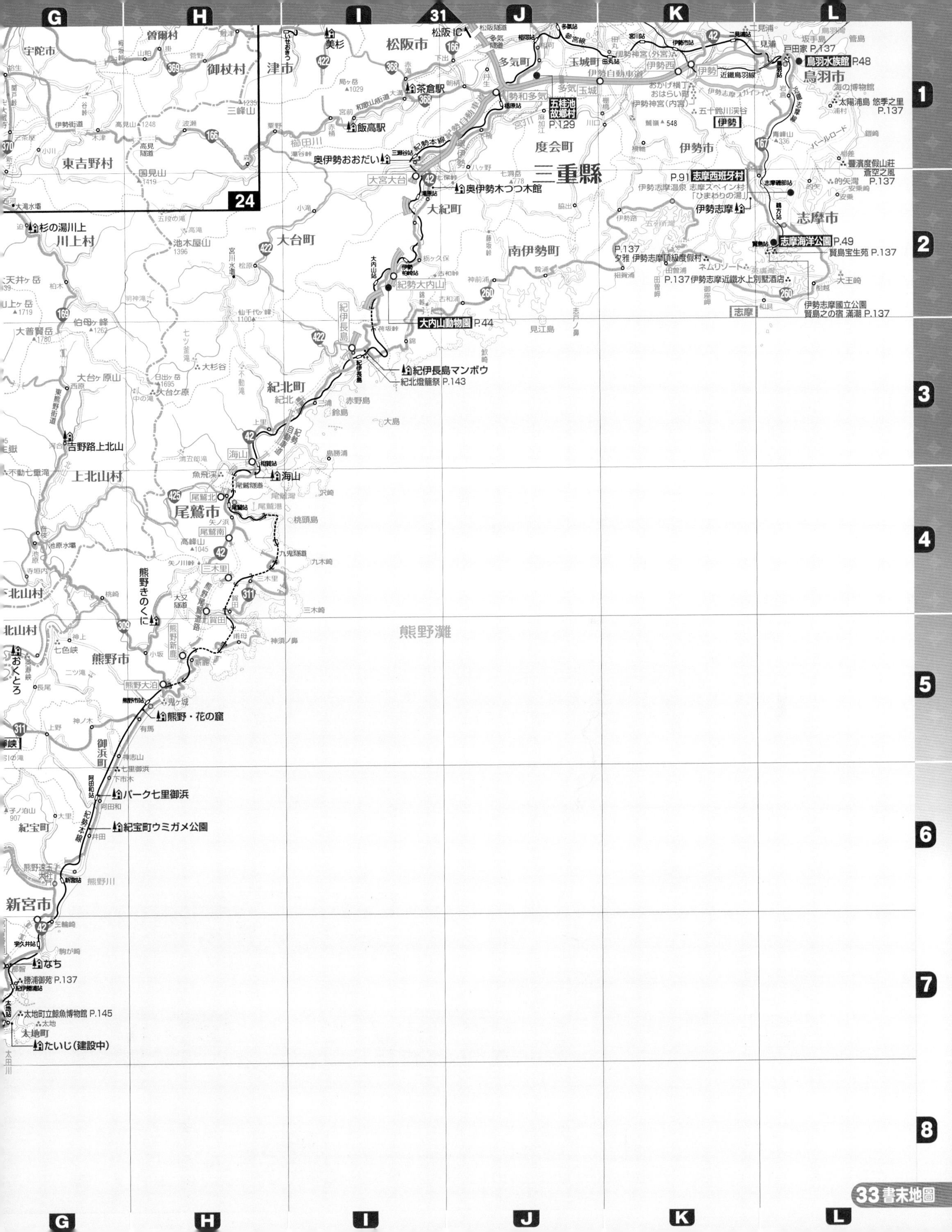

三重縣
松阪市
津市
多気町
玉城町
伊勢市
鳥羽市
志摩市
度会町
大紀町
大台町
南伊勢町
紀北町
尾鷲市
熊野市
御浜町
紀宝町
新宮市
太地町
東吉野村
御杖村
曽爾村
宇陀市
川上村
上北山村
熊野灘
鳥羽水族館 P.48
志摩海洋公園 P.49
大内山動物園 P.44
五桂池故郷村 P.129
志摩西班牙村 P.91
紀北燈籠祭 P.143
太地町立鯨魚博物館 P.145
勝浦御苑 P.137
伊勢志摩國立公園 賢島之の宿 滿潮 P.137
P.137伊勢志摩近鐵水上別墅酒店
夕雅 伊勢志摩頂級度假村
賢島宝生苑 P.137
戸田家 P.137
太陽浦島 悠季之里 P.137
豐濱度假山莊 蒼空之風 P.137
紀伊長島マンボウ
奥伊勢木つつ木館
奥伊勢おおだい
茶倉駅
飯高駅
美杉
杉の湯川上
吉野路上北山
海山
熊野きのくに
おくとろ
熊野・花の窟
パーク七里御浜
紀宝町ウミガメ公園
なち
たいじ(建設中)
伊勢志摩

【 MM 哈日情報誌系列 6 】

親子遊關西

作者／MAPPLE昭文社編輯部
翻譯／甘為治、許芳瑋、許懷文
校對／王凱洵、王姮婕、江宛軒
編輯／陳宣穎
發行人／周元白
排版製作／長城製版印刷股份有限公司
出版者／人人出版股份有限公司
地址／23145 新北市新店區寶橋路235巷6弄6號7樓
電話／（02）2918-3366（代表號）
傳真／（02）2914-0000
網址／www.jjp.com.tw
郵政劃撥帳號／16402311 人人出版股份有限公司
製版印刷／長城製版印刷股份有限公司
電話／（02）2918-3366（代表號）
經銷商／聯合發行股份有限公司
電話／（02）2917-8022
第一版第一刷／2017年9月
定價／新台幣399元

國家圖書館出版品預行編目(CIP)資料

親子遊關西 / MAPPLE昭文社編輯部作 ；
甘爲治，許芳瑋，許懷文翻譯. -- 第一版.--
新北市：人人，2017.09
面； 公分. --（MM哈日情報誌系列 ： 6）
ISBN 978-986-461-122-5（平裝）

1.旅遊 2.日本關西

731.7509 106013787

MM日本06
201709

MAPPLE MAGAZINE
哈日情報誌
東京觀光／北海道／東北／沖繩
京阪神／親子遊關西

即將推出：**親子遊關東**

MM哈日情報誌6：親子遊關西
ISBN 978-986-461-122-5

00399
9 789864 611225
定價：399元